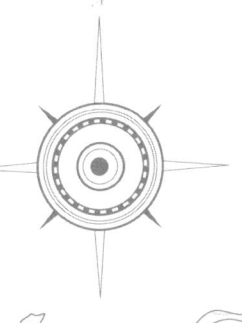

Ukok-Plateau
in Südsibirien
nahe der
chinesischen Grenze
(Prinzessin von Ukok)

Xi'an, Provinz Shaanxi
(Terrakotta-Armee)

Chorsabad *(Dur Scharrukin)*
Shanidar-Höhle

Ürümqi/Tarimbecken
(Mumien)

Nimrud *(Kalhu)*
Bisutun
Babylon

Israel und Westjordanland

Tell Kabri

Angkor

Höhlen im Karmelgebirge

Megiddo • Jesreel

Mittelmeer

Qumran
(Schriftrollen vom Toten Meer)

• Jericho

Lachisch

Nachal Chever
*(Schreckenshöhle und
Höhle der Briefe)*

Totes Meer

Masada

Nachal Mischmar

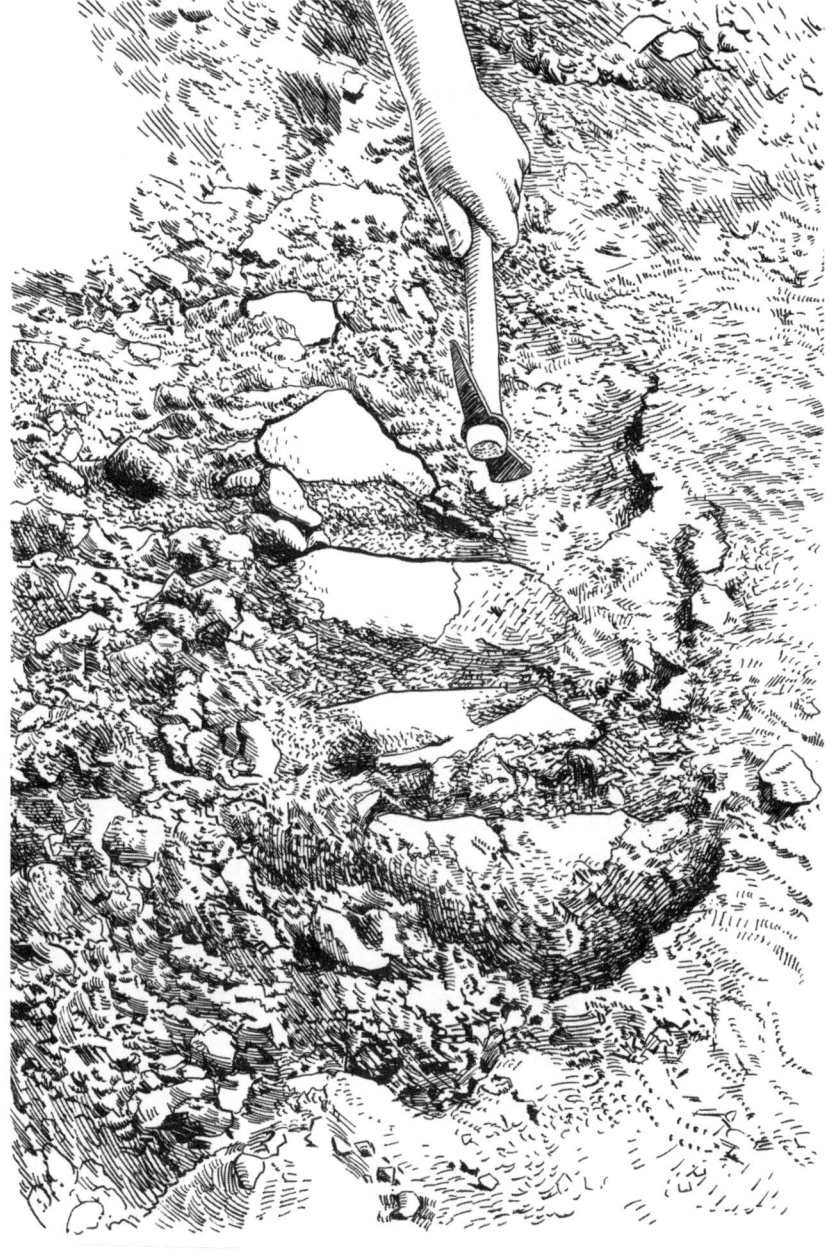

ERIC H. CLINE
**VERSUNKENE WELTEN UND
WIE MAN SIE FINDET**

ERIC H. CLINE

VERSUNKENE WELTEN UND WIE MAN SIE FINDET

Auf den Spuren genialer Entdecker und Archäologen

Mit Illustrationen von Glynnis Fawkes

Aus dem Englischen von Cornelius Hartz

Deutsche Verlags-Anstalt

Die Originalausgabe erschien 2017 unter dem Titel *Three Stones Make a Wall. The Story of Archaeology* bei Princeton University Press, Princeton & Oxford.

Sollte diese Publikation Links auf Webseiten Dritter enthalten, so übernehmen wir für deren Inhalte keine Haftung, da wir uns diese nicht zu eigen machen, sondern lediglich auf deren Stand zum Zeitpunkt der Erstveröffentlichung verweisen.

Verlagsgruppe Random House FSC® N001967

1. Auflage
Copyright © 2017 Princeton University Press
Copyright © 2018 der deutschsprachigen Ausgabe
Deutsche Verlags-Anstalt, München,
in der Verlagsgruppe Random House GmbH,
Neumarkter Straße 28, 81673 München
Alle Rechte vorbehalten
Lektorat: Manuela Knetsch, Göttingen
Umschlaggestaltung: Büro Jorge Schmidt, München
Umschlagabbildung: © dpa, Bild-Nr.: 20472656 (Maske);
© GettyImages, Bild-Nr.: 79714894 (Boden)
Karten: Michele Angel
Typografie: DVA/Andrea Mogwitz
Gesetzt aus der Adobe Garamond
Satz: Buch-Werkstatt GmbH, Bad Aibling
Druck und Bindung: GGP Media GmbH, Pößneck
Printed in Germany
ISBN 978-3-421-04801-1

www.dva.de

Dieses Buch ist auch als E-Book erhältlich.

Inhalt

Vorwort:	Die versteinerte Hand eines Affen	9
Prolog:	»Wunderbare Dinge«:	
	Das Grab des Tutanchamun	22

Teil 1: Die Anfänge der Archäologie und die ersten Archäologen
1. Asche zu Asche im antiken Italien   37
2. Auf der Suche nach Troja   51
3. Im Reich der Pharaonen   70
4. Mysteriöses Mesopotamien   89
5. Im Dschungel Mittelamerikas   107

Nachgefragt 1: Woher weiß man, wo man graben muss?   126

Teil 2: Afrika, Europa, Levante: Die ersten Menschen und der Beginn der Landwirtschaft
6. Die Entdeckung unserer frühesten Vorfahren   149
7. Die ersten Landwirte im Fruchtbaren Halbmond   173

Teil 3: Die Ägäis in der Bronzezeit
8. Die ersten Griechen   193
9. Wo liegt Atlantis?   213
10. Taucher, Wracks und Schätze auf dem Meeresgrund   227

Teil 4: Echte Klassiker: Griechen und Römer

11 Vom Diskurs zur Demokratie   245
12 Was haben die Römer je für uns getan?   268

Nachgefragt 2: Woher weiß man, wie man graben muss?   290

Teil 5: Im Heiligen Land und drum herum

13 Ausgrabungen in Armageddon   313
14 Biblische Funde   330
15 Das Geheimnis von Masada   345
16 Wüstenstädte   361

Nachgefragt 3: Wie alt ist das Objekt, und warum blieb es erhalten?   378

Teil 6: Archäologie der Neuen Welt

17 Linien im Sand, Städte im Himmel   407
18 Gefiederte Schlangen und goldene Adler   423
19 U-Boote und Siedler, Goldmünzen und Bleikugeln   437

Nachgefragt 4: Darf man das, was man gefunden hat, behalten?   453

Epilog: Zurück in die Zukunft   463

Dank   473
Liste der Abbildungen   475
Anmerkungen   477
Register   513

Ein Stein ist ein Stein.
Zwei Steine sind ein Befund.
Drei Steine sind eine Mauer.
Vier Steine sind ein Gebäude.
Fünf Steine sind ein Palast.
(Sechs Steine sind ein Palast,
den Außerirdische gebaut haben.)

Axiom der Archäologen

Vorwort

Die versteinerte Hand eines Affen

Als ich sieben Jahre alt war, brachte mir meine Mutter ein Buch mit, das *The Walls of Windy Troy* hieß.[1] Es war ein Kinderbuch, in dem es um Heinrich Schliemann und seine Suche nach den Überresten des antiken Troja ging. Nach der Lektüre verkündete ich, wenn ich groß sei, würde ich Archäologe werden. Als Jugendlicher verschlang ich *Reiseerlebnisse in Yucatan* von John Lloyd Stephens und *Götter, Gräber und Gelehrte* von C. W. Ceram. Beide Bücher zementierten meinen Berufswunsch – im Urwald vergessene Städte entdecken und antike Zivilisationen erkunden.[2] An der Universität wählte ich Archäologie als Hauptfach, und anlässlich meines bestandenen Examens schenkte mir meine Mutter noch einmal das Buch, mit dem alles 14 Jahre zuvor für mich begonnen hatte. Es steht heute noch bei mir im Regal in meinem Büro in der George Washington University.

Ich bin nicht der Einzige, den die Archäologie fasziniert; das sind erstaunlich viele Menschen, wie ich immer wieder feststelle. Man denke nur an den Erfolg der *Indiana-Jones*-Filme und an die zahllosen Dokumentationen, die das Fernsehen zu jeder Tages- und Nachtzeit ausstrahlt. Wie oft habe ich mir schon anhören müssen: »Wissen Sie, wenn ich kein/e [bitte ergänzen: Arzt, Anwältin, Buchhalter, Krankenschwester, Investmentbanker …] wäre, dann wäre ich am liebsten Archäologe geworden.« Dabei haben die wenigsten Menschen eine genaue Vorstellung davon, was ein Archäologe eigentlich tut. Viele glauben, dass man ständig nach versunkenen Schätzen sucht und an exotische Orte reist, um dort mit Zahnbürste und Zahnarztbesteck Artefakte freizulegen. Das ist leider überhaupt nicht der Fall, und es gibt sehr wenige Archäologen, die in irgendeiner Form an Indiana Jones erinnern.

Seit meinem zweiten Jahr am College war ich so gut wie jeden Sommer auf einer archäologischen Expedition – in meinen 35 aktiven Jahren mehr als dreißig Mal. Da ich vor allem im Nahen Osten und in Griechenland arbeite, ordnen mich die meisten Leute der Klassischen Archäologie zu. Aber ich habe auch schon in den USA gegraben, in Kalifornien und Vermont, was zum Fachgebiet der Archäologie der Neuen Welt zählt. Ich hatte das Glück, an einer Reihe hochinteressanter Projekte beteiligt zu sein, unter anderem in Tell Anafa, in Megiddo und Tell Kabri in Israel, auf der Athener Agora, in Böotien und Pylos in Griechenland, in Tell el-Maschuta in Ägypten, Palekastro auf Kreta, Kataret es-Samra in Jordanien und Agios Dimitrios und Paphos auf Zypern. Von den meisten dieser Orte oder Regionen hat kaum ein Nicht-Archäologe jemals gehört, höchstens von der Agora in der Innenstadt von Athen und möglicherweise noch von Megiddo in Israel, der biblischen Stadt Armageddon. Ich kann Ihnen versichern: An diesen Orten zu graben, hat nichts mit dem zu tun, was einem im Fernsehen oder Kino präsentiert wird.

Immer wieder werde ich gefragt: »Was war das Interessanteste, das Sie jemals gefunden haben?« Meine Antwort lautet: »Eine versteinerte Affenhand.« Diese Hand entdeckte ich bei meiner ersten Grabung in Übersee, im Sommer nach meinem zweiten College-Jahr. Im Rahmen eines Projekts der University of Michigan war ich dort in der griechisch-römischen Stätte Tell Anafa im Norden Israels tätig.

Eines schönen Tages am späten Vormittag – es wurde langsam ziemlich heiß und ich hatte schon Sorge, einen Sonnenstich zu bekommen – traf mein kleiner Grabungshammer auf ein Objekt, und zwar in einem so ungünstigen Winkel, dass es emporflog, sich drehte und schließlich ein Stück weiter weg im Sand landete. Während sich das Ding noch in der Luft befand, sah ich es grün schimmern und – vermutlich etwas verwirrt von der Hitze – schoss mir ein Gedanke durch den Kopf: *Hey, das ist ja die versteinerte Hand eines Affen!* Als es landete, war ich schon wieder zur Vernunft gekommen: Wieso sollte man ausgerechnet im Norden Israels einen versteinerten Affen finden?

Als ich das Objekt näher betrachtete, erkannte ich, worum es sich in Wirklichkeit handelte: um das bronzene Element eines hellenistischen Möbelstücks in der Form des griechischen Gottes Pan – das ist der mit den Hörnern, der umherzieht und auf der Doppelflöte spielt. Wahrscheinlich hatte es einst an der Armlehne eines hölzernen Stuhls gesteckt. Das Holz war natürlich längst zerfallen, und so war lediglich dieser Bronzebeschlag übriggeblieben. Nach 2000 Jahren im Boden war die Bronze grün angelaufen. Wir bargen das Objekt ganz vorsichtig und zeichneten und fotografierten es, damit wir es am Ende veröffentlichen konnten. Fast dreißig Jahre lang sah ich das Ding nicht wieder, bis ich zufällig in einer Ausstellung an der Universität Haifa daran vorbeilief – es wurde dort als Leihgabe vom Israel Museum in Jerusalem gezeigt.

Doch 2013, zum Zeitpunkt dieses Wiedersehens, fand unsere Grabungsmannschaft an der kanaanitischen Stätte Tell Kabri im Norden Israels etwas, das sogar meine versteinerte Affenhand in den Schatten stellte. Seit 2005 leite ich die dortige Ausgrabung zusammen mit Assaf Yasur-Landau von der Universität Haifa; Jahr für Jahr wechseln wir uns als Grabungsleiter ab und Jahr für Jahr gibt es neue Überraschungen. Doch das, was wir in jenem Jahr fanden, hatte keiner von uns erwartet: Es war der älteste und größte Weinkeller, der je ausgegraben wurde. Er stammte aus der Zeit um 1700 v. Chr., war also fast 4000 Jahre alt.[3]

Im Juni, während der ersten Woche unserer Grabungssaison, stießen wir auf einen großen, bauchigen Krug, den wir »Bessie« tauften. Wir brauchten fast zwei Wochen, bis wir ihn vollständig freigelegt hatten, und stellten fest, dass er auf einem Estrichboden lagerte. Mittlerweile hatten wir 39 »Freunde« von Bessie entdeckt – insgesamt fanden wir in jenem Raum und in einem im Norden angrenzenden Korridor vierzig solcher Krüge, jeder von ihnen knapp 1 Meter hoch.

Zwar war jedes dieser Gefäße in Dutzende Scherben gesprungen, doch die Erde, die das Innere der Krüge ausfüllte, hatte dafür gesorgt, dass sie ihre ursprüngliche Form behalten hatten. Wir gingen zunächst davon aus, dass jeder dieser Behälter etwa 50 Liter Flüssigkeit enthielt. Wie unser Konservator bei der späteren Rekonstruktion herausfand, fassten sie sogar über 100 Liter, insgesamt wurden hier also 4000 Liter Flüssigkeit aufbewahrt.

Als Nächstes ließ Andrew Koh, der stellvertretende Grabungsleiter in Kabri, diverse Scherben auf organische Rückstände testen, um festzustellen, was sich in den Krügen befunden hatte. Die meisten wurden positiv auf Hydroxybenzoesäure, wie man sie in Rotwein findet, getestet; ein paar wiesen Spuren von

Dihydroxybutandisäure auf, die in Rot- und Weißwein enthalten ist. Kein Zweifel – hier handelte es sich um Gefäße zum Lagern von Wein, genauer gesagt: Rotwein (und ein wenig Weißwein). Die Menge entspricht etwa dem, was heutzutage 6000 Weinflaschen fassen. Natürlich ist der Wein längst verschwunden, bis auf geringe Rückstände, die sich im Material eingelagert haben; trotzdem fragt man mich immer wieder, wie der Inhalt der Krüge wohl geschmeckt haben mag. Da wir das nicht mit Sicherheit sagen können, antworte ich immer, dass er zumindest heute ein »erdiges Aroma« habe.

Über unsere Entdeckung (und den Artikel, den wir anschließend in einer Fachzeitschrift veröffentlichen) berichteten viele große Zeitungen, darunter die *New York Times,* das *Wall Street*

Weinkrüge, Tell Kabri

Journal, die *Washington Post* und die *Los Angeles Times,* sowie diverse Magazine wie *Time, Smithsonian* und *Wine Spectator.*[4] Seither haben wir noch vier Räume mit siebzig weiteren Krügen entdeckt. Wie es aussieht, werden wir auf diesem interessanten Ausgrabungsgelände noch mehrere Jahre lang zu tun haben.

Dass ich einmal einen Weinkeller aus dem antiken Kanaan entdecken würde, habe ich mir damals als Siebenjähriger, als ich beschloss, Archäologe zu werden, bestimmt nicht ausgemalt. Aber genau das ist ja das Schöne und das Spannende an der Archäologie – man weiß buchstäblich nie, was man wo finden wird. Meine Kolleginnen und Kollegen an der George Washington University, die in anderen Fachbereichen arbeiten, finden es immer wieder witzig zu fragen: »Was gibt's Neues bei den Archäologen?« – denn natürlich ist alles, was wir ausgraben, alt. Dennoch hält die Archäologie immer wieder Überraschungen parat, sogar an Ausgrabungsstätten, die wir seit Langem sehr gut kennen. Zum Beispiel hat sich erst kürzlich herausgestellt, dass Troja mindestens zehn Mal so groß ist, wie wir bisher geglaubt haben. Die prähistorischen Malereien an den Wänden der Chauvet-Höhle in Frankreich sind älter, als man bislang angenommen hat. Mitten im Dschungel von Belize wurde mithilfe modernster Technik eine bis dato völlig unbekannte Stätte der Maya entdeckt. Und das Grabungsareal von Tanis in Ägypten lag lange Zeit quasi vor den Augen der Forscher, ohne dass es jemand entdeckt hätte. All dies waren Neuigkeiten, mit denen keiner gerechnet hatte.

Tagtäglich werden neue Funde publiziert und neue Hypothesen verkündet – es ist eine schiere Sintflut, deren Tempo stetig zuzunehmen scheint und die das Herz jedes Archäologen höherschlagen lässt. An einem einzigen Tag Anfang Juni 2016 zum Beispiel berichteten die Medien über eine neue Expedition, bei der in der Höhle der Schädel am Toten Meer in Israel nach Schriftrollen gesucht werden sollte, über den Fund von 400 Holztafeln mit lateinischer Schrift in London, über eine in Rom entdeckte Legionärskaserne aus der Zeit von Kaiser Hadrian, über einen Teenager aus Kanada, der in Mexiko möglicherweise eine Stätte der Maya entdeckt hatte, über die Eröffnung einer Ausstellung mit 500 Objekten aus dem alten Griechenland in Washington, D. C., über den Einsatz neuer Methoden der Fernerkundung an der Cheops-Pyramide und über die Tatsache, dass die Klinge eines Dolches von Pharao Tutanchamun aus Eisen hergestellt ist, das von einem Meteoriten stammt – was die *New York Post* zu der wunderbaren (wenn auch faktisch nicht ganz akkuraten) Schlagzeile veranlasste: »*King Tut's dagger came from outer space*« (»Tutanchamuns Dolch kam aus dem Weltall«).[5] Nur wenige Tage später folgten Berichte über neue archäologische Entdeckungen im Dschungel von Kambodscha, die mittels modernster Fernerkundung gemacht worden waren.[6]

So erfreulich es ist, dass heute so viele neue Entdeckungen gemacht werden – vielleicht mehr und in schnellerer Abfolge als je zuvor in der Geschichte der Archäologie –, so betrüblich ist es, dass dieses Buch dadurch wahrscheinlich zumindest in Teilen bereits veraltet sein wird, wenn es auf den Markt kommt. Die Beispiele, die ich eben aufgezählt habe, sowie ein paar weitere, auf die ich später noch kommen werde, waren zu dem Zeitpunkt, als ich mein Manuskript fertigstellte, brandaktuell. Während Sie dieses Buch hier lesen, wird die Presse längst über ganz andere Funde und neue Erkenntnisse berichten.

Dies sind wirklich aufregende Zeiten für Archäologen. Dennoch möchte ich in diesem Buch auch die Gelegenheit nutzen, hier und da auf die vielen zweifelhaften Behauptungen einzugehen, die man immer wieder in TV-Dokumentationen, Medienberichten, persönlichen Blogs und anderswo zu hören bekommt – es ist mitunter nicht ganz einfach für den interessierten Laien, zwischen echten Entdeckungen professioneller Archäologen und den Theorien von Pseudo-Archäologen zu unterscheiden. Jahr für Jahr begeben sich enthusiastische Amateure ohne oder mit nur geringen archäologischen Kenntnissen auf die Suche nach mythischen Objekten wie der Bundeslade oder sagenumwobenen Orten wie Atlantis. Eine solche Suche liefert möglicherweise gute Fernsehbilder, aber im Zuge dessen gerät oft der tatsächliche wissenschaftliche Fortschritt ins Hintertreffen. Mitunter sind die Behauptungen dieser falschen Forscher so abwegig, dass ich mich im Jahr 2007 veranlasst sah, einen Artikel im *Boston Globe* zu veröffentlichen, den ich in Anlehnung an den ersten *Indiana-Jones*-Film mit »*Raiders of the Faux Ark*« betitelte (auf Deutsch etwa »Jäger des gefälschten Schatzes«). Darin warnte ich die Öffentlichkeit vor Scharlatanen und rief meine Fachkollegen dazu auf, solche vermeintlichen Erkenntnisse immer nachzuprüfen, sobald sie die Medien erreichten.[7]

Nicht zuletzt durch den Einfluss dieser Pseudo-Archäologie können manche Leute nicht akzeptieren, dass der Mensch solch wichtige Schritte wie den Ackerbau oder die Domestizierung von Tieren aus eigener Kraft vollzogen hat – oder dass er so gewaltige architektonische Meisterwerke wie die Pyramiden oder die Sphinx schuf.[8] Sie glauben fest daran, dass die Menschen dabei Hilfe von außerirdischen oder manchmal auch göttlichen Wesen hatten, obwohl für eine solche Erklärung überhaupt keine Notwendigkeit besteht. Das Ganze hat solche Formen angenommen, dass wir dem altbekannten Axiom der Archäologen, das diesem Buch vorangestellt ist, inzwischen (selbstverständlich mit einem Augenzwinkern) eine sechste Zeile hinzugefügt haben: »Sechs Steine sind ein Palast, den Außerirdische gebaut haben.«

Der vielleicht wichtigste Grund, gerade jetzt ein solches Buch zu schreiben, ist aber, dass die Welt in den vergangenen Jahren Zeuge von solch zerstörerischen Übergriffen auf archäologische

Stätten und Museen geworden ist, wie es sie in diesem Umfang und in dieser Häufigkeit noch nie gegeben hat. Im gesamten Nahen Osten kam und kommt es zu weitreichenden Plünderungen und zur planmäßigen Vernichtung von Altertümern, im Irak und in Afghanistan, in Syrien, Libyen und Ägypten – Vorkommnisse, die im direkten Zusammenhang mit den Kriegen und Aufständen in jenen Regionen stehen. Doch nicht nur dort werden antike Stätten geplündert; es ist ein globales Problem, das sich von Griechenland bis Peru erstreckt und in nie gekanntem Maße das einzigartige kulturelle Erbe der Menschheit bedroht.[9] Bereits im Jahr 2008 beschrieb ein Reporter das Ausmaß der Zerstörungen als »beinahe industriell«: »Plünderer bearbeiten antike Standorte mit Baggern und Bulldozern, sie tragen die obere Erdschicht in Bereichen ab, die so groß sind wie mehrere Fußballfelder. Dann durchkämmen sie das jeweilige Areal mit Metalldetektoren – Münzen verraten häufig den Standort weiterer Schätze – und bohren den Erdboden auf, um alles herauszuholen, was sich zu Geld machen lässt.«[10] Mit einem ganz ähnlichen Wortlaut warnte die UNESCO 2015 vor »Plünderungen in Syrien in einer quasi-industriellen Größenordnung«.[11]

Archäologen gehen aktiv dagegen vor, indem sie den anhaltenden Verlust antiker Kunstschätze dokumentieren und zu verhindern versuchen. Doch es sollte nicht ihnen allein aufgebürdet werden, sich um den Erhalt der Zeugnisse unserer Vergangenheit zu kümmern.[12] Dieses Problem geht uns alle an: Die gesamte Menschheit ist dafür verantwortlich, die Überreste längst verlorener Zivilisationen zu bewahren. Das Material, das ich für dieses Buch zusammengetragen habe, kann uns hoffentlich einmal mehr daran erinnern, woher wir kommen und welche Faszination davon ausgeht. Ich hoffe, dass sich die breite Öffentlichkeit auf diese Weise dazu mobilisieren lässt, das kulturelle Erbe der Menschheit zu retten, bevor es zu spät ist. Sicherlich werden nicht alle Leser dieses Buches die Zeit und die Möglichkeit haben, sich bei einer archäologischen Ausgrabung zu betätigen. Doch jeder kann sich zumindest an der öffentlichen Diskussion beteiligen und sich für die Arbeit der Archäologen und unser kulturelles Erbe einsetzen.

Außerdem ist es wieder einmal an der Zeit, eine neue Einführung in die Archäologie auf den Markt zu bringen, die sich an interessierte Menschen jeden Alters wendet, an junge Leute (wie ich einer war, als ich damals über Heinrich Schliemann las) genauso wie an Erwachsene und an Leute im Ruhestand, die sich erstmals auf das Feld der Archäologie wagen. In den letzten Jahrzehnten hat es nicht nur große fachliche Fortschritte in der Archäologie gegeben, sondern auch eine enorme Zahl neuer Entdeckungen. Dazu zählen: »Lucy«, das Teilskelett eines frühen Hominiden aus Hadar in Äthiopien. Die 3,6 Millionen Jahre alten Fußspuren im tansanischen Laetoli. Die spektakulären Höhlenmalereien in den Chauvet-Grotten in Frankreich. Die Schiffswracks vom Kap Gelidonya und von Uluburun im Südwesten der Türkei, beladen mit Gegenständen, die in diversen Ländern rund um das bronzezeitliche Mittelmeer angefertigt wurden. Der älteste Tempel der Welt in Göbekli Tepe und die neuen Ausgrabungen an der jungsteinzeitlichen Stätte Çatalhöyük, ebenfalls in der Türkei. Die Terrakotta-Armee in China. »Ötzi«, die Eismumie aus den Alpen. Die Kultur der Moche in Peru. All dies und noch viel mehr werde ich in diesem Buch präsentieren, und ich werde die Archäologinnen und Archäologen vorstellen, die an diesen Standorten gegraben haben, sowie die Techniken, mit denen ihnen die Entdeckungen gelungen sind.

Auf den folgenden Seiten möchte ich die Entwicklung der Archäologie nachzeichnen und zeigen, wie sich die Beschäftigung mit den Völkern und Kulturen der Vergangenheit zu einer hoch professionalisierten und technisierten Wissenschaft entwickelt hat. Unterwegs werden wir diverse Entdecker und Archäologen wie Howard Carter, Heinrich Schliemann, Mary Leakey, Hiram Bingham, Dorothy Garrod und John Lloyd Stephens kennenlernen. Frauen und Männer wie sie waren es, die die Überreste vergangener Völker und verlorener Zivilisationen ans Tageslicht gebracht haben, etwa diejenigen der Hethiter, der Minoer, der Mykener, der Troer, der Assyrer, der Maya, der Inka, der Azteken und der Moche. Wir werden uns archäologische Arbeiten aus der Alten Welt (Europa und Naher Osten) und aus der Neuen Welt (Nord-, Mittel- und Südamerika) anschauen.

Es sind diese Fachkollegen und Entdeckungen, die mich persönlich am meisten fasziniert haben, und sie sind besonders wichtig, wenn man verstehen möchte, wie sich das Fach Archäologie im Laufe der Jahre weiterentwickelt hat und wie uns diese neuen Entwicklungen dabei halfen, einige längst verloren geglaubte frühe Stätten und Zivilisationen ans Licht zu bringen.[13] In allen Kapiteln – auch in den mit »Nachgefragt« betitelten Zwischenkapiteln – stelle ich diverse Funde und Fundstätten vor. Es gibt dabei ein paar rote Fäden, die alles miteinander verbinden, unter anderem das weltweite Problem der Plünderungen, die harte, körperlich anstrengende Arbeit, die eine Grabung mit sich bringt, die Tatsache, dass Archäologen nach Informationen suchen und nicht nach Gold oder anderen Schätzen, und die technologischen Verbesserungen, die es uns erlaubt haben, neue Stätten zu finden und neue Erkenntnisse über längst ausgegrabene Standorte zu sammeln.

Daneben liefere ich ein paar praktische Details und gebe Ratschläge für die Arbeit als Archäologe. In den Zwischenkapiteln beantworte ich Fragen, die mir immer wieder gestellt werden, zum Beispiel: »Woher weiß man, wo man graben muss?« – »Wie findet man heraus, wie alt etwas ist?« – »Darf man das, was man gefunden hat, behalten?« Ich bediene mich dazu einer ganzen Reihe von Beispielen, wie Ötzi, den »Mann aus dem Eis«, oder die Terrakotta-Armee, greife aber ebenso auf meine eigenen Erfahrungen zurück, die ich in der Feldforschung gesammelt habe, von Kreta über Zypern bis nach Kalifornien. In einigen Fällen werde ich anhand dieser Beispiele auch aufzeigen, was man bei einer Grabung *nicht* tun sollte, etwa bei einem Survey, also einer Geländebegehung, in Griechenland von einer Klippe zu fallen – oder bei einer Grabung in Israel zu glauben, eine versteinerte Affenhand gefunden zu haben. Dadurch wird meine Darstellung im Hinblick auf einige Fundstätten gelegentlich recht spezifisch. So verwendet man bei Grabungen im Nahen Osten beispielsweise regelmäßig Spitzhacken, bei Grabungen an der Ostküste der Vereinigten Staaten jedoch so gut wie nie. Ich habe mich bemüht, jeweils darauf hinzuweisen, welche Techniken wo auf der Welt zum Einsatz kommen, und gehe auf entsprechende Unterschiede ein.

Alles in allem entspricht das Material, das ich für dieses Buch zusammengetragen habe, dem, was ich in meinem Kurs »Einführung in die Archäologie« verwende – ein Kurs, den ich seit 2001 an der George Washington University gebe und für dessen Unterlagen und Vorträge ich jedes Jahr die neuesten Entdeckungen, Forschungsergebnisse und Ideen berücksichtige. Ein anderer Professor oder Autor wäre vielleicht mit einem anderen Konzept an ein solches Buch herangegangen, das bleibt jedem unbenommen; die folgenden Erörterungen jedoch reflektieren *meine* ganz spezielle Liebe und Leidenschaft für das Feld der Archäologie und stecken randvoll mit meinen Lieblingsgeschichten und Beispielen, die das, was ich sagen möchte, besonders schön illustrieren. Ich hoffe, meine Leser finden das Material interessant genug, um darüber hinaus weiterzulesen und sich anderswo detaillierter über einzelne Stätten, Epochen und Völker zu informieren.

Wer sich die Zeit nimmt, dieses Buch von vorne bis hinten zu lesen, weiß am Ende zumindest eine ganze Menge über diverse berühmte Stätten und Archäologen und erfährt, was das Fach Archäologie alles beinhaltet – und dass nicht etwa Aliens für die kulturellen Leistungen der Menschheit verantwortlich sind. Außerdem wird, wie ich hoffe, deutlich werden, warum die Archäologie eine so wichtige Disziplin ist und warum wir alle mithelfen sollten, die Vergangenheit für künftige Generationen zu bewahren. Denn die Archäologie lehrt uns nicht nur eine Menge über die Vergangenheit, sie bietet uns einen ganz allgemeinen Einblick in menschliche Befindlichkeiten und bereichert unser Verständnis für die Gegenwart und die Zukunft.

Um dies noch einmal ganz deutlich zu sagen: Die Geschichte der Archäologie setzt sich aus zahlreichen Einzelgeschichten aus aller Welt (und sogar aus dem Weltall) zusammen. Und die Forscherinnen und Forscher, die in diesen Geschichten auftauchen, eint ein gemeinsames Ziel: Sie alle wollen die Geschichte der Menschheit besser verstehen – von ihrer dunkelsten Vergangenheit bis zum Aufstieg (und Fall) der großen Zivilisationen. All das ist unsere Geschichte.

Prolog

»Wunderbare Dinge«: Das Grab des Tutanchamun

Am 26. November 1922 warf Howard Carter zum allerersten Mal einen Blick in das Grab des Tutanchamun. Er musste die Augen ein wenig zusammenkneifen, um durch die kleine Öffnung, die er in die Wand gehauen hatte, etwas erkennen zu können. Was dahinterlag, wurde nur von einer Kerze erhellt, die er am ausgestreckten Arm in die Grabkammer hielt. Er erblickte einen Raum, der von oben bis unten vollgestopft war mit allerlei Gegenständen. Viele dieser Gegenstände waren aus Gold, überall glänzte und glitzerte es.

Der Earl of Carnarvon, der für die Kosten der Grabung aufkam, zappelte ungeduldig hinter Carter herum und zupfte ihn an der Jacke. »Was sehen Sie?«, wollte er wissen. »Was sehen Sie?«

Carter antwortete: »Ich sehe wunderbare Dinge.«[1]

Fünf Jahre lang hatten Carter und sein Mäzen Carnarvon nach Tutanchamuns Grab gesucht. Wie sich herausstellte, befand es sich unterhalb jener Stelle, an der sie Jahr für Jahr aufs Neue ihr Lager aufgeschlagen hatten, im Tal der Könige, gegenüber von Luxor auf der anderen Seite des Nils. Sie hatten es nicht gefunden, weil es tief unter Steinen und Geröll verborgen lag, zurückgelassen von Arbeitern, die 200 Jahre nach Tutanchamun ganz in der Nähe die Grabkammer für Ramses VI. gebaut hatten.

Zehn Jahre brauchte Carter, um alle Gegenstände aus dem Grab zu bergen und zu katalogisieren. Die Objekte wurden in das Ägyptische Museum in Kairo gebracht, wo sie heute noch zu bestaunen sind. Carnarvon indes erlebte dies nicht mehr, denn er starb Anfang April 1923, kurz nach Öffnung des Grabes. Sein Tod war ein Unfall: Er starb an einer Blutvergiftung, nachdem er sich beim Rasieren einen Mückenstich aufgeschnitten hatte. Unmittelbar nach seinem Tod kam das Gerücht auf, das Grab sei verflucht; wann immer in den Folgejahren jemand starb, der der bei der Öffnung des Grabes zugegen gewesen war, schlachteten die Medien den angeblichen Fluch weiter aus. Carter selbst lebte noch 17 weitere Jahre – allein deshalb wird an der Geschichte wohl kaum etwas dran gewesen sein.[2] Ironischerweise starb Tutanchamun neuesten Erkenntnissen zufolge ebenfalls an einem Mückenstich, nur dass die Mücke in seinem Fall Malaria übertragen hatte.[3]

Tutanchamun herrschte während der Zeit des Neuen Reichs. Er gehörte der 18. Dynastie an, die von etwa 1550 v. Chr. bis kurz nach 1300 v. Chr. in Ägypten regierte. Aus dieser Epoche stammen einige der berühmtesten Herrscher Ägyptens, zum Beispiel Hatschepsut, die legendäre weibliche Pharaonin, die zwanzig Jahre lang an der Macht war, ihr Stiefsohn Thutmosis III., der einen Großteil des heutigen Israel, Libanon, Syrien und Jordanien eroberte, der »Ketzerpharao« Echnaton, der den Monotheismus erfand, und Echnatons schöne Frau Nofretete. Die beiden Letztgenannten waren höchstwahrscheinlich Tutanchamuns Eltern.[4]

Tutanchamun bestieg um 1330 v. Chr. herum den Thron von Ägypten, zu diesem Zeitpunkt war er etwa acht Jahre alt. Zehn Jahre später fand er völlig unerwartet den Tod. Man begrub ihn im Tal der Könige, sein Grab wurde abgedeckt und geriet in Vergessenheit. Erst 3500 Jahre später fand man es wieder.

Carter kam im Alter von 17 Jahren zum ersten Mal nach Ägypten. 1907 war er bereits ein angesehener Ägyptologe. Zu jener Zeit, als Carnarvon auf ihn zukam, war der bärbeißige Carter gerade arbeitslos. Grund war eine heftige Auseinandersetzung rund um eine Touristengruppe aus Frankreich gewesen, die damit geendet hatte, dass Carter seinen Job bei der Regierung verlor – er hatte sich geweigert, um Entschuldigung zu bitten. Von diesem Zeitpunkt an verbrachte Carter seine Tage mit dem Malen von Aquarellen. Was Carnarvon betrifft, so hatte sein Arzt ihm verordnet, die Wintermonate in Ägypten statt in England zu verbringen, da seine Lunge bei einem Autounfall verletzt worden war.[5]

Zehn Jahre lang hatten die beiden Männer bereits an diversen Orten zusammengearbeitet, bevor sie beschlossen, im Tal der Könige nach Tutanchamuns Grab zu suchen. In dieser staubtrockenen, felsigen Gegend auf der dem modernen Luxor gegenüberliegenden Nilseite waren ab etwa 1500 v. Chr. die meisten Pharaonen des Neuen Reichs bestattet worden. Viele der dortigen Grabkammern waren bereits Jahrhunderte zuvor, teilweise schon in der Antike, wiederentdeckt und ausgeraubt worden, aber es gab durchaus noch einige, deren Standort unbekannt war. Und dazu gehörte das Grab des Tutanchamun. Fünf lange Jahre später, in denen sie kaum nennenswerte Funde vorzuweisen hatten – Carnarvon ging langsam das Geld aus und er verlor allmählich das Interesse an der Geschichte –, stellte Carter fest, dass es im Tal der Könige nur noch einen Ort gab, an dem sie nicht gesucht hatten: dort, wo sie jedes Jahr ihr Lager aufschlugen. Am 1. November 1922 begann er, dort zu graben, und nur drei Tage später, am Samstag, dem 4. November um 10 Uhr morgens, legte er die erste Stufe der Treppe frei, die zu Tutanchamuns Grab hinabführte.[6]

Den restlichen Samstag und den gesamten Sonntag über grub Carter weiter, und als am 5. November die Sonne unterging, entdeckte er im Gips einer versiegelten Tür den Stempel der königlichen Nekropole. Das konnte nur eines bedeuten: Wer auch immer hinter dieser Tür bestattet war, war eine bedeutende Persönlichkeit. Carter wies seine Helfer an, die Arbeit vorerst ruhen zu lassen, und telegrafierte Carnarvon, der sich noch in England befand. In seinem Tagebuch vermerkte Carter den Wortlaut seines Telegramms:

SCHLUSSENDLICH IM TAL WUNDERBARE ENTDECKUNG GEMACHT EIN GROSSARTIGES GRAB MIT INTAKTEN SIEGELN BIS ZU IHRER ANKUNFT ALLES ABGEDECKT GRATULIERE[7]

Was er Carnarvon verschwieg: Carter fürchtete, das Grab könne leer sein. An der Tür befanden sich tatsächlich intakte Stempel der Nekropolen-Wächter, doch anhand des oberen Teils des versiegelten Eingangs konnte er erkennen, dass dieser dennoch bei zwei verschiedenen Gelegenheiten geöffnet und wieder geschlossen worden war. Er war sich ziemlich sicher, dass man die Grabkammer in der Antike ausgeraubt hatte; insofern stellte sich eigentlich nur die Frage, ob irgendetwas im Grab zurückgelassen worden war, das sich noch zu bergen lohnte.

Am 23. November traf Carnarvon im Tal der Könige ein und die Arbeit wurde umgehend fortgesetzt. Schon am nächsten Tag hatten sie die Gewissheit, dass es sich tatsächlich um Tutanchamuns Grab handelte, denn unter den Abdrücken der königlichen Nekropolen-Stempel war klar und deutlich sein Name zu lesen.

Als es ihnen am 25. November endlich gelang, die schwere steinerne Tür zu öffnen, fanden sie dahinter einen fast 10 Meter langen Korridor, der vorsätzlich mit Erde, Steinen, Putz und anderem Bauschutt gefüllt worden war. Den folgenden Tag über schleppten die Arbeiter den Schutt nach draußen und schichteten ihn neben dem Eingang zum Grab zu einem Haufen auf, der immer weiter anwuchs. Gegen 14 Uhr hatten sie eine zweite versiegelte Tür freigelegt, die in jenen Raum führte, den wir heute die »Vorkammer« nennen.[8]

Allerdings wussten sie immer noch nicht, ob sie kurz vor der Entdeckung des Jahrhunderts standen – oder ob sie eine leere Kammer vorfinden würden, die Jahrtausende zuvor von Grabräubern leergeräumt worden war. Was sie bereits sicher wussten, war, dass Carter recht gehabt hatte: Das Grab war in der Antike zweimal geöffnet worden, zum ersten Mal anscheinend bereits kurz nach der Bestattung, als der Eingangskorridor noch leer gewesen war – abgesehen von einigen Objekten wie Krügen, die Material zur Einbalsamierung enthielten, und zum zweiten Mal, nachdem der Korridor bereits mit Bruchstücken weißen Gesteins gefüllt worden war. Wie Carter und Carnarvon nach Beseitigung der Trümmer deutlich sehen konnten, hatten die Grabräuber entlang der oberen linken Kante einen Tunnel gegraben, der irgendwann später mit Brocken aus dunklem Feuerstein und Kieseln aufgefüllt wurde.[9]

Sie schlugen ein kleines Loch in die zweite Tür, und Carter sah mit Erleichterung, dass die Vorkammer noch voller Gegenstände war. Später schrieb er:

Zuerst konnte ich gar nichts sehen, denn die warme Luft, die aus der Kammer entwich, ließ das Licht der Kerze flackern; doch als sich meine Augen daran gewöhnt hatten, tauchten nach und nach Details des Raumes aus dem Nebel auf: seltsame Tiergestalten, Statuen und Gold – überall das Glitzern von Gold. Einen Moment lang – denen, die neben mir standen, muss es wie eine Ewigkeit vorgekommen sein – stand ich starr vor Staunen da, und als Lord Carnarvon die Ungewissheit nicht länger ertragen konnte, fragte er mich ängstlich: »Können Sie etwas sehen?« Alles, was ich herausbringen konnte, war: »Ja, wunderbare Dinge.«[10]

Am 26. November vermerkte Carter in seinem Tagebuch, was als Nächstes geschah. Es klingt im Nachhinein wie aus dem Drehbuch eines Hollywood-Films, und dennoch entspricht es der Wahrheit. Sie vergrößerten das Loch, damit Carter und Carnarvon gleichzeitig hindurchschauen konnten, und als sie nun in den Raum blickten, den sie mit einer Taschenlampe und einer weiteren Kerze erhellten, kamen sie aus dem Staunen nicht mehr heraus. Sie hatten eine »fantastische Sammlung an Schätzen« entdeckt, wie Carter es formulierte: »Zwei merkwürdige Königsstatuen aus schwarzem Ebenholz – mit goldenen Sandalen, in den Händen Stab und Streitkolben – tauchten aus der Finsternis auf; seltsam geformte vergoldete Sofas mit Löwen-Köpfen, Hathor-Köpfen und Geschöpfen, die direkt aus der Hölle zu kommen schienen; ... Vasen aus Alabaster, einige wunderschön gestaltet, mit Lotus- und Papyrusmuster, fremdartige schwarze Schreine mit einer vergoldeten Monsterschlange, die aus ihrem Inneren auftauchte, ... detailreich geschnitzte Stühle, ein Thron mit goldenen Einlagen, ... Hocker in allen erdenklichen Formen und Ausführungen, aus gewöhnlichen und aus seltenen Materialien, und zu guter Letzt ein Durcheinander von Bestandteilen umgestürzter Streitwagen, golden glänzend, aus deren Mitte eine Kleiderpuppe hervorragte.«[11]

Die lapidaren Worte, mit denen Carter seinen Tagebucheintrag beendet, klingen, als habe er beim Schreiben noch immer unter Schock gestanden: »Wir schlossen das Loch wieder, verriegelten das Holzgitter, das vor der ersten Tür platziert worden war, bestiegen unsere Esel und kehr[t]en zurück zum Lager. Erst jetzt wurde uns klar, was wir da alles gesehen hatten«.[12]

Wir können uns heute kaum vorstellen, was Carter und Carnarvon bei dieser Entdeckung durch den Kopf gegangen sein muss, vor allem wenn man bedenkt, wie viele Jahre sie eine Enttäuschung nach der anderen hatten hinnehmen müssen. Jetzt hatte sich ihr großer Traum erfüllt, und das in einem Maße, wie sie es nie für möglich gehalten hatten.

Später, als Carter und seine Mannschaft den Inhalt dieser ersten Kammer ans Tageslicht beförderten, fanden sie die Überreste eines verknoteten Schals, in dem sich acht Ringe aus massivem Gold befanden.[13] Carter war der Ansicht, dass eine Gruppe der Grabräuber bei ihrer Arbeit überrascht worden war und in der Aufregung den Schal mit den Ringen in eine der Kisten geworfen hatte; möglicherweise hatten dies aber auch die Vertreter der Obrigkeit getan.

Eine zweite Gruppe Grabräuber war in weitere Räume gelangt und hatte sie durchwühlt, unter anderem in einen, den wir heute als »Anbau« bezeichnen, sowie in die sogenannte »Schatzkammer«. Obwohl diese Räume einen etwas aufgeräumteren Eindruck machten als die Vorkammer, schätzte Carter, dass die Grabräuber an die 60 Prozent der einst in der Schatzkammer aufbewahrten Schmuckstücke hatten mitgehen lassen.

Dennoch waren diese Räume noch immer dermaßen vollgestopft mit Artefakten, dass Carter fast drei Monate brauchte, um alle Objekte zu katalogisieren und abzutransportieren. Erst Mitte Februar 1923 erreichte er die eigentliche Grabkammer Tutanchamuns. Am 15. Februar schrieb er in sein Tagebuch: »Vorbereitungen getroffen zur Öffnung der versiegelten Tür zur Grabkammer.« Und am 16. Februar heißt es lediglich: »Versiegelte Tür geöffnet«, gefolgt von einer Liste derjenigen, die mit dabei gewesen waren.[14]

Diese Personen wurden Zeugen dessen, was die New York Times als »den außergewöhnlichsten Tag in der gesamten ägyptischen Grabungsgeschichte« bezeichnete. Carter und einige andere beschrieben später detailliert, was sie damals dort vorfanden – die riesenhaften vergoldeten Schreine, die um den Sarkophag des Pharaos herumstanden, und die zahllosen Gegenstände, die sich überall in der Grabkammer stapelten.

Dann allerdings kam es zu einigen unvorhergesehenen Ereignissen, nicht zuletzt zu diversen juristischen Auseinandersetzungen, die dazu führten, dass Carter erst knapp zwei Jahre später, im Oktober 1925, Tutanchamuns Mumie in Augenschein nehmen konnte. Dort lag der Pharao – in einem Sarkophag, der sich in einem weiteren Sarkophag befand, und jener wiederum steckte in einem dritten. Die beiden äußeren waren aus mit Blattgold verkleidetem Holz gefertigt, der innere Sarkophag bestand aus massivem Gold und wog über 100 Kilo. Darin lag Tutanchamun. Seine Mumie trug eine goldene Totenmaske mit Einlagen aus Lapislazuli und blauem Glas, der Rumpf und die Beine unterhalb der Maske waren mit einer dicken Schicht Pech (Bitumen) bedeckt.[15]

Carter unternahm diverse vergebliche Versuche, Tutanchamun aus dem Sarg zu bekommen; einmal entzündete er sogar ein Feuer unter der Mumie. Am Ende beschloss er, sie an Ort und Stelle zu untersuchen. Die zurückhaltenden Formulierungen in seinem Tagebuch für den 11. November 1925 lassen seine

Howard Carter und ein Assistent untersuchen Tutanchamun

damaligen Gefühle erahnen: »Heute war ein großer Tag für die Geschichte der Archäologie und, wie ich hinzufügen möchte, für die Geschichte archäologischer Entdeckungen. Ein Tag von jenen, auf die man jahrelang hinarbeitet, wenn man viele Jahre gräbt, konserviert und aufzeichnet, stets in der Hoffnung darauf, dass das, was man bislang nur vermutet, sich endlich als Tatsache entpuppt.«[16] Carter und seine Assistenten brauchten neun Tage, um Tutanchamuns Mumie auszuwickeln und zu untersuchen, wobei sie sorgfältig alle Objekte verzeichneten, die in den Mumienbinden enthalten waren.

Wie eine Untersuchung des Skelettes ergab, war Tutanchamun noch recht jung gewesen, als er starb, wahrscheinlich zwischen 18 und 22 Jahre alt. In den vergangenen Jahren hat man sich wieder intensiver mit der Mumie beschäftigt, was zu neuen Theorien darüber geführt hat, wie Tutanchamun ums Leben gekommen war und warum er so jung sterben musste. Mithilfe modernster Technik sind dabei einige neue Aspekte rund um Tutanchamuns Leben und Tod ans Licht gekommen.

Im Jahr 2005 leitete Zahi Hawass, der ehemalige Generalsekretär der ägyptischen Altertümerverwaltung, eine Studie, bei der Tutanchamuns Mumie erstmals einer Computertomografie unterzogen wurde. Er fand heraus, dass Tutanchamun einen komplizierten Beinbruch erlitten hatte.[17] Möglicherweise entzündete sich dieser Bruch und führte zu seinem Tod; er starb also eventuell infolge eines Unfalls, bei dem er vom Streitwagen gefallen war. Manche Forscher waren dennoch der Meinung, dass er ermordet wurde.[18]

Im selben Jahr bat man drei unterschiedliche Teams forensischer Anthropologen, Tutanchamuns Gesicht zu rekonstruieren.[19] Die Ergebnisse fielen überraschend unterschiedlich aus: Das französische Team schrieb ihm weiblich anmutende Gesichtszüge zu, dem ägyptischen Team zufolge sah er eher etwas dicklich aus. Und die US-Amerikaner, denen man vorher nicht verraten hatte, wessen Gesicht sie da eigentlich rekonstruierten, warteten mit einer dritten Interpretation auf.

Im Jahr 2014 wurde eine weitere CT-Analyse durchgeführt, die sowohl unter Wissenschaftlern als auch in den Medien für viel Wirbel sorgte. Auf Basis von etwa 2000 Scans wurde eine virtuelle Autopsie durchgeführt, die ergab, dass Tutanchamun unter einer Vielzahl körperlicher Beschwerden gelitten hatte, unter anderem ein Klumpfuß, vorstehende Zähne und diverse Gendefekte.[20] Zudem gab es Anzeichen dafür, dass er an Malaria erkrankt war. Es ist also genauso gut möglich, dass er an Malaria starb und nicht an seinem Beinbruch.

Bereits 2010 untersuchte man die DNA von Tutanchamuns

Mumie, um mehr über seine Eltern und Großeltern zu erfahren. Die meisten Forscher glaubten, dass Tutanchamuns Vater der Pharao Echnaton war, obwohl beide in antiken Inschriften niemals zusammen auftauchten. Die DNA-Studien scheinen diese Vermutung zu bestätigen, auch wenn nach wie vor unklar ist, wer die Mutter gewesen ist – war Tutanchamun der Sohn von Nofretete oder nicht?[21] Da die Technologie weiter voranschreitet, bleibt zu hoffen, dass wir irgendwann ganz genau wissen, wer seine Eltern waren.

Tutanchamun und sein Grab geben auch heute noch Rätsel auf. Der Ägyptologe Nicholas Reeves und einige seiner Kollegen haben darauf hingewiesen, dass es so scheint, als seien viele von Tutanchamuns Grabbeigaben ursprünglich für jemand anderen gedacht gewesen, da sie Spuren anderer Königsnamen tragen. Eventuell trifft das auch auf die berühmte Goldmaske zu – vielleicht zwang Tutanchamuns plötzlicher Tod im jugendlichen Alter den Hofstaat, ihn mit Objekten zu begraben, die eigentlich gar nicht für ihn vorgesehen waren. Mag sein, dass dies sogar auf das Grab selbst zutrifft.[22]

Reeves' Theorie schaffte es 2015 in die Nachrichten, nachdem ein in Madrid ansässiges Unternehmen namens Factum Arte, das sich darauf spezialisiert hat, Repliken von Kunstwerken anzufertigen, hochauflösende Fotografien von den bemalten Wänden im Inneren des Tutanchamun-Grabs online gestellt hatte. Aufgenommen worden waren die Bilder im Rahmen des Vorhabens, in der Nähe des Grabes für Touristen eine Replik der Grabkammer aufzustellen.[23] Das Originalgrab hatten die modernen Besucher inzwischen stark beschädigt, teils unfreiwillig, durch die Feuchtigkeit ihres Atems, teils aber auch vorsätzlich durch Kritzeleien an den Wänden (genau wie im Falle der steinzeitlichen Höhlenmalereien von Altamira, Lascaux und

Chauvet in Frankreich und Spanien, wie wir in einem späteren Kapitel sehen werden).[24]

Factum Arte hatte auch die Wandflächen unter den gemalten Szenen gescannt und gepostet, und als Nicholas Reeves sich diese Bilder anschaute, entdeckte er, fast wie Howard Carter ein Jahrhundert vor ihm, »wunderbare Dinge«: Reeves glaubte, hinter den Malereien an der Nord- und Westwand der Grabkammer die Umrisse zweier versteckter Türöffnungen gesehen zu haben. Gab es etwa weitere Kammern, die noch niemand entdeckt hatte? Und die vielleicht sogar die sterblichen Überreste der Nofretete bargen?[25] Die ägyptischen Behörden fackelten nicht lange und überprüften Reeves' Hypothese. Ein Spezialist aus Japan namens Hirokatsu Watanabe wurde eingeflogen, der die Bereiche hinter den zwei Wänden der Grabkammer mit einem Hightech-Georadarsystem scannte. Ein Georadar funktioniert wie ein herkömmlicher Radar, ist aber in der Lage, Gegenstände im Erdboden oder eben auch hinter einer Mauer zu identifizieren. Anfang 2016 gab es erste Ergebnisse, und sie waren positiv: Hinter beiden Wänden schien sich je eine weitere Kammer zu befinden, und beide Kammern enthielten möglicherweise metallene und organische Objekte. Eine zweite Scan-Aktion, die im März 2016 von einem Team der National Geographic Society durchgeführt wurde, brachte jedoch Ernüchterung – es war »nicht möglich, den Befund zu bestätigen«, und die Resultate des ersten Scan-Vorgangs musste angezweifelt werden.[26] Diese Situation illustriert sehr schön, wie selbst die Ergebnisse der besten High-Tech-Geräte noch durch handfestes Ausgraben bestätigt werden müssen (wie wir ebenfalls in einem späteren Kapitel bei weiteren Fällen andernorts sehen werden). Was Tutanchamun angeht, müssen wir auf weitere Ergebnisse und eine entsprechende, durch Kollegen begutachtete Publikation warten.

Tutanchamun und sein Grab schlagen auch heute, fast hundert Jahre nach ihrer Entdeckung, noch Wellen. Sie sind das berühmteste Beispiel für die Faszination und den Reiz, der von der Archäologie ausgeht, und dafür, welche Überraschungen sie mitunter bereithält. Meiner Erfahrung nach ist die Archäologie überhaupt eine Disziplin der kleinen und großen Überraschungen, und wie wir sehen werden, trägt jeder Fortschritt in Wissenschaft und Technik zu solchen Entdeckungen bei.

TEIL 1
DIE ANFÄNGE DER ARCHÄOLOGIE UND DIE ERSTEN ARCHÄOLOGEN

1

ASCHE ZU ASCHE IM ANTIKEN ITALIEN

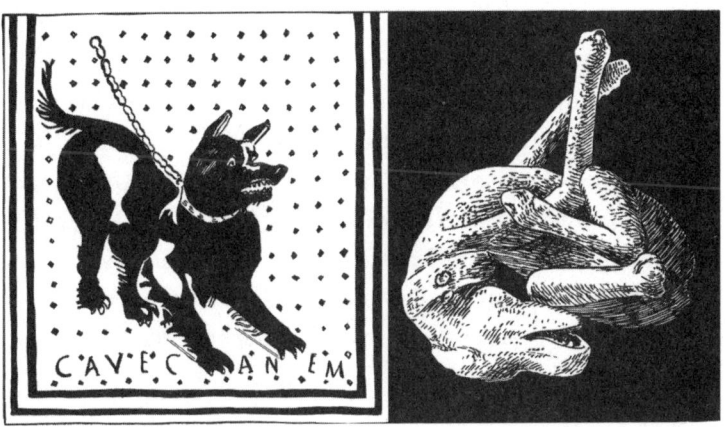

Im Jahr 1752, 170 Jahre bevor Carter das Grab Tutanchamuns in Ägypten entdeckte, fanden Archäologen in Italien 300 antike Papyrusrollen. Die Rollen lagen in einer römischen Villa, die innerhalb der Ruinen einer Stadt im Schatten des Vesuvs nahe Neapel ausgegraben wurde. Die Stadt hieß Herculaneum und war bei einem Vulkanausbruch am 24. August 79 n. Chr. verschüttet worden. Die Papyrusrollen gehörten zur römischen Privatbibliothek des Hauses, das seither passenderweise als »Villa dei Papiri« bekannt ist und möglicherweise vom Schwiegervater des Julius Caesar erbaut wurde. Als man die intakten Papyrusrollen vor über 250 Jahren ausgrub, bewahrte man sie auf, obwohl sie komplett verkohlt waren und viel zu zerbrechlich, um sie zu entrollen.[1]

Jahrhundertelang glaubte man, die Rollen seien lediglich

eine Kuriosität – sahen sie doch nach wenig mehr aus als nach Klumpen aus verkohltem Holz. Doch seit 2009 sind Papyrologen (Forscher, die sich mit Papyrusrollen und -fragmenten beschäftigen) in der Lage, Teile der Schrift auf diesen Papyri zu entziffern, und zwar ohne sie entrollen zu müssen.[2] Mithilfe konzentrierter Röntgenstrahlen können sie den minimalen Kontrast zwischen dem verkohlten Papyrus und der antiken (und ebenfalls kohlenstoffbasierten) Tinte sichtbar machen und so einzelne Buchstaben erkennen.[3] Dabei hilft den Papyrologen der Umstand, dass die Tinte geringe Mengen an Blei zu enthalten scheint.[4] Falls diese Technologie weitere Fortschritte macht, werden wir vielleicht eines Tages in der Lage sein, den gesamten Text aller Rollen aus der Villa dei Papiri zu lesen. Das wäre schon deshalb eine Sensation, weil es gut möglich ist, dass die Bibliothek des wohlhabenden Hausbesitzers Bände wie die verschollenen Bücher von Livius' *Römischer Geschichte* beinhaltete.[5]

Die Ruinen des benachbarten Pompeji waren bereits anderthalb Jahrhunderte vorher entdeckt worden: Im Jahr 1594 stießen Arbeiter, die einen Bewässerungsgraben anlegten, zufällig auf die Ruinen der antiken Stadt – doch sie gruben sie wieder ein, und vorerst kümmerte sich niemand darum. So kam es, dass ab 1709 zunächst Herculaneum ausgegraben wurde. Um diese Jahreszahl ein wenig in Perspektive zu setzen: Benjamin Franklin war damals erst drei Jahre alt, Johann Sebastian Bach war Mitte zwanzig. In Europa tobte der Spanische Erbfolgekrieg. Anne Stuart saß auf dem Thron des gerade erst durch den Zusammenschluss von England, Wales und Schottland entstandenen Königreichs Großbritannien. Und es sollte noch fast sechzig Jahre dauern, bis Kapitän James Cook in Australien landete.

Es waren die ersten archäologischen Ausgrabungen in Europa, ja überhaupt auf der Welt. Für gewöhnlich schreibt man dieses

Verdienst einem Mann namens Emmanuel Maurice de Lorraine, Herzog von Elbeuf, zu, der zu jener Zeit in der Nähe von Neapel lebte und als Erster in Herculaneum Tunnel graben ließ. De Lorraine hatte das ganze Gelände gekauft, nachdem dort einige Stücke antiken Marmors aufgetaucht waren.[6] Zufällig gruben sich seine Arbeiter als Erstes direkt in das römische Theater von Herculaneum hinein. Von dort holten sie eine ganze Reihe antiker Marmorstatuen ans Licht; die meisten wanderten zum Landgut des Herzogs, wo sie als Dekorationsobjekte dienten, manche tauchten bald anderswo in Europa auf, ein paar auch in Museen. Es war nicht ganz das, was wir heute unter Archäologie verstehen, sondern eher eine Art Plünderung – niemand kam auf die Idee, irgendetwas schriftlich festzuhalten. Vor allem aber ging es eher darum, ein paar hübsche Kunstschätze aus dem Altertum zu bergen, als etwas über den Kontext in Erfahrung zu bringen, in dem man sie gefunden hatte.

Immerhin begann man bereits wenige Jahrzehnte später in Herculaneum – und später auch im benachbarten Pompeji – mit fachmännischen Ausgrabungen. Sie markieren den Anfang dessen, was wir heute als »Archäologie der Alten Welt« bezeichnen oder, was in diesem Fall etwas präziser ist, als »Klassische Archäologie« (so nennt man die Erforschung dessen, was uns die alten Griechen und Römer hinterlassen haben). Die methodische Archäologie lässt sich größtenteils auf die Bemühungen eines Mannes zurückführen: Johann Joachim Winckelmann, der allenthalben als Vater der Klassischen Archäologie gilt und der sich als erster Wissenschaftler überhaupt eingehend mit den Artefakten aus Herculaneum und Pompeji befasste.[7]

Im Laufe des 18. und bis ins 19. Jahrhundert hinein wuchs die Bedeutung der Archäologie als wissenschaftliche Disziplin. In diesem Zusammenhang sollte man darauf hinweisen, dass

Winckelmanns Wirken in die Zeit der Aufklärung fiel, die etwa zur selben Zeit wie die Ausgrabungen in Herculaneum begann und wenig später ganz Europa erfasste. Das ebenso plötzliche wie nachhaltige Interesse an der Archäologie und der Antike ist wenig überraschend, bedenkt man den zeitgenössischen Kontext: Es war eine Epoche, in der diverse Wissenschaften große Fortschritte machten, in der zahlreiche öffentliche Museen und Privatsammlungen entstanden, in der Darwinismus und Sozialdarwinismus ihren Anfang nahmen und in der die Europäer einen Großteil der Erde eroberten und kolonialisierten.

Wie wir heute wissen, wurden durch den Ausbruch des Vesuvs im Jahr 79 n. Chr. Herculaneum, Pompeji, Stabiae und mehrere weitere antike Städte zerstört und unter der Vulkanasche begraben. Allein in Pompeji starben über 2000 Menschen, in Herculaneum und anderen Städten der Region war die Zahl der Opfer noch höher.[8] Einige dieser Städte waren mondäne Badeorte in der Bucht von Neapel, wo sich wohlhabende Einwohner Roms Ferienhäuser gebaut hatten, in denen sie freie Tage und den Sommer verbrachten. In dieser Hinsicht hat sich in der Region bis heute nicht viel geändert: Die Bucht von Neapel ist noch immer ein beliebtes Touristenziel.

Es gab auch Augenzeugen, die den Vesuvausbruch überlebten, zum Beispiel den 17-jährigen Plinius den Jüngeren, einen Neffen (und Adoptivsohn) des berühmten Naturforschers Plinius des Älteren. In zwei Briefen an den römischen Historiker Tacitus, der ihn um einen solchen Bericht gebeten hatte, schildert Plinius die Katastrophe. Er schreibt von dunklen Wolken, Blitzen, Feuer und Staub, viel, viel Staub, in der benachbarten Stadt Misenum. Von einer alles einhüllenden Dunkelheit, wie in einem Zimmer ohne Fenster, in dem jemand die Lampen gelöscht hat. Er schreibt, er habe Frauen und Kinder weinen und Männer schreien gehört. Bald wurde es heller, so Plinius, aber

1 Asche zu Asche im antiken Italien 41

Der Vesuv, durch einen Bogen in Pompeji gesehen

nur deshalb, weil sich das Feuer weiter ausbreitete und nach und nach die ganze Stadt erfasste. Und dann wurde es wieder dunkel und ein schier unaufhörlicher Ascheregen ging auf die Gebäude und Straßen nieder. Hätten er und seine Begleiter sich nicht ständig die Asche von den Kleidern geklopft, wären sie irgendwann komplett darunter begraben worden.[9]

Es war eine interessante – und wichtige – Epoche in der römischen Geschichte. Mehr als hundert Jahre zuvor war mit der Ermordung Julius Caesars 44 v. Chr. der Wechsel von der Römischen Republik zum Kaiserreich eingeläutet worden. 27 v. Chr. war Augustus als erster römischer Kaiser an die Macht gekommen und hatte die julisch-claudische Dynastie begründet. Als 79 n. Chr. der Vesuv ausbrach, saß Kaiser Titus auf dem Thron, der der nachfolgenden flavischen Dynastie angehörte.

Die Ausgrabungen in Pompeji begannen im Jahr 1750, fast zur selben Zeit, als man die verkohlten Papyrusrollen in Herculaneum fand. Auch in Pompeji war an jenem Vormittag Ende August 79 n. Chr. die Zeit stehen geblieben: Mit Geschirr und Lebensmitteln gedeckte Tische luden zu einer Mahlzeit ein, die niemand mehr essen sollte. Tote lagen in den Straßen – ganze Familien hatten zusammen Schutz gesucht, hier und da lagen einzelne Personen, deren Hände ein paar Schmuckstücke umklammerten.

Die Katastrophe, die Pompeji heimsuchte, brachte alles Leben in der Stadt abrupt zum Stillstand. Asche und Bimsstein vermengten sich mit dem einsetzenden Regen und ergaben ein zementartiges Gemisch, das bald aushärtete. Wer aus der Stadt geflohen war und später zurückkehrte, um seine Habseligkeiten zu retten, hatte kein Glück. Viele Dutzend Menschen sowie die Stadt selbst wurden begraben. Im Laufe der Zeit zerfielen alle verderblichen Materialien – Holz, Brot, menschliche Körper – und ließen Hohlräume in der exakten Form dessen zurück, was einst vom Aschegemisch eingeschlossen worden war.

Im Jahr 1863 fand der italienische Archäologe Giuseppe Fiorelli, der damals die Ausgrabungen in Pompeji leitete, heraus, was es mit diesen Hohlräumen auf sich hatte. Ihm wurde klar, dass er und seine Mitarbeiter die Hohlräume behandeln konnten wie Bildhauer, die mit dem Wachsausschmelzverfahren arbeiten, um Bronzestatuen zu gießen.[10] Sobald seine Mannschaft nun bei ihren Ausgrabungen auf einen solchen Hohlraum stieß, ließ Fiorelli diesen mit Gips ausgießen. Nachdem man die Asche abgetragen hatte, blieb von dem, was sich dort einst befunden hatte, ein exaktes Gipsduplikat übrig. So rekonstruierten sie zahlreiche Körper, darunter ganze, zusammengekauert daliegende Familien, sowie diverse organische Dinge wie hölzerne Tische und andere Möbel, ja sogar einzelne Laibe Brot.[11] Auch Haustiere gehörten dazu, unter anderem ein Hund, der noch immer dort lag, wo sein Herrchen ihn angekettet hatte; die Gliedmaßen waren völlig verdreht, und man konnte im Gipsabguss deutlich sein Halsband erkennen.

So gut Fiorellis Methode funktionierte, um Gegenstände wie Holzmöbel oder Brotlaibe zu rekonstruieren, sie hatte eine entscheidende Schwachstelle: Wenn man den Hohlraum eines menschlichen Körpers mit Gips ausgoss, blieb alles, was nach dem Zerfall der sterblichen Überreste in diesem Hohlraum erhalten war, wie Knochen oder Artefakte, im Gipsabguss stecken. Eine Lösung bestand darin, statt Gips ein transparentes Material wie Kunstharz zu verwenden. Dieser Prozess ist jedoch um einiges kostspieliger und wurde bislang nur bei einem einzigen Opfer des Vesuvausbruchs angewendet: 1984 bei der sogenannten Toten von Oplontis. So wissen wir, dass sie Goldschmuck und eine Haarnadel trug.[12]

Später kamen die Archäologen auf die Idee, die von Fiorelli und seinen Mitarbeitern angefertigten Gipsabgüsse noch einmal neu zu untersuchen, um herausfinden, was an Knochen und anderen Gegenständen in ihnen enthalten war. Im September 2015 begann ein Team aus unterschiedlichen Spezialisten wie Radiologen, Archäologen und Anthropologen damit, die Gipsabgüsse diversen Analysen zu unterziehen, mithilfe von Laser-Bildgebung, Computertomografie und DNA-Proben. Insbesondere die CT-Scans ergaben faszinierende neue Details, etwa bei einem vierjährigen Jungen, der zusammen mit seinen Eltern und einem jüngeren Geschwisterkind den Tod fand. Man sieht deutlich, welch große Angst er zum Todeszeitpunkt hatte, auch wenn nach wie vor nicht ganz klar ist, woran genau er gestorben ist. Die Scans zeigen, dass viele der Opfer Kopfverletzungen erlitten hatten, vielleicht von einstürzenden Gebäudeteilen oder herabfallendem Gestein, und dass die Opfer aus allen Teilen der Bevölkerung stammten. Bis dahin dachte man, dass es nur die ganz jungen, alten und kranken Einwohner Pompejis nicht mehr geschafft hatten, die Stadt zu verlassen.[13]

Anders als Pompeji wurde Herculaneum von einer schnell fließenden, 10 Meter hohen Schlammwelle heimgesucht, die die Stadt komplett unter sich begrub. Geologen nennen einen solchen Schlammstrom einen Lahar; auch in der jüngeren Vergangenheit gab es solche Lahare bei Vulkanausbrüchen, 1985 in Kolumbien und 1991 auf den Philippinen.[14] Der Schlammstrom konservierte große Teile von Herculaneum, und die Archäologen fanden es genauso vor, wie es 79 n. Chr. zurückgelassen worden waren. Bei manchen Häusern steht sogar noch das zweite Stockwerk (was bei archäologischen Ausgrabungen so gut wie nie vorkommt), und viele Wände sind noch immer mit Malereien und bunten Fliesen dekoriert. Sogar ein paar Gegenstände aus Holz haben überlebt, darunter Dachbalken, Türen, Betten und eine Wiege.[15]

Zunächst glaubte man, den Bewohnern von Herculaneum sei es gelungen, aus der Stadt zu fliehen. Doch bei Ausgrabungen im Jahr 1981 und bei weiteren in den 1990er-Jahren fand man die Überreste von 300 Leichen in mehreren Gebäuden, die die Archäologen für Bootshäuser am ehemaligen Ufer halten. Vermutlich warteten diese Menschen auf ihre Evakuierung und wurden auf einen Schlag getötet, als der Vulkanausbruch eine Hitzewelle von über 500 °C durch die Gegend schickte. Durch die Hitze und die nachfolgende heiße Asche wurden diese Leute buchstäblich bei lebendigem Leib gegrillt, Haut und innere Organe verbrannten. Zurück blieben nur die Skelette, man sah noch, wie sie sich in Todesqual gewunden hatten.[16]

Wie in Herculaneum wurden auch in Pompeji viele Häuser durch die Folgen des Vesuvausbruchs konserviert: Hier wurden sie unter einer mehrere Meter hohen Schicht aus Asche und

Bimsstein begraben. Eines der bekanntesten ist das »Haus des Fauns«, so benannt nach der Bronzestatue, die im Innenhof des Hauses inmitten eines großen Beckens stand, das dazu diente, Regenwasser zu sammeln. Die Statue stellt einen Faun dar – eine Satyrgestalt mit Hörnern und einem Schwanz, die für gewöhnlich die Doppelflöte spielt.

Zu diesem Haus gehörte auch ein aufwendig gestalteter Garten mit verschiedenen Bäumen und Pflanzen. Der Vulkanausbruch begrub mehrere solcher Ziergärten, in Pompeji wie auch in Herculaneum. Als Archäologen wie Wilhelmina Jashemski von der University of Maryland im Jahr 1961 begannen, speziell jene Bereiche behutsam auszugraben, entdeckten sie in den Gärten die Wurzelhohlräume des früheren Pflanzenbestands. Da sich dadurch die bei jeder Pflanzenart unverwechselbaren Wurzeln rekonstruieren ließen, waren die Forscher in der Lage aufzuzeigen, wie die Gärten damals ausgesehen hatten. In einem Fall ließ sich sogar der Grundriss eines ganzen Weinbergs nachzeichnen.[17]

Nach 300 Jahren, in denen fast ununterbrochen ausgegraben wurde, haben die Archäologen einen Großteil des antiken Pompeji freigelegt, wenn auch längst nicht alles. Wir kennen den Stadtplan von Pompeji heute so gut, dass wir wissen, in welchen Teilen die wohlhabenderen Einwohner angesiedelt waren und wo die Mittel- und Unterschicht hauste.[18] Heute können sich Touristen die unterschiedlichen Stadtviertel und ihre Gebäude anschauen – Thermen, Gerbereien, Ladengeschäfte und diverse Wohnhäuser. 2014 verkündete Dr. Steven Ellis, er habe mit seinem Archäologen-Team von der University of Cincinnati bei Grabungen nahe der Porta Stabia, einem der Haupttore der Stadt, zehn Häuser mit zwanzig Ladenfronten entdeckt, die Speisen und Getränke verkauft oder serviert hatten. Ein solches bauliches Arrangement scheint typisch für Pompeji gewesen zu sein; auch in vielen Privathäusern war zur Straße hin ein Laden untergebracht.[19]

Doch was aßen und tranken die Pompejanerinnen und Pompejaner? Um das herauszufinden, gibt es viele Möglichkeiten – Ellis und sein Grabungs-Team untersuchten zu diesem Zweck diverse Latrinen, Abflussrohre und Sickergruben. Beim Gedanken, an solch einem Ort zu graben, mag sich manch einer angewidert abwenden. Aber das, was Archäologen dort finden, ist für sie manchmal mehr wert als Gold und Edelsteine: dann nämlich, wenn sie daraus rekonstruieren können, wie die Einwohner einer Stadt vor 2000 Jahren gelebt haben. In früheren Zeiten, als es noch keine zentrale Müllabfuhr gab, warfen Stadtbewohner ihre Abfälle meist in die Latrinen, und genau dort werden Archäologen heute fündig.

So auch in Pompeji. Ellis und sein Team fanden Spuren von »Getreide, Obst, Nüssen, Oliven, Linsen, regionalem Fisch und Hühnereiern sowie ein paar wenige Hinweise auf teureres Fleisch und Salzfisch aus Spanien«. Im Abflussrohr eines Hauses, das etwas zentraler lag und wohlhabenderen Menschen gehörte, entdeckten sie Überreste von »Schalentieren, Seeigeln und echten Delikatessen, wie das Kniegelenk einer geschlachteten Giraffe«.[20] So erhalten wir nicht nur Hinweise darauf, was die Pompejaner zur Zeit des Vesuvausbruchs aßen, sondern die Funde bestätigen zugleich die (wenig überraschende) Tatsache, dass Einwohner, die verschiedenen gesellschaftlichen Schichten angehörten, unterschiedliche Dinge aßen.

Ellis und die anderen Archäologen von der University of Cincinnati führten im Rahmen ihrer Ausgrabungen in Pompeji auch ein paar technische Neuerungen ein. So gehörten sie 2010 zu den Ersten, die vor Ort mit dem iPad arbeiteten, um Daten zu erheben und Fotos zu machen. Dazu verwendeten sie diverse

1 Asche zu Asche im antiken Italien

Straße in Pompeji

handelsübliche Apps, die sie aber teilweise modifizierten, um sie für ihre Zwecke besser nutzen zu können. Am Ende luden sie bereits Ergebnisse auf die Server in Cincinnati hoch, während sie sich noch vor Ort bei der Ausgrabung befanden.[21] Und das zu einer Zeit, in der bei unzähligen Ausgrabungen in aller Welt die Datensätze noch immer in Papierformulare eingetragen werden, hier und da in dreifacher Ausfertigung, um nach der Grabungssaison per Fotokopierer vervielfältigt zu werden.

In einigen der vornehmeren Wohnhäuser in Pompeji waren die Fußböden mit Mosaiken verziert. Im »Haus des Fauns« zum Beispiel fand man ein Bodenmosaik mit einer berühmten Szene, in der Alexander der Große entweder 333 oder 331 v. Chr. gegen den Perserkönig Dareios III. kämpft. Das »Haus des tragischen Dichters« besitzt im Eingangsbereich ein Bodenmosaik, auf dem ein schwarz-weißer Hund (welcher Rasse, ist nicht ganz klar) mit rotem Halsband dargestellt ist. Unter seinen Pfoten steht *cave canem* – das ist Lateinisch für »Warnung vor dem Hund«.

Im Inneren anderer Häuser sind sogar noch die antiken Wandmalereien erhalten. In der »Villa der Mysterien« gibt es einen kleinen Raum, eventuelle ein Speisezimmer, dessen vier Wände mit Szenen bemalt sind, die man als Darstellung des Mysterienkultes des Dionysos interpretiert hat; möglicherweise zeigen sie einen Initiationsritus, mit dem eine junge Frau in den Kult eingeführt wird.[22] Andere Wohnhäuser schmücken gemalte Szenen mit Tänzerinnen, Familienporträts, Bilder von Früchten und diversen anderen Gegenständen. In mancherlei Hinsicht unterscheidet sich dies nicht allzu sehr von den Bildern und Fotos, die wir uns heute zu Hause an die Wände hängen.

Auch die Außenseiten der Gebäude wurden bemalt, zum Beispiel mit Werbe- und Wahlkampfsprüchen – die Häuserwände waren vor 2000 Jahren so etwas wie die sozialen Medien.[23] Die Slogans wurden so platziert, dass Passanten auf der Straße oder Kunden der Geschäfte gegenüber sie gut sehen konnten. Man hat Werbung für einen Gladiatorenwettkampf vom 8. bis 12. April gefunden (für welches Jahr, wissen wir nicht) und Ankündigungen für die Markttage in verschiedenen Städten – anscheinend fand samstags in Pompeji ein Wochenmarkt statt, freitags in Rom und an den anderen Tagen in den Städten Nuceria, Atella, Nola, Cumae und Puteoli.

An der Außenwand einer Gaststätte hatte jemand die Getränkekarte mit Preisen aufgemalt, fast so, wie wir das heute gewohnt sind. Der Wirt warb mit den Worten: »Hier bekommst du einen Becher Wein für einen As [Münze von geringem Wert], einen Becher besseren Wein für zwei, einen Becher Falerner für vier.« An einem anderen Laden stand geschrieben, dass jemand von dort einen Kupferkessel gestohlen habe und dass auf denjenigen, der ihn zurückbringe oder der Hinweise auf den Dieb habe, eine Belohnung warte.

Außerdem hat man Hunderte Wahlkampfsprüche und -graffiti

entdeckt. Zu den interessanteren zählt die Aufforderung: »Ich bitte euch, Marcus Cerrinius Vatia zum Ädil zu wählen; all jene, die die ganze Nacht lang zechen, unterstützen ihn.« Wohl für denselben Kandidaten sprach sich noch eine andere Klientel aus: »Die Kleinganoven unterstützen Vatias Bewerbung zum Ädil.« Ob er gewonnen hat, werden wir leider nie erfahren.

Pompeji und Herculaneum waren nicht nur die ersten antiken Stätten, die jemals ausgegraben wurden, dort finden auch heute, fast 300 Jahre später, noch immer Ausgrabungen statt. Man könnte daher die Geschichte der Archäologie und ihrer technologischen Fortschritte allein anhand dieser zwei Ausgrabungsstätten verfolgen. Von den rudimentären Bemühungen der ersten Jahrzehnte, die kaum mehr als Plünderungen waren, über die Rekonstruktion zerfallener Leichname und Holzmöbel mithilfe von Gips bis hin zu den heutigen Hightech-Methoden mit CT-Scans, Röntgengeräten, Laser-Bildgebungsverfahren, DNA-Analysen und der Felddokumentation direkt auf dem iPad, das die Daten in die Cloud schickt – die Ausgrabungen in Pompeji und Herculaneum zeigen beispielhaft, wie weit die Archäologie in den vergangenen drei Jahrhunderten gekommen ist.

Auch bei der Konservierung und Erhaltung ausgegrabener Stätten hat man Fortschritte gemacht, was manche dieser Standorte zu regelrechten Touristenmagneten werden ließ. Vielerorts können heute nicht nur Archäologen, sondern auch ganz normale Besucher einen Blick darauf werfen, wie man vor 2000 Jahren lebte – und immer wieder feststellen, dass sich die damalige Welt von der unseren im Grunde nicht so sehr unterschied. Mag sein, dass wir mit unseren iPads, Handys und dem WLAN heute technologisch weiter sind als die alten Römer, aber die moderne Bauweise der Häuser in jener italienischen Region unterscheidet sich nicht sonderlich von der damaligen, und es kommen immer noch ganz ähnliche Lebensmittel auf den Tisch. Es gibt auch heute noch Wahlkampfslogans und noch immer geht man zum Laden um die Ecke. Gaststätten servieren immer noch Wein, und Ladenbesitzer klagen über Diebstähle. Die Leute haben die gleichen Haustiere, sie tragen Schmuck, essen von Tellern und benutzen zahlreiche Utensilien, die denen ihrer Vorfahren ähneln.

Auch wenn Pfauenzungen heute keine Delikatesse mehr sind und es sicherlich kaum noch jemanden gibt, der seine Kleidung mit Urin reinigt, so lässt sich doch eine ganz wichtige Lehre aus diesen Ausgrabungen ziehen, nämlich, dass die Bewohner der Antike aus den Ländern rund ums Mittelmeer uns in vielerlei Hinsicht gar nicht so fremd sind.[24] Und falls wir jemals in der Lage sein werden, die Papyrusrollen aus der »Villa dei Papiri« zu entziffern, werden wir vielleicht sogar feststellen, dass sich auch eine antike Privatbibliothek nicht allzu sehr von dem unterscheidet, was wir heute zu Hause im Bücherregal haben.

2
AUF DER SUCHE NACH TROJA

Eines Morgens im Mai 1873 schlich Heinrich Schliemann um den Hügel im Nordwesten der Türkei herum und sah seinen Arbeitern beim Graben zu. Er war sich sicher, dass sie gerade dabei waren, das antike Troja auszugraben, aber es war ihm noch nicht gelungen, die letzten Zweifler davon zu überzeugen.

Plötzlich bemerkte er, wie einer der Arbeiter einen kupfernen Topf freilegte, hinter dem es golden glitzerte. Sofort wies er den Mann an, alles stehen und liegen zu lassen, und zusammen mit seiner Frau Sophia »schnitt ich den Schatz mit einem grossen Messer heraus, was nicht ohne die allergrösste Kraftanstrengung und die furchtbarste Lebensgefahr möglich war, denn die grosse Festungsmauer, welche ich zu untergraben hatte, drohte jeden Augenblick auf mich einzustürzen«.[1]

Sophia sammelte die Objekte, die sie bargen, in einem Tuch

und trug sie ins Haus, wo das Ehepaar die Gegenstände nach und nach katalogisierte. Schnell wurde den beiden klar, was sie da gefunden hatten: einen regelrechten Königsschatz. Goldene Halsketten, Fingerringe und Ohrgehänge, zwei Diademe, ein Stirnband, sechzig Ohrringe und an die 9000 kleinere Schmuckstücke. Zudem Tassen, Schüsseln und andere Behälter, wiederum aus Gold, aus Silber und Elektrum, darunter eine Sauciere aus massivem Gold – eines von nur zwei je gefundenen Exemplaren – und ein goldenes Gefäß in Form eines Granatapfels. Doch das war längst nicht alles: Sie fanden zudem einen Schild und eine Vase aus Kupfer, 13 Speerspitzen, 14 Streitäxte, diverse Dolche, ein Schwert und viele weitere Gegenstände aus Kupfer oder Bronze, steinerne Griffe, die einst wahrscheinlich zu Bronzeschwertern gehört hatten, sowie eine Vielzahl anderer Objekte, die noch nie zuvor zusammen gefunden worden waren.[2]

Schliemann und seine Frau verpackten all diese Dinge in Holzkisten, luden die Kisten auf ein Boot und schmuggelten den Schatz nach Athen, in die Stadt, in der sie damals wohnten. Dort legte Sophia eine Vielzahl der Schmuckstücke an, die sie gefunden hatten, und ließ sich solchermaßen ausstaffiert fotografieren – bis heute gehört dieses Foto zu den bekanntesten Bildern aus der Welt der Archäologie. Schliemann seinerseits verkündete der Weltöffentlichkeit, er habe den legendären Schatz des Priamos gefunden. Seine Entdeckung machte ihn mit einem Schlag weltberühmt, und seither ist die Geschichte rund um den Fund dieses Schatzes immer wieder und immer detaillierter nacherzählt worden.[3] Aber stimmt sie überhaupt? Und hatte Schliemann tatsächlich Troja entdeckt?

Was wir über den Trojanischen Krieg wissen, das wissen wir in erster Linie aus der *Ilias*, die der griechische Dichter Homer niedergeschrieben hat; ein paar weitere Details liefern einige

2 Auf der Suche nach Troja 53

Mauer aus Troja VI

weniger bekannte Dichter, deren Werke man als *Epischer Zyklus* zusammenfasst.[4] Man muss stets bedenken, dass die Geschehnisse, die in diesen Dichtungen beschrieben werden, wahrscheinlich in der späten Bronzezeit stattfanden, eventuell im 13. oder 12. Jahrhundert v. Chr., dass Homer & Co. aber erst ein halbes Jahrtausend später darüber schrieben.

Laut Homer führten die Griechen und die Troer zehn Jahre lang Krieg gegeneinander. Anlass war eine Frau namens Helena, die Gattin des Menelaos, dem Herrscher eines kleinen Königreichs oder Stadtstaats im Süden des griechischen Festlands. Menelaos' mächtiger Bruder Agamemnon regierte in Mykene, jener Stadt, von der sich die Bezeichnung »Mykener« ableitet – so nennen Archäologen die Griechen dieser Zeit.

Eine Delegation aus Troja, einer wichtigen Hafenstadt im Nordwesten der heutigen Türkei, die den Handel nach Osten und Norden kontrollierte, stattete Menelaos einen Besuch ab. Zur Delegation gehörte ein Mann namens Paris (hin und wieder auch als Alexander bezeichnet), der Sohn von König Priamos von Troja. Als die Troer wieder nach Hause fuhren, begleitete Helena sie – die Troer behaupteten, sie sei freiwillig mitgekommen, weil sie sich in Paris verliebt habe; die Griechen bestanden darauf, man habe sie entführt. Unter der Führung von Agamemnon, Menelaos und anderen mykenischen Helden wie Odysseus und Achilleus entsandten die Griechen eine riesige Flotte, um Troja zu belagern und Helena zurückzuholen. Dies gelang ihnen erst nach zehn langen Jahren, und selbst dann auch nur durch einen Trick – dem Trojanischen Pferd. Am Ende zerstörten die Griechen Troja, brannten es nieder und kehrten mitsamt ihrer Helena nach Hause zurück.

So reich an Details diese Geschichte bei Homer auch ist: Die Forschung ist sich nach wie vor nicht sicher, ob sie historisch begründet ist. Hat der Krieg um Troja wirklich stattgefunden? Und kann die Archäologie Beweise dafür finden? Ich denke, die Antwort auf beide Fragen lautet Ja. Tatsächlich haben wir konkrete Hinweise darauf, dass der Krieg ein echtes historisches Ereignis war, das um 1184 v. Chr. herum stattfand – einer Zeit, in der die mykenische Kultur und die gesamte Welt der späten Bronzezeit einen abrupten Niedergang erlebte. Vielleicht war der Trojanische Krieg nur Teil einer viel umfassenderen Katastrophe.[5]

Dabei waren sich sogar die alten Griechen uneins darüber, ob es diesen Krieg um Troja nun gegeben hatte oder nicht, und wenn ja, wann genau er stattgefunden hatte. Im Europa des 19. Jahrhunderts zeigten sich die meisten Altertumswissenschaftler überzeugt davon, dass der Trojanische Krieg Fiktion war, etwas, das Homer sich ausgedacht hatte. Als der Amateur-Archäologe Heinrich Schliemann beschloss, sich auf die Suche nach Troja zu machen, konnten die meisten zeitgenössischen Gelehrten über sein Vorhaben daher nur den Kopf schütteln.

Trotz allem war Schliemann wild entschlossen, Troja zu finden und zu beweisen, dass der Trojanische Krieg ein reales Ereignis gewesen war. Viel später sollte Schliemann behaupten, er habe diesen Entschluss bereits 1829 getroffen, im Alter von sieben Jahren. Sein Vater habe ihm damals zu Weihnachten ein Buch geschenkt, in dem eine künstlerische Interpretation des aus dem brennenden Troja fliehenden Aeneas abgebildet war, inklusive der enormen Mauern, die die Mykener zehn Jahre lang belagert hatten. Laut Überlieferung machte sich Aeneas später nach Italien auf, wo seine Nachkommen Romulus und Remus die Stadt Rom gründeten. Schliemann erzählte, als er dieses Bild sah, habe er beschlossen, Troja zu finden. »Vater«, erklärte er, »wenn solche Mauern einmal dagewesen sind, so können sie nicht ganz vernichtet sein, sondern sind wohl unter dem Staub und Schutt von Jahrhunderten verborgen.« Am Ende, so Schliemann, »kamen wir überein, dass ich dereinst Troja ausgraben sollte.«[6] Viele Forscher haben dies als Anekdote abgetan, da Schliemann es erst relativ spät in seinem Leben erwähnte, obwohl er zahlreiche Bände mit Tagebüchern, Notizen, Briefen und andere Schriften vom Beginn seiner Karriere hinterlassen hat.[7] Schliemann war Mitte vierzig, als er genug verdient hatte, um in den Ruhestand zu gehen und von seinem Vermögen zu leben – den Rest seines Lebens verbrachte er damit, Hinweise auf Troja und den Trojanischen Krieg zu finden. Die eher zweifelhaften Mittel und Wege, mit denen sich Schliemann seinen Reichtum erworben hatte, zeigen allerdings, dass er nicht unbedingt jemand war, auf dessen Wort man allzu viel geben konnte – sei es im Beruflichen oder im Privatleben.

Ein Beispiel für Schliemanns Verhalten ist für uns hier besonders relevant, weil es direkt mit seiner »Entdeckung« von Troja zu tun hatte – und, ja, man sollte das Wort »Entdeckung« hier definitiv in Anführungszeichen setzen. 1868 reiste Schliemann zunächst nach Griechenland und dann weiter in die Türkei. Später erzählte er, er sei mit der *Ilias* in der Hand im Nordwesten der Türkei herumgereist und habe nach einem Ort gesucht, der klein genug war, dass Achilleus Hektor mehrmals darum herum gejagt haben konnte, und der über heiße wie auch kalte Quellen verfügte, ganz so, wie Homer es beschrieb. Er sah sich mehrere Stätten an, die man ihm im Vorfeld vorgeschlagen hatte, aber auf keine schien die Beschreibung zuzutreffen. Dann lernte er einen Mann namens Frank Calvert kennen, den Vizekonsul der USA in der Türkei. Calvert war schon eine ganze Weile auf der Suche nach Troja gewesen, und endlich glaubte er, es gefunden zu haben. Er hatte sogar den Hügel gekauft, in dem er den antiken Ort vermutete und der inzwischen den türkischen Namen Hisarlık Tepe trug, was »Burgberg« bedeutet.

Calvert hatte vor Ort bereits ein paar vorläufige Grabungen durchführen lassen, aber nicht genug Geld gehabt, um weiterzumachen. Schliemann hatte Geld, und er war überglücklich, sich Calvert anschließen zu dürfen. Sobald die Grabungen wieder begonnen hatten und Schliemann sicher war, dass sie tatsächlich den Standort des alten Troja gefunden hatten, hielt er Calverts Namen vorsätzlich aus allen offiziellen Ankündigungen, Vorträgen und Publikationen heraus – er wollte den ganzen Ruhm für sich. Erst 1999 verhalf Frank Calvert ein Buch von Susan Heuck Allen zu seinem Recht. Die Autorin stellte klar, dass eigentlich er es gewesen war, der das antike Troja wiederentdeckt hatte.[8]

Schliemanns erste Grabungssaison in Hisarlık begann im April 1870. Er hatte von den türkischen Behörden zwar noch keine offizielle Ausgrabungsgenehmigung erhalten, aber das scherte ihn herzlich wenig. Allerdings war diese erste Saison ohnehin nicht sehr ergiebig. 1872 startete er mithilfe vieler vor Ort rekrutierter Arbeitskräfte einen wahren Großangriff auf die Ausgrabungsstätte. Sie legten einen um die 15 Meter tiefen Graben an, der fast den gesamten Hügel durchschnitt; der als »Schliemann-Graben« bekannt gewordene Kanal ist dort heute noch zu sehen.

Natürlich steckte die Archäologie damals noch in den Kinderschuhen. Auch wenn in Pompeji bereits seit über hundert Jahren gegraben wurde, gab es in den 1870er-Jahren nur wenige andere Orte auf der Welt, wo Archäologen in der Erde wühlten. Dennoch gab es Menschen – so auch Calvert –, die über Wissen und Sachverstand verfügten und Schliemann warnten, ein dermaßen rücksichtsloses Ausheben von Erde könne zu einer Katastrophe führen. Sie sollten Recht behalten.

In dem riesigen Graben arbeiteten sich Schliemann und seine Helfer nun immer weiter nach unten vor, durch diverse Gebäude und stratigrafische Schichten hindurch. Wie sich herausstellte, lagen in diesem Hügel insgesamt neun Städte vergraben, eine über der anderen. Schliemann glaubte damals noch, es seien nur sechs, und als sie die zweitunterste erreicht hatten, hörte er auf zu graben und nannte sie die »verbrannte Stadt«. Er war überzeugt davon, dass dies das Troja war, in dem Priamos regiert hatte. Leider lag er falsch – eine C14-Analyse der dort gefundenen Keramik hat inzwischen ergeben, dass Troja II aus etwa 2400 v. Chr. datiert, der frühen Bronzezeit, und damit mehr als tausend Jahre vor dem Krieg um Troja existierte.

Wenn man heute unten im »Schliemann-Graben« auf jener Ebene steht, auf der er und seine Arbeiter damals mit dem Graben aufhörten, und hochschaut, sieht man ein ganzes Stück weiter oben ein Gebäude aus enormen Steinblöcken. Es befindet sich nur wenige Meter unterhalb des Hügelgipfels und liegt im Schatten der Äste und Blätter eines schlanken Baums, der heute dort wächst. Dieses Gebäude datiert aus Troja VI und wurde für Troja VII wiederverwendet. Es ist das letzte Überbleibsel eines Palastes aus der späten Bronzezeit – genau jener Epoche, nach der Schliemann eigentlich suchte.

Der Großteil dieses Palastes ist leider verschwunden, und schuld daran ist niemand anderes als Heinrich Schliemann. Der ungeduldige Schliemann ließ seine Arbeiter damals direkt durch die steinernen Wände von Priamos' Palast graben und das Gros der Bausubstanz auf den Müll werfen. Wenn wir diesen Müllberg heute durchsuchen könnten, würden wir sicherlich allerlei Objekte aus dem Troja des Priamos und Hektor finden, vielleicht auch Tontafeln, wie sie die antiken Schreiber verwendeten.

Doch warum war Schliemann eigentlich so überzeugt davon, dass Troja II die Stadt des Priamos war? Zum einen hatte er dort ein riesiges Stadttor entdeckt, welches er für das bei Homer beschriebene Skäische Tor hielt – es soll so breit gewesen sein, dass zwei Streitwagen nebeneinander hindurchfahren konnten. Und dann war da natürlich der Schatz des Priamos.

Seine Erzählung darüber, wie er und Sophia diesen Schatz gefunden hatten, hat Einzug in zahllose archäologische Lehrbücher gehalten, dabei spricht einiges dafür, dass sie von vorne bis hinten erfunden ist. Immerhin räumte Schliemann später ein, er habe, was Sophias Rolle bei dem Fund betraf, einiges hinzugedichtet – sie war an dem Tag, an dem er seiner Behauptung nach den Schatz gefunden hat, überhaupt nicht bei der Grabung zugegen; wie seine eigenen Tagebücher und Aufzeichnungen beweisen, befand sie sich zu jener Zeit in Athen. Schliemann erklärte, er habe sie in seine Karriere einbinden wollen, in der Hoffnung, dass sie sich dann mehr für seine Tätigkeit interessierte; so habe er kurzerhand erzählt, sie sei dabei gewesen, um auf diese Weise seinen Triumph mit ihr teilen zu können. Derartiges würde heutzutage wohl kein respektabler Archäologe mehr tun.[9]

Manche Forscher sind zudem der Meinung, dass Schliemann den Schatz nicht komplett an ein und demselben Ort gefunden hat.[10] Vielmehr habe er seine besten Funde aus der ganzen Saison versammelt und einer leichtgläubigen Öffentlichkeit weisgemacht, er habe einen einzigen großen Schatz entdeckt. Und da er die Gegenstände in Troja II gefunden hatte, waren sie ohnehin tausend Jahre zu alt, als dass sie Priamos gehört haben könnten. Das Fazit muss also lauten: Entweder war der Schatz des Priamos nicht derjenige des Priamos, oder es war kein Schatz.

Kurz nachdem er verkündet hatte, den vermeintlichen Schatz gefunden zu haben, schenkte Schliemann die gefundenen Objekte dem deutschen Volk, und sie wurden im Berliner Völkerkundemuseum ausgestellt. Möglicherweise hatte er sich dafür von vornherein eine Gegenleistung ausbedungen: den Doktortitel in Archäologie von einer deutschen Universität. Leider ging der Schatz in den Wirren des Zweiten Weltkriegs verloren und blieb fast fünfzig Jahre lang verschollen. Erst zu Beginn der 1990er-Jahre räumten die Russen ein, dass sie den Schatz als Kriegsbeute mit nach Russland genommen hatten, als Entschädigung für die Gräueltaten der Deutschen.

Heute ist der Schatz des Priamos im Puschkin-Museum in Moskau zu sehen, und dort wird er wohl auch bleiben, obwohl drei weitere Länder Anspruch darauf erheben: die Türkei, weil dort Troja liegt und Schliemann den Schatz illegal außer Landes geschmuggelt hat; Griechenland, weil Schliemann den Schatz damals zunächst in seiner Privatwohnung in Athen aufbewahrt hat; und Deutschland, da Schliemann den Schatz dem deutschen Volk vermacht hat, er aber 1945 aus dem Berliner Völkerkundemuseum gestohlen worden ist. Russland selbst schließlich erhebt Anspruch, weil es den Schatz im Zuge der Befreiung eines Teils von Berlin mitgenommen hat und darin bis heute eine Wiedergutmachung für die Verbrechen der Nazis sieht.[11] Wem gehört er denn nun wirklich? Diese Frage ist immer noch ungeklärt, und es sieht nicht danach aus, als würde Russland den Schatz des Priamos irgendwem aushändigen wollen.

Was viele Menschen an diesen Objekten besonders interessant finden, ist die Tatsache, dass sie eine große Ähnlichkeit mit Artefakten aufweisen, auf die man anderswo stieß – von den Inseln der Nordost-Ägäis bis hin zu den Königsgräbern von Ur (im heutigen Irak), die Leonard Woolley ausgegraben hat. Die goldenen Ohrringe, Gewandnadeln und Halsketten, die Schliemann fand, werden sicherlich nicht Priamos beziehungsweise seiner Ehefrau oder seiner Tochter gehört haben, aber sie zählten zu einer ganz bestimmten Klasse von Schmuck, die Ende des 3. Jahrtausends v. Chr. in der Ägäis in Mode war. Möglicherweise geben diese Schmuckstücke uns also Hinweise auf frühe Handelsbeziehungen zwischen einzelnen Ländern – und das macht den Schatz für Archäologen noch weit interessanter als eine fiktive Verbindung zu Priamos und Homers *Ilias*.

Im Laufe der 1870er- und 1880er-Jahre setzte Schliemann seine Ausgrabungen in Troja fort, auch dann noch, als er bereits in Mykene graben ließ, wo er nach den Hinterlassenschaften von König Agamemnon suchte. In Troja hatte er Unterstützung von Wilhelm Dörpfeld, der von Haus aus Architekt war, aber immerhin ein paar archäologische Vorkenntnisse besaß. Dörpfeld war es, der Schliemann schließlich davon überzeugte, dass er falsch gelegen hatte – er hätte sich in Hisarlık von vornherein auf Troja VI oder Troja VII konzentrieren sollen. Schliemann entwarf Pläne, den Hügel im Hinblick darauf noch einmal neu in Angriff zu nehmen, doch am ersten Weihnachtstag 1890 brach er in Neapel auf der Straße zusammen. Am folgenden Tag war er tot.

Dörpfeld machte weiter, finanziert von Sophia Schliemann, die darauf drängte, dass jemand das Werk ihres Mannes an der Ausgrabungsstätte fortsetzte. Er konzentrierte sich darauf, an den Stellen zu gaben, die Schliemann nicht interessiert hatten, was vor allem das Randgebiet des Hügels betraf. Was er dort fand, war überaus beeindruckend: immense steinerne Mauern, mehrere Meter dick, die kaum ein Angreifer hätte überwinden können, und große Torbögen, die Zutritt zur Stadt gewährt hatten – so man denn an den Wachen vorbeigekommen war. Dies waren die Überreste von Troja VI, das fast 500 Jahre lang, von etwa 1700 v. Chr. bis etwa 1250 v. Chr., existiert hatte. Dörpfeld entdeckte mehrere Phasen dieser Stadt, die er von *a* bis *h* durchetikettierte. Die letzte Phase, Troja VIh, ließ erkennen, dass die Stadt am Ende fast vollständig zerstört worden war. Für Dörpfeld war dies der Beweis, endlich den Schauplatz des Trojanischen Kriegs gefunden zu haben. Er beendete seine Ausgrabungen und publizierte seine Erkenntnisse.

Inzwischen hatten Reisende an anderen Orten der Türkei, vor allem auf der anatolischen Hochebene im Inland, die Ruinen einer weiteren antiken Zivilisation gefunden. 1879, als Schliemann gerade dabei war, Troja auszugraben, stellte der britische Assyriologe A. H. Sayce eine kühne These auf: Bei den entdeckten Ruinen sollte es sich um Hinterlassenschaften der alten Hethiter handeln.

Diese These war deshalb so kühn, weil das Alte Testament die Hethiter eigentlich in der Region Kanaan verortete, zumindest wenn man sich an die biblischen Erzählungen hielt, in denen Hethiter auftauchten (am prominentesten wohl der Hauptmann Urija). Dennoch waren Sayces Argumente überzeugend und wurden letzten Endes auch von anderen Forschern akzeptiert. 1890, im Jahr, als Schliemann starb, erschien bereits die zweite Auflage von Sayces Buch über die Hethiter. Es trug den Titel *The Hittites. The story of a forgotten empire*[12]. Ab 1906 grub man in der Nähe der modernen Stadt Boğazköy, 200 Kilometer östlich von Ankara, Hattusa aus, die (wie sich später herausstellte) Hauptstadt der Hethiter. Innerhalb eines Jahres wurde das Archiv der Stadt freigelegt – Tausende Tontafeln, die Verträge, amtliche

Aufzeichnungen und Briefe aus dem Königshaus enthielten. Die Forscher fanden heraus, dass die Hethiter im Zeitraum von etwa 1700 bis 1200 v. Chr. in Anatolien aktiv gewesen waren. Sie hatten auch Gebiete im Norden Syriens kontrolliert, was wohl der Grund dafür war, dass die späteren Autoren der biblischen Texte sie in jener Region verorteten.

Wir wissen heute eine ganze Menge über die Hethiter, nicht zuletzt dank der Ausgrabungen deutscher Archäologen, die seit hundert Jahren ununterbrochen in Hattusa tätig sind. Als es dem tschechischen Orientalisten Bedřich Hrozný zehn Jahre nach der Entdeckung der Tontafeln gelang, die Schriftsprache der Hethiter zu entziffern,[13] hatte man den Beweis, dass die Hethiter im 2. Jahrtausend v. Chr. eine der zentralen Großmächte im Nahen Osten gewesen waren und mit anderen mächtigen Völkern, namentlich den Ägyptern und den Assyrern, sowohl Handel getrieben als auch Krieg geführt hatten.[14]

Ein paar Tafeln dokumentieren, dass die Hethiter mit einem kleinen Vasallenstaat in Nordwest-Anatolien im Clinch lagen, den sie Wilusa nannten. Zu Beginn des 13. vorchristlichen Jahrhunderts, wahrscheinlich um 1280 v. Chr. herum, unterzeichneten die Hethiter mit dem Herrscher von Wilusa, König Alaksandu, einen Vertrag. Nachdem diese Tafel von Forschern entziffert war, dauerte es nicht lange, bis einige darauf hinwiesen, hiermit könnten die Hethiter jenen Mann gemeint haben, den Homer Alexander (= Paris) von Ilios nennt und der letztlich den Trojanischen Krieg vom Zaun brach, weil er sich in Helena verliebt hatte. In philologischer Hinsicht ähnelt *Wilusa* stark dem griechischen *(W)ilios* – das ursprüngliche Digamma (der »W«-Laut) ging irgendwann verloren, sodass die Stadt zu Homers Zeiten bereits *Ilios* hieß. Und *Alaksandu* heißt natürlich nichts anderes als *Alexander*.

Auch wenn wir nicht wissen, ob diese beiden Gleichsetzungen

tatsächlich der Wahrheit entsprechen, zeigen diese Tafeln doch zweifelsfrei, dass die Hethiter etwas mit einer Gegend beziehungsweise einer Stadt im Nordwesten Anatoliens zu tun hatten, die sie Wilusa nannten. Zudem verzeichnen die Tafeln mindestens vier dort ausgetragene Kriege, von denen die letzten drei allesamt im 13. Jahrhundert v. Chr. stattfanden, also zu jener Zeit, in der man den berühmten Krieg um Troja verortet.[15] Zumindest für jene Forscher, die glauben, dass Wilusa der hethitische Name für Troja ist, dienen die Tafeln daher als Beweis, dass dieser Krieg tatsächlich ein historisches Ereignis war und eben nicht nur der Stoff, aus dem Mythen und Legenden sind.

Längst nicht jeder war Dörpfelds Meinung, dass Troja VIh jenes Troja war, über das Homer geschrieben hat. Der Archäologe Carl Blegen von der University of Cincinnati nahm Dörpfelds Ergebnisse näher unter die Lupe und kam zu dem Schluss, dass Troja VIh durch ein Erdbeben zerstört wurde und nicht durch einen Krieg. Für diverse verschobene Mauern und große Steine, die vielerorts herumlagen, konnte seiner Meinung nach nur eine Naturkatastrophe verantwortlich gewesen sein. Ihm zufolge war es stattdessen die erste Phase der nächsten Siedlungsschicht, Troja VIIa, die von einem Heer belagert und am Ende zerstört worden war. Um seine These zu überprüfen, begann er in den 1930er-Jahren, in Hisarlık zu graben.

Inzwischen gab es dort noch weniger, was man entdecken konnte, da Dörpfeld bereits einen Großteil dessen, was Schliemann übrig gelassen hatte, ausgegraben hatte. Dennoch fand Blegen noch genug Material, um am Ende zu der Überzeugung zu gelangen, dass Troja VIIa von Menschen zerstört wurde und eine lange Zeit der Belagerung erlebt hatte. Tatsächlich sind seine Beweise ziemlich überzeugend: Pfeilspitzen steckten in Mauern, menschliche Körper lagen in den Straßen – all das und mehr zeigte an, dass dort zumindest eine große Schlacht stattgefunden hatte.

Blegen fand heraus, dass die großen Gebäude und Paläste der früheren Stadt so unterteilt worden waren, dass dort, wo vorher nur eine Familie gewohnt hatte, mehrere untergebracht werden konnten. Außerdem bemerkte er, dass die städtischen Kapazitäten zur Lagerung von Lebensmitteln drastisch ausgebaut worden waren, mithilfe von großen bauchigen Amphoren, die man bis zum Hals im Boden eingegraben hatte. Dies alles, so Blegen, seien Anzeichen dafür, dass die Stadt eine lange Zeit belagert worden sei, genau wie es bei Homer beschrieben ist. Zeitlich ergab das Ganze ebenfalls Sinn: Die Stadt war um 1180 v. Chr. herum zerstört worden, was genau in dem zeitlichen Rahmen lag, den die alten Griechen angenommen hatten.

Außerdem offenbarte die materielle Kultur der Stadt – also Keramik und andere Artefakte – laut Blegen eine Kontinuität zwischen Troja VIh und VIIa. Es gab also keinen Hinweis darauf, dass in Troja VIIa andere Menschen lebten als in VIh; vielmehr hatten die Bewohner von Troja VIh ihre Stadt nach dem Erdbeben offenbar als Troja VIIa wiederaufgebaut und die Gebäude renoviert. Tatsächlich ähnelten beide Städte einander so sehr, dass sowohl Blegen als auch Dörpfeld (der zu dieser Zeit noch immer lebte) das, was die Archäologen als erste Phase von Troja VII bezeichneten, ihrerseits für die letzte Phase von Troja VI hielten – also für Troja VIi statt Troja VIIa. Doch leider hatte sich die Terminologie bereits durchgesetzt, und es war zu spät, um daran noch etwas zu ändern. Mithin war Blegen überzeugt davon, dass Troja VIh durch ein Erdbeben zerstört worden war und dass die Mykener beziehungsweise Griechen Troja VIIa erobert und zerstört hatten, um Helena zurückzuholen.

Es sprach einiges dafür, dass Blegen Recht gehabt hatte. Doch fünfzig Jahre nach ihm trat eine neue Generation von Archäologen auf den Plan, die sich ab 1988 noch einmal den Hügel von Hisarlık vornahm. Das neue internationale Grabungs-Team leiteten der Bronzezeit-Spezialist Manfred Korfmann von der Universität Tübingen und Brian Rose von der University of Cincinnati, der für alles, was nach der Bronzezeit datierte, verantwortlich war.

Abgesehen von einer Bereinigung und erneuten Untersuchung des »Schliemann-Grabens« war die wohl wichtigste Leistung von Korfmanns Team, die Äcker und Felder rund um den Hisarlık Tepe näher unter die Lupe zu nehmen. Sie verwendeten verschiedene Technologien zur Fernerkundung, um ohne Grabungen erforschen zu können, ob sich dort im Boden etwas befand. Wie immer mussten sie zunächst eine Weile herumexperimentieren, bis sie das Gerät gefunden hatten, mit dem ihnen das am besten gelang. Am Ende entschieden sie, dass ein Cäsium-Magnetometer genau das war, was sie für diese Art von Untergrund brauchten.

Jeder landschaftliche Eingriff durch den Menschen kann den Magnetismus winziger Eisenpartikel im Erdboden verändern; das geschieht auch dann, wenn der Mensch etwas verbrennt. Deshalb kann man per Fernerkundung Gräben, Gruben und auch Mauern aufspüren, insbesondere, wenn sich dort verbrannte oder teilweise verbrannte Materialien befinden. Dennoch muss man alle vorläufigen Ergebnisse mit äußerster Vorsicht interpretieren. Diesen Rat hätte auch Korfmanns Grabungsmannschaft beherzigen sollen.

Im Jahr 1993, mehr als hundert Jahre nach den legendären Ausgrabungen in Troja durch Heinrich Schliemann, verkündete Korfmann, er und seine Leute hätten per Fernerkundung herausgefunden, dass der Hügel von Hisarlık in 400 Metern Entfernung von der Zitadelle von einer gewaltigen Mauer umgeben sei. Wahrscheinlich handele es sich dabei um die große Stadtmauer, die Agamemnon, Achilleus und die anderen Mykener/Griechen zehn Jahre lang daran gehindert hatte, Troja einzunehmen – ganz so, wie Homer es in der *Ilias* und *Odyssee* beschrieben hat.[16]

Als sie sich dann aber daran machten, die vermeintliche Mauer auszugraben, fanden sie lediglich einen stellenweise an die 2 Meter tiefen Graben. Im Laufe der Jahrhunderte war dieser Graben mit Schutt und Abfällen gefüllt worden – Scherben von Keramik, Geröll und allerlei Unrat. Der Cäsium-Magnetometer hatte diese Unmengen an Müll wie eine solide Mauer aussehen lassen, die die Stadt umgab. Hinterher sagten die Archäologen, das sei ja fast dasselbe, ein Graben hätte die Stadt genauso gut geschützt wie eine Mauer. Doch längst nicht jeder schloss sich dieser Meinung an.[17]

Eine Lektion, die Korfmann und alle anderen Archäologen dabei lernten, lautete: Halte nie eine Pressekonferenz ab, bei der du Resultate einer Fernerkundung vermeldest, bis du nicht wenigstens einen Teil der vermeintlichen Entdeckungen ausgegraben hast. Dennoch zeigte sich trotz der dramatischen Fehlinterpretation, dass der Magnetometer durchaus brauchbare Ergebnisse liefern konnte – Korfmann und sein Team fanden bald heraus, dass Troja einst von einer riesigen Unterstadt umgeben gewesen war, von deren Existenz niemand etwas geahnt hatte.

Alle bisherigen Archäologen, von Schliemann über Dörpfeld bis Blegen, hatten sich lediglich darum gekümmert, die Zitadelle – also die Oberstadt – von Troja auszugraben, wo der König mit seiner Familie und seinem Gefolge gewohnt hatte. Mit den Überresten, die Korfmanns Team fand, wuchs die Stadt auf die zehnfache Größe an, mit einer Fläche von mindestens 20 Hektar und 4000 bis 10 000 Einwohnern gegen Ende der späten Bronzezeit. Damit war die Stadt so groß, dass sie es tatsächlich wert gewesen wäre, zehn Jahre lang belagert zu werden – so an Homers Geschichte denn irgendetwas dran sein sollte.[18] Korfmann begann, die Stadt in seinen Publikationen als »Troja/Wilusa« zu bezeichnen – ein Wink in Richtung der hethitischen Aufzeichnungen, die, wie er glaubte, auf diese Stadt Bezug nahmen.

Andere Funde von Korfmann und seinem Team schienen Blegens frühere Erkenntnisse zu bestätigen. So entdeckten sie beispielsweise sowohl in der Zitadelle als auch in der Unterstadt Hinweise darauf, dass Troja VIh durch ein Erdbeben und Troja VIIa durch Menschen – sprich: einen Krieg – vernichtet worden war, etwa ein Haus aus Troja VIh, das durch das Erdbeben eingestürzt war, und ein zweites Haus aus Troja VIIa, das auf den Überresten des ersten errichtet und dann durch den Krieg zerstört worden war.

Als Hinweise auf Kampfhandlungen deutete Korfmann weitere nicht bestattete Leichname, darunter den teilweise verbrannten Körper eines 17-jährigen Mädchens, sowie Pfeilspitzen eines bestimmten Typus, der sich in der Ägäis (oder in Griechenland) verorten lässt. Außerdem fanden sie eine Vielzahl an Steinen, vermutlich Schleudersteine, die zu mindestens einem Haufen zusammengetragen worden waren. Sollten sie als Munition dienen, um aus der Stadt heraus die Mauern Trojas zu verteidigen?[19]

Und auch in anderer Hinsicht bestätigte Korfmann die Arbeit von Blegen: Nachdem Troja VIIa um 1180 v. Chr. herum zerstört worden war, schien beim Wiederaufbau der Stadt von der alten Bevölkerung niemand mehr übrig gewesen zu sein. Diese neue Phase, die die Archäologen Troja VIIb nennen, wies einen ganz neuen Keramiktypus auf, eine neuartige Architektur und zahlreiche weitere Beispiele materieller Kultur, die in diese Richtung deuteten, unter anderem ein beschriftetes Siegel – das früheste je in Troja gefundene Beispiel für Schrift.

All das deutete darauf hin, dass sämtliche Bewohner der vorherigen Stadt durch eine neue Bevölkerungsgruppe ersetzt worden waren. Insofern kann man die Zerstörung von Troja VIIa als Hinweis darauf sehen, dass an Homers Geschichten rund um den Trojanischen Krieg tatsächlich etwas dran ist. Allerdings scheinen in seine Erzählung auch Elemente von Troja VI Einzug gehalten zu haben; so beschreibt er die schönen Gebäude und die hohen Mauern der früheren Stadt, aber die Zerstörung der späteren. Er vermischt also Elemente zweier Städte – was ihm als Dichter natürlich freisteht.

Möglicherweise ist das Trojanische Pferd sogar eine poetische Metapher für das Erdbeben, das Troja VIh dem Erdboden gleichmachte: Der für Erdbeben »zuständige« griechische Gott war Poseidon, und so wie die Eule das Symboltier der Göttin Athene war, gehörte zu Poseidon das Pferd. Es ist daher für die Fantasie eines Dichters durchaus folgende Gleichung denkbar: »Erdbeben = Poseidon = Trojanisches Pferd«. Diese These zumindest stellte in den 1950er-Jahren der österreichische Althistoriker Fritz Schachermeyer auf.[20]

Die Grabungen in Hisarlık gingen weiter, und das Team um Brian Rose von der University of Cincinnati, das sich um die Epochen nach der Bronzezeit kümmerte, hatte ebenfalls eine ganze Reihe neuer Funde aufzuweisen: unter anderem eine 1993 entdeckte überlebensgroße Statue des römischen Kaisers Hadrian und einen großen Marmorkopf von Augustus, der 1997 ausgegraben wurde.[21]

Die späteren hellenistischen Griechen und nach ihnen die Römer hatten nicht nur auf dem Hisarlık Tepe gebaut, sondern auch eine schachbrettartig konzipierte Stadt unterhalb des Hügels errichtet, die Korfmann zusätzlich zur bronzezeitlichen Unterstadt entdeckte. Diese späteren Bewohner Trojas waren überzeugt davon gewesen, in der Stadt zu wohnen, die einst

Homer besungen hatte; sie nannten sie sogar »Neu-Troja« – auf Griechisch und auf Latein. Im Laufe der Jahrhunderte statteten diverse Herrscher diesem Ort einen Besuch ab, von Alexander dem Großen bis Julius Caesar. Es waren ausgerechnet Funde aus der späteren, griechisch-römischen Zeit, die zunächst Frank Calvert und dann Heinrich Schliemann davon überzeugten, dass sie sich am richtigen Ort befanden.

Auf dem Hügel entstanden ein Tempel für Athene und später einer für Jupiter, was erklärt, warum Priamos' Troja viel näher an der Oberfläche lag, als Schliemann vermutet hatte: Die hellenistischen wie auch die römischen Baumeister hatten jeweils die Kuppe des Hügels abtragen lassen, denn um ihre Tempel, Theater und anderen Gebäude zu bauen, brauchten sie eine große ebene Fläche. Diese beiden Trojas tragen heute die Nummern VIII und IX, sie waren die letzten Städte, die auf dem Hügel errichtet wurden.

Manfred Korfmann ist 2005 ganz plötzlich verstorben, aber die internationalen Ausgrabungen gehen unter neuer Leitung weiter. Das Interesse an Hisarlık ist ungebrochen, und vielleicht birgt der Hügel ja tatsächlich noch ein paar Geheimnisse der antiken Stadt, die eines der größten Epen inspirierte, die je geschrieben wurden.

3

IM REICH DER PHARAONEN

Pyramiden, Mumien und Hieroglyphen: Von allen Unterdisziplinen der Archäologie ist die Ägyptologie nach wie vor diejenige, die die Öffentlichkeit am meisten fasziniert. Zugleich ist sie aber auch die wohl am meisten missverstandene. Ob Vorschüler oder Großeltern – alle scheint das alte Ägypten zu faszinieren, und alle scheinen ein wenig darüber zu wissen. Oder auch nicht. Die schiere Menge an Fehlinformationen, die über die alten Ägypter – vor allem im Internet – kursiert, ist erstaunlich.

Ständig sehen sich Ägyptologen und andere Archäologen gezwungen, Missverständnisse aufzuklären (»Nein, die Pyramiden wurden nicht von Sklaven erbaut«), und ihre E-Mail-Postfächer quellen jedes Mal über, wenn im Fernsehen wieder einmal jemand behauptet hat, dass Außerirdische die Pyramiden errichtet haben, dass sie zur Lagerung von Getreide gedacht waren, dass die Sphinx 10 000 Jahre alt ist ..., oder irgendein anderer Unsinn verbreitet wurde, den sich begeisterte Gelegenheitsforscher und Pseudo-Wissenschaftler ausgedacht haben.[1] Damit meine Leser in Zukunft bei solchen sensationsheischenden Behauptungen besser zwischen Wahrheit und Lüge unterscheiden können, möchte ich mich in diesem Kapitel ein wenig intensiver mit bestimmten Aspekten der drei beliebtesten Themen der Ägyptologie beschäftigen: Pyramiden, Mumien und Hieroglyphen.[2]

Die ersten Archäologen, die in Ägypten forschten, waren größtenteils keine echten Ägyptologen – oder sie hatten ursprünglich zumindest nicht diesen Anspruch. Nehmen wir zum Beispiel den »Großen Belzoni« – Giovanni Battista Belzoni, Jahrgang 1778.[3] Der Zweimetermann trat als Kraftmensch im Zirkus auf und konnte zwölf Männer gleichzeitig hochheben, doch zugleich war er auch eine Art Ingenieur. 1815 reiste er erstmals nach Ägypten, um dem osmanischen Pascha einen neuen Plan zur Wasserentnahme aus dem Nil zu präsentieren, und im Zuge dessen wurde er sozusagen nebenbei zu einem der ersten Ägyptologen.[4] In seinem Fall dürfen wir diese Bezeichnung allerdings nicht allzu ernst nehmen, denn Belzoni ist heutzutage eher bekannt dafür, dass er Gräber ausgeraubt und Mumien mitgenommen hat, nicht für tatsächliche Leistungen auf wissenschaftlichem beziehungsweise archäologischem Gebiet. Immerhin war er einer der Ersten, die den Tempel Ramses' II. in Abu Simbel erforschten.

Karl Lepsius und Auguste Mariette gehörten (anders als Belzoni) zu den einflussreicheren Persönlichkeiten in der Ägyptologie. Lepsius war ein preußischer Ägyptologe, der 1842 eine Expedition nach Ägypten leitete. Ziel der Expedition war, so viele Monumente wie möglich zu dokumentieren, und diese Aufgabe erledigten Lepsius und seine Mitarbeiter erstaunlich gut.

Von 1849 bis 1859 publizierte er unter dem Titel *Denkmäler aus Aegypten und Aethiopien* zwölf umfangreiche Bände mit Zeichnungen und Illustrationen. Die Publikation der begleitenden Textbände nahm noch einmal über vierzig Jahre in Anspruch, und als sie endlich erschienen, war Lepsius bereits zehn Jahre tot. Insgesamt gilt dieses riesige Konvolut an Bild- und Textbänden vielerorts als Fundament der modernen Ägyptologie.[5]

Der Franzose Auguste Mariette, Jahrgang 1821, begann um 1850 damit, im Auftrag des Louvre in Ägypten zu graben. Acht Jahre später wurde er zum ersten Direktor des *Service des Antiquités de l'Égypte* ernannt. Er baute das erste ägyptische Nationalmuseum, aus dessen Sammlung das heutige Ägyptische Museum in Kairo hervorging.[6]

Lepsius und Mariette verdankten ihre Karriere nicht zuletzt einem Ereignis aus dem Jahr 1823, als Mariette zwei und Lepsius 13 Jahre alt war.[7] Gemeint ist eine der wichtigsten Leistungen in der Ägyptologie: die Entzifferung der ägyptischen Hieroglyphen.

Um zu verstehen, wie es zu diesem Ereignis kam, müssen wir zuerst noch einmal bis ins Jahr 1799 zurückgehen, ungefähr ein Jahr, nachdem Napoleon auf seinem Feldzug zur Eroberung des Nahen Ostens mit seinem Heer in Ägypten eingefallen war. Er hatte einen Tross von über 150 Zivilisten dabei, die kollektiv als »Gelehrte« (*savants*) bezeichnet wurden. Dazu zählten Wissenschaftler, Ingenieure und andere kluge Köpfe, die die Aufgabe hatten, das ganze Land zu erforschen und zu dokumentieren – auch und gerade seine Altertümer und Baudenkmäler. Manche verorten hier die eigentliche Geburtsstunde der Ägyptologie (zumindest ebneten Napoleons *savants* den Weg für Lepsius und Mariette). Ein eher unbeabsichtigter Nebeneffekt war, dass Europa in eine regelrechte »Ägyptomanie« verfiel – ein Phänomen, das bis heute andauert, wie nicht nur das Luxor Hotel in Las Vegas eindrucksvoll beweist.

Wie dem auch sei: Die französischen Truppen befanden sich gerade in dem Dorf Rosette in der Nildelta-Region, wo sie entweder eine Festung neu aufbauten oder ein Schützenloch aushoben – hier weichen die Erzählungen voneinander ab. Sie fanden dabei eine Steinplatte aus dem Jahr 196 v. Chr. mit einer Inschrift zu Ehren von Ptolemaios V., einem ägyptischen Pharao, über den man ansonsten nicht allzu viel weiß. Die Inschrift auf dem »Stein von Rosette« ist deshalb so wichtig, weil es sich um ein- und denselben Text in drei verschiedenen Schriften handelt: oben steht der Text in ägyptischen Hieroglyphen, in der Mitte sind es demotische Schriftzeichen (eine Art ägyptische Schreibschrift) und unten griechische Buchstaben.

Mithilfe dieser dreisprachigen Inschrift gelang es dem genialen französischen Gelehrten Jean-François Champollion, die ägyptischen Hieroglyphen zu entziffern. Er las zunächst die griechische Fassung – Altgriechisch konnten damals alle Gelehrten – und stellte fest, dass zwei Herrschernamen immer wieder auftauchten: Ptolemaios und Kleopatra. Dann sah er sich die Hieroglyphen an, und tatsächlich fand er auch dort eine Abfolge von Zeichen, die sich mehrfach wiederholte. So dienten ihm diese zwei Namen als Schlüssel, um den ganzen Text zu decodieren. Allerdings war Champollion nicht der Einzige, der sich mit dem Stein von Rosette beschäftigte; der britische Linguist Thomas Young war ebenfalls kurz davor, die Inschrift zu entschlüsseln. Am Ende war es aber Champollion, der die Lorbeeren erntete. Das war 1823, gerade einmal 24 Jahre, nachdem man die Inschrift entdeckt hatte.[8] Nun war auf einmal klar, dass die vielen »hübschen Bilderchen« auf den Wänden der Gräber ägyptischer Adliger in Wirklichkeit ebenfalls Inschriften waren, mit denen die Zeitgenossen das Leben und die Leistungen der Verstorbenen dokumentiert hatten.

Eine Hieroglyphenkombination, die in diesem Kontext immer

wieder auftaucht, steht, wie wir heute wissen, für »Ewigkeit« – was bei einem Grab ja auch naheliegt. Wie sich herausstellte, ließen sich die 700 oder 800 Hieroglyphen in verschiedenen Richtungen lesen, aber eines blieb dabei immer gleich: Die Figuren blickten stets auf den Anfang eines Satzes. Auch die Zeichen ließen sich unterschiedlich lesen. Eine Hieroglyphe wurde entweder als Begriffszeichen verwendet, bedeutete also schlicht das, was sie darstellte (zum Beispiel einen Vogel oder einen Stier). Oder sie stand für einen Laut (wie den Anfangslaut der Bezeichnung für das Objekt, das sie repräsentierte). Oder sie stand für eine Silbe beziehungsweise eine bestimmte Abfolge von Konsonanten. Oder sie war ein Determinator, der angab, wie man das folgende Wort zu lesen hatte. Kein Wunder, dass im alten Ägypten kaum jemand lesen und schreiben konnte (wahrscheinlich waren es gerade einmal 1 Prozent der Bevölkerung). Dass die Schreiber bei Hofe so hoch angesehen waren, mag daran gelegen haben, dass mitunter sogar der Pharao und seine Frau Analphabeten waren.[9]

Viele Inschriften der alten Ägypter haben bis heute überlebt, weil sie in Stein gemeißelt sind, zum Beispiel an den Wänden von Tempeln und anderen Gebäuden. Doch viel öfter schrieben die Menschen auf Papyrus, flachgewalzte Streifen eines Schilfgewächses, das am Ufer des Nil wuchs – Papyrus war ein Vorläufer unseres modernen Papiers. Auch wenn dieses Material längst nicht so dauerhaft ist wie Stein, sind Tausende Papyrusrollen im trockenen Klima Ägyptens konserviert worden und haben bis heute überlebt.

Die alten Ägypter schrieben mit Tinte, die sie aus Ruß und anderen Materialien herstellten. Es gab schwarze und rote Tinte, und häufig wurden beide Farben in ein und demselben Manuskript benutzt. Manchmal war das mit roter Tinte geschriebene Wort das erste Wort eines neuen Satzes, sodass gleich klar war, wo der eine Satz endete und der nächste begann; eine Interpunktion, wie wir sie heute kennen, hatten die Ägypter nicht. Rote Tinte konnte auch den Anfang eines Zauberspruchs kennzeichnen oder den Titel eines Textes oder eine Überschrift, je nach Kontext und nach Bedarf.

Als die altägyptische Schrift entziffert war, konnten die Wissenschaftler endlich die vielen Aufzeichnungen lesen, die in Stein und auf Papyrus überliefert waren, und somit relativ verlässlich die Geschichte des alten Ägypten rekonstruieren. Die erhaltenen Schriften von antiken Historikern, Reisenden und Priestern aus der griechisch-römischen Zeit waren für die Forschung dabei Fluch und Segen zugleich. Man denke nur an Herodot, den griechischen Historiker des 5. Jahrhunderts v. Chr.: Er hinterließ einen detailreichen Bericht über eine Ägyptenreise, die aber viele höchst ungenaue Angaben darüber beinhaltet, wie beispielsweise die Pyramiden gebaut und Leichname einbalsamiert wurden.

Ein anderes Beispiel ist der Priester Manetho, der im hellenistischen Ägypten des 3. Jahrhunderts v. Chr. lebte und den Versuch unternommen hatte, eine komplette Liste aller ägyptischer Herrscher von der Frühzeit Ägyptens bis zur Gegenwart anzufertigen. Manetho teilte die ägyptische Geschichte in Epochen ein und erfand dabei ein System, das wir heute noch anwenden. Auch wenn er zahlreiche Pharaonennamen falsch schrieb und ihm auch bei der Reihenfolge einige Fehler unterliefen, ist seine Liste doch erstaunlich akkurat, vor allem wenn man bedenkt, dass er sie fast 2500 Jahre nach Gründung der ersten Herrscherdynastie verfasste. In Anlehnung an Manetho nennen wir die Epoche, die zur Zeit der 3. Dynastie um 2700 v. Chr. herum begann, das Alte Reich. Das bedeutendste Ereignis jener Epoche war der Bau der Pyramiden für die Pharaonen der 4. Dynastie von etwa 2600 bis 2500 v. Chr.[10]

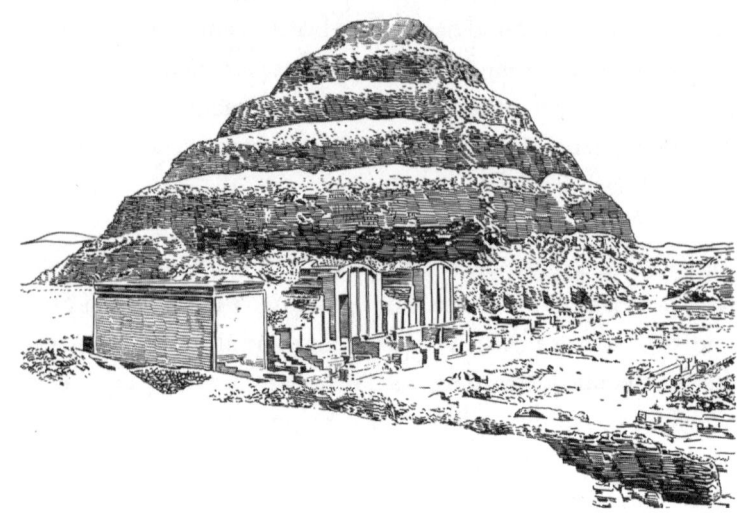

Stufenpyramide des Djoser, Sakkara

Das Alte Reich bestand mehr als 500 Jahre, und zwar bis etwa 2200 v. Chr. Der letzte Pharao dieser Epoche, Pepi II., kam als Sechsjähriger auf den Thron und regierte 91 Jahre lang. Dass sein Reich zusammenbrach, könnte an der übermäßig langen Herrschaft des Pharaos gelegen haben. In jüngster Zeit haben einige Forscher jedoch die Vermutung geäußert, es könne auch ein Klimawandel schuld gewesen sein, der damals nicht nur in Ägypten, sondern in großen Teilen des Nahen Ostens für Dürren und Hungersnöte gesorgt habe.[11]

Es folgte eine Zeit der Anarchie, die man als Erste Zwischenzeit bezeichnet und während derer mehrere Dynastien vergeblich um die Vorherrschaft wetteiferten. Das Mittlere Reich hatte bis etwa 1720 v. Chr. Bestand, bis zu der Zeit, als Ägypten von den Hyksos überfallen wurde, einem Volk aus der Region Kanaan. Die Hyksos herrschten in Ägypten, bis sie um 1550 v. Chr. herum durch ein ägyptisches Heer, angeführt von den Brüdern Kamose und Ahmose, vertrieben wurden.

Obwohl die beiden Brüder waren, gilt Kamose seltsamerweise als letzter König der 17. und Ahmose als erster König der 18. Dynastie. Mit Ahmose begann in der ägyptischen Geschichte eine neue Epoche, die wir das Neue Reich nennen. Während dieser Epoche, die bis kurz nach 1200 v. Chr. dauerte, regierten in Ägypten Herrscher wie die mächtige Königin Hatschepsut, der militärische Aggressor Thutmosis III., der monotheistische Pharao Echnaton, der Kindkönig Tutanchamun sowie gleich zehn Pharaonen mit dem Namen Ramses. Obgleich Ägypten den Zusammenbruch der Bronzezeit-Kulturen in der Zeit um 1177 v. Chr. herum überlebte, konnte das Land im 1. Jahrtausend v. Chr. – während der Dritten Zwischenzeit, dann unter saitischer Herrschaft und noch später unter den Griechen und Römern – politisch und kulturell nicht mehr an die alten Zeiten anknüpfen. Weder Alexander dem Großen noch Kleopatra gelang es, Ägypten den Glanz des Neuen Reichs zurückbringen.[12]

Nachdem zu Beginn des 19. Jahrhunderts die Hieroglyphen entschlüsselt worden waren, konnte die Wissenschaft sich endlich intensiv mit den vielen noch erhaltenen Schriften aus dem alten Ägypten beschäftigen. Dazu gehören Gedichte und Erzählungen genauso wie Wirtschaftsberichte und religiöse Schriften. Ein Text, der uns häufiger begegnet, auf Papyrus wie auch auf den Wänden der Gräber wohlhabender Leute, ist das »Totenbuch« (das eigentlich »Buch vom Heraustreten ins Tageslicht« heißt). Es sollte Verstorbenen beim Einzug ins Jenseits helfen, indem es ihnen Antworten auf Fragen an die Hand gab, die man ihnen an der Pforte zum Jenseits stellen würde; im Grunde genommen handelte es sich also um eine Art Spickzettel. Im Zuge dessen würde auch das Herz der verstorbenen Person gewogen werden: Bei dieser Zeremonie wurde das Herz in die eine Schale einer Waage gelegt, und in die andere kam eine Feder, die für Wahrheit und Gerechtigkeit (*Ma'at*) stand. Auf diese Weise wurde ermittelt, ob jemand ein gutes und rechtschaffenes Leben gelebt hatte. Der oder die Tote durfte das Jenseits nur betreten, wenn das Herz mindestens genauso leicht war wie die Feder – Sünden und Verbrechen ließen einem nämlich buchstäblich das Herz schwer werden.

Um im Jenseits verweilen zu können, musste der Körper eines Verstorbenen noch lange nach seinem Tod intakt bleiben – und da kommt die Mumifizierung ins Spiel. Einige der ältesten Mumien, die wir in Ägypten fanden, scheinen auf natürliche Weise mumifiziert worden zu sein, aber das war ganz offensichtlich nicht immer das Fall. Ein weiteres Problem bestand darin sicherzustellen, dass die sterblichen Überreste noch lange nach der Bestattung im Grab verblieben und nicht von Schakalen oder Hyänen aufgefressen wurden. Um dies zu garantieren, erfanden die Menschen zweierlei: erstens die Kunst der Einbalsamierung und zweitens die Mastaba (»Bank«), einen Grabbau aus Lehmziegeln, in dem viele Forscher den Vorgänger der Pyramiden sehen. Lassen Sie uns beide Entwicklungen einmal genauer und in chronologischer Reihenfolge unter die Lupe nehmen.

Wenden wir uns als Erstes der Einbalsamierung zu. Auch heute noch versuchen die Menschen vielfach, Lebewesen zu mumifizieren, hin und wieder gibt es so etwas auch als Schulprojekt. Für gewöhnlich nimmt man dafür Hühner und nicht Menschen oder die eigenen Haustiere, sehr zur Freude der Letzteren (es sei denn, jemand hat als Haustier ausgerechnet ein Huhn).[13]

Wir wissen eine ganze Menge darüber, wie die Ägypter ihre Toten einbalsamierten, nicht zuletzt von Herodot, der während seiner Ägyptenreise erfuhr, wie dieser Vorgang vonstattenging, und eine detaillierte Beschreibung lieferte. Er schrieb, der Leichnam müsse zunächst mit Natron bedeckt werden und darin siebzig Tage lang verbleiben. Das Natron entzieht dem Körper

Feuchtigkeit und hilft so bei der Mumifizierung. Natürlich geschieht das nicht über Nacht, daher die siebzig Tage.

Doch es mussten auch eine Reihe innere Organe entfernt werden. Dazu schnitt der Einbalsamierer den Körper des Toten an der Seite auf und entnahm ihm Magen, Darm, Lunge und Leber. All diese Organe wanderten in spezielle Krüge, die sogenannten Kanopen, wie wir sie heute bezeichnen – die Archäologen, die als Erste auf sie stießen, assoziierten die Krüge nämlich mit dem griechischen Mythos von Kanopos, einem mykenischen Krieger, der im Krieg um Troja mitkämpfte und später bei einem Besuch in Ägypten an einem Schlangenbiss starb. Kanopen gehörten zur Grundausstattung einer jeden ägyptischen Grabstätte. Es gab sie in vielen verschiedenen Formen; im Neuen Reich stellten die Deckel der Krüge die vier Söhne des Horus dar, die die Organe bewachen. Der Magen wurde in einem Krug aufbewahrt, dessen Deckel die Form eines Schakalkopfes hatte, der Darm in einem mit Falkenkopf, das Gefäß für die Lunge hatte einen Deckel in Form eines Paviankopfes, das für die Leber einen in Form eines menschlichen Kopfes.

Anschließend wurde der Leichnam dort, wo die Organe gewesen waren, mit süßlichen Kräutern und Gewürzen ausgestopft und der Schnitt in der Seite wieder zugenäht. Das Herz ließ man an Ort und Stelle, denn die alten Ägypter glaubten, es sei der Sitz der Intelligenz, und man brauche es daher im Jenseits. Mit dem Gehirn hingegen wusste man nichts anzufangen, und so wurde es einfach entsorgt.

Es gab zwei Möglichkeiten, das Gehirn zu entfernen. Entweder nahm man ein langes Stück Draht, das an einem Ende zu einem Haken gebogen war. Diesen Draht schob man dem Toten in die Nase, bis sich das gebogene Ende im Gehirn verhakte, dann zog man den Draht – mit dem Gehirn – schnell wieder heraus. Falls beim ersten Mal nicht das gesamte Gehirn herauskam, wiederholte man das Ganze so lange, bis es vollständig entfernt war. Die andere Möglichkeit war, dem Toten den Kopf in den Nacken zu legen und ihm eine scharfe Säure in die Nase zu träufeln, die das Gehirn verflüssigte. Dann drehte man den Kopf, das Hirn lief als graue, klebrige Masse aus der Nase, und voilà: Der Schädel war leer.

Wie die Entnahme des Hirns genau vor sich ging, wird noch immer diskutiert, sogar in wissenschaftlichen Artikeln. Unsere Kenntnisse gehen zurück auf den antiken Historiker Herodot, bei dem es heißt, die Einbalsamierer würden den Großteil des Gehirns mithilfe eines gekrümmten Eisenstücks durch die Nasenlöcher herausziehen und dann den Rest entfernen, indem sie den Schädel »mit Medikamenten ausspülen«. Im Jahr 2012 fand man im Schädel einer 2500 Jahre alten Mumie ein Objekt, das als »Werkzeug zum Entfernen des Gehirns« identifiziert wurde. Forscher glauben, dass man es wahrscheinlich sowohl zum Verflüssigen als auch zum Herausziehen des Gehirns verwendete.[14]

Das Einbalsamieren fand unter Ausschluss der Angehörigen statt, was wahrscheinlich schon deshalb eine gute Idee war, weil dabei immer wieder Unfälle geschahen. Nehmen wir nur den Fall einer Frau, deren Wangen durch den Einbalsamierungsprozess eingefallen waren. Es handelte sich um die Priesterin Henuttaui aus der 21. Dynastie im 10. Jahrhundert v. Chr., sie lebte also vor etwa 3000 Jahren. Die Einbalsamierer stopften ihr die Wangen mit Baumwolle aus, vielleicht um sie ein wenig lebendiger aussehen zu lassen; das scheint damals eine verbreitete Sitte gewesen sein. Dummerweise nahmen sie zu viel Baumwolle – so viel, dass ihr die Wangen einrissen. Ins Jenseits kam sie so natürlich nicht mehr, schließlich war ihr Körper nicht mehr intakt. Doch davon hat nie jemand etwas erfahren, bis die Mumie in der heutigen Zeit wieder ausgewickelt wurde.[15]

In den letzten Jahren hat man zahlreiche Mumien aus dem

3 Im Reich der Pharaonen

British Museum und anderen Museen in Großbritannien, Deutschland und Ägypten mithilfe von Computertomografie (CT) und dreidimensionaler Visualisierung untersucht, und dabei ein paar interessante Dinge herausgefunden. Diese Mumien, die teilweise dem Königshaus angehörten, teilweise bürgerlich waren, stammten aus verschiedenen Epochen von 3500 v. Chr. bis 700 n. Chr. Darunter befanden sich Kinder und Erwachsene, manche waren tätowiert, manche litten unter diversen Beschwerden, und fast alle hatten Zahnprobleme.[16] Bei der Mumie einer Sängerin aus Theben mit dem Namen Tamut, die ungefähr 900 v. Chr. einbalsamiert wurde, entdeckte man Schutzamulette, die in die Leinenbinden mit eingewickelt worden waren; außerdem fand man heraus, dass die Frau Kalkablagerungen in den Arterien hatte, die zu ihrem Tod geführt haben könnten – durch einen Herzinfarkt oder einen Schlaganfall.[17] Und als man einige Tiermumien näher unter die Lupe nahm, stellte man fest, dass im Inneren von nahezu einem Drittel dieser Mumien nichts oder fast nichts von dem ursprünglich einbalsamierten Tier mehr übrig war. Dies führte zu diversen Spekulationen.[18]

Das Einbalsamieren war das eine, doch die alten Ägypter mussten ihre Mumien auch vor den Elementen schützen. Zu diesem Zweck errichteten sie um 3000 v. Chr. herum erstmals niedrige Bauten aus Lehmziegeln über den Gräbern, in denen sie die Mumien platzierten, die sogenannten Mastabas (diese Bezeichnung stammt vom arabischen Wort für »Sitzbank«). Selbst wenn ein Sandsturm über das Grab hinwegfegte, blieb die Mastaba an Ort und Stelle, und man konnte den Sand hinterher wieder wegfegen; so blieb die Mumie vor den Elementen geschützt – und auch vor den pickenden Schnäbeln der Vögel oder den Reißzähnen der Hyänen und anderer Aasfresser.

Möglicherweise führte die Entwicklung der Mastabas im

Endeffekt auch zum Bau der ersten Pyramiden ein paar hundert Jahre später. Was genau die Ägypter dazu veranlasst hat, Pyramiden zu bauen, wissen wir nicht, aber sicherlich hatte es nichts mit Außerirdischen zu tun.[19] Offenbar bat Pharao Djoser, der in der 3. Dynastie kurz nach 2700 v. Chr. lebte, seinen Wesir (so etwas wie seine rechte Hand) Imhotep, sich für seine königliche Grabstätte etwas besonders Majestätisches und Erhabenes auszudenken. So kam es zum Bau der Stufenpyramide, der wahrscheinlich ersten Pyramide, die in Ägypten errichtet wurde. Imhotep scheint nicht nur Djosers Architekt, sondern auch sein Leibarzt gewesen zu sein; er galt als Vater der ägyptischen Medizin und wurde später sogar als Gott der Heilkunde verehrt und mit dem griechischen Gott Asklepios gleichgesetzt.

Sieht man sich die Stufenpyramide an, kommt es einem so vor, als habe Imhotep sechs Mastabas aufeinandergestapelt, die nach oben hin immer kleiner werden, sodass eine treppenförmige Pyramide entstand.[20] Von dieser Stufenpyramide bis zu den gewaltigen Pyramiden bei Kairo, die heute jeder kennt, war es dann nur noch ein kleiner Schritt – Elemente wurden hinzugefügt, die Seiten geglättet.

Selbstverständlich ist das eine stark vereinfachte Darstellung; Wissenschaftler debattieren heute noch, wie die ägyptischen Pyramiden denn nun genau gebaut wurden. Viele Forscher hängen der Theorie an, dass die Steinblöcke mit Flaschenzügen und Umlenkrollen auf die Baustelle gehievt wurden, so wie man es heute noch mit schweren Steinen tut. Es gibt aber auch eine andere Hypothese: dass man die Blöcke über Rampen aus Erde transportierte, die spiralförmig um die Pyramide herumliefen. Falls diese Methode angewandt wurde, wäre der Bau nach Einsetzen des obersten Steinblocks komplett von Erde umgeben gewesen, die man als letzten Arbeitsschritt wieder hätte abtragen müssen. Es gibt noch weitere Thesen, zum Beispiel, dass innerhalb der Pyramide eine Rampe gebaut wurde, die wir heute nicht mehr sehen können.[21] In den vergangenen Jahren hat es diverse Versuche gegeben, praktisch nachzuvollziehen, wie die gewaltigen Steinquader bewegt wurden, und wie sich herausstellte, waren die Ägypter mit ihren technischen Möglichkeiten dazu durchaus in der Lage gewesen – man muss also keine Außerirdischen ins Spiel bringen.

Ein weiterer Aspekt, den man im Hinterkopf behalten sollte, ist die Tatsache, dass solch gewaltige Pyramiden meistens nicht als isoliertes Einzelbauwerk entstanden, sondern Teil eines größeren Bestattungskomplexes waren. Dazu gehörten üblicherweise auch Zeremonienhöfe, religiöse Schreine und diverse weitere Gebäude, die allesamt dazu dienten, die Erinnerung an den Pharao wach zu halten. Bereits Djosers Stufenpyramide war nur ein Teil eines größeren Gebäudekomplexes gewesen.

Das Gleiche gilt für Gizeh nahe des heutigen Kairo, wo die drei größten ägyptischen Pyramiden stehen. Sie sind das einzige der Sieben Weltwunder aus der Antike, das heute noch steht, und zugleich eines der wenigen Kulturdenkmäler, die man von der Internationalen Raumstation ISS aus mit bloßem Auge sehen kann.[22]

Diese drei Pyramiden datieren auf das Alte Reich, genauer: in die 4. Dynastie, die man folgerichtig auch das »Zeitalter der Pyramiden« nennt. Gebaut wurden sie von drei Pharaonen: von Chufu, von dessen Sohn Chafre und von dessen Sohn Menkaure. Besser bekannt sind die drei aber unter den Namen, die die Griechen ihnen später gaben: Cheops, Chephren und Mykerinos. Die Pyramide des Chufu (alias Cheops), kurz nach 2600 v. Chr. errichtet, ist die älteste und höchste der drei. Dass Chufu diese Pyramide errichten ließ, wissen wir unter anderem deshalb, weil die Arbeiter im Inneren seinen Namen an die Wand gemalt haben.[23] Zur zweiten Pyramide, der des Chafre (alias Chephren), gehörte wahrscheinlich die Sphinx, denn sie befindet sich am Eingang des ehemaligen Bestattungskomplexes für Chafre. Die dritte Pyramide, die niedrigste im Bunde, hat Menkaure (alias Mykerinos) erbauen lassen. Die Mykerinos-Pyramide zu betreten, hat etwas Klaustrophobisches an sich – das kann ich aus eigener Erfahrung bestätigen. Ich bin beileibe kein Riese, aber als ich durch einen Korridor im Inneren der Pyramide ging, musste ich permanent den Kopf einziehen und schrammte mit den Schultern an den Wänden entlang. Und zu wissen, wie viele tausend Tonnen Stein sich über mir befanden, bestärkte das bedrückende Gefühl nur noch mehr.

Die berühmteste der drei ist sicherlich die Cheops-Pyramide. Zehn bis zwanzig Jahre wird es gedauert haben, bis sie fertig war, aber dass Sklaven sie errichteten, ist eher unwahrscheinlich (und mit Sicherheit waren es keine hebräischen Sklaven, wie manche behaupten – die Pyramiden entstanden mindestens 800 Jahre vor der Zeit, in der die biblische Erzählung von Joseph spielt, der die Hebräer angeblich nach Ägypten holte).

Laut Herodot, jenem griechischen Historiker, der auch das Einbalsamieren beschrieb, arbeiteten am Bau einer Pyramide 100 000 Mann mit, die sich in vier Schichten pro Jahr abwechselten.[24] Seit den 1990er-Jahren hat man in der Nähe der Pyramiden diverse Unterkünfte und Friedhöfe der Arbeiter ausgegraben. Die dortigen Funde lassen darauf schließen, dass die Pyramiden hauptsächlich von Bauern und anderen Angehörigen der Unterschicht errichtet wurden, die sich hier außerhalb der Saison, beispielsweise nachdem die Ernte eingefahren war, etwas dazuverdienten. Man weiß inzwischen auch, dass die Arbeitskräfte gut behandelt wurden.[25] Neben den Saisonarbeitern gab es mehrere tausend professionelle Pyramidenbauer, die die Arbeiter anleiteten und ihren technischen Sachverstand beisteuerten. So waren die Pyramiden im Wesentlichen große öffentliche Bauprojekte, die nicht zuletzt dafür sorgten, dass eine ganze Menge Geld aus den Schatullen der Pharaonen zurück in die Wirtschaft des Landes gepumpt wurde.

Natürlich war einiges an Arbeitskraft erforderlich, um die gewaltige Menge an Steinblöcken zu bewegen, die für die Pyramiden gebraucht wurden. Die Cheops-Pyramide beispielsweise war ursprünglich über 146 Meter hoch und hatte eine Seitenlänge von 230 Metern. Sie besteht aus 2,3 Millionen Steinquadern, von denen manche mehrere Tonnen wiegen. Das Gewicht der gesamten Cheops-Pyramide wird auf fast 6 Millionen Tonnen geschätzt. Ursprünglich besaß sie eine Verkleidung aus leuchtend weißem Kalkstein, die aber längst verschwunden ist und sowohl in Kairo als auch in den Dörfern rund um die Pyramiden als Baumaterial verwendet wurde.[26] Im Inneren der Cheops-Pyramide gibt es zahlreiche Gänge und Kammern, doch wozu sie dienten, ist nach wie vor umstritten. Es scheint, als hätten der ursprüngliche Eingang und der Korridor dahinter in eine Kammer unter der Erde geführt, in der der Pharao begraben war. Möglicherweise wurden die Konstruktionspläne aber geändert, denn es gibt einen weiteren Korridor, der nach oben zur sogenannten Großen Galerie führt und zur Königskammer mit dem riesigen Sarkophag aus Granit, der heute noch an Ort und Stelle steht.

Außerdem gibt es zwei enge Schächte, die von beiden Seiten der Königskammer aus in die Seiten der Pyramide führen. Früher glaubte man, es handele sich dabei um antike Luftschächte (manchmal liest man das heute noch). Inzwischen sind einige Forscher der Ansicht, dass sie einem rituellen Zweck dienten. In den vergangenen Jahren jedenfalls, nachdem der feuchte Atem der Touristen, die in zunehmender Zahl ins Innere der Pyramide strömen, zu Problemen geführt hatte, haben sie gute Dienste geleistet: Man installierte an den Schächten Klimaanlagen und

Ventilatoren, die die feuchte Luft seither nach draußen in die trockene Wüstenhitze befördern. Sollten Sie also die Cheops-Pyramide besuchen und das Summen einer Klimaanlage hören, können Sie ganz beruhigt sein: Es ist mitnichten die Fantasie, die mit Ihnen durchgeht.

Beim Eingang zur Chephren-Pyramide steht die Große Sphinx von Gizeh. Ägyptologen haben inzwischen festgestellt, dass ihr Gesicht demjenigen gleicht, das man von Statuen des Pharaos Chafre (alias Chephren) kennt. Sie ist mitnichten 10 000 Jahre alt, wie einige Pseudo-Wissenschaftler behaupten, sondern datiert auf etwa 2550 v. Chr. Die Sphinx befindet sich in einem der Steinbrüche, aus denen die Ägypter die Steinblöcke für die Pyramiden holten. Ihr Rumpf besteht aus Gestein, das nicht gut genug war, um es als Baumaterial zu verwenden. So formte man kurzerhand den Körper einer Sphinx daraus, dem man dann eigens angefertigte steinerne Pranken und einen entsprechenden Kopf hinzufügte.

Die Große Sphinx wurde bereits im Altertum ausgegraben. Das wissen wir dank einer Inschrift, die besagt, dass Pharao Thutmosis IV. als junger Prinz (um 1400 v. Chr. herum) einmal im Schatten der Sphinx einschlief, die damals bis zum Hals im Sand vergraben war. Im Traum teilte sie ihm mit, wenn er den Sand entferne, werde sie ihn zum König über Ägypten machen. Also grub er die Sphinx aus und ließ die Blöcke ausbessern, die hier und da bereits bröckelten. Als er schließlich Pharao wurde, ließ er zwischen ihren Pranken die sogenannte Traumstele errichten, auf der die Ägyptologen später die Inschrift entdeckten.[27]

Der Legende nach fehlt der Großen Sphinx die Nase, weil Napoleons Truppen sie ihr 1798 oder 1799 abgeschossen haben. Das ist natürlich Unfug. Zwar benutzten seine Soldaten die Sphinx tatsächlich für Zielübungen, aber da fehlte ihr die Nase längst. Laut einem arabischen Historiker des 15. Jahrhunderts –

3 Im Reich der Pharaonen

sein Name war al-Maqrīzī – ließ ein muslimischer Herrscher, der dem Sufismus anhing, die Nase im Jahr 1378 abhacken, weil ägyptische Bauern der Sphinx Opfergaben darbrachten und sie wie ein Götzenbild verehrten.

Heutzutage rückt man den architektonischen Leistungen der alten Ägypter mit Hightech zuleibe. Das Grab Tutanchamuns wird ebenso neu unter die Lupe genommen wie diverse Pyramiden, von der Knickpyramide und der Roten Pyramide in Dahschur bis hin zur Cheops-Pyramide in Gizeh.

Im Jahr 2015 entdeckte ein Team aus ägyptischen, japanischen, kanadischen und französischen Wissenschaftlern mittels Infrarot-Thermografie einige seltsame Anomalien in mehreren Pyramiden, unter anderem gab es Temperaturunterschiede zwischen einzelnen Steinblöcken. Die thermischen Daten weisen womöglich darauf hin, dass es im Inneren dieser Bauwerke Hohlräume oder andere Strukturen gibt, von denen man bis dato nichts wusste.[28]

Die Myonen-Radiografie soll weiteres Licht ins Dunkel bringen und zusätzliche Daten über diese eventuell vorhandenen Hohlräume liefern. Myonen-Detektoren messen kosmische Teilchen, die feste Körper durchdringen können und zugleich anzeigen, wo es darin Vertiefungen oder Hohlräume gibt. Mit dieser Technik hat man bereits 2013 eine Maya-Pyramide in Belize untersucht. Ende 2015 wurden in der unteren Hauptkammer der Knickpyramide in Dahschur, die rund hundert Jahre vor den Pyramiden von Gizeh entstand, vierzig je 1 Quadratmeter große Myonen-Detektorplatten installiert. Vierzig Tage verblieben sie dort. Im April 2016 präsentierten die Forscher erste vielversprechende Ergebnisse: Die Bilder zeigen deutlich die bereits bekannte zweite Kammer im Inneren der Pyramide und schließen die Möglichkeit aus, dass es innerhalb des Bereichs, den die Detektoren abgedeckt haben, noch andere, unentdeckte

Kammern gibt. Als Nächstes wollen die Forscher mit dieser Methode die Cheops-Pyramide untersuchen.[29] So rücken die ägyptischen Pyramiden, die damals der Archäologie als »Geburtshelfer« dienten, einmal mehr in den Fokus der Wissenschaft.

Ziel dieses Ausflugs in die Welt des alten Ägypten war es, Ihnen die bemerkenswerten Leistungen dieser großartigen antiken Kultur ein wenig näherzubringen und Ihr Interesse an ein paar jüngeren Entdeckungen zu wecken, genau wie an den neuen Technologien, die zu diesen Entdeckungen geführt haben. Ich hoffe, dass Sie in Zukunft besser gewappnet sind, wenn wieder jemand im Internet, im Fernsehen oder im Bekanntenkreis mit wilden Behauptungen über das alte Ägypten um sich wirft – insbesondere über die »Großen Drei«: Pyramiden, Mumien und Hieroglyphen. Doch behalten Sie bitte zugleich im Hinterkopf, dass sich Ägyptologen noch mit vielen weiteren Facetten dieser faszinierenden Zivilisation beschäftigen; beim Jahrestreffen des American Research Center in Egypt im Jahr 2016 präsentierten die Forscher interessante Beiträge wie »Das Königtum während der Dritten Zwischenzeit«, »Bestattungspraktiken an der Ostgrenze von Tell el-Borg während des Neuen Reichs, Teil II« oder »Die Techniken der ägyptischen Königsinschriften« – Themen, für die leider niemand eine eigene TV-Sendung produzieren würde.[30]

4
MYSTERIÖSES MESOPOTAMIEN

Im Jahr 2001 zeigte das British Museum in London eine Ausstellung mit dem Titel »*Agatha Christie and Archaeology*«. Die vielmehr für ihre Kriminalromane um Hercule Poirot und Miss Marple bekannte Schriftstellerin soll einmal gesagt haben: »Ein Archäologe ist der beste Ehemann, den eine Frau sich wünschen kann. Je älter sie wird, desto interessanter wird sie für ihn.« [1]

Agatha Christie wusste, wovon sie sprach. Zahllose Menschen haben ihre Bücher gelesen, aber dass sie mit dem Archäologen Max Mallowan verheiratet war, ist nur wenigen bekannt. Sie hatten sich 1930 kennengelernt, als Mallowan 26 und sie vierzig Jahre alt war. Damals besuchte Christie die Ausgrabung in Ur, im heutigen Irak; wie viele ihrer Landsleute wollte sie unbedingt wissen, was es mit den »Todesgruben von Ur« auf sich hatte, deren Fund Grabungsleiter Leonard Woolley verkündet hatte. Mallowan fungierte in Ur als Woolleys rechte Hand, und die Schriftstellerin fand den jungen Mann noch interessanter als die Königsgräber. Ein halbes Jahr später heirateten sie. Nach der Hochzeit war Christie auf der Ausgrabungsstätte jedoch nicht mehr willkommen, und so verließen sie Ur und starteten kurzerhand ihre eigene Ausgrabung. Von nun an begleitete Christie ihren Mann auf die meisten Grabungen und half ihm, das gefundene Material zu sichten; wenn es gerade nichts für sie tun gab, schrieb sie Krimis.

Dass sie Ur nach der Hochzeit verlassen musste, lag übrigens an Woolleys Frau. Lady Katharine Woolley war nicht willens, die Aufmerksamkeit der Archäologen und Arbeiter mit einer anderen Frau zu teilen.[2] Agatha Christie rächte sich dafür ganz standesgemäß: Louise Leidner, die erste Person, die in ihrem Roman *Mord in Mesopotamien* getötet wird, ist die »schöne, aber schwierige Frau eines Archäologen« und als solche höchstwahrscheinlich Lady Katharine nachempfunden. Wie berichtet wird, erkannte jeder, der Bescheid wusste, Woolleys Ehefrau sofort wieder. Sie selbst nahm das Ganze anscheinend mit Humor.

Die antike Stätte Ur liegt nördlich der Mündung des Euphrat in den Persischen Golf. Früher bezeichnete man diese Region als Zweistromland, heute wird sie meist Mesopotamien genannt. Dieser Name stammt von den griechischen Wörtern *mésos* und *potamós,* meint also die Gegend »zwischen den Flüssen« – dem Euphrat und dem Tigris.

In der Antike war Ur eine bedeutende Stadt und fast durchgehend besiedelt – von etwa 6000 v. Chr. bis 400 v. Chr., als der Euphrat seinen Lauf änderte. Während der Bronzezeit, ab 3000 v. Chr., besaß Ur alle Merkmale einer typischen mesopotamischen Stadt, zum Beispiel Zikkurats, gestufte Tempeltürme, die so hoch sein sollten, dass sie in den Himmel reichten. Woolley identifizierte die Stadt als das im 1. Buch Mose erwähnte »Ur der Chaldäer«, die Heimatstadt des Patriarchen Abraham. Man weiß immer noch nicht, ob er damit recht hatte.[3] Woolley und Mallowan begannen 1922 mit ihren Ausgrabungen, im selben Jahr, als Carter in Ägypten das Grab des Tutanchamun fand. Den Friedhof begannen sie allerdings erst während ihrer fünften Feldsaison, 1926/1927, auszugraben. Anschließend, zwischen 1927 und 1929, legten die beiden Archäologen die 16 Königsgräber frei, die sie berühmt machen sollten. Alles in allem fand Woolley, der auch nach Mallowans Fortgang im Jahr 1931 weitergrub, auf dem Friedhofareal etwa 1850 intakte Gräber. Die Königsgräber machten also nur einen kleinen Prozentsatz dessen aus, was in Ur ausgegraben wurde.[4]

Die Königsräber von Ur datieren auf etwa 2500 v. Chr., sind also ungefähr so alt wie die Pyramiden von Gizeh. Viele gewöhnliche Gräber auf dem Friedhof waren recht simpel gehalten, die Königsgräber dafür aber umso beeindruckender. Letztere bestanden meist aus einer überwölbten oder mit einer Kuppel versehenen steinernen Kammer, in der die sterblichen Überreste des Königs aufgebahrt wurden. Die Kammer befand sich am Boden einer tiefen Grube und ließ sich nur über eine steile Rampe erreichen. Kostbare Grabbeigaben fand man meist in der Grabkammer des Toten, und in der Kammer wie auch in der Grube davor lagen die Überreste von Fuhrwerken mit Rädern, Zugtieren und Begleitpersonen.[5]

Überhaupt hat man in den »Todesgruben« erstaunlich viele Leichen gefunden – in einem Fall waren vierzig Personen getötet worden, um ihren Herrn (oder ihre Herrin) ins Jenseits zu begleiten, in einer anderen Grube waren es mehr als sechzig und in einer weiteren sogar siebzig Tote. Dabei handelte es sich meist um Frauen, bisweilen waren aber auch Männer dabei. Woolley stellte die These auf, dass sie ein Gift eingenommen hatten, nachdem sie über eine Rampe hinunter in die Grube geklettert waren. Im Jahr 2009 allerdings unterzogen Spezialisten der University of Pennsylvania einige Schädel aus den Gräbern einer Computertomografie. Es stellte sich heraus, dass zumindest ein paar von ihnen umgebracht worden waren, indem man ihnen schräg hinter dem Ohr ein scharfes Instrument in den Kopf gejagt hatte.[6] Sie müssen sofort tot gewesen sein.

Obwohl diverse Gräber bereits im Altertum geplündert worden waren, gelang es Woolley und Mallowan, noch zahlreiche atemberaubende Grabbeigaben sicherzustellen, die man mit den Königen bestattet hatte. Sie fanden goldene Diademe, Schmuck aus Gold und Lapislazuli und Dolche aus Gold und Elektrum. Sogar ein goldener Helm war dabei, der wahrscheinlich eher zeremoniellen Zwecken diente, da ein solcher Helm in einer Schlacht nicht allzu viel Schutz gegen ein Schwert oder eine Streitaxt geboten hätte. Ferner entdeckten sie diverse filigrane Bildhauerarbeiten, unter anderem zwei Skulpturen, die eine Ziege mit einem Baum darstellen (nach der biblischen Geschichte von Abraham, der Isaak opfern will, auch als »Widder im Dickicht« bezeichnet). Eine dieser wunderschönen Skulpturen ist heute im British Museum zu sehen, eine weitere im Museum der University of Pennsylvania in Philadelphia.

In einem Grab in Ur wurden die Überreste einer hölzernen Harfe mit Einlagen aus Elfenbein und Lapislazuli gefunden, die Woolley später rekonstruieren ließ. Ein Königsgrab barg einen Holzkasten, der auf der Vorder- und Rückseite reich verziert war und den Woolley die »Standarte von Ur« taufte – vielleicht glaubte er, man habe den Kasten damals am Ende einer langen Stange vor sich her getragen, so wie die Römer viele Jahrhunderte später ihre Banner trugen. Er kam darauf, weil Szenen auf dem Kasten möglicherweise eine Schlacht darstellen, gefolgt von einer Präsentation der Beute vor dem König und einem großen

Siegesbankett. Unter den Figuren der Bankettszene befindet sich auch ein Musiker mit Harfe – diese Abbildung nutzte Woolley für seine Harfenrekonstruktion. Allerdings könnten diese Szenen auch etwas komplett anderes darstellen, und wahrscheinlich handelt es sich bei dem gefundenen Objekt auch nicht um eine »Standarte«, sondern schlicht um einen Holzkasten. Über die richtige Deutung dieses und anderer Funde aus Ur diskutieren die Fachleute heute noch, fast hundert Jahre, nachdem Woolley und Mallowan die Königsgräber entdeckten.

Woolley und Mallowan waren nicht die ersten Archäologen, die in Mesopotamien Erstaunliches gefunden hatten. Bereits Mitte des 19. Jahrhunderts fanden an einer ganzen Reihe antiker Stätten im Nahen Osten professionelle Ausgrabungen statt, die von Institutionen wie dem British Museum und dem Louvre finanziert und von Männern wie Austen Henry Layard und Paul-Émile Botta durchgeführt wurden.[7] Im heutigen Irak gruben sie Ninive und Nimrud aus, die wichtigsten assyrischen Städte des 8. und 7. Jahrhunderts v. Chr. Ihre schönsten Fundstücke schickten sie in die Museen ihrer Heimat. Noch heute lassen sich die riesenhaften geflügelten Stiere, Löwenfriese und diverse andere Stücke aus dem Nahen Osten im British Museum und im Louvre bestaunen. Bald wurden auch deutsche und amerikanische Museen aktiv und sponserten Expeditionen in die Region, bei denen weitere Stätten freigelegt wurden, darunter Babylon, Uruk und Nippur.

Zu ihrer Unterstützung hatten die Archäologen Epigraphiker dabei, Experten für antike Schriften. Zu ihnen gehörte auch der britische Wissenschaftler Henry Rawlinson, der in den 1830er-Jahren einen wichtigen Beitrag zur Entzifferung der Keilschrift leistete.[8] Wie der Name schon sagt, ist die Keilschrift ein Schriftsystem, das aus keilförmigen Zeichen besteht. Diverse Sprachen des Altertums nutzten die Keilschrift, etwa das Akkadische, das Babylonische, das Hethitische, das Altpersische und einige andere Sprachen des Nahen Osten, genau wie wir heute das lateinische Alphabet verwenden, um Englisch, Französisch, Deutsch, Italienisch oder Spanisch zu schreiben.

Rawlinson kam als Offizier der britischen Armee in die Gegend des heutigen Iran und knackte das Geheimnis der Keilschrift auf ganz ähnliche Weise, wie Champollion die ägyptischen Hieroglyphen entzifferte: mithilfe einer dreisprachigen Inschrift. In Rawlinsons Fall war die Inschrift in Altpersisch (das man auch im 19. Jahrhundert noch verstand), Elamisch (ebenfalls eine Sprache des antiken Persien, die aber längst niemand mehr benutzte) und Babylonisch verfasst. Die Inschrift war 519 v. Chr. auf Geheiß des persischen Großkönigs Dareios I. in 120 Metern Höhe in ein Felsmassiv in der Nähe des Ortes Bisutun gehauen worden.

Eine Anekdote, die in diesem Zusammenhang immer wieder erzählt wird, stammt ursprünglich von Rawlinson selbst.[9] Nachdem er bereits zwölf Jahre lang, von 1835 bis 1847, auf wackligen Leitern und Gerüsten herumgeklettert war, um die Inschrift zu kopieren, heuerte er schließlich einen »wilden kurdischen Jungen« an, der sich an einem Seil herabließ, um die letzten Zeilen des umfangreichen Textes abzumalen. Für die letzten Wörter musste der Junge von Seite zu Seite schwingen und an der senkrechten Felswand entlanglaufen, bis er sich irgendwo festklammern konnte.

Bereits zwei Jahre nachdem er mit dem Projekt begonnen hatte, war Rawlinson in der Lage, die ersten zwei Absätze des altpersischen Textes zu lesen. 1837 und 1839 publizierte er seine Erkenntnisse und war damit nur um ein Haar schneller als einige andere Forscher (unter anderem ein bejahrter irischer Pfarrer namens Hicks), die ebenfalls an der Entzifferung der Inschrift gearbeitet hatten. Bis Rawlinson allerdings auch den babylonischen und elamischen Teil des Textes entziffert hatte und die Inschrift komplett lesen konnte, vergingen noch einmal zwanzig Jahre.[10]

In der Zwischenzeit begann Paul-Émile Botta im Dezember 1842 mit den ersten archäologischen Ausgrabungen in der Region des heutigen Irak. Obwohl er gebürtiger Italiener war, war Botta als französischer Konsul in Mossul tätig – ein Job, bei dem er so wenig zu tun hatte, dass er sich die meiste Zeit über im Auftrag des Louvre (und mit dem Segen seiner Vorgesetzten in Frankreich) der archäologischen Feldforschung widmen konnte.[11]

Botta beschäftigte sich zunächst mit einem Erdhügel im gegenüber von Mossul am Tigris gelegenen Kujundschik. Dort fand er nicht viel und brach seine Zelte bald wieder ab – etwas voreilig, wie sich später herausstellen sollte. Er hatte von einem seiner Arbeiter erfahren, dass im 22 Kilometer nördlich gelegenen Chorsabad Skulpturen gefunden worden waren. Als auch er im März 1843 dort zu graben begann, wurde er sofort fündig und machte sich daran, einen großen assyrischen Palast auszugraben. Zuerst glaubte er, die Stadt Ninive entdeckt zu haben, doch wie wir heute wissen, handelte es sich bei Chorsabad um das antike Dur Scharrukin, die Residenz von Šarru-kīn II., einem assyrischen König, der von 721 bis 705 v. Chr. regierte.[12]

Austen Henry Layard wollte sich in Mesopotamien eigentlich nicht als Ausgräber betätigen, zumindest ursprünglich nicht. 1839 reiste er im Alter von 22 Jahren gemeinsam mit einem Freund von England aus auf dem Landweg nach Ceylon (dem heutigen Sri Lanka). Ihr Weg führte sie durch die Türkei, sie besuchten Jerusalem, Petra, Aleppo und andere alte Städte und erreichten im Mai 1840 Mossul, wo Layard das Archäologenfieber packte.[13] Sein Interesse galt den antiken Hügeln in der Nähe der Stadt, aber es sollte noch ein paar Jahre dauern, bevor er zurückkehren und seinen Plan für Ausgrabungen in die Tat umsetzen konnte.

Seine ersten Gehversuche als Archäologe unternahm Layard im Jahr 1845 in Nimrud, das er zunächst für das antike Ninive hielt. Die Stätte lag ein paar Kilometer stromabwärts von Mossul. Um den örtlichen Herrscher, einen einäugigen, einohrigen Despoten namens Mohammed Pascha, hinters Licht zu führen, tat Layard so, als begebe er sich auf eine Jagdexpedition. Doch in der Jagdausrüstung verstaute er heimlich sein Ausgrabungsequipment.[14]

Die erste Nacht an der Ausgrabungsstätte verbrachte er in der Hütte des dortigen Dorfvorstehers und träumte davon, was er alles finden würde: »Ich hatte Visionen von unterirdischen Palästen«, schrieb Layard später, »von gigantischen Monstern, von Skulpturen und endlosen Inschriften.«[15] Wie sich herausstellen sollte, war dies mehr eine Vorahnung gewesen als ein Traum, denn all das (und mehr) sollte er in den kommenden Jahren dort vorfinden.

Gleich am nächsten Morgen begann er zu graben. Seine Mannschaft bestand aus sechs vor Ort angeheuerten Arbeitern, die er in zwei Teams aufteilte. Sie begannen in zwei weit voneinander entfernten Bereichen auf dem Hügel zu graben. Noch vor Ende des ersten Tages fanden beide Teams jeweils ein Zimmer, dessen Wände mit eingeritzten Inschriften bedeckt waren. Und damit nicht genug: Die Zimmer gehörten zu zwei unterschiedlichen Gebäuden – an einem einzigen Tag hatte Layard nicht einen, sondern zwei assyrische Paläste entdeckt! Heute nennt man diese den Nordwest- und den Südwest-Palast. Layard stockte die Zahl seiner Helfer umgehend auf, sodass es elf Männer waren. Später erhöhte er nochmals auf insgesamt 30 Arbeiter.[16]

Aus den Inschriften, die Layard fand, wurde deutlich, dass ein Herrscher namens Aššur-nâṣir-apli II. den Nordwest-Palast und 200 Jahre später ein anderer Herrscher namens Aššur-aḫḫe-iddina den Südwest-Palast errichten ließ. An dieser Stätte befand sich auch noch ein dritter, unter Tukulti-apil-Ešarra III. gebauter Palast, den man als zentralen Palast bezeichnet; er wurde erst später entdeckt. Salmānu-ašarēd III., der Sohn von Aššur-nâṣir-apli II., ließ ebenfalls diverse Gebäude und Monumente errichten. All diese Gebäude entstanden in einem Zeitraum von mehr als 200 Jahren, zwischen 884 und 669 v. Chr. Nach Lanyard gruben hier noch viele weitere Archäologen, und das fast bis zum heutigen Tag. Vor einiger Zeit war die Stätte wieder in den Nachrichten: Im März 2015 rückten IS-Kämpfer den antiken Überresten mit Bulldozer und Vorschlaghämmern zuleibe und zerstörten im Museum von Mossul Artefakte aus Nimrud.[17]

Layard brachte ein Buch heraus, in dem er seine erstaunlichen Entdeckungen in Nimrud beschrieb. Eine davon ist der berühmte schwarze Obelisk von Salmānu-ašarēd III., eine 2 Meter hohe Säule mit Inschriften, die die Taten des Königs verherrlichen und Jehu, den biblischen König von Israel, erwähnen. Als das Buch 1849 erschien, zementierte es Layards Ruf als findigen Archäologen, unerschrockenen Abenteurer und Autor packender Texte. Er nannte sein Buch *Ninive und seine Überreste,* da er davon ausging, eben diese Stadt entdeckt zu haben. Eine wahrlich unglückliche Titelwahl, denn als Rawlinson die Inschriften vom Fundort wenig später entzifferte, stellte sich heraus, dass es sich bei der antiken Stadt mitnichten um Ninive, sondern um das biblische Kalach handelte, das wir heute als Nimrud bezeichnen.[18]

Nimrud war nach Assur die zweite Großstadt, die die Assyrer errichteten, und fast 175 Jahre lang, von 879 bis 706 v. Chr., die Hauptstadt des Assyrischen Reichs. Danach verlegte Šarru-kīn II. das Machtzentrum für kurze Zeit nach Dur Scharrukin, bevor Sîn-aḫḫe-eriba die Stadt Ninive zur neuen Hauptstadt der Assyrer machte. Wo aber lag Ninive? Bislang hatte es noch niemand entdeckt.

1849 kehrte Layard nach Mossul zurück, um eine neue Ausgrabungsrunde einzuläuten, die dann bis 1851 dauerte. Dieses Mal konzentrierte er sich in erster Linie auf den Hügel von Kujundschik, den Botta sieben Jahre zuvor aufgegeben hatte. Inzwischen besaß Layard genug Geld, um bis zu 300 Arbeiter auf einmal zu beschäftigen, also zehnmal so viele wie in Nimrud.[19] Layard hatte mehr Glück als Botta. Seine Männer legten sofort diverse Reliefs und Bilder frei, und es stellte sich heraus, dass sie zu einem Palast gehörten, den der assyrische König Sîn-ahhe-eriba hatte errichten lassen, der von 704 bis 681 v. Chr. auf dem Thron gesessen hatte. In diesem Gebäude, das er »Südwestpalast« taufte, entdeckte Layard zwei große Räume, in denen kniehohe Stapel beschrifteter Tontafeln lagerten. Als man sich an die Übersetzung einiger dieser Tafeln machte, kam heraus, dass der eigentliche Name dieses Bauwerks »Palast ohne Gleichen« lautete. Und diesmal konnte Sprachenexperte Rawlinson bestätigen, dass es sich beim Fundort tatsächlich um das antike Ninive handelte, denn man wusste, dass Sîn-ahhe-eriba die assyrische Hauptstadt nach seiner Thronbesteigung von Dur Scharrukin nach Ninive verlegt hatte.[20]

Heute ist Sîn-ahhe-eribas Palast vor allem wegen des sogenannten Lachisch-Reliefs bekannt: In einem Zimmer fand Layard ein großes in Stein gemeißeltes Relief mit Bildern und Inschriften, das sich über drei Wände erstreckte und zeigte, wie Sîn-ahhe-eriba 701 v.Chr. die Stadt Lachisch einnahm. Lachisch war damals die zweitmächtigste Stadt in Judäa; nachdem Sîn-ahhe-eriba sie erobert hatte, belagerte er Jerusalem. Die Eroberung von Lachisch wird, genau wie die Belagerung Jerusalems, im Alten Testament beschrieben (2. Könige 18,13–14). Es war mit das erste Mal, dass eine außerbiblische Quelle ein in der Bibel beschriebenes Ereignis bestätigte.

Fast dreißig Jahre bevor Layard den Palast von Sîn-ahhe-eriba entdeckte, hatte Lord Byron die biblische Darstellung der Ereignisse in seinem 1815 veröffentlichten Gedicht »Sîn-aḫḫe-eribas Niederlage« verewigt:

Es kam des Assyrers gewaltige Macht,
Die Cohorten, sie glänzten in goldener Pracht,
Und es blitzten die Speere, wie Sternenlicht spielt
Auf dem Meer, wenn es nächtlich Judäa bespült.[21]

Als man bei darauffolgenden Ausgrabungen in den 1930er-Jahren und später in den 1970er- und 1980er-Jahren schließlich auch das antike Lachisch im heutigen Israel ausgrub, bestätigte sich, dass die Stadt um 701 v.Chr. zerstört worden war. Der Fundort wies auch eine typische assyrische Belagerungsrampe aus tonnenweise Erde und Steinen auf, die stark den Rampen ähnelte, die auf dem Relief im Palast des Sîn-aḫḫe-eriba abgebildet sind.[22]

Das Relief aus Ninive ist voll mit grausigen Details – manchen Gefangenen wird die Zunge herausgerissen, anderen bei lebendigem Leib die Haut abgezogen, auf Pfählen stecken die Köpfe Enthaupteter. Es ist allgemein bekannt, dass die Assyrer solche Gräueltaten tatsächlich begangen haben, aber die entsprechenden Darstellungen in Sîn-aḫḫe-eribas Palast waren höchstwahrscheinlich als Propaganda gedacht – als Mittel zum Zweck, um andere Königreiche davon abzuhalten, sich gegen die Assyrer aufzulehnen. Vermutlich führte man ausländische Botschafter in dieses Zimmer im Herzen des Palastes, damit sie später daheim verkünden konnten, man solle sich bloß nicht mit den Assyrern anlegen.[23]

Layard kommentierte seine Ausgrabung des Palastes von Sîn-aḫḫe-eriba in Ninive wie folgt: »In diesem großartigen Bauwerk habe ich nicht weniger als 71 Säle, Gemächer und Korridore geöffnet, deren Wände fast ausnahmslos mit Reliefplatten aus

Alabaster getätigt waren.«[24] Er schätzte, dass seine Arbeiter genügend Tunnel gegraben hatten, um fast 3 Kilometer solcher Wände freizulegen sowie 27 von enorm großen geflügelten Stieren und Löwen-Sphingen flankierte Türöffnungen.[25]

Allerdings war Layard genau wie Botta kein ausgebildeter Archäologe, sondern Diplomat. Wie Brian Fagan ganz unverblümt schreibt: »Botta und Layard waren nach heutigen Maßstäben furchtbar dilettantische Ausgräber.«[26] Insbesondere Layard pflegte eine Arbeitsweise, die man im angelsächsischen Raum »*chasing walls*« nennt – etwas, das moderne Archäologen nicht mehr tun: Seine Helfer gruben einen senkrechten Graben in den Hügel, bis sie auf eine Steinmauer trafen, und dann legten sie einen Tunnel an, der der Mauer folgte. Wenn sie auf eine weitere Mauer stießen, bogen sie mit ihrem Tunnel ab und so weiter, bis sie sich an allen vier Wänden eines Raumes entlanggegraben hatten. (Botta und seine Arbeiter gingen im Grunde genauso vor.)

Immerhin legte Layard auf diese Art viele der mit Inschriften versehenen Platten, die die Wände zierten, sowie die Kolossalstatuen frei. Aber seine Vorgehensweise bedeutete auch, dass die Mitte der Räume nicht ausgegraben wurde. Layard interessierte sich auch nicht besonders für die Keramik, die seine Helfer fanden. Viele der Wandplatten wurden ins British Museum gebracht, wo sie heute noch zu sehen sind; andere, sowohl aus Nimrud als auch aus Dur Scharrukin, befinden sich heute in diversen Museen in aller Welt, unter anderem im Dartmouth College und im Amherst College in den USA.

Es war ein ungeheuer aufwendiges Unterfangen, die Stücke von Layard ins British Museum und die von Botta (und seinem Nachfolger Victor Place) in den Louvre zu verfrachten. Bottas Funde wurden erstmals im Mai 1847 im Louvre ausgestellt, womit er Layard nur wenige Monate zuvorkam, dessen

Geflügelter Stier mit Männerkopf, Dur Scharrukin (heute Chorsabad)

Funde ab September desselben Jahres im British Museum zu sehen waren. Um seine Funde nach Frankreich zu bringen, ließ Botta eigens einen Wagen mit Rädern von 1 Meter Breite bauen – nur um dann feststellen zu müssen, dass der so schwer war, dass ihn nicht einmal 200 Arbeiter zu ziehen vermochten.[27]

Layard kämpfte beim Transport seiner Funde nach England mit ähnlichen Problemen.[28] Das größte Pech jedoch hatte Victor Place, der Botta in Dur Scharrukin nachfolgte: Unter seiner Aufsicht versank im Mai 1855 eine riesige Schiffsladung, die auf dem Weg nach Frankreich gewesen war, im Tigris.[29] Nach einem Halt in Bagdad fingen Banditen den Konvoi auf dem Fluss ab. Als sie merkten, dass es sich bei der Ladung nicht wie erwartet um Gold handelte, brachten sie das Schiff zum Kentern und töteten mehrere Besatzungsmitglieder.

200 bis 300 Kisten voll unersetzlicher antiker Objekte sanken auf den Grund des Tigris. Rund 120 davon waren randvoll mit Artefakten aus Dur Scharrukin, weitere 68 enthielten Skulpturen aus Sîn-aḫḫe-eribas Palast in Ninive, die Place in den Louvre schicken durfte, obwohl das britische Team sie ausgegraben hatte. Es waren auch Stücke aus anderen Orten in Mesopotamien dabei, die eine französische Babylonien-Expedition gefunden hatte. Am Ende konnte man nur noch 78 Kisten bergen, daher nannte Seton Lloyd, einer der größten britischen Archäologen des 20. Jahrhunderts, den Vorfall »eine der entsetzlichsten Katastrophen in der Geschichte der Archäologie«.[30] Der Rest der Ladung wurde niemals gefunden. Wenn man heute mittels moderner Fernerkundungstechnik das Flussbett in dieser Gegend absuchen würde, könnte sich das durchaus lohnen.

Immer mehr Funde wurden zutage gefördert. 1853, zwei Jahre vor der Katastrophe auf dem Tigris, entdeckte der ortsansässige Archäologe Hormuzd Rassam, ein Schützling Layards und sein Nachfolger in Ninive, quasi unter den Augen von Victor Place, der dort ebenfalls grub, den Palast von Aššur-bāni-apli, einem Enkel von Sîn-aḫḫe-eriba, der von 668 bis 627 v. Chr. geherrscht hatte. Rassam und seine Arbeiter hatten drei Nächte lang heimlich in einem Bereich des Hügels gegraben, den beide Grabungsleiter für sich beanspruchten. Als sie als Erste auf die Mauern und Skulpturen des Palastes stießen, blieb Place nichts weiter übrig, als Rassam zu seiner Entdeckung zu gratulieren.[31]

Innerhalb des Palastes entdeckte Rassam eine Bibliothek mit Unmengen an Keilschrifttexten, ganz ähnlich der, die Layard zuvor in Sîn-aḫḫe-eribas Palast gefunden hatte. Obwohl die Paläste mit zwei Generationen Abstand voneinander errichtet wurden, nimmt man heute an, dass die insgesamt 25 000 Tontafeln das assyrische Staatsarchiv darstellten, das auf die beiden Paläste aufgeteilt worden war; heute befinden sich all diese Tafeln im British Museum.[32]

Die Texte der (wie man sie heute nennt) Bibliothek des Aššur-bāni-apli enthalten zahlreiche staatliche Dokumente, die ein umfassendes Bild von der Politik, der Wirtschaft und den sozialen Bedingungen im Assyrischen Reich zeichnen. Doch es sind auch Tontafeln darunter mit religiösen und wissenschaftlichen Schriften und sogar literarische Texte, die Aššur-bāni-apli von seinen Schriftgelehrten im ganzen Reich sammeln oder kopieren ließ.[33] Die Bibliothek des Aššur-bāni-apli ist eine der größten Textsammlungen der antiken Welt, man kann sie durchaus in einem Atemzug mit den (viel späteren) Bibliotheken in Pergamon und Alexandria nennen. Sie enthält auch mehrere Exemplare des *Gilgamesch-Epos*.[34]

Eine der bekanntesten Erzählungen aus dem *Gilgamesch-Epos* ist sicherlich die von der sumerisch-babylonischen Flut. Übersetzt wurde sie zuerst von George Smith, einem Londoner Banknoten-Graveur, der sich nebenberuflich als Amateur-Assyriologe im British Museum betätigte. 1872, also fast zwanzig Jahre nach Rassams Fund, nahm sich Smith das Fragment einer großen Tontafel vor und staunte nicht schlecht: Es handelte sich um den Bericht über eine große Flut, der verdächtig der alttestamentlichen Beschreibung der Sintflut ähnelte, die Noah dank seiner Arche überlebte. In dem von Smith übersetzten Text (der, wie sich zeigen sollte, die elfte Tafel des *Gilgamesch-Epos* darstellt), hieß der Held nicht Noah, sondern Utnapischtim. Als Smith seine Entdeckung im Dezember 1872 bei einem Treffen der Society of Biblical Archaeology vorstellte, geriet ganz London aus dem Häuschen.

Dummerweise fehlte ein Stück aus der Mitte der Tafel, und

zwar natürlich genau dort, wo es interessant wurde. Daher lobte der *Daily Telegraph* einen Finderlohn von 1000 britischen Pfund für denjenigen aus, dem es gelingen würde, das fehlende Fragment aufzuspüren. Obwohl er noch nie in Mesopotamien gewesen war und keinerlei archäologische Ausbildung besaß, beschloss Smith, sich auf die Suche zu machen. Nachdem er in Ninive eingetroffen war, fand er das fehlende Stück binnen einer Woche.[35]

Wie ihm das gelang? Im Grunde war es ganz einfach. Ihm war die Idee gekommen, dass die Arbeiter dieses Fragment der Tontafel möglicherweise versehentlich weggeworfen hatten. So beschloss er, nicht noch einmal im Hügel zu graben, sondern den großen künstlichen Hügel zu durchsuchen, der entstanden war, als die Arbeiter während der Ausgrabung ihre Eimer mit Erde ausgeleert hatten.

Nach heutigen Standards dürfte man in einem solchen Haufen keinerlei antike Objekte mehr finden, doch in Ninive hatten die Arbeiter so schnell und nachlässig gearbeitet, dass er noch voller Tontafeln- und Keramikscherben steckte. Smith fand nicht nur das Fragment, dessentwegen er gekommen war, sondern insgesamt an die 300 Bruchstücke von Tontafeln, die die Ausgräber weggeworfen hatten. Zurück in London setzte er das fehlende Stück in die Tafel mit der Erzählung von der sumerisch-babylonischen Flut ein – es passte perfekt.

Es gibt durchaus noch weitere solche Sintflut-Geschichten. Erst 2014 verkündete der Assyriologe Irving Finkel vom British Museum, er habe eine weitere Version der Erzählung von der großen Flut gefunden und in dieser Fassung sei der Überlebende ein Mann namens Atrahasis. Besonders interessant an Finkels Tontafel ist, dass die Arche hier im Gegensatz zu unserer landläufigen Vorstellung als rund beschrieben wird. Die Tafel stammt aus einer Privatsammlung. Schon 1985 ließ der Besitzer Finkel einen Blick darauf werfen, aber die Zeit reichte nicht aus, um sie zu übersetzen. Erst 2009 erhielt Finkel erneut Zugang zum Text und konnte mit der Übersetzung beginnen.[36]

Die Ausgrabungen des 19. Jahrhunderts in Nimrud, Ninive und Dur Scharrukin sowie später in Ur, Babylon, Nippur, Uruk und anderswo läuteten in der Region eine Ära archäologischer Aktivität ein, die bis heute andauert. Die Archäologie und Textarbeit in Mesopotamien hat uns neue Erkenntnisse über die Ursprünge der komplexen westlichen Kultur gebracht. Wir verstehen heute besser, wie sehr diese frühen Kulturen die Entwicklung unserer modernen Gesellschaften geprägt haben – von der Politik und den Gesetzen über Mathematik und Medizin bis hin zum Steuerwesen.[37]

Im Rückblick diskutieren allerdings einige Forscher darüber, inwieweit diese frühen Archäologen einen Beitrag zum damaligen Kolonialismus geleistet haben, indem sie als Europäer versuchten, sich die Geschichte fremder Nationen einzuverleiben – oder ob sie einfach nur Teil eines internationalen Wettstreits waren, eines Wettlaufs um die besten Funde, finanziert von westlichen Museen, die letztlich nur auf ihren eigenen Vorteil bedacht waren.[38] Doch selbst wenn dies die eigentlichen Motive waren, die hinter den Aktivitäten der Archäologen steckten, kann man nicht bestreiten, dass Forscher wie Layard, Botta und einige andere dazu beigetragen haben, vergessene beziehungsweise bis dato nicht wiederentdeckte Kulturen wie die der Assyrer, Babylonier und Sumerer ans Licht zu bringen und unser Wissen um die Ursprünge der westlichen Zivilisation zu erweitern. Die Frage, ob man die im Zuge dessen geborgenen Objekte nicht endlich den Herkunftsländern zurückgeben sollte, ist durchaus legitim. Man muss dabei aber auch berücksichtigen, wie instabil der Nahe Osten seit Mitte der 1990er-Jahre ist; das gilt vor allem für den Irak und für Syrien.

Noch 1988 gelangen irakischen Archäologen in Nimrud ein paar spektakuläre Entdeckungen: Sie legten die Gräber von mehreren assyrischen Königinnen frei, die aus der Zeit von Aššurnâṣir-apli II. stammten. Zu den verblüffenden Grabbeigaben gehörten aufwendige goldene Halsketten, Ohrringe und viele weitere Schätze. All das ging während des Zweiten Golfkriegs verloren, doch später fand man die Artefakte in einem Bankschließfach wieder; inzwischen sind sie in Sicherheit und auch publiziert worden.[39] An anderen Orten in der Region, wo die Arbeit seit Beginn der 1990er-Jahre ruhte, sind inzwischen wieder Archäologen tätig. Welche archäologischen Entdeckungen erwarten uns dort im Laufe der nächsten hundert Jahre? Es bleibt spannend.

5

IM DSCHUNGEL MITTELAMERIKAS

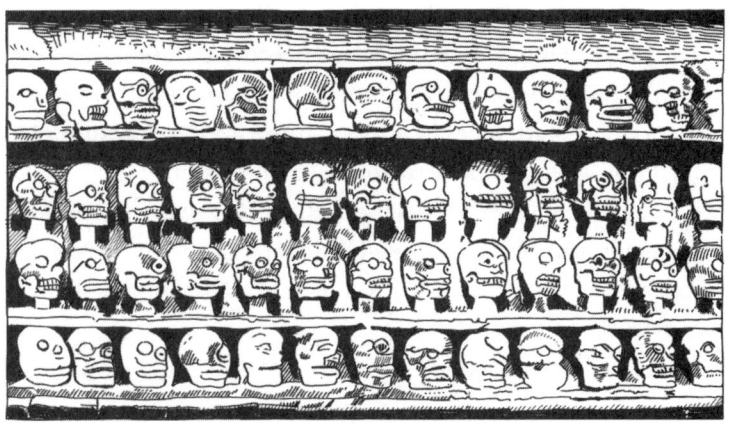

Im Jahr 2009 kam es zu einer der aufsehenerregendsten Entdeckungen in der jüngeren Maya-Forschung. Mithilfe eines modernen LiDAR-Systems, das in einem zweimotorigen Flugzeug installiert war, gelang es einem Team von Archäologen, die versteckten Maya-Ruinen von Caracol in Belize aufzuspüren. Innerhalb von nur vier Tagen konnten sie nachweisen, dass ein riesiges Areal, das bislang lediglich als undurchdringlicher Dschungel gegolten hatte, in Wirklichkeit Gebäude, Straßen und andere Elemente einer großen Stadt barg, die komplett überwuchert war.[1]

LiDAR steht für *Light detection and ranging* (frei übersetzt: Laserortung und -abstandsmessung). Es handelt sich dabei um eine mit dem Radar verwandte Fernerkundungs-Technologie, die mithilfe eines Lasers höchst akkurate Messungen erlaubt. Die ausgesendeten Laserimpulse prallen vom Boden ab und erzeugen dadurch dreidimensionale Bilder, die aus Hunderttausenden Datenpunkten bestehen.² LiDAR-Systeme, die für gewöhnlich vom Flugzeug aus verwendet werden, haben sich vor allem in Gegenden wie Mittelamerika als nützlich erwiesen, da man damit sozusagen durch die dichten Baumkronen des Regenwaldes hindurchblicken und verschollene Tempel, Gebäude oder sogar ganze Städte abbilden kann, die komplett unter der Vegetation verborgen sind. Das Problem bei allen (oder zumindest den meisten) Stätten der Maya ist, dass sie mittlerweile komplett vom Urwald verschluckt worden sind und keiner mehr weiß, wo sie sich befinden. Würden die heute bekannten Stätten nicht regelmäßig für die Horden von Touristen gehegt und gepflegt, hätte sich der Regenwald die Ruinen in Nullkommanichts wieder einverleibt.

Erst 2014 haben mehrere Forscher-Teams in der Region wieder Maya-Städte gefunden, die völlig zugewuchert waren. »Dort im Urwald kommt es vor«, kommentierte ein Forscher, »dass man in 200 Metern Entfernung an einer solchen Stätte entlangläuft, ohne von ihrer Existenz zu ahnen.« Dank LiDAR ist damit nun Schluss. Mit diesem System lassen sich nicht nur verschollene Städte aufspüren, sondern auch die, die man bereits kennt, binnen weniger Tage oder sogar Stunden genau vermessen – etwas, wofür man normalerweise Wochen oder Monate, mitunter sogar Jahre benötigt.³

»Die Erzählung lautet dahin, dass im J. 1750 eine Gesellschaft von Spanien, die das Innere von Mejico bereisten, … ganz unerwartet in mitten einer weiten Einöde alte steinerne Gebäude entdeckten, welche die Uiberreste einer Stadt waren.«⁴ Die spanischen Entdecker waren zweifellos verblüfft über die gewaltigen Gebäude, die vollständig von Kletterpflanzen überwuchert waren und aus deren ehemaligen Fenstern Bäume wuchsen. Wie wir heute wissen, hatten sie die Maya-Metropole Palenque gefunden. So schnell sich die Nachricht vom Fund verbreitete, so wenig Aufmerksamkeit schenkten offizielle Stellen der Entdeckung. Erst 34 Jahre später entsandte der König von Spanien einen Forscher, der den Gerüchten nachgehen sollte. Im Laufe der folgenden fünfzig Jahre besuchten mehrere spanische Expeditionen die antike Stadt im Dschungel, und 1822 und 1835 wurden sogar Berichte darüber auf Englisch veröffentlicht, doch noch immer nahm kaum jemand von der Entdeckung Palenques Notiz. Das änderte sich erst 1841, als ein US-amerikanischer Entdeckungsreisender namens John Lloyd Stephens einen Bericht über seine Reisen nach Mittelamerika veröffentlichte und damit eine breite Leserschaft gewann – wenige Jahre bevor Layards erstes Buch über seine Funde in Mesopotamien erschien.

Stephens staunte darüber, wie wenig Aufmerksamkeit man Palenque vor dem Erscheinen seines Buches *Reiseerlebnisse in Centralamerika, Chiapas und Yucatan* gezollt hatte. In diesem Buch beschrieb er zunächst, wie die Stadt im Jahr 1750 entdeckt und später von den Spaniern erforscht worden war. Anschließend merkte er an: »Wäre eine gleiche Entdeckung in Italien, in Griechenland, in Ägypten oder in Asien, überhaupt innerhalb des Bereichs der europäischen Reisen, gemacht worden, sie hätte kein geringeres Interesse erweckt als jene von Herculaneum und Pompeji oder der Ruinen von Pästum.«[5]

Dank seiner Entdeckungsreisen nach Mittelamerika, die er zusammen mit dem britischen Künstler und Architekten Frederick Catherwood unternahm, sollte sich das bald ändern, denn das begeisterte Lesepublikum riss ihnen die Reiseberichte, die sie jedes Mal nach ihrer Rückkehr veröffentlichten, förmlich aus der Hand. In ihren Texten beschrieben sie die Entdeckung zahlreicher Stätten der Maya, von denen viele bis zu jenem Zeitpunkt völlig unbekannt gewesen waren.[6] Dabei waren Stephens und Catherwood natürlich mitnichten die ersten Ausländer, die diese Stätten besucht hatten, und sie waren auch weniger Ausgräber denn Abenteurer und Entdeckungsreisende; in erster Linie erkundeten sie das Terrain, räumten Bäume und Sträucher aus dem Weg und zeichneten, was sie vorfanden. Aber weil es ihnen gelang, mit ihren Reisebüchern die Aufmerksamkeit der westlichen Welt auf die Ruinen Mittelamerikas zu lenken, gelten sie trotzdem als Urväter jenes Zweigs unseres Fachs, den man als »Archäologie der Neuen Welt« bezeichnet.[7] Und wie ein Fachkollege ganz richtig angemerkt hat: All dies geschah dreißig Jahre bevor Heinrich Schliemann in Troja grub und mehr als achtzig Jahre bevor Howard Carter das Grab Tutanchamuns entdeckte.[8]

Als Schüler hatte Stephens schon früh Griechisch und Latein gelernt, mit 13 Jahren besuchte er bereits die Columbia University, und mit zwanzig war er als Rechtsanwalt zugelassen. Allzu lange übte er diesen Beruf jedoch nicht aus, stattdessen begab er sich auf weite Reisen, die ihn unter anderem nach Griechenland, in die Türkei, nach Ägypten und nach Jordanien führten.[9] Zurück in den Vereinigten Staaten, veröffentlichte er einen Reisebericht, der zum Bestseller wurde und ihn berühmt machte – und reich.[10]

Stephens freundete sich mit dem um ein paar Jahre älteren Frederick Catherwood an, und sie beschlossen, gemeinsam Mittelamerika zu erkunden und die Überreste jener Kultur aufzuspüren, die wir heute die »Maya« nennen. Im Jahr 1839 verließen sie die USA und begaben sich auf die Suche nach drei antiken mesoamerikanischen Stätten, von denen sie zuvor gelesen hatten: Copán, Palenque und Uxmal. Sie wurden tatsächlich fündig – und nicht nur das: Auf zwei separaten Expeditionen entdeckten sie insgesamt fast fünfzig Maya-Städte, nicht zuletzt die berühmte Ruinenstadt Chichén Itzá.

1841 und 1843 brachte Stephens zwei Bücher über ihre Reisen nach Mittelamerika heraus. Neben den Städten und Bauwerken, die sie gesehen hatten, beschrieb er darin auch detailliert, wie er und Catherwood unterwegs von diversen Krankheiten heimgesucht worden waren. Mehrmals erwähnt er, wie Insekten unter ihren Fußnägeln Eier gelegt hatten, dass sie von Mücken mit Malaria infiziert worden waren und andere unangenehme, zum Teil lebensbedrohliche Beschwerden.[11] Nach der Lektüre dieses abenteuerlichen Berichts staunt man, dass es den beiden Männern überhaupt gelungen war, wieder lebend aus dem Dschungel herauszukommen und in die USA zurückzukehren – und das nicht nur einmal, sondern zweimal.

Stephens war ein scharfsinniger Beobachter, und als er seine Entdeckungen in Mittelamerika mit dem verglich, was er im Nahen Osten gesehen hatte, schlussfolgerte er ganz richtig, dass Städte wie Copán und Palenque nicht etwa von den Ägyptern oder Überlebenden des Inselreichs Atlantis errichtet worden waren, wie damals manche glaubten, sondern von einem indigenen Volk: den Maya.

In einem seiner Bücher vergleicht er die Pyramiden, Säulen und Skulpturen von Copán mit jenen, die er aus Ägypten kannte. Dabei stellt er fest, dass »zwischen diesen Überresten und denen der Ägypter keine Ähnlichkeit [besteht], und da sie hier fehlt, so sehen wir uns vergebens anderswo um ... Ich neige nicht der Ansicht zu, dass sie ... die Werke eines Volks sind, das von der Erde dahin geschwunden und dessen Geschichte uns bekannt geworden ist; sondern dass sie, allen früher ausgesprochenen Muthmassungen entgegen, von den zur Zeit der Invasion der Spanier das Land bewohnenden Volksstämmen oder ihren nicht sehr fernen Vorfahren errichtet wurden.«[12]

Er und Catherwood dokumentierten detailgetreu die in die Monumente eingeritzten Hieroglyphen, die sie in Copán und anderswo vorfanden. Stephens war überzeugt davon, dass ihnen die seltsamen Schriftzeichen, sobald man sie entziffert hätte, eine Menge über die Geschichte der Maya verraten würden. »Eines glaube ich, nämlich dass ihre Geschichte auf ihren Monumenten eingegraben steht. Noch hat kein Champollion seinen tief dringenden Forscherblick auf sie gerichtet. Wer wird die Zeichen lesen und entziffern?«[13] Später kam er auf diesen Punkt noch einmal zurück: »Auch glaube ich zuversichtlich, dass es noch dahin kommen wird, dass man die hieroglyphischen Tafeln wird lesen lernen. ... Jahrhunderte lang blieben ja auch Ägyptens Hieroglyphen uns unerforschlich, und ich habe die Uiberzeugung, dass man, wenn auch vielleicht nicht gerade in unsern Tagen, einen sichereren Schlüssel als den Stein von Rosette auffinden wird.«[14] Hier spielte er auf Jean-François Champollion an, dem es 1823 gelang, mithilfe der dreisprachigen Inschrift auf dem Stein von Rosette die ägyptischen Hieroglyphen zu entschlüsseln.

Stephens sollte in jedem Punkt Recht behalten: Es gelang Forschern schließlich, die Hieroglyphen der Maya zu entschlüsseln, und die Schriftzeichen dokumentierten tatsächlich die Geschichte dieses Volkes mit all ihren blutigen Einzelheiten. Bis dahin sollte es allerdings noch eine ganze Weile dauern: Erst seit wenigen Jahrzehnten können wir die Inschriften verlässlich lesen. Was sie uns über die Maya verraten, ist hochinteressant, denn sie waren mitnichten so friedlich, wie man lange Zeit angenommen hatte; in ihrer Geschichte gab es genauso viele Rivalitäten und Kriege wie in jeder anderen antiken Kultur. Den Code der Maya-Schrift zu knacken, erforderte die konzertierte Anstrengung mehrerer Forscher, darunter der Engländer Eric Thompson, eine russisch-amerikanische Wissenschaftlerin namens Tatiana Proskouriakoff und der ukrainische Ägyptologe Juri Knorosow.

Thompson und Knorosow gelten für gewöhnlich als bittere Rivalen, ein wenig wie Jean-François Champollion und Thomas

Young, der Franzose und der Brite, die darum wetteiferten, wem es als Erstem gelingen würde, die ägyptischen Hieroglyphen zu entziffern.¹⁵ Thompson war so etwas wie der Grandseigneur der wissenschaftlichen Beschäftigung mit der Maya-Schrift. Sein wichtigstes Werk zu diesem Thema erschien 1950. Proskouriakoff erbrachte den Nachweis, dass die Hieroglyphen historische Daten und Ereignisse dokumentierten, und ihr gelang es zudem herauszufinden, an welchen Stellen der Texte Frauen und wo Männer gemeint waren. Dennoch gilt heute im Allgemeinen der während des Kalten Krieges im stalinistischen Russland tätige Knorosow als derjenige, dem beim Entziffern der Texte letztendlich der Durchbruch gelang. Den Schlüssel dazu lieferte ein Manuskript über die Maya, das der spanische Bischof Diego de Landa im 16. Jahrhundert verfasst hatte. Obwohl de Landas Versuch, die Schrift der Maya zu verstehen, in die falsche Richtung ging, gilt dieses Manuskript als Stein von Rosette der Maya-Hieroglyphen. Diese Tatsache hat fast etwas Ironisches, denn wie wir heute wissen, ließ ausgerechnet de Landa damals die meisten auf Baumrinde gezeichneten Bilderhandschriften der Maya verbrennen, ein Grund dafür, weshalb heute nur so wenige davon erhalten sind.¹⁶

In jüngerer Zeit gab es weitere signifikante Fortschritte bei der Entzifferung der Maya-Schrift. Zu verdanken haben wir sie dem US-Forscher David Stuart, Jahrgang 1965, einem Sohn des Maya-Experten George Stuart, der fast vierzig Jahre lang für die National Geographic Society arbeitete.¹⁷ Seine Eltern nahmen David bereits als Dreijährigen mit auf ihre Forschungsreisen zu den Ruinen der Maya, mit acht Jahren beschäftigte er sich mit den Hieroglyphen, und mit zehn assistierte er in Palenque der bedeutenden Maya-Epigraphikerin Linda Schele.

Als Stuart 1995 seinen Doktorgrad erlangte, hatte er bereits 13 Artikel und Monographien veröffentlicht. Er ist bis heute der jüngste Preisträger des prestigeträchtigen MacArthur Fellowship (im Volksmund auch »Genie-Preis« genannt), das er als 18-Jähriger erhielt, und einer von nur sehr wenigen Archäologen, die jemals damit bedacht wurden. Außerdem gehört er zu den wenigen Wissenschaftlern, die sowohl das MacArthur- als auch das Guggenheim-Stipendium erhalten haben.[18]

Einer breiteren Öffentlichkeit wurde er durch ein Buch bekannt, das er 2011 schrieb. Es steht im Zusammenhang mit der Medienhysterie, die aufgrund einer vermeintlichen Maya-Prophezeiung entstand, die besagte, dass 2012 – zeitgleich mit dem Ende des 5000-Jahres-Kalenderzyklus der Maya – die Welt untergehen würde. Stuart gelang der Beweis, dass die Maya gar nicht den Weltuntergang vorausgesagt hatten, sondern schlichtweg die Herrschaft eines bestimmten Königs in einen größeren Kontext beziehungsweise zeitlichen Zyklus stellen wollten.[19]

All diesen Personen (und noch einigen anderen) ist es zu verdanken, dass sich John Lloyd Stephens' damalige Prognose bewahrheitet hat: Die Maya-Hieroglyphen sind endgültig entschlüsselt und die Geschichte von Copán und anderen Maya-Städten ist in der Tat, wie Stephens es ausdrückte, »auf ihren Monumenten eingegraben«.

Heute wissen wir zum Beispiel, dass die Maya in Copán, das im heutigen Honduras liegt und zum UNESCO-Weltkulturerbe gehört, eine Liste mit den Namen von 16 Herrschern hinterlassen haben, die einen Zeitraum von fast vier Jahrhunderten abdecken, nämlich von 427 bis 810. Sie sind in den sogenannten Altar Q eingemeißelt, einen rund 2x2x1 Meter großen, quaderförmigen Stein. An den Seiten befinden sich Reliefs mit Darstellungen dieser Herrscher, jeweils vier pro Seite. Gründer der Dynastie war ein König mit dem Namen »Große-Sonne-Grüner-Quetzal-Ara«. Auch wenn die Stätte von etwa 200 bis 900 bewohnt war, scheinen diese vier Jahrhunderte der Höhepunkt ihrer Geschichte gewesen zu sein.[20]

Wir wissen heute eine ganze Menge über den Aufstieg und Fall der Maya, einerseits durch die Inschriften, die man an diversen Standorten gefunden hat, andererseits dank zahlreicher Ausgrabungen. Die Archäologie teilt die Geschichte der Maya in mehrere Epochen auf: In der archaischen Zeit bis 2000 v. Chr. gab es die ersten landwirtschaftlichen Aktivitäten und erste Dörfer. Während der Präklassik (von etwa 2000 v. Chr. bis 300 n. Chr.) entstanden um 750 v. Chr. herum die ersten Städte. Die Klassik erstreckt sich auf den Zeitraum von etwa 300 bis 900; in ihrem letzten Abschnitt, der Spätklassik, brachen die komplexen Städte der Maya zusammen. Letzteres datiert man auf die Zeit zwischen 800 bis 900, auch wenn die genauen Daten je nach Region variieren. Es folgte die Postklassik, die von etwa 900 bis ins 16. Jahrhundert dauerte, als die Spanier im Land einfielen.

Copán, das seine kulturelle Blüte während der klassischen Epoche erlebte, war eine der drei Städte, nach denen John Lloyd Stephens und Frederick Catherwood im November 1839 ursprünglich gesucht hatten. (Sie fanden alle drei.) Stephens behauptete, er habe ganz Copán dem örtlichen Grundbesitzer abgekauft, für die vergleichsweise erbärmliche Summe von 50 Dollar, und ernsthaft darüber nachgedacht, wie er all ihre Baudenkmäler in die USA verfrachten könne; am Ende beschied er sich damit, sie von Catherwood zeichnen zu lassen. Allerdings ist kürzlich der damalige Vertrag aufgetaucht, und es scheint, als habe Stephens die antike Stätte gar nicht gekauft, sondern lediglich für einen Zeitraum von drei Jahren gepachtet.[21] Natürlich brauchte Catherwood nicht ganz so lange, um alle Monumente zu zeichnen; er und Stephens hielten sich insgesamt 13 Tage in Copán auf. In dieser Zeit fanden sie 14 Stelen. (Mit dem griechischen Wort »Stele« bezeichnen Archäologen für gewöhnlich einen aufrechtstehenden Stein, der eine Inschrift trägt.) Catherwood fertigte von allen Stelen, die sie in Copán vorfanden, Zeichnungen an, wie auch vom Altar Q. Stephens ahnte bereits, was auf dem Altar Q dargestellt war – in seinem Buch beschreibt er die 16 abgebildeten Personen und argwöhnt, dass die Hieroglyphen unter den Bildern deren Namen und Funktion angeben, was tatsächlich der Fall ist. Und er lag auch richtig mit seiner Annahme, dass die Hieroglyphen auf dem Altar »wahrscheinlich die Geschichte des dargestellten Königs oder Helden« illustrieren »und die besonderen Verhältnisse oder Thaten, die seine Grösse begründeten«.[22]

Stephens und Catherwood befreiten mehrere Ruinen in Copán von dem dichten Pflanzenbewuchs, unter dem sie verborgen lagen, darunter den Tempel der Hieroglyphentreppe und den heiligen Ballspielplatz. Die 21 Meter lange Hieroglyphentreppe, die auf die Spitze des Tempels führt, besteht aus 63 Stufen, welche mindestens 2200 Hieroglyphen zieren. Diese stellen ein Dynastieverzeichnis dar und bilden einen der längsten bekannten Maya-Texte. Der erste Teil der Hieroglyphen entstand auf Geheiß des 13. Königs von Copán, der später bei einer kriegerischen Auseinandersetzung gegen ein rivalisierendes Königreich gefangengenommen und enthauptet wurde. Fertiggestellt wurde die Hieroglyphentreppe vom 15. Herrscher, der im 8. Jahrhundert noch einmal so viele Schriftzeichen hinzufügen und das Ganze zudem in einen merkwürdigen »zweisprachigen« Text verwandeln ließ: Während sich auf der rechten Seite die gewohnten Maya-Hieroglyphen finden, stehen links davon sogenannte Teotihuacán-Hieroglyphen, die keine wirkliche Bedeutung zu haben scheinen und offenbar vor allem dekorativen Zwecken dienten.[23]

Der Ballspielplatz ist einer der besterhaltenen, die man jemals an einer Maya-Stätte gefunden hat. Nach welchen Regeln dort gespielt wurde, ist immer noch nicht ganz geklärt; einige Forscher sind der Meinung, das Spiel habe dem heutigen Fußball geähnelt.

Gewinnbringend war wohl, den Ball durch einen kleinen Ring zu spielen. Sobald der Ball den Boden oder die Hände eines Mitspielers berührte, war das Spiel vorbei. Die Gewinner wurden oft wie Helden verehrt und die Verlierer (davon gehen zumindest manche Wissenschaftler aus) manchmal getötet.[24] Ballspielplätze wie diesen hat man in ganz Mesoamerika bis hinauf in den Südwesten der USA gefunden.

Stephens und Catherwood reisten nach knapp zwei Wochen weiter und überließen es anderen, sich näher mit Copán zu beschäftigen und dort zu graben. Zu denen, die nach ihnen kamen, zählten der bekannte Amateur-Archäologe Alfred Maudslay, der Copán in den 1880er-Jahren besuchte, und ein Team der Carnegie Institution Mitte der 1930er-Jahre.[25]

Stephens und Catherwood legten eine Pause ein, bevor sie im April 1840 wieder auf Reisen gingen, dieses Mal auf der Suche nach Palenque. Auf dem Weg dorthin hätten sie beinahe eine verschollene Stätte im Regenwald Guatemalas besucht, bei der es sich offenbar um die Ruinenstadt handelte, die wir heute als Tikal kennen. Zwar hatten sie von der Existenz dieser antiken Metropole gehört, und Stephens hatte herausgefunden, dass sie nur zehn Tage brauchen würden, um sich dorthin durchzuschlagen, die Stätte zu vermessen und wieder zurückzukehren. Dennoch beschlossen sie, sich ohne weitere Verzögerung nach Palenque zu begeben und die Entdeckung von Tikal anderen Forschern zu überlassen.

Zweifellos bedauerten sie diese Entscheidung später, vor allem da sich 1848, keine zehn Jahre später, herausstellte, dass sich Tikal genau dort befand, wo sie es vermutet hatten. Wäre es ihnen damals nur einen kleinen Umweg wert gewesen, hätten sie eine der größten Maya-Städte der ganzen Region entdeckt. Bis zu 100 000 Menschen hatten hier früher zusammengelebt. Im Laufe der Jahre kamen diverse Archäologen und Entdecker

Tempel des Großen Jaguars (Tempel 1), Tikal

nach Tikal, doch erst mehr als hundert Jahre später, von 1956 bis 1970, führte die University of Pennsylvania dort das erste archäologische Großprojekt durch.[26]

Rund 3000 Gebäude sind heute noch vor Ort sichtbar, auch wenn viele davon noch immer vom Regenwald überwuchert sind. Zu den Gebäuden gehören Tempel und Paläste, die in der klassischen Epoche zwischen 200 und 900 entstanden, vor allem in den letzten drei Jahrhunderten jener Ära. George Stuart, der Archäologe der National Geographic Society, schätzte, dass in Tikal möglicherweise noch 10 000 weitere Gebäude aus früheren Epochen zu finden sind. Heute ist das ganze Gelände ein Nationalpark und gehört seit 1979 zum UNESCO-Weltkulturerbe.[27]

Es gibt sechs Tempelpyramiden in Tikal. In Tempel I, auch »Tempel des Großen Jaguars« genannt, fand man 1962 das Grabmal des bedeutenden Maya-Herrschers Ah Cacao. Er regierte Tikal um 700 herum, ganze 52 Jahre lang. In seinem Grab fand man Stücke von Jade, Schmuck aus Muscheln, Keramikgefäße, die ursprünglich mit Speisen und Getränken gefüllt waren, und ein paar außergewöhnliche Knochen, in die man Szenen eines Schöpfungsmythos geschnitzt hatte. Abgesehen von den zahllosen Gebäuden fand man auch zehn Sammelbecken, die die Stadt mit Trinkwasser versorgten.[28]

Stephens und Catherwood waren keineswegs die ersten Europäer, die nach Palenque suchten. Vor ihren Reisen in die Region hatten sie diverse kurze Berichte über die verschollene Stadt gelesen, die von verschiedenen spanischen Entdeckern stammten. In mehreren dieser ins Englische übersetzten Berichte wurde die Ansicht vertreten, dass die riesigen Ruinen von den Ägyptern errichtet worden waren, und mindestens ein Autor – ein Mann namens Dupaix, der während seiner Entdeckungsreisen auch in Copán gewesen war – kam zu dem Schluss, Palenque gehe auf Menschen aus Atlantis zurück.[29] Solche Hypothesen gingen von der irrigen Annahme aus, dass die Ureinwohner, die in den ärmlichen kleinen Dörfern in der Nähe der Ruinen lebten, unmöglich die Nachfahren jener Menschen sein konnten, die diese prächtigen Bauten einst errichtet hatten; die Entdecker glaubten, dafür könne nur ein Volk verantwortlich sein, das die Europäer bereits kannten, also Ägypter, Römer, die Bewohner von Atlantis oder dergleichen. Stephens stellte sich entschieden gegen diese Haltung, als er erklärte, dass Palenque und die anderen Ruinen von den indigenen Maya stammten und es keinen Grund gebe, irgendetwas anderes anzunehmen.[30]

Nach einer beschwerlichen Reise erreichten Stephens und Catherwood im Mai 1840 Palenque im Urwald Südmexikos. Drei Wochen verbrachten sie vor Ort, fällten Bäume und schlugen sich durch Sträucher, um die Monumente und Gebäude zu zeichnen, unter anderem den sogenannten Palast, den Kreuztempel und den großen Ballspielplatz.

Zu den Bauwerken, die sie freilegten, gehörte auch ein Tempel, den wir heute als »Tempel der Inschriften« bezeichnen und der auf einer 24 Meter hohen Steinpyramide steht. Der Tempel ist zu Recht berühmt für seine drei riesigen Steintafeln, die über 600 Hieroglyphen zeigen; es ist die zweitlängste Maya-Inschrift, die wir kennen. Stephens war sicher, dass es sich bei diesen Hieroglyphen um dasselbe Zeichensystem handelte, welches er auch in Copán gesehen hatte. Daher ließ er die Hieroglyphen von Catherwood für den Fall abzeichnen, dass irgendein Forscher sie später einmal würde entziffern können (was ja auch geschah).[31]

Dieses Unterfangen war allerdings nicht ganz so einfach, wie es klingt. Stephens' Beschreibung gibt uns eine Vorstellung davon, was sie alles anstellen mussten, bevor Catherwood die Hieroglyphen kopieren konnte: »Als wir sie zum ersten Male sahen, waren beide Tafeln mit einer dicken grünen Moosschicht überdeckt, und es war nöthig, sie erst abzuwaschen und abzukratzen, die Linien mit einem Stückchen Holz zu reinigen und alles vollständig zu überbürsten ... Außer diesem Prozess mussten wir auch wegen der Dunkelheit des Korridors, die eine Folge der davor wachsenden dicht schattigen Bäume war, Lichter oder Fackeln brennen, um, während Herr C. zeichnete, ein starkes Licht auf die Steine zu werfen.«[32]

Sie ahnten nicht, dass die 24 Meter hohe Pyramide, auf der der Tempel der Inschriften stand, die letzte Ruhestätte von Pakal dem Großen war, der von 615 bis 683 in Palenque geherrscht hatte. Wie Tutanchamun es in Ägypten fast 2000 Jahre vor ihm getan hatte, bestieg auch Pakal schon als Kind den Thron, aber im Gegensatz zum Pharao lebte und regiere er bis ins hohe Alter. Pakals Grabstätte fand man erst 1952 – mehr als hundert Jahre nachdem Stephens und Catherwood den Ort erkundet hatten und dreißig Jahre nachdem Howard Carter Tutanchamuns Grab entdeckt hatte.[33]

Der mexikanische Archäologe Alberto Ruz Lhuillier fand die Grabkammer, nachdem eine steinerne Bodenplatte im Tempel der Inschriften, oben auf der Pyramide, seine Neugier geweckt hatte.[34] Die Platte wies zwei Reihen kreisförmiger Vertiefungen auf, die mit Steinpfropfen verschlossen waren, und Lhuillier folgerte ganz richtig, dass die Vertiefungen dazu gedacht waren, die Platte zu entfernen. Als dies geschehen war, kam eine über und über mit Schutt bedeckte Treppe zum Vorschein, die hinunter in die Pyramide führte. Sein Team brauchte mehrere Jahre, um die lange Treppe komplett freizuräumen und 24 Meter unterhalb des Tempels den Boden zu erreichen. Dort fanden sie das Grab von Pakal; im Grunde liegt es also ebenerdig, nur eben im Inneren der Pyramide. Heute nimmt man an, dass die Pyramide um das Grab herum gebaut wurde.

Pakals Leichnam lag in einem 4 Meter langen Kalkstein-Sarkophag mit einem reich verzierten Deckel, der zeigt, wie Pakal in die Unterwelt hinabsteigt.[35] Die Archäologen ahnten zunächst nicht, dass es sich um den Deckel eines Steinsargs handelte – sie glaubten, das Ganze sei ein großer, massiver Altar mit verzierter Oberseite. Erst als sie probeweise ein Loch in den Stein bohrten, wurde ihnen klar, dass der vermeintliche Altar innen hohl war.

Im Inneren des Sarkophags lag das seit 1300 Jahren unangetastete Skelett des Pakal. Der Tote trug nicht nur eine Jademaske auf dem Gesicht, man fand auch zahlreiche weitere Artefakte aus Jade – Halsketten, Ohrschmuck, ein Diadem und einen Ring, Pektorale, Armbänder, zwei kleine Statuen und einen Gürtel.[36] Außerdem befanden sich darin die Skelette von sechs weiteren Personen, die anscheinend geopfert worden waren, damit sie Pakal ins Jenseits begleiten konnten.

Die UNESCO ernannte Palenque 1987 zum Weltkulturerbe.[37] Auch in jüngerer Zeit ist es ein wahres Mekka für Forscher und Archäologen gewesen, und zwischen 1993 und 2000 wurden einmal mehr neue Gebäude und Grabstätten entdeckt.[38] Das Grab der sogenannten Roten Königin, das 1994 in einer reich verzierten Kammer in Tempel XIII zum Vorschein kam, enthielt zahlreiche wertvolle Grabbeigaben. Tempel XIII befindet sich in der Nähe von Pakals Bestattungspyramide, und manche Forscher glauben, die Rote Königin sei die Ehefrau von Pakal gewesen und etwa zehn Jahre vor dem Herrscher verstorben.[39] Von 1998 bis 2000 wurden im Rahmen des Palenque Mapping Project die Gebäude neu vermessen und kartiert, darunter auch einige, die noch im Urwald verborgen waren.

Von Palenque aus begaben sich Stephens und Catherwood zur dritten Stätte auf ihrer Liste, Uxmal. Doch bald mussten sie ihre Erkundungsreise abbrechen, da Catherwood ernstlich erkrankte. Sie hatten beide unterwegs einiges mitgemacht, waren immer wieder von Malariaanfällen geplagt worden. Zehn Monate waren sie nun schon unterwegs, und es war an der Zeit, nach New York zurückzukehren. Die Rückreise stellte ein weiteres Abenteuer dar (auf See wären sie fast gekentert), doch am Ende ging alles gut – im Juli 1840 erreichten sie die USA. Stephens machte sich sofort daran, ein Buch über ihre Abenteuer zu schreiben.[40] Das zweibändige Werk[41] mit Illustrationen von Catherwood erschien im Juni 1841, und bis Dezember jenes Jahres waren – nicht zuletzt dank des relativ erschwinglichen Preises von 5 Dollar für beide Bände – bereits 22 000 Exemplare verkauft.

Zu diesem Zeitpunkt waren die beiden Männer längst wieder zurück in Yukatan. Schon im Oktober 1841, nur vier Monate nach Veröffentlichung ihres Buches, waren sie aufgebrochen. Diesmal blieben sie acht Monate vor Ort; sie kehrten im Juni 1842 in die Vereinigten Staaten zurück, und ihr Buch über diese neue Reise kam im Februar 1843 auf den Markt.

Höhepunkt von Stephens und Catherwoods zweiter Reise war die Erkundung des Geländes von Chichén Itzá im Norden der

Halbinsel Yukatan gewesen.⁴² 18 Tage blieben sie dort, entfernten mithilfe vor Ort angeheuerter Arbeitskräfte Bäume und Unterholz und legten so diverse Gebäude frei, unter anderem den Tempel der Jaguare, den Kriegertempel, die Pyramide des Kukulcán und die Venusplattform. Die Treppen des auch als »El Castillo« bezeichneten Kukulcán-Tempels sind so angelegt, dass jedes Frühjahr zur Tagundnachtgleiche an einer der Treppenseiten der Schatten einer riesigen Schlange auftaucht. Heute besuchen Jahr für Jahr Tausende von Touristen diesen Ort.

In einigen Gebäuden, zum Beispiel dem Tempel der Jaguare und dem Kriegertempel, gibt es Wandgemälde, die zeigen, wie die Tolteken unter ihrem Anführer Tōpīltzin Quetzalcōātl die Gegend eroberten. Der Volksstamm der Tolteken tauchte erst während der letzten zwei Jahrhunderte, in denen Chichén Itzá bewohnt war, dort auf, um etwa 1000 bis 1200.⁴³ Die Wandmalereien deuten darauf hin, dass die Invasoren vom Meer her kamen und die Maya ihnen in ihren Kanus entgegenruderten, um sie abzuwehren – vergebens. Später kam es dann noch zu einer großen Schlacht, in der die Maya den Tolteken erneut unterlagen.

Es gibt noch viele weitere Gebäude und Monumente in Chichén Itzá, beispielsweise ein langes steinernes Tzompantli oder »Schädelgerüst«, in das eine Reihe Schädel eingemeißelt ist, die zweifellos echte Schädel simulieren sollten, ein astronomisches Observatorium und den größten Ballspielplatz von ganz Mesoamerika, den Stephens in seinem Buch ausführlich beschreibt. Viele dieser Bauten stammen aus der Zeit, als die Tolteken die Stadt besetzt hielten. Sie errichteten mehrere neue Gebäude und ersetzten auch einige ältere Gebäude der Maya durch ihre eigenen. Seine Blütezeit erlebte Chichén Itzá somit auch etwas später als die meisten anderen Maya-Städte, nämlich zwischen 800 und 1200, was zumindest zum Teil an der Ankunft der Tolteken in diesem Zeitraum lag.⁴⁴

Obwohl Stephens und Catherwood bereits 1841/1842 hierherkamen und Alfred Maudslay im Jahr 1886 die Stätte besuchte, wurde Chichén Itzá erst ab 1895 systematisch untersucht – von Edward Thompson, der hier dreißig Jahre lang tätig war. Anschließend dauerte es noch einmal fast hundert Jahre, bis die Stätte 1988 zum UNESCO-Weltkulturerbe ernannt wurde.[45]

Thompson gelang es unter anderem, einen der Cenotes vor Ort auszuheben. Für alle Leser seines Buches, die nicht wussten, was Cenotes sind, lieferte Stephens eine gute Definition. Er beschrieb sie als »riesige kreisförmige Löcher mit einem Durchmesser von 60 bis 200 Fuß und unebenen, felsigen Seitenwänden, die auf 50 bis 100 Fuß Tiefe senkrecht abfallen. Am Boden dieser Löcher befindet sich ein tiefes Gewässer.« Zwei solche Cenoten gab es in Chichén Itzá, und einen davon nennt Stephens den »größten und wildesten, den wir je gesehen haben«. Er lag mitten im dichten Urwald, und ein »mysteriöser Einfluss« ging von ihm aus. Stephens war sich bewusst, dass man an diesem Cenote Menschenopfer dargebracht hatte; über ein Gebäude direkt am Rande des Erdlochs schreibt er: »Vielleicht wurden von hier aus die Opfer in den dunklen Abgrund geworfen.«[46]

In jenem Cenote fanden Thompson und andere Forscher bei Unterwasseruntersuchungen die Skelette von mindestens fünfzig Menschen – jungen Frauen, Männern und sogar Kindern. Außerdem kamen Scheiben aus Gold, kupferne Glocken, diverse Artefakte aus Jade und viele weitere Gegenstände zum Vorschein. Offenbar hatte dieser Cenote im Laufe der Jahre für allerlei Opfer herhalten müssen, allerdings nicht nur für Opfer der Maya, denn viele dieser Gegenstände waren von Tolteken gefertigt worden.[47]

Es gibt noch viele weitere Maya-Städte, große wie kleine, die ich hier beschreiben könnte, aber alles in allem sind Copán, Tikal, Palenque und Chichén Itzá recht repräsentativ. Doch auch wenn wir nun eine ganze Menge über die Maya erfahren haben, ist und bleibt es ein Rätsel, warum diese Zivilisation ums 10. Jahrhundert herum unterging. Warum alle oder doch zumindest die meisten der großen Stätten plötzlich aufgegeben wurden, vom Dschungel verschluckt wurden und in Vergessenheit gerieten. Eine beliebte Hypothese geht von einer hundert Jahre anhaltenden Dürre aus, also einem Klimawandel, doch das ist keinesfalls sicher. Andere Erklärungsversuche reichen von Überbevölkerung bis hin zu einer großflächigen Entwaldung.[48] Vielleicht war es auch eine Kombination aus mehreren Faktoren; auf jeden Fall würde man ein ganzes Buch brauchen, um all die Ursachen, die zum Untergang der Maya geführt haben, detailliert auszuloten. Klar ist momentan lediglich eines: Um dieses Rätsel ein für alle Mal lösen zu können, bedarf es unbedingt weiterer Untersuchungen – und gegebenenfalls auch weiterer Ausgrabungen.

Die Maya waren die erste in Vergessenheit geratene Zivilisation, die Archäologen in der Neuen Welt entdeckten. Von den Inka und den Azteken hatten die Spanier bereits Kenntnis, aber die Maya waren bis zu den Expeditionen von John Lloyd Stephens und Frederick Catherwood der breiten Öffentlichkeit gänzlich unbekannt. Mit ihren Büchern stellten sich Stephens und Catherwood der weithin herrschenden Auffassung entgegen, die Ureinwohner Mittelamerikas seien bloß arme Dorfbewohner gewesen, denen eigentlich nichts Besseres hatte geschehen können, als von den fortschrittlicheren Europäern erobert zu werden, und die keinesfalls in der Lage gewesen wären, ähnlich Großartiges zu leisten wie die Ägypter, Griechen und Römer. Da mittlerweile auch die umfangreichen schriftlichen Aufzeichnungen der Maya erfolgreich übersetzt wurden, wissen wir, dass ihre Zivilisation in politischer, militärischer und kultureller Hinsicht genauso komplex war wie die der antiken Völker der Alten Welt – und genauso blutig.

Nachgefragt 1

Woher weiß man, wo man graben muss?

Nachdem wir in den letzten Kapiteln einige der frühesten archäologischen Entdeckungen kennengelernt haben und dabei von Ägypten bis Mittelamerika gereist sind, würde ich mich jetzt gerne einem anderen Thema widmen. Dies ist das erste von mehreren eingestreuten Zwischenkapiteln, in denen ich auf ein paar Fragen eingehe, die mir immer wieder gestellt werden und die sich darauf beziehen, wie Archäologen eigentlich arbeiten. Die Archäologie ist Technik und Handwerk zugleich, und das Wissen darum, wie sie funktioniert, gehört ebenfalls zu ihrer Geschichte.

So werde ich beispielsweise häufig gefragt, woher ich eigentlich weiß, wo ich graben muss. Das ist eine wirklich gute Frage, und um sie zu beantworten, müssen wir uns die wichtigsten Werkzeuge und Methoden ansehen, mit denen Archäologen ihre Arbeit verrichten. In diesem Kapitel möchte ich mich daher mit dem archäologischen Survey beschäftigen, das heißt, der Geländebegehung beziehungsweise -erkundung, mithilfe derer man nach oberirdischen Spuren einer Besiedlung sucht. Einige dieser Spuren sind recht offensichtlich, andere weniger. Ein Survey kann auch hilfreich dabei sein, an einer bereits bekannten archäologischen Stätte herauszufinden, wo genau man weitergraben sollte.[1]

Zunächst aber müssen wir definieren, was überhaupt mit »Stätte« gemeint ist, denn diese gibt es in den unterschiedlichsten Formen und Größenordnungen. Die Agora in Athen und der riesige Hügel von Megiddo in Israel sind zwei antike Ausgrabungsstätten, an denen ich selbst gegraben habe. Es gibt aber auch sehr viel kleinere, die schwieriger zu finden sind. Fagan und Durrani weisen darauf hin, dass eine archäologische Stätte so klein sein kann wie »ein paar verstreute Überreste der Artefakte von Jägern und Sammlern« oder so groß wie die antike Stadt Teotihuacán in Mexiko; es ist einfach ein Ort, »wo wir Spuren früherer menschlicher Aktivität finden«, die wir »normalerweise durch die Anwesenheit von Artefakten identifizieren.«[2]

Folglich sollten wir als Nächstes klären, was ein Artefakt ist – und was nicht. Im Grunde ist es ganz einfach: Artefakte sind das, wovon man seinen Freunden und der Familie zu Hause berichten will, wenn man sich auf einer Ausgrabung oder einem Survey befindet – Gegenstände beziehungsweise Objekte, die von Menschen angefertigt oder zumindest modifiziert worden sind. Dazu gehören prähistorische Steinwerkzeuge genauso wie Keramik, Waffen, Schmuck, Kleidung und so ziemlich alles andere, was Menschen herstellen und von A nach B tragen können. Wobei Letzteres nicht ganz zutrifft – es gibt durchaus auch Artefakte, die sich nicht bewegen lassen. So etwas nennen wir einen *Befund*.[3] Ein Graben ist zum Beispiel ein Befund – er ist von Menschen angelegt, aber man kann ihn nicht von A nach

B bewegen (zumindest nicht, ohne dass er aufhört, ein Graben zu sein). Gleiches gilt für Türöffnungen, Feuerstellen, steinerne Altäre und vieles andere. Manchmal bezeichnen wir etwas aber auch als Befund, wenn wir noch nicht ganz sicher sind, worum es sich dabei handelt. Deshalb heißt es bei uns: »Ein Stein ist ein Stein, zwei Steine sind ein Befund, drei Steine sind eine Mauer.«

Es gibt mehrere Möglichkeiten, eine archäologische Stätte zu finden, aber fast alle diese Möglichkeiten beinhalten die Durchführung dessen, was wir als archäologischen Survey bezeichnen. Dies ist eine ziemlich weit gefasste Kategorie, zu der Boden-Surveys, Luft-Surveys, Fernerkundung und Stichprobenerhebungen gehören; die meisten dieser Unterkategorien werden wir in diesem Zwischenkapitel näher kennenlernen. Ziel dieser Surveys ist stets, archäologische Stätten zu finden, die innerhalb eines spezifischen geografischen Bereichs liegen, etwa die Region um Pylos im Süden Griechenlands, wo ich selbst einmal an einem Survey teilgenommen habe.[4]

Bei einem traditionellen Boden-Survey schreiten die Mitglieder einer Grabungsmannschaft den fraglichen Bereich zu Fuß ab und prüfen genau, was sie dort an Überresten finden. Man nennt dies auch eine Geländebegehung oder Geländeerkundung. In manchen Gegenden, wie dem Nordosten der Vereinigten Staaten, ist dieses Vorgehen aufgrund der dichten Vegetation jedoch kaum von Erfolg gekrönt. Daher führt man in solchen Fällen parallel auch immer kleine Testgrabungen im Abstand von einigen Metern durch, um festzustellen, ob sich im Boden Spuren von Artefakten finden lassen.[5] Die Dichte der Funde entscheidet dann darüber, ob sich ein Standort für eine Grabung eignet oder nicht.

In den 1960er- und 1970er-Jahren wurden Boden-Surveys immer beliebter, und in den 1980er-Jahren kamen sie schließlich richtiggehend in Mode, nicht zuletzt, weil sie meist eine kostengünstigere Alternative zu Grabungen darstellen und man mit ihnen größere Bereiche erkunden kann. Und da Boden-Surveys häufig mehrere Stätten umfassen, können die Archäologen hierbei ganz anderen Fragen nachgehen als bei der Grabung an einem einzigen Ort. Vielleicht möchten sie beispielsweise herausfinden, wie intensiv eine bestimmte Gegend Griechenlands während der Bronzezeit und späterer Epochen – den Dunklen Jahrhunderten, dem Archaischen und klassischen Griechenland, der römischen und der byzantinischen Zeit, der Herrschaft der Osmanen – besiedelt war. Änderte sich im Laufe der einzelnen Epochen das Siedlungsmuster? Verrät uns die Anzahl und Größe der Stätten etwas über die relative Bevölkerungszahl? Können uns die unterschiedlichen Orte, an denen Menschen sich niederließen, Hinweise darauf geben, über welche Ressourcen sie verfügten, wie gefährlich ihre Umwelt war, wie ihre politische Situation aussah?

Solche und ähnliche Fragen kann ein Boden-Survey beantworten. Wenn man mithilfe einer Geländebegehung in einem bestimmten Bereich bereits verschiedene Stätten aus unterschiedlichen Epochen identifizieren konnte, so ist man allein anhand dieser Erkenntnisse oft in der Lage, die Geschichte einer ganzen Gegend zu rekonstruieren – und das, ohne auch nur einen einzigen Spatenstich getan zu haben. Viele Surveys ziehen jedoch eine Ausgrabung nach sich, vor allem wenn die Archäologen dabei einen besonders vielversprechenden neuen Standort gefunden haben, auf den sie sich konzentrieren wollen (*und* dafür eine Grabungsgenehmigung erhalten).

Aber die Zeiten ändern sich, und heutzutage ist es manchmal sinnvoller, anstelle eines Boden-Surveys mit einem Luft-Survey zu beginnen. Dies bietet sich besonders für Orte an, an denen die früheren Bewohner Gebäude errichtet oder andere Überreste aus langlebigen Materialien hinterlassen haben, die man heute noch ausmachen kann. Dazu kann es bereits genügen, Luftaufnahmen oder Satellitenbilder von Unternehmen zu kaufen, die solche Bilder vertreiben; wesentlich teurer wird es, wenn man spezielle Flüge arrangieren muss, um eine Gegend per LiDAR aus der Luft zu vermessen.

Wenn Sie lediglich Fotos kaufen wollen – was bei Weitem der einfachste Weg ist –, gibt es mehrere Optionen. Käuflich erwerben können Sie zum Beispiel freigegebene militärische Satellitenbilder, etwa aus dem Corona-Programm, einer groß angelegten Operation der US-Geheimdienste von 1960 bis 1972. 1995 wurden die Bilder aus dem Corona-Programm zur zivilen Verwendung freigegeben und dienen mittlerweile ganz unterschiedlichen Zwecken, nicht zuletzt dem, nach potenziellen Ausgrabungsstätten zu suchen.[6] Mitunter kann man solche Stätten auf diesen doch inzwischen recht alten Aufnahmen sogar ganz deutlich erkennen, manche mit bloßem Auge, andere mit einer Lupe oder in der Vergrößerung auf dem Computerbildschirm. Diese älteren Fotos können sehr wertvoll sein. Luftaufnahmen werden seit hundert Jahren gemacht – sei es als Mittel der Kriegsführung, der Spionage oder ganz allgemein, um eine Gegend oder ein Gelände auszukundschaften. Mitunter sind die älteren Aufnahmen deshalb so wertvoll, weil sie entstanden, bevor viele archäologische Stätten durch die ökonomische Entwicklung und die Expansion der Städte zerstört oder beschädigt wurden.

1943 bekam der Archäologe John Bradford, der während des Zweiten Weltkriegs im britischen Heer diente, Luftaufnahmen zu sehen, die die Royal Air Force zu militärischen Zwecken gemacht hatte. Darauf identifizierte er den Standort von über 2000 etruskischen Grabhügeln in Norditalien, und zwar schlichtweg dadurch, dass das Gras beziehungsweise der Erdboden an diesen Stellen eine andere Farbe hatte als die direkte Umgebung.[7] Nach dem

Krieg tat sich Bradford mit dem Mailänder Ingenieur Carlo Lerici zusammen, und ab 1957 untersuchten sie viele der Gräber, die Bradford auf den Luftaufnahmen entdeckt hatte. Dazu bohrten sie mithilfe eines Erdbohrers ein Loch in den Boden, führten ein Rohr mit einer kleinen Kamera ein und fotografierten das Innere der Gräber. Bald darauf verfeinerten sie ihre Technik und entwickelten das sogenannte Lerici-Periskop, das in die engen Bohrlöcher passte und über eine leistungsfähige Lampe verfügte. So konnten sie herausfinden, was sich in den Gräbern befand, ohne erst einen Film entwickeln zu müssen, und sahen, in welchen der Gräber bereits Grabräuber zugange gewesen waren (sei es im Altertum oder in der Neuzeit) und welche noch antike Artefakte oder sogar Wandfresken bargen. Auf diese Weise untersuchten Bradford und Lerici in jeder Saison ein paar hundert Gräber, ohne sie ausgraben oder beschädigen zu müssen.[8]

Eine andere Möglichkeit, an Luftaufnahmen zu kommen, sind aktuelle, hochauflösende Satelliten-Farbbilder von Firmen wie DigitalGlobe oder Aufnahmen, die vom Space Shuttle aus gemacht wurden. Es gibt zum Beispiel ein sehr bekanntes Foto, das vom Space Shuttle *Endeavor* aus aufgenommen wurde. Auf diesem Foto von der antiken Stätte Angkor Wat in Kambodscha kann man ganz deutlich all jene Gebäude erkennen, die dort noch stehen.[9]

Meine Kollegin Sarah Parcak, die als Dozentin an der University of Alabama tätig ist und daneben für *National Geographic* arbeitet, ist bekannt dafür, dass sie Aufnahmen aus dem Weltraum auswertet, um Ausgrabungsstätten aufzuspüren. Sie verwendet diverse Techniken wie die Infrarot-Bildgebung, um einzelne Details hervorzuheben, und hat auf diese Weise bislang mehrere hundert bis dato unentdeckte antike Stätten in Ägypten gefunden, unter anderem 17 verschollen geglaubte Pyramiden und die legendäre Stadt Tanis. All diese Standorte »versteckten sich dort, wo sie eigentlich jeder hätte sehen können«, wie sie sagt.[10] 2016 wurde Parcak für ihre Arbeit mit dem Preis der TED-Innovations-Konferenz ausgezeichnet, der mit 1 Million Dollar dotiert ist.

Mithilfe dieser neuen Techniken, bei denen man mit Satellitenbildern arbeitet, lassen sich zahlreiche Dinge sehen, die uns bislang entgangen sind, unter anderem uralte Pfade, die einst kreuz und quer durch die Wüste führten. Auf diese Weise hat man im Jahr 1992 beispielsweise die fast vergessene Stadt Ubar im Oman entdeckt. Auf einem Foto, das die *Endeavor* von der Gegend gemacht hatte, sahen Archäologen, wo sich die alten Pfade gekreuzt hatten. Anschließend gruben sie dort und fanden Ubar.[11]

Längst im Erdboden verschwundene Mauern, Erdwälle und andere große Konstruktionen, die einst zu Siedlungen gehörten, kann man aus der Luft viel leichter erkennen als vom Boden aus; dort entgehen sie einem mitunter selbst dann, wenn man direkt darüber läuft. Wenn das Licht leicht von der Seite kommt oder ein Luftbild in leicht schrägem Winkel aufgenommen wird, sieht man manchmal die Schatten verschütteter Mauern. Weitaus häufiger finden sich auf Luftaufnahmen allerdings sogenannte Bewuchsmerkmale im Gelände, die exakt anzeigen, wo sich im Erdboden Befunde wie Gräben oder Gebäudeteile wie Mauern verbergen.[12] Grund dafür ist schlicht und ergreifend, dass solche Strukturen beeinflussen, wie viel Wasser der Boden absorbieren kann – was wiederum die Färbung und den Wuchs der Vegetation verändert, die direkt über ihnen wächst. Wenn darüber inzwischen ein Parkplatz oder ein Einkaufszentrum errichtet worden ist, funktioniert das natürlich nicht, aber auf einer Wiese oder einem Feld, wo Gras, Weizen, Gerste oder Unkraut wachsen, dafür umso besser.

Falls sich unter der Erde ein antiker Graben befindet, sprießt die Vegetation an dieser Stelle höher und üppiger als in der direkten Umgebung, da dort mehr Wasser und mehr Nährstoffe in den Boden gelangen. Falls sich unter der Erde aber eine Mauer befindet, ist das Gegenteil der Fall, und die Vegetation darüber ist niedriger, weniger dicht und weniger üppig als in der direkten Umgebung.[13] Wenn man ein Gelände vom Boden aus erkundet, wird man solche Unterschiede in Höhe und Dichte der Vegetation kaum wahrnehmen, aber von oben betrachtet, fallen sie sofort ins Auge, vor allem zu bestimmten Jahreszeiten. In Europa, insbesondere in Italien, sieht man aus der Luft vielerorts, wie die etwa 1 Meter breiten, schnurgeraden Bewuchsmerkmale der früheren Römerstraßen meilenweit über die Felder laufen. Runde Verfärbungen wie diejenigen, die John Bradford auf den Fotografien der Royal Air Force in Norditalien entdeckte, können auf antike Grabstätten hinweisen.

Immer, wenn ich mich im Landeanflug auf Europa befinde, mache ich mir den Spaß, auf den Feldern rund um den Flughafen nach Bewuchsmerkmalen Ausschau zu halten. Es ist erstaunlich, wie oft ich dabei schon Stellen entdeckt habe, an denen ich liebend gerne graben und herausfinden würde, was sich im Boden verbirgt.

Im Januar 2010 kauften Sarah Parcak und ich einige Quickbird-Satellitenbilder von der Gegend rund um Megiddo in Israel, nur so, als Experiment: Wir wollten sehen, ob wir mithilfe von Parcaks neuen Analysemethoden irgendetwas Neues entdecken würden. Gleich zu Beginn fiel uns in einem Feld rechts des antiken Hügels etwas auf, das aussah wie die Umrisse eines großen Gebäudekomplexes, und zwar genau an jener Stelle, wo der israelische Archäologe Yotam Tepper schon früher das Lager einer römischen Legion des 2. Jahrhunderts n. Chr. vermutet hatte – der Legio VI Ferrata (»die mit Eisen gepanzerte«).[14]

Als wir die Umrisse mit denen weiterer bekannter Stätten und Gebäude verglichen, stimmten sie nahezu perfekt mit den

Umrissen anderer Römerlager überein, zum Beispiel jener, die rund um Masada errichtet worden waren, das die Römer 73 oder 74 n. Chr. belagert hatten. Uns war klar: Dies hier musste der Standort der 6. Legion gewesen sein. Tepper hatte Recht gehabt.

Wir zeigten die Bilder Tepper und Matt Adams, dem Direktor des Jesreel Valley Regional Project, die zunächst an Ort und Stelle eine Fernerkundung mittels Bodenradar und elektromagnetischer Vermessung durchführten. 2013 und 2015 gab es die ersten Grabungen, und die Ausgräber stießen gleich zu Beginn auf die Überreste von Gräben und Mauern, außerdem fanden sie römische Münzen, Teile von Rüstungen und Fragmente von Dachfliesen. Die Fliesen entpuppten sich als besonders wichtig, denn sie waren mit den Insignien der Legion gestempelt, die im Lager gehaust hatte – und das war der Beweis: Dies war tatsächlich das Lager der 6. Legion gewesen.[15]

Wie bereits erwähnt, verwenden Archäologen heute auch die LiDAR-Technologie. Sie hat sich besonders in Mittelamerika und Südostasien als hilfreich erwiesen, da man mit ihrer Hilfe durch die Baumkronen eines Regenwaldes »hindurchsehen« kann. Die Laserstrahlen durchdringen das Blattwerk und machen sichtbar, ob sich am Boden Tempel oder andere Gebäude befinden. Ganze Städte hat man so entdeckt, zum Beispiel Caracol in Belize im Jahr 2010.

Im Juni 2016 verkündeten Archäologen, sie hätten in Kambodscha mehrere »bislang nicht dokumentierte mittelalterliche Städte unweit der alten Tempelstadt Angkor Wat« gefunden, die »wichtige Erkenntnisse über die Geschichte Südostasiens« versprächen. Diese Städte sind zwischen 900 und 1400 Jahre alt. Entdeckt hat sie der australische Archäologe Damian Evans anhand von LiDAR-Daten, die 2015 mit einem an einem Hubschrauber montierten Instrument aufgenommen wurden. 1900 Quadratkilometer waren im Rahmen dieses Luft-Surveys abgetastet worden. Evans glaubt, dass »die riesenhaften, dicht besiedelten Städte in ihrer Blütezeit im 12. Jahrhundert das größte Imperium der Welt« darstellten. Andere Archäologen stimmen ihm zu und haben seinen Fund als die in jener Region bedeutendste archäologische Entdeckung seit mehr als hundert Jahren bezeichnet.[16]

LiDAR eignet sich auch für die Luftbild-Archäologie in Gegenden ohne üppige Vegetation. Man hat damit die Fundstätte Jesreel im Norden Israels vermessen und in England Römerstraßen aufgespürt.[17] Auch vom Boden aus haben wir diesen Laser-Radar bereits eingesetzt: Am Tell Kabri in Israel konnten wir damit in Windeseile und sehr präzise den Weinkeller dokumentieren, den wir 2013 dort gefunden hatten und den ich zu Beginn dieses Buchs beschrieben habe.

Der jüngste Neuzugang in der Liste der archäologischen Hilfsmittel sind Drohnen, die genauso gesteuert werden, wie Bastler das mit ihren funkferngesteuerten Modellflugzeugen tun. Man setzt die Drohnen zu zweierlei ein: um neue Fundstätten zu orten und um Plünderer zu überführen. Mithilfe dieser Fluggeräte kann man niedrig- oder hochauflösende Fotos von einer Region machen und direkt an einen Computer senden, um sie später zu bearbeiten und zu analysieren.[18]

Es gibt noch weitere, bodengestützte Fernerkundungs-Techniken, mit denen man herauskriegen kann, ob sich im Erdboden etwas befindet, nach dem es sich möglicherweise zu graben lohnt. Bei der Bodenwiderstandsmessung beispielsweise misst man mit elektrischem Strom, ob sich unter der Erde Objekte verbergen – wenn zum Beispiel eine Mauer im Weg ist, wird der Stromkreis unterbrochen. Mit dieser Methode erhält man zugegebenermaßen nur ein recht undeutliches Bild davon, was unter der Erde ist, ja man erfährt nicht einmal, wie tief es vergraben liegt – geschweige denn, ob man die Ergebnisse richtig interpretiert.[19]

An diesem Punkt kommen dann Vergleichsmessungen ins

Spiel, mit denen man die visuellen Ergebnisse überprüft – entweder durch einen Boden-Survey zu Fuß oder indem man tatsächlich gräbt. Im Jahr 2003 führten wir bei unserer Ausgrabungsstätte Tell Kabri im Norden Israels eine Bodenwiderstandsmessung durch, die Hinweise darauf lieferte, dass es in dem für uns relevanten Bereich Mauern gab. 2005 überprüften wir dieses Ergebnis anhand einer Grabung; zwei Wochen gruben wir uns durch sterile Erde, bevor wir schließlich auf Mauern und Fußböden stießen, die zu unserem kanaanitischen Palast gehörten – ganze 3 Meter unter der Erdoberfläche.[20]

Bei der Arbeit mit dem Magnetometer gelten die gleichen Grundsätze. Dabei misst man in einem in archäologischer Hinsicht vielversprechenden Bereich das magnetische Feld. Falls es unter der Erde Gebäude, Gräben oder andere archäologische Befunde gibt, lassen sie sich mit dieser Technik abbilden, da sie das magnetische Feld beeinflussen.

Beide Techniken unterliegen den gleichen Einschränkungen. Sie können Anomalien unterhalb der Erdoberfläche aufspüren, aber es ist nicht ganz einfach auszumachen, ob diese Anomalien von bestimmten unterirdischen Strukturen stammen. Die Konsistenz des Bodens spielt bei diesen Messungen ebenfalls eine Rolle, außerdem lässt sich nicht immer feststellen, wie tief ein eventueller Fund liegt. Wenn man verschiedene Methoden benutzt, erhält man mitunter ganz unterschiedliche Ergebnisse. So oder so ist eine Ausgrabung nötig, die bestätigt, was die Fernerkundung ergeben hat.[21]

Es lag wahrscheinlich unter anderem an der Beschaffenheit des Bodens, dass unsere Untersuchungen mit dem Magnetometer in Tell Kabri in Israel nicht von Erfolg gekrönt waren. Bei David Schloens Ausgrabung im türkischen Zincirli verlief ein Magnetometer-Survey hingegen so gut, dass die Resultate Fotos von bereits ausgegrabenen Ruinen ähneln, obwohl sich die

Funde zu diesem Zeitpunkt noch unter der Erde befanden. Wie bereits erwähnt, arbeiteten die Ausgräber von Troja ebenfalls mit unterschiedlichen Magnetometern, bis sie einen Typ fanden – den Cäsium-Magnetometer –, der die gewünschten Ergebnisse lieferte. Auf diese Weise waren sie in der Lage, eine komplette Unterstadt von Troja zu kartieren, die unter den Äckern und Feldern rund um den Hügel begraben lag. Seit Schliemanns Tagen hatten diverse Teams auf dem Hügel gegraben, doch niemand war darauf gekommen, sich mit dem zu beschäftigen, was um den Hügel herum zu finden war. Die Magnetometer-Bilder von der angeblichen Stadtmauer Trojas wurden allerdings nicht sofort durch eine Grabung überprüft, und später stellte sich ja heraus, dass es sich stattdessen um einen großen Graben handelte. Troja war jedoch beileibe nicht der einzige Ort, an dem man die Ergebnisse einer Fernerkundung mittels Grabungen hätte überprüfen sollen, bevor man die Medien informierte.

Eine andere verbreitete Fernerkundungstechnologie ist der Bodenradar. Sein Name verrät bereits, wie er funktioniert: Er sendet Radarsignale aus, die von Objekten im Erdboden zurückgeworfen werden.[22] Die neuesten Geräte dieser Art sind extrem leistungsfähig und können fast 4 Meter tief in den Boden »sehen«. Ein Bodenradar hat 2014/2015 in und um Stonehenge in England für einige faszinierende Entdeckungen gesorgt; so wissen wir heute, dass Stonehenge einst ein geschlossener Kreis gewesen sein muss.[23]

Im Rahmen des sogenannten Stonehenge Hidden Landscapes Project arbeiteten Archäologen dort mit Bodenradar, Magnetometern und anderen Fernerkundungsgeräten. Laut Medienberichten stießen sie binnen weniger Jahre auf bis dato unentdeckt gebliebene Grabhügel aus der Bronzezeit, Schreine aus der Eisenzeit sowie Gehege für Kühe und anderes Nutzvieh aus der Bronze- oder Eisenzeit.[24]

Traktor, der nahe Stonehenge einen Bodenradar schiebt

Für die größte Aufregung sorgte indes ein Bericht vom September 2014: In Durrington Walls, nur 3 Kilometer von Stonehenge entfernt, habe man ein weiteres Monument aus aufgerichteten Steinen gefunden, das in etwa aus derselben Zeit stamme, also rund 4500 Jahre alt sei. Offenbar sei es um einiges größer als Stonehenge – was ihm flugs den Namen »Superhenge« einbrachte –, und habe aus über fünfzig (vielleicht sogar neunzig) C-förmig angeordneten riesigen Steinen bestanden, jeder von ihnen 3 bis 5 Meter hoch und mit einem Durchmesser von jeweils mehr als 1 Meter. Oberirdisch war von diesen Steinen nichts zu sehen, denn sie waren anscheinend vorsätzlich etwa 1 Meter tief eingegraben worden. Dieser Fund war allein der modernen Technik zu verdanken.[25]

2016 war es schon wieder vorbei mit dem Mythos von Superhenge. Wie die Medien berichteten, hatten Archäologen zwei der gewaltigen Steine ausgraben wollen und dabei eine erstaunliche Entdeckung gemacht: Statt der Steine fanden sie zwei tiefe Gruben vor, in denen möglicherweise einst immense Holzpfeiler gesteckt hatten. Die Pfeiler (so es sie denn überhaupt gegeben hatte) waren irgendwann entfernt und die Löcher mit Kalksteinschutt aufgefüllt worden. Die Geräte hatten den Schutt als solides Gestein angezeigt, und so hatte man über »riesige Steine« berichtet statt über mit Schutt gefüllte Gruben. Falls dies auch auf alle anderen vermeintlichen Steine zutrifft, haben wir es mit einer ganz ähnlichen Fehleinschätzung wie in Troja zu tun, wo sich der irrtümlich als Festungsmauer gefeierte Fund ja auch als mit Schutt gefüllter Graben entpuppte. Manche Medien haben sich inzwischen darauf verlegt, Superhenge als runden, aus Holz errichteten Komplex mit einem Durchmesser von 500 Metern zu bezeichnen, und weisen darauf hin, dass er nie vollendet wurde.[26] Ob das stimmt, bleibt abzuwarten. Auf jeden Fall sollte der Ablauf dieser Ereignisse allen Archäologen als Warnung davor dienen, Annahmen und Hypothesen öffentlich hinauszuposaunen, bevor sie ihre Arbeit abgeschlossen und in einer Fachzeitschrift publiziert haben, damit ihre Kollegen Stellung dazu nehmen können.

Auch wenn die Fernerkundung in den vergangenen Jahrzehnten enorme Fortschritte gemacht hat, gibt es doch immer wieder Fälle, bei denen kein Hightech-Gerät – vom Satellitenbild bis zum Bodenradar – etwas ausrichten kann. Dann sind Forscher darauf angewiesen, archäologische Stätten mit den seit alters her bewährten Methoden zu Fuß aufzuspüren. Manchmal hilft den Archäologen dabei die natürliche Erosion, und es reicht, ein Gebiet abzuschreiten und die Augen offen zu halten. Wie wir noch sehen werden, fand Donald Johanson 1974 auf diese Weise die Überreste von Lucy.

In anderen Fällen, vor allem dann, wenn man auf dem Boden mit bloßem Auge die Spuren von Stätten, Gebäudeteilen, Befunden und Artefakten sehen kann, ist eine organisierte Bodenbegehung sinnvoll. Diese Vorgehensweise geht auf die Ursprünge der Archäologie zurück und wurde in den

1960er- und 1970er-Jahren weiter systematisiert. Wir haben diese Methode bei den beiden archäologischen Surveys in Griechenland angewendet, an denen ich teilgenommen habe, sowie bei einem Survey in Israel. Ich kann also aus erster Hand berichten, was eine Bodenbegehung in jenen Gegenden alles beinhaltet. Solche Surveys werden überall auf der Welt durchgeführt, und ihr Erfolg misst sich immer daran, ob die Materialien (gut) sichtbar sind – und ob der Grundeigentümer einen gewähren lässt.

Es gibt zwei Arten von Boden-Surveys, die in verschiedenen Gegenden der Erde zum Einsatz kommen. Da ist einmal die bereits erwähnte Bodenbegehung zur raschen Vermessung und Kartierung eines größeren Gebietes. Ziel dieses Surveys ist es, eine Karte zu erstellen, in der vielversprechende Standorte für eine Ausgrabung eingezeichnet sind. Die zweite Kategorie ist ein intensiverer Survey, bei dem dann für gewöhnlich nur noch eine einzelne Stätte oder zumindest ein kleineres Gebiet untersucht wird; auch hierbei werden besonders vielversprechende Ziele markiert.[27] In diesem Fall geht es darum, möglichst viel über die Besonderheiten eines Standorts herauszufinden: Wie groß ist er? Wie alt? Welcher Kultur kann man ihn zuordnen? Welche unterschiedlichen materiellen Objekte birgt er? Die Beantwortung dieser Fragen ist dabei oft schon das Vorspiel zur Ausgrabung. Die Archäologen untersuchen eine Stätte oder eine kleine Fläche in diesem Stadium so genau, dass sie manchmal jedes einzelne noch so kleine Artefakt, das sie dort finden, aufsammeln und ins Lager mitnehmen.

Wenn Archäologen in einem Gebiet arbeiten, für das keine detaillierte Karte antiker Stätten aus verschiedenen Epochen existiert, machen sie zunächst einmal eine großflächige Bodenbegehung. Wird diese systematisch und zu Fuß durchgeführt, schreiten die Mitglieder der Grabungsmannschaft dabei sorgfältig jeden einzelnen Quadratmeter des betreffenden Gebietes ab. Man bezeichnet dies auch als Geländeerkundung.[28] An einem solchen Survey war ich Anfang der 1980er-Jahre in der Region Böotien in der Nähe des griechischen Theben beteiligt und dann noch einmal Anfang der 1990er-Jahre am mykenischen Palast von Pylos. In Pylos teilten wir uns in drei Mannschaften von je sechs Personen auf. Ich wurde zum Leiter von Team A erkoren (das prompt in »A-Team« umbenannt wurde). Unsere erste Aufgabe bestand – ungeachtet meiner Beteuerung, ich litte unter Höhenangst – in der Erkundung eines Höhenzugs auf der einen Seite des Tals. Gleich am ersten Tag bekam ich beim Anblick des Abgrunds einen solchen Schock, dass ich mich nicht mehr bewegen konnte und die anderen mich buchstäblich zum Auto zurücktragen mussten – kein sehr verheißungsvoller Start für unser Team und dessen Leiter. Später arbeiteten wir weiter unten, wo ich keine Probleme mehr hatte. Doch ich hatte eine wertvolle Lektion gelernt: Nimm deine Mitarbeiter ernst, insbesondere wenn sie dir von einer Phobie berichten, die ihre Arbeit beeinflussen könnte!

Sobald wir damals in die Gänge gekommen waren, entwickelten wir rasch eine Routine: Zuerst suchten wir unseren Standort auf einer aktuellen Karte der Gegend, für gewöhnlich anhand eines leicht wiedererkennbaren Merkmals wie einer Straße. (Heute ist das alles dank GPS viel einfacher.) Dann verteilten wir uns im Gelände, ungefähr 9 Meter voneinander entfernt, um einen Bereich von etwa 55 Metern Breite abzudecken. Wenn ich das Startzeichen gab, setzten wir uns alle gleichzeitig in dieselbe Richtung in Bewegung, bis wir einen bestimmten, ebenfalls auf der Karte markierten Punkt erreichten, für gewöhnlich eine weitere Straße oder eine Grenzmauer; dabei legten wir in der Regel eine Strecke von etwa 100 Metern zurück. Wir liefen also insgesamt eine Fläche von der Größe eines Fußballfelds ab, mehr wäre nicht machbar gewesen.

Diese Praxis beim archäologischen Survey nennt man »einen Transekt abschreiten«. Wenn ich sage, dass dabei alle in dieselbe Richtung gingen, dann meine ich das wortwörtlich: Wir mussten schnurgerade nach vorne marschieren, ganz gleich, was für Hindernisse dabei zu überwinden waren, ob wir nun durch einen Fluss waten, uns an einem Hang abseilen oder von einem Felsvorsprung hüpfen mussten, ob sich uns ein wilder Stier in den Weg stellte oder ein Bauer mit Schrotflinte im Anschlag, der uns nicht auf seinem Land haben wollte. (Das ist alles schon vorgekommen, während ich mit einer Grabungsmannschaft unterwegs war. Weitaus häufiger zerkratzt man sich allerdings »nur« die Beine – trotz Hose –, wenn man sich durch die Macchie kämpft, das dichte Gestrüpp, das die Griechen *phrygana* nennen. Ein wirklich übles Gewächs.) Während wir über das Gelände gingen, suchten wir den Boden nach Keramikscherben, Steinwerkzeugen oder -abschlägen, alten Mauern oder sonst etwas ab, das auf eine antike Siedlung hindeutete. Übrigens kann man Personen, die mehrere Wochen an einem archäologischen Survey teilgenommen haben und gerade in die Zivilisation zurückgekehrt sind, ganz einfach erkennen: Sie finden ständig Kleingeld auf der Straße, weil sie noch immer darauf gedrillt sind, den Blick suchend über den Boden gleiten zu lassen.

Jedes Team-Mitglied führt einen Klickzähler mit sich und drückt darauf, sobald er oder sie eine Keramikscherbe, einen bearbeiteten Stein oder irgendein anderes Artefakt sieht. Bei drei Keramikscherben wird dreimal geklickt, bei fünf Scherben fünfmal und so fort. Nach etwa zehn Schritten schreibt man die Zahl auf, die der Klickzähler anzeigt, und notiert somit die Anzahl der Artefakte, die man in dem entsprechenden Abschnitt entdeckt hat. Dann wird der Klickzähler auf null gesetzt und das

Laufen und Zählen geht weiter. Am Endpunkt des Transekts hat man so die Zahl der Artefakte für jeden einzelnen Abschnitt der 100 Meter ermittelt.

Warum das so wichtig ist? Dort, wo sich unter der Erde archäologische Strukturen befinden, tauchen an der Erdoberfläche meistens lose, dauerhafte Gegenstände wie Keramik, Stein und Metall auf. Das mag an der Erosion oder an Nagetieren liegen oder an künstlichen Prozessen wie dem Bestellen von Äckern und dem Anlegen von Gruben oder Bewässerungsgräben. Wenn man über eine Stätte läuft, die in der Bronzezeit, der Eisenzeit, der Römerzeit und der byzantinischen Zeit bewohnt war, dann liegen Tonscherben und Steinwerkzeuge aus all diesen Epochen tatsächlich einfach so herum. Hält man die Funde per Klickzähler fest, steigt die Zahl exponentiell an, sobald man die Stelle betritt, an der sich einst eine solche Stätte befand. Wenn man die Stelle dann wieder verlässt, sinkt auch die Zahl der Objekte drastisch.

Die Abfolge, die ein Team-Mitglied mit seinem Klickzähler ermittelt, kann beispielsweise so aussehen: 1, 5, 25, 107, 510, 423, 298, 152, 87, 0. Die Zahlen derjenigen, die direkt neben ihm gegangen sind, werden ganz ähnlich aussehen, da sie ja höchstwahrscheinlich dieselbe Stätte passiert haben. Die Team-Mitglieder, die sich weiter weg befanden, verzeichnen oft eine eher »normale« Artefakt-Streuung, zum Beispiel 1, 6, 4, 12, 0, 5, 3, 8, 5, 0. Das weist darauf hin, dass sich ihr Transekt höchstwahrscheinlich nicht über der Stätte befand.

Der Team-Leiter hält all diese Zahlen in einem Notizbuch fest und markiert den mutmaßlichen Standort der antiken Stätte auf der Karte, damit man ihn später wiederfinden und genauer unter die Lupe nehmen kann. Anschließend macht sich das Team auf, den nächsten Abschnitt abzuschreiten. Wieder marschieren alle eine vorgegebene Strecke und zählen sämtliche Artefakte. Dieser Vorgang wird so oft wiederholt, bis das Gebiet, das sich das Team für jenen Tag vorgenommen hat, dokumentiert ist. Und am nächsten Tag geht es an einer anderen Stelle weiter, am übernächsten an einer weiteren und so fort – bis die ganze Region, die die Archäologen untersuchen wollen, abgedeckt ist.

Zurück im Lager werden die Tagesergebnisse zusammengetragen, und so entsteht nach und nach eine genaue Karte mit den Stätten, an denen es sich zu graben lohnen könnte. Ein Team besonders erfahrener Vermesser sucht anschließend die vielversprechendsten Standorte auf und prüft das bereits untersuchte Gebiet noch einmal genauer. Die Vermesser dokumentieren diesmal besonders sorgfältig die Erdoberfläche und sammeln an Ort und Stelle einige repräsentative Objekte auf, um sie für spätere Forschungen zu dokumentieren. In unserem Fall bestanden diese Objekte vorwiegend aus Keramikscherben, und anhand ihrer Größe, der Stelle, die sie am Gefäß einnahmen, der Herstellungstechnik oder ihrer Verzierung waren die Keramikexperten im Team in der Lage, sie bestimmten Epochen zuzuordnen.

Das waren die Survey-Methoden, die wir in den 1990er-Jahren in der Nähe von Pylos anwendeten, und so oder ähnlich arbeiten viele Archäologen in aller Welt auch heute noch. Wenn der Erdboden jedoch mit einer dicken Laubschicht bedeckt ist, wie es in dicht bewaldeten Gebieten vorkommt, wenn natürliche Prozesse dafür gesorgt haben, dass die antike Landschaft mit einer neueren Schicht Erde bedeckt wurde, oder wenn die Bewohner vergangener Zeiten keinerlei Artefakte aus dauerhaften Materialien hergestellt haben, wie es im Nordosten der USA der Fall ist, dann muss man sich bei einem Survey anderer Methoden und Techniken bedienen. Haben die früheren Bewohner einer Gegend ausschließlich Objekte aus Holz, Textilfasern oder anderen verderblichen Materialien angefertigt, hat diese Art Boden-Survey keinen Zweck. In den Flusstälern im Osten der Vereinigten Staaten, wo Landwirte die Felder umpflügen, ergibt eine Bodenbegehung noch Sinn, doch für stark bewaldete Gebiete bietet sie sich nicht an.

Wenn eine Region für eine komplette Bodenbegehung zu groß ist, gibt es bestimmte Techniken, um lediglich einige spezifische oder zufällig ausgewählte Abschnitte einer Gegend zu erkunden. Hier arbeitet man dann mit einer Methode, die aus dem Feld der Statistik entlehnt ist und die man als Stichprobenerhebung bezeichnet.[29]

Einen besonderen Typus von Boden-Survey sollte ich noch erwähnen: Es handelt sich um eine ganz gezielte Begehung, mit der man ausschließlich bereits entdeckte Stätten untersucht. Diese Art Survey haben wir in den Jahren 2006 und 2007 in der Gegend rund um Tell Kabri im Norden Israels angewendet. 2005 hatten wir dort bereits eine vorläufige Grabung durchgeführt und festgestellt, dass sich hier eine umfassende Ausgrabung lohnen könnte. Doch zuerst wollten wir mehr über den Kontext herausfinden: Wie sah das Areal rund um Tell Kabri vor, während und nach seiner Blüte in der mittleren Bronzezeit, also vor fast 4000 Jahren, aus?[30]

Glücklicherweise war ein solcher gezielter Survey für uns nicht allzu problematisch, denn der Westen Galiläas, wo Kabri liegt, war im Laufe von mehr als dreißig Jahren bereits von diversen Archäologen-Teams untersucht worden, die in fast jeder Saison und unter so gut wie allen erdenklichen Bedingungen komplette Bodenbegehungen durchgeführt hatten. So besaßen wir bereits Karten von der Gegend, in die alle bekannten Stätten der mittleren Bronzezeit eingetragen waren. Und wir hatten Zugang zu Keramik und anderen Artefakten, die unsere Vorgänger gefunden und aufbewahrt hatten.

Mit mehreren Karten und Survey-Berichten im Gepäck fuhren wir zu den bereits entdeckten Orten und führten erneut einen intensiven Survey aller Stätten rund um Tell Kabri und im Hinterland durch. Unser Ziel war es, die zuvor ermittelten Daten zu bestätigen und zu präzisieren. Außerdem wollten wir noch einmal ganz genau prüfen, wie groß (oder klein) jede dieser Stätten war. Am Ende erstellten wir eine neue Karte, in der alle Orte verzeichnet waren, die in dieser Gegend kurz vor, während und nach jener Zeit bewohnt waren, in der Kabri ein florierendes städtisches Zentrum war – also vor fast 4000 Jahren.

Letztendlich lässt sich die Frage aus der Überschrift dieses Zwischenkapitels – »Woher weiß man, wo man graben muss?« – also mit einem einzigen Wort beantworten: Survey. Sobald nämlich in einem Gebiet ein Survey stattgefunden hat, lässt sich recht problemlos entscheiden, wo es sich zu graben lohnt. Wie genau diese Grabungen dann vonstatten gehen, werde ich im nächsten Zwischenkapitel (ab S. 290) beschreiben.

TEIL 2

AFRIKA, EUROPA, LEVANTE: DIE ERSTEN MENSCHEN UND DER BEGINN DER LANDWIRTSCHAFT

6

DIE ENTDECKUNG UNSERER FRÜHESTEN VORFAHREN

Die Ausgabe der *National Geographic* vom Oktober 2015 enthielt einen Bericht über eine spannende Entdeckung: Der Archäologe Lee Berger hatte erfahren, dass Hobby-Höhlenforscher tief im Inneren einer südafrikanischen Höhle mit dem schönen Namen »Rising Star« (»aufsteigender Stern«) zahlreiche Knochen gesehen hatten. Als Bergers Team den Fundort in Augenschein nahm, entdeckte es dort mehr als 1500 Knochen von mindestens 15 Individuen, die einer bislang unbekannten Hominini-Spezies angehörten.[1] Man taufte sie *Homo naledi*, nach der Höhle, in der man die Knochen fand (*naledi* bedeutet auf Sesotho »Stern«). Der hier verwendete Begriff »Hominini« bezieht sich auf den modernen Menschen, alle ausgestorbenen menschlichen Spezies und unsere unmittelbaren Vorfahren.[2]

Die bis zu 2,8 Millionen Jahre alten Knochen befanden sich alle in einem kaum zugänglichen Abschnitt des Höhlensystems. Bergers Team barg sie 2013/2014, nachdem die Laien-Höhlenforscher ihm gezeigt hatten, wie man dorthin gelangte. Wie Jamie Shreeve in der *National Geographic* schrieb, mussten sie sich zunächst durch einen extrem niedrigen Durchgang zwängen, den man »Superman's Crawl« (etwa »Superman-Kriechgang«) nennt: Er ist kaum 25 Zentimeter hoch, und man kann ihn nur passieren, indem man einen Arm an den Körper legt und den anderen über dem Kopf ausstreckt – wie Superman beim Fliegen. Dahinter ging es eine senkrechte zerklüftete Felswand, den »Dragon's Back« (»Drachenrücken«), hinab und nach einer Reihe weiterer Windungen und Wendungen schließlich durch eine Passage, die an der engsten Stelle nur 19 Zentimeter breit ist, bevor sie endlich die »Dinaledi Chamber« erreichten, in der die Knochen lagen.

Die sechs Forscherinnen, die die Knochen im Laufe der folgenden zwei Jahre nach und nach ans Tageslicht holten, waren allesamt erfahrene Archäologinnen und zierlich genug, um überall hindurchzupassen. Laut Shreeve hatte Berger über Facebook gezielt nach schlanken Personen mit wissenschaftlichem Hintergrund und Erfahrung in der Begehung von Höhlen gesucht, die bereit wären, in extrem beengten Verhältnissen zu arbeiten. Binnen zehn Tagen meldeten sich sechzig Bewerberinnen und Bewerber, und aus diesen wählte er sechs Frauen aus, die er fortan als seine »unterirdischen Astronautinnen« bezeichnete.[3]

Was die Archäologen fanden, ist extrem spannend, gibt allerdings auch zu einigen Diskussionen Anlass. Handelte es sich hier um eine bewusste Bestattung? Wenn dem so ist, hätten wir es möglicherweise mit einem der frühesten Beispiele menschlichen Bewusstseins zu tun, mit einem gewissen Verständnis von Vergangenheit und Zukunft, vielleicht sogar einer Art Religiosität – und das bereits vor mehreren Millionen Jahren; man hätte die Toten ansonsten ja einfach dort liegen lassen können, wo sie gestorben waren, anstatt sie eigens in diesen Teil der Höhle zu verfrachten. Allein die Möglichkeit einer solchen Deutung kann einem den Atem rauben; für jeden, der sich mit menschlicher Evolution beschäftigt, wäre sie geradezu revolutionär.

Einige Forscher kritisieren Berger indes dafür, dass er die Körperteile von Gruppen junger Anthropologen aus aller Welt untersuchen lässt, für das Tempo, mit dem er seine Funde publiziert hat, und für die Tatsache, dass er sie in frei zugänglichen Zeitschriften veröffentlicht hat, inklusive dreidimensionaler Bilder von den Fossilien, die jeder herunterladen kann, um eigene Abgüsse anzufertigen. Früher dauerte es in der Regel Jahrzehnte, bis ein einziges Skelett analysiert und publiziert war. Berger hingegen verfolgt einen ganz zeitgemäßen Crowdsourcing-Ansatz, bei dem er sein Material Experten in der ganzen Welt zur Verfügung stellt, anstatt auf die Expertise einer einzigen Person zu setzen. Es kann durchaus sein, dass seine Methode im Internet-Zeitalter Schule macht.[4]

Berger ist Paläoanthropologe. Die Paläoanthropologie ist ein Teilbereich der Archäologie und beschäftigt sich mit der Prähistorie (oder Vor- und Frühgeschichte), einer Zeitspanne, die mehrere Millionen Jahre umfasst – von unseren frühesten Vorfahren bis zum Beginn der aufgezeichneten Geschichte. Man unterteilt diesen langen Zeitraum in verschiedene Epochen:

◊ Das Paläolithikum oder die Altsteinzeit, die vor etwa 3,5 Millionen Jahren begann und vor 20 000 bis 12 000 Jahren endete; das Ende variiert je nachdem, ob man über Afrika, Europa oder Asien spricht
◊ Das Mesolithikum (die Mittelsteinzeit), bis vor etwa 10 000 Jahren
◊ Das Neolithikum (die Jungsteinzeit), bis vor etwa 4500 Jahren

Mit dem Namen Leakey verbindet sich eine berühmte britische Archäologendynastie, die seit vielen Jahrzehnten auf die Vor- und Frühgeschichte spezialisiert ist. Louis und Mary Leakey waren die erste Generation, ihr Sohn Richard und dessen Frau Meave die zweite, und Louise, die Enkelin von Louis und Mary, repräsentiert die dritte Generation.[5]

Louise Leakey, die 2001 am University College London promoviert wurde, hält den Rekord als jüngste Entdeckerin eines Hominoiden-Fossils: des 17 Millionen Jahre alten Zahns eines unserer Primatenvorfahren. Das war 1977, und Louise war sechs Jahre alt. 22 Jahre später fanden sie und ihre Mutter Meave den Schädel eines frühen Homininus, der 3,5 Millionen Jahre alt war.[6] Louise beteiligt sich seit 1993 am Koobi-Fora-Projekt im Norden Kenias, wo früher schon ihre Eltern tätig waren (Richard ab 1968, Meave ab 1969).

Meaves Karriere begann als Grabungshelferin unter Louis Leakey, ihrem Doktorvater, der 1970, nach ihrer Heirat mit seinem Sohn Richard, ihr Schwiegervater wurde.[7] Auch Richard Leakey machte in der Wissenschaft Karriere und ist Autor zahlreicher bedeutender Publikationen. Einer breiten Öffentlichkeit wurde er vor allem durch sein populärwissenschaftliches Buch *Wie der Mensch zum Menschen wurde* bekannt.[8] Eine der bemerkenswertesten Entdeckungen seiner Grabungsmannschaft war ein fast vollständiges 1,5 Millionen Jahre altes Skelett. Der Kenianer Kamoya Kimeu, der bereits in den 1950er-Jahren mit Louis und Mary Leakey zusammengearbeitet hatte, entdeckte 1984 das erste Fragment dieses Skeletts. Den Rest legten sie im Laufe von fünf Grabungssaisons nach und nach sorgfältig frei. Der »Turkana Boy«, wie man das Fossil heute nennt, war wahrscheinlich zwischen acht und elf Jahre alt, als er starb. Er gilt für gewöhnlich als Exemplar des *Homo erectus,* das heißt als direkter Vorfahr des modernen Menschen.[9]

Louis wuchs in Kenia auf. Als einer der Ersten vertrat er die Meinung, der Ursprung des Menschen liege in Afrika (und nicht etwa in Asien, wie die bis dato weithin akzeptierte Theorie lautete). Wie sich herausstellte, hatte er Recht, selbst wenn es noch eine ganze Weile dauern sollte, bis andere Forscher auf seine Linie einschwenkten. Dabei war das Ganze nicht nur eine Behauptung, er konnte es auch durch mehrere Funde beweisen, die er und Mary ab 1948 machten. Der Durchbruch kam 1959, als sie in der 50 Kilometer langen und über 90 Meter tiefen Olduvai-Schlucht in Tansania arbeiteten.[10] Hier fanden Louis und Mary Skelettfragmente, die, wie sich herausstellte, zu einer noch unbekannten hominien Spezies gehörten. Mary entdeckte das erste Fragment, als Louis mit Fieber das Bett hütete. Sie ging mit ihren zwei Dalmatinern zu einer Stelle, an der sie seit 1931 nicht mehr gewesen waren. Fast auf Anhieb fand sie das Bruchstück eines Schädels und zwei Zähne in einem hominien Kiefer. Sie sprang sofort in den Land Rover und fuhr zurück, um Louis zu holen. Zusammen förderten sie weitere Knochenfragmente zutage und konnten schließlich einen Großteil des Schädels rekonstruieren.[11]

Weil die Leakeys diese Spezies entdeckt hatten, durften sie ihr auch einen Namen geben. Sie entschieden sich für *Zinjanthropus boisei*, nach ihrem damaligen Hauptsponsor, Charles Boise. Später wurde ihr Exemplar jedoch gemäß dem taxonomischen System, das Lebewesen biologisch klassifiziert, einer anderen Gattung zugewiesen; es heißt nun *Australopithecus* (oder *Paranthropus*) *boisei*. Auch gingen die Leakeys zunächst davon aus, dass der Schädel etwa 600 000 Jahre alt sei, doch bald zeigte sich dank einer zu jener Zeit völlig neuen Datierungsmethode, mit der man in Vulkangestein den radioaktiven Zerfall von Kalium in Argon messen konnte, dass er sogar um die 1,75 Millionen Jahre alt war. Die Entdeckung war für die damalige Zeit eine echte Sensation – es war das älteste bekannte Hominini-Fossil.

Bereits im Jahr darauf legten die Leakeys nach: Sie spürten einen weiteren bis dato unbekannten Homininus auf, den *Homo habilis*. Dieses Mal benannten sie ihren Fund nicht nach ihrem Sponsor, vielmehr spiegelt der Name die Tatsache wider, dass fossile Überreste dieser Spezies oftmals zusammen mit Steinwerkzeugen gefunden werden – *Homo habilis* bedeutet so viel wie »geschickter Mensch«.[12]

Man kann sich heute nicht mehr so recht vorstellen, unter welchen Bedingungen die Leakeys damals Archäologie betrieben. Immerhin besitzen wir einige Fotografien aus jener Zeit, die uns einen Eindruck vermitteln. Die Bilder zeigen das Ehepaar, wie es im Staub kniet und konzentriert arbeitet; ein großer Sonnenschirm schützt sie vor der heißen Sonne, und ihre Dalmatiner leisten ihnen Gesellschaft.

Ihren wohl bedeutendsten Fund machte Mary Leakey allerdings erst nach Louis' Tod 1972. Die Rede ist von den Fußspuren von Laetoli, etwa 45 Kilometer südöstlich der Olduvai-Schlucht. Bereits 1976 hatten hier Team-Mitglieder, die einander aus Spaß mit Elefantendung bewarfen, die ersten Spuren im Tuffgestein entdeckt – dabei hatte es sich allerdings um Tierspuren gehandelt.[13] Die berühmten Fußspuren, die das Team um Mary 1978/1979 entdeckte, stammten von drei Individuen, die vor etwa 3,6 Millionen über die kurz zuvor gefallene Asche eines nahegelegenen Vulkans gelaufen waren. Sie gelten heute als Fußabdrücke eines Homininus, den wir *Australopithecus afarensis* nennen, und ihre Anordnung scheint darauf hinzuweisen, dass zwei Exemplare dieser Spezies zusammen unterwegs waren und das dritte allein und unabhängig von den anderen. Nach den Eindrücken im Boden zu urteilen, waren alle drei *Australopitheci* kaum größer als 1,50 Meter.[14]

Wir können nur mutmaßen, wie diese Urmenschen ihre Umwelt erlebt haben, als sie hier entlanggingen. In der Ferne sahen sie den Vulkan ausbrechen, um sie herum fiel Asche vom Himmel, die sich möglicherweise noch mit Regen vermischte. Wahrscheinlich verdunkelte der Rauch des feuerspeienden Vulkans den Himmel, vielleicht verschwand die Sonne und es war so dunkel, als sei die Nacht hereingebrochen (wie Plinius der Jüngere es mehrere Millionen Jahre später beschrieb, als er Zeuge vom Ausbruch des Vesuvs wurde). Die Tiere werden sich in Sicherheit gebracht haben, aber vielleicht bekamen unsere kleinwüchsigen Hominini das gar nicht mit; zumindest machen ihre Fußspuren nicht den Eindruck, als seien die drei in Eile gewesen. Man sieht deutlich, dass sie gingen und nicht rannten. Ein ganz normaler Tag wird es für sie dennoch nicht gewesen sein.

Insgesamt fanden Mary Leakey und ihr Team auf einer Strecke von fast 30 Metern über siebzig Fußabdrücke dieser Hominini. Sie sind der früheste direkte Beweis dafür, dass unsere Vorfahren auf zwei Beinen gingen. Abgüsse der Spuren zieren heute den Fußboden der »Hall of Human Origins« im Smithsonian National Museum of Natural History in Washington DC und des berühmten Naturkundemuseums in New York City.[15] Doch es sind nicht die einzigen Fußabdrücke ihrer Art: 2007 und 2008 entdeckte man am Turkana-See in der Region Koobi Fora ganz ähnliche Spuren. Diese sind etwa 1,5 Millionen Jahre alt, also 2 Millionen Jahren jünger als die Fußspuren von Laetoli, und stammen vermutlich von Exemplaren des *Homo erectus,* der Art, zu der auch der »Turkana Boy« gehört. Heute entsprächen sie etwa Schuhgröße 42.[16]

All diese Entdeckungen haben ihren Teil zur Ehrenrettung der Paläoanthropologie beigetragen, die jahrzehntelang unter den Nachwirkungen des Skandals um den sogenannten Piltdown-Menschen litt, eine der berühmtesten Fälschungen in der Geschichte der Archäologie.[17] Lange bevor die Leakeys auf den

Plan traten, genauer gesagt im Jahr 1912, verkündete ein gewisser Charles Dawson, er habe in einer Kiesgrube bei Piltdown im Südosten Englands prähistorische Schädelfragmente, Zähne und einen Kieferknochen gefunden. Die Entdeckung war eine Sensation, und man erklärte das dazugehörige Lebewesen eilends zum *missing link,* zum fehlenden Bindeglied, zwischen Mensch und Affe. Doch schnell wurden kritische Stimmen laut. Sicherlich spielte bei alldem auch der Nationalismus eine Rolle: 1846 hatte der französische Gelehrte Boucher de Perthes am Ufer der Sommes frühe Hominini-Werkzeuge gefunden, und 1856 hatten die Deutschen den Neandertaler entdeckt. Nur die Briten hatten nichts Vergleichbares aufzuweisen – da kam der Piltdown-Mensch gerade recht.

Binnen weniger Jahre äußerten führende Wissenschaftler in aller Öffentlichkeit ihre Zweifel an der Echtheit des Fossils, aber letztlich gelang erst 1953 der endgültige Beweis dafür, was es mit dem Piltdown-Menschen in Wirklichkeit auf sich hatte: Der Schädel war der eines modernen Menschen und stammte aus dem Mittelalter, die versteinerten Zähne gehörten einst einem Schimpansen und der etwa 500 Jahre alte Kieferknochen einem Orang-Utan.[18] Wer genau für die Fälschung verantwortlich war, ist noch immer ungeklärt. Dawson, der 1916 starb, gilt nach wie vor als Hauptverdächtiger, aber die Liste der möglichen Fälscher ist lang, und einer der Verdächtigen ist kein Geringerer als Sir Arthur Conan Doyle, der Schöpfer von Sherlock Holmes.

Es gab aber auch immer wieder echte, bahnbrechende Entdeckungen. Im Jahr 1974, zwei Jahre nach dem Tod von Louis Leakey und zwei Jahre, bevor Mary Leakey die ersten Spuren in Laetoli fand, machte der Paläoanthropologe Donald Johanson aus Berkeley eine Entdeckung, die ihm einen Ehrenplatz in der »Hall of Fame« der Vor- und Frühgeschichte sichern sollte.

Wie so häufig in der Archäologie handelte es sich auch bei dieser Entdeckung im Grunde genommen um einen Zufallsfund. Johanson und ein Kollege hielten sich gerade in der Nähe von Hadar in Äthiopien auf, ein ganzes Stück nördlich von Tansania, wo die Leakeys gearbeitet hatten. Am Ende eines langen Tages in der heißen Sonne, an dem sie keinerlei nennenswerte Ergebnisse vorzuweisen hatten, machten sie sich auf den Weg zurück zu der Stelle, an der sie ihren Land Rover geparkt hatten. Doch anstatt dieselbe Strecke wie auf dem Hinweg zu nehmen, schlug Johanson eine andere Route vor; sie führte durch eine enge Schlucht, in der sie noch nie gewesen waren. Und dort erspähten sie, wie er später erzählte, zunächst einen Knochen vom Unterarm eines Homininus und dann in rascher Folge ein Schädelfragment, einen Beinknochen, mehrere Rippen, einen Beckenknochen und einen Unterkiefer. Innerhalb der folgenden zwei Wochen fanden sie mehrere hundert Knochenfragmente, die alle zu einem einzigen Skelett gehörten.[19]

»Lucy«, wie der Fund getauft werden sollte, war etwa zwanzig Jahre alt, als sie vor etwa 3,2 Millionen Jahren starb. Sie wurde als *Australopithecus afarensis* klassifiziert und ähnelte jenen Exemplaren, die 500 000 Jahre früher in Laetoli ihre Fußabdrücke hinterlassen hatten. Man nimmt an, dass sie etwa 1,05 bis 1,20 Meter groß war und höchstens 30 Kilo wog – eine grobe Schätzung, denn wir besitzen lediglich rund 40 Prozent von Lucys Skelett. Trotzdem war es das umfangreichste Hominin-Skelett, das bis dato gefunden worden war.[20]

Als die beiden Forscher abends mit ihrem Fund im Camp eintrafen, gab es eine große Party, auf der immer wieder das Beatles-Lied »Lucy in the Sky with Diamonds« lief; irgendwann nannte das Team das Fossil nur noch »Lucy« – und so heißt es noch heute.[21]

Wie Lee Bergers Entdeckungen zeigen, sind auch und gerade Höhlen wichtige Standorte für die prähistorische Archäologie. Sie spielen eine entscheidende Rolle für unser Verständnis dessen, was uns mit unserer entfernteren Vergangenheit verbindet. Für einige der berühmtesten Entdeckungen im Inneren von Höhlen war eine Archäologin namens Dorothy Garrod verantwortlich, die in den 1920er- und 1930er-Jahren mit einigen Kollegen mehrere Höhlen an den Hängen des Karmelgebirges, südlich von Haifa (im heutigen Israel), erforschte. Die UNESCO zählt diese Höhlen seit 2012 zum Weltkulturerbe.[22] Die meisten sind für die Öffentlichkeit zugänglich und können ganz ohne Termin besichtigt werden – der Weg für die Touristen ist gut ausgebaut und wird gepflegt, aber man muss sich auf sehr heiße, trockene Bedingungen einstellen, vor allem während der Sommermonate.

Garrod ist eine der ersten bedeutenden Archäologinnen. Sie war auch die erste Frau, die eine Professur an der Cambridge University in England erhielt. Dort hatte sie von 1939 bis 1952 den Disney-Lehrstuhl für Archäologie inne, eine äußerst prestigeträchtige Professur, die nichts mit Walt Disney zu tun hat, sondern 1851 von einem Archäologen namens John Disney eingerichtet wurde.[23]

Dorothy Garrods Spezialgebiet war das Paläolithikum, die Altsteinzeit. Ihre erste Ausgrabung im Karmelgebirge führte sie 1928 in die Kebara-Höhle. Danach arbeitete sie von 1929 bis 1934 in zwei anderen Höhlen; die bekanntere von beiden heißt Tabun-Höhle, die andere el-Wad. Garrod konnte beweisen, dass beide Höhlen rund eine halbe Million Jahre lang ununterbrochen bewohnt waren, und zwar zuerst die Tabun-Höhle, deren Besiedelung vor ungefähr 500 000 Jahren begann und vor etwa 40 000 Jahren endete. Die Höhle el-Wad wurde vor ungefähr 45 000 Jahren besiedelt, also »kurz« bevor die Tabun-Höhle aufgegeben wurde.²⁴ In der Tabun-Höhle wurde vor etwa 120 000 Jahren eine Neandertalerin bestattet. Wie ihr Schädel zeigt, hatte sie ein stark fliehendes Kinn und eine sehr niedrige Stirn, aber ihr Gehirn war ungefähr so groß wie das eines modernen Menschen.²⁵ Gräber mit den Überresten Verstorbener fand man auch in der nahe gelegenen Skhul-Höhle. Freigelegt wurden sie von Theodore McCown, einem US-amerikanischen Kollegen von Garrod. Es handelt sich um die Überreste von etwa 14 Individuen, die zwischen 120 000 und 80 000 Jahre alt sind und von unserer eigenen Spezies stammen – *Homo sapiens sapiens,* dem modernen Menschen.²⁶ Diese Gräber haben in der Wissenschaft für große Diskussionen gesorgt, denn einige Forscher sahen sie als Beweis für die These an, dass der Neandertaler und der moderne Mensch zwei getrennte Spezies waren und eine Zeitlang nebeneinander existierten.²⁷ Jüngste DNA-Studien zeigen, dass moderne Menschen und Neandertaler sogar gemeinsame Nachkommen zeugten und dass ihre europäischen und asiatischen Nachfahren – darunter auch viele unserer Zeitgenossen – genetische Merkmale beider Spezies aufweisen.

1982 kehrte der Harvard-Archäologe Ofer Bar-Yosef in die Kebara-Höhle zurück, wo Garrod 1928 gegraben hatte. Er war dort bis 1989 tätig und fand zusammen mit seinem Team ein Grab mit den Überresten eines erwachsenen Neandertalers, der vor 60 000 Jahren lebte. Die Forscher tauften ihn »Moshe«, sein Skelett ist das wohl umfangreichste Neandertaler-Skelett, das bislang gefunden wurde. Unter Paläontologen sorgte der Fund damals für helle Aufregung, denn obwohl der Kopf fehlte, waren Knochen des Kehlkopfskeletts erhalten, die darauf hindeuteten, dass die Neandertaler möglicherweise der Sprache mächtig waren. Die Frage nach dem Sprachvermögen von Neandertalern und anderen frühen Hominini hat die Wissenschaft schon immer beschäftigt, schließlich ist die Ausbildung der Sprache in der Entwicklungsgeschichte des Menschen ein ganz zentrales Ereignis.[28]

Moshe lebte in etwa zur gleichen Zeit wie die Neandertaler, deren bestattete Überreste der Anthropologe Ralph Solecki von der Columbia University freilegte; dies geschah zwischen 1951 und 1961 im Laufe mehrerer Grabungssaisons in der Shanidar-Höhle im Norden des Irak. Die zehn Individuen, die Solecki und sein Team ausgruben, haben vermutlich irgendwann zwischen 65 000 bis 35 000 v. Chr. gelebt.[29] Sie waren von großem Interesse für die Forschung, weil einer von ihnen (genannt Shanidar 1) zum Zeitpunkt seines Todes zwischen vierzig und fünfzig Jahre alt gewesen sein muss und damit ein verhältnismäßig alter Mann war; darüber hinaus bewiesen Spuren an seinem Skelett, dass er im Laufe seines Lebens mehrere Verletzungen davongetragen – und überlebt – hatte. Dies gilt als Beweis dafür, dass sich die Gruppe, in der er lebte, um ihre Kranken und Verwundeten kümmerte. Ein weiterer Erwachsener (Shanidar 4) starb wohl im Alter zwischen dreißig und 45 Jahren. Man nahm lange Zeit an, er sei zusammen mit diversen Blüten bestattet worden, was manche Forscher als Begräbnisritual interpretierten, als letzten Gruß der überlebenden Familienmitglieder an den Verstorbenen, ja vielleicht sogar als Hinweis auf den Glauben an ein Leben nach dem Tode. Andere mutmaßten, es könne sich bei dem Toten um eine Art Medizinmann gehandelt haben, da einige Blüten von Pflanzen wie dem Jakobs-Kreuzkraut und der Stockmalve stammten, die heilende Wirkung besitzen. Vor Kurzem ist allerdings eine ganz andere Hypothese aufgetaucht: Die Blüten könnten im Nachhinein von Nagetieren eingeschleppt worden sein. Dieses Szenario wäre natürlich weit weniger interessant; dennoch wird man wohl einiges von dem, was bislang über den Fund geschrieben wurde, zumindest überdenken müssen.[30]

In Europa, vor allem in Frankreich und Spanien, gibt es ebenfalls Höhlen, die für die Vor- und Frühgeschichte von großer Bedeutung sind. Grund dafür sind allerdings deren Höhlenmalereien. Hier sind insbesondere Chauvet und Lascaux in Frankreich sowie Altamira in Spanien zu nennen. Die Chauvet-Höhle ist bei Weitem die älteste von ihnen, die frühesten Spuren hier datieren auf etwa 35 000 v. Chr. Danach folgt Lascaux (etwa 15 000 v. Chr.) und schließlich Altamira (etwa 12 000 v. Chr.).[31]

Die jüngste der drei Höhlen, Altamira, wurde in der Neuzeit als erste wiederentdeckt, und zwar von einem Jäger im Jahre 1868. Acht Jahre danach besuchte der ortsansässige Grundbesitzer Don Marcelino Sanz de Sautuola die Höhle. Wiederum zwei Jahre später kehrte Sautuola, der inzwischen in Paris eine Ausstellung über paläolithische Kunst besucht hatte, mit seiner achtjährigen Tochter Maria in die Höhle zurück. Als er gerade dabei war, den Boden der Höhle nach Werkzeugen und anderen Artefakten abzusuchen, entdeckte Maria die Malereien an den Wänden. Im Jahr 1880 verkündete Sautuola, was er da entdeckt hatte, doch die Fachwelt begegnete ihm mit Unglauben: Wie sollten so primitive Menschen in der Lage gewesen sein, dermaßen eindrucksvolle, handwerklich geschickte, ja geradezu künstlerische Bilder zu erschaffen? Erst Jahrzehnte später, lange nach Sautuolas Tod, mussten Wissenschaftler zugeben, dass er Recht gehabt hatte – die Höhlenmalereien waren tatsächlich so alt, wie er angenommen hatte.[32]

Die Höhlenmalereien von Altamira datiert man in der Regel auf etwa 12 000 v. Chr., sie entstanden also gegen Ende der letzten Eiszeit. Manche Forscher halten sie sogar für deutlich älter; jünger sind sie keinesfalls, denn zu jener Zeit hat ein Steinschlag den Eingang zur Höhle verschlossen.[33] Die Höhle selbst ist etwa 300 Meter lang und weist die üblichen Durchgänge und Kammern auf, die man in einer solchen Höhle erwartet. Von den auf die Wände gemalten oder in sie eingeritzten Tieren sind die polychromen Deckenmalereien am berühmtesten. Sie stellen unter anderem eine Bisonherde, mehrere Pferde, eine Hirschkuh und möglicherweise noch andere Tiere dar.[34]

Ende der 1970er-Jahre besuchten jährlich etwa 150 000 Touristen die Höhle von Altamira. 1985 nahm die UNESCO sie in ihre Liste des Weltkulturerbes auf,[35] doch die immense Besucherzahl hatte bereits zu starken Beschädigungen der Höhlenmalereien geführt, zum einen durch Kritzeleien und andere Akte des Vandalismus, zum anderen durch den feuchten Atem der Besucher. Infolgedessen begrenzte man die Besucherzahl zunächst auf 10 000 pro Jahr, aber im Endeffekt blieb den Behörden nichts anderes übrig, als die Höhle für den Besucherverkehr komplett zu schließen, was 2002 geschah. Stattdessen wurde in der Nähe eine exakte Nachbildung der Höhle gebaut, die sich die Touristen seither ansehen können. Seit 2015 dürfen einmal in der Woche je fünf zufällig ausgewählte Besucher die Originalhöhle besichtigen, allerdings nur für 37 Minuten.[36]

Wie die Höhle von Lascaux entdeckt wurde, ist schnell erzählt: 1940 waren vier Teenager mit ihrem Hund, der aus irgendeinem Grund den Namen Robot trug, auf einem Hügel oberhalb von Montignac in der Dordogne (nahe Bordeaux) unterwegs. Sie beschlossen, sich ein Loch näher anzuschauen, weil, wie es später hieß, ihr Hund dort zu graben begonnen hatte und sie glaubten, womöglich einen Schatz gefunden zu haben. Wie wir heute wissen, lag dort tatsächlich ein Schatz verborgen – allerdings keine Kisten voll Gold, wie die jungen Männer gehofft hatten, sondern etwas viel Wertvolleres.[37]

Die Höhle ist etwa 200 Meter lang, und ihre Wände zieren mindestens 600 aufgemalte und 1500 eingeritzte Bilder. 1979 wurde sie zum UNESCO-Weltkulturerbe erklärt.[38] Eine interessante Bemerkung am Rande: Als Willard Libby 1947 zum ersten Mal mit der Radiokarbonmethode (oder C14-Datierung) experimentierte, benutzte er dazu ein Stück Holzkohle aus der Höhle von Lascaux – mehr dazu in einem späteren Kapitel. Nicht zuletzt mithilfe dieser Technik hat man die Höhle auf etwa 15 000 v. Chr. datieren können.[39]

Der aktuelle Eingang, der vielleicht auch der ursprüngliche Eingang war, führt direkt in den riesigen »Saal der Stiere«. Vier gewaltige Stiere zieren hier die Wände, das größte der aufgemalten Tiere misst mehr als 5 Meter. Um genau zu sein, handelt es sich nicht um Stiere, sondern um die in ihrer Wildform inzwischen ausgestorbenen Auerochsen. Daneben finden sich in diesem Teil des Höhlensystems kleinere Darstellungen von Pferden und winzigen Hirschen.

Vermutlich können wir uns nicht einmal ansatzweise vorstellen, wie es für die Menschen vor 17 000 Jahren gewesen ist, diese Höhle zu betreten. Ohne elektrischen Strom und ohne den für die Touristen angelegten Weg stolperten sie durch die Dunkelheit, vielleicht mit einer Fackel in der Hand. Im flackernden Licht tauchten immer wieder neue Tiere an den Wänden auf, aber abgesehen davon herrschte tiefschwarze Finsternis, furchtbar und still. Selbst den Künstlern, die diese Malereien damals schufen, wird in der Höhle zumindest etwas mulmig gewesen sein, während sie vorsichtig einen Fuß vor den anderen setzten. Die beängstigenden Umrisse der Tiere an den Wänden jagten ihnen Schauer über den Rücken, selbst jene, die sie ein paar Jahre zuvor selbst gemalt hatten. Besonders Furcht einflößend aber mögen die Bilder gewesen sein, die in ferner Vergangenheit von ihren namenlosen Vorgängern angefertigt worden waren.

Vom »Saal der Stiere« aus führt der Weg geradeaus in den »axialen Seitengang«, an dessen Wänden sich Bilder von Rindern, Hirschen und Pferden finden. Hier kann man unter anderem die sogenannten chinesischen Pferde bestaunen, die zwar nichts mit China zu tun haben, aber immerhin vage an Darstellungen von Pferden aus der chinesischen Sung-Dynastie (960 bis 1279) erinnern.

Wenn man sich, statt den »axialen Seitengang« zu betreten, nach rechts wendet, gelangt man in einen weiteren Durchgang, wo fast 400 Bilder (hauptsächlich von Pferden) in die Wände geritzt sind. Biegt man hier noch einmal nach rechts ab, so betritt man die sogenannte Apsis, die über tausend weitere Ritzzeichnungen birgt. Außerdem gibt es noch den »Seitengang der Raubkatzen«, so benannt nach den sechs großen Raubkatzen, die hier – neben mehreren Dutzend anderer eingeritzter Bilder – die Wände schmücken.[40]

Die Höhle wurde nach ihrer Entdeckung nie archäologisch erschlossen, sondern lediglich für den Tourismus hergerichtet und 1948 der Öffentlichkeit zugänglich gemacht. Mit ihren mehr als 100 000 Besuchern pro Jahr litt die Lascaux-Höhle unter den gleichen Problemen wie Altamira, nur dass sie hier noch schneller zutage traten. Bereits 1963 wurde die Höhle für den allgemeinen Besucherverkehr gesperrt; ab sofort erhielten nur noch kleine Gruppen Einlass. Dennoch gab es weiterhin Probleme: Nachdem im Jahr 2000 eine neue Klimaanlage installiert worden war, begann ein Pilz die Wände zu befallen, 2006 wurde dann sogar Schwarzschimmel entdeckt. Es sieht leider so aus, als sei der Schaden irreparabel, deshalb wurde die Höhle mittlerweile ganz in der Nähe für die Touristen nachgebaut.[41]

Chauvet ist die älteste der drei Höhlen, um die es in diesem Kapitel geht, und wurde als letzte entdeckt. Die riesige Höhle im Département Ardèche in Südfrankreich ist an die 600 Meter lang und über 8000 Quadratmeter groß. Die Chauvet-Höhle wurde erst vor Kurzem zum UNESCO-Weltkulturerbe erklärt, zwanzig Jahre nach ihrer Entdeckung und Erforschung durch Jean-Marie Chauvet und seine Kollegen Ende Dezember 1994.

Höhlenmalerei in der Chauvet-Höhle

Regisseur Werner Herzog hat einen 3-D-Dokumentarfilm über die Höhle gedreht, der 2011 ins Kino kam.[42]

Annähernd 4000 Artefakte und Tierknochen hat man in der Höhle gefunden, und an den Wänden rund tausend Zeichnungen und Malereien. Diese Bilder sind schlichtweg atemberaubend, und einige zählen zu den frühesten und zugleich am besten erhaltenen Beispielen für Höhlenkunst überhaupt. Mindestens 13 verschiedene Tierarten sind hier abgebildet, von Löwen und Bären über Mammuts und Wollnashörner bis hin zu Pferden und Eulen. Möglicherweise ist hier auch die weltweit älteste Darstellung eines Vulkanausbruchs zu sehen.[43]

Wie alt diese Höhlenmalereien genau sind, ist allerdings umstritten. Bis vor Kurzem galten die Daten einer Radiokohlenstoffanalyse als gesichert, die im Laufe der Jahre an bis zu achtzig Proben durchgeführt wurde. Die meisten datieren auf etwa 30 000 v. Chr. und stammen aus der Zeit, in der die Höhle zum ersten Mal bewohnt war. Nach ein paar tausend Jahren ohne menschliche Bewohner wurde sie um etwa 25 000 v. Chr. wieder bezogen, und Dutzende weitere Bilder entstanden. Man hat einen Fußabdruck entdeckt, den ein Kind im weichen Lehmboden hinterlassen hat und der wahrscheinlich aus dieser zweiten Phase stammt.

Allerdings sind die obigen Daten kürzlich infrage gestellt worden.[44] Eine neue Studie hat 259 Radiokohlenstoff-Proben ausgewertet, die aus den Pigmenten der schwarzen Wandfarbe sowie aus Knochen und Holzkohle stammen, die in der Höhle gefunden wurden, sowie fast hundert weitere Daten, die mithilfe eher esoterischer Technologien wie der Thorium-Uran-, der Thermolumineszenz- und der 36Cl-Datierung gewonnen wurden. Die Ergebnisse deuten darauf hin, dass die ersten Bewohner der Chauvet-Höhle Bären waren und vor fast 50 000 Jahren dort einzogen. Die frühesten Malereien stammen demnach aus der Zeit um 35 000 v. Chr., und diese Phase endete etwa 31 500 v. Chr., als Bären wie Menschen die Höhle aufgaben. Etwa 2500 Jahre lang blieb sie unbewohnt, bis die Höhle um 29 000 v. Chr. wieder bevölkert wurde. Um 26 000 v. Chr. wurde der Höhleneingang durch eine eingestürzte Felswand verschlossen, und von da an gelangten weder Menschen noch Tiere in die Höhle, bis man sie 1994 wiederentdeckte.[45]

Die Entdeckung der Chauvet-Höhle war alles andere als ein Zufall. Laut einem ausführlichen Artikel im *New Yorker* aus dem Jahr 2008 war Jean-Marie Chauvet im Auftrag des französischen Kulturministeriums aktiv auf der Suche nach solchen Höhlen. Die nach ihm benannte Höhle liegt an einem Kalksteinhang, hoch über einer ausgetrockneten Schleife der Ardèche, nahe dem Pont d'Arc, einer natürlichen Steinbrücke über dem Fluss. Chauvets Team fand den Eingang der Höhle, der mindestens 20 000 Jahre lang von Gestein verschlossen gewesen war, weil ihnen ein kalter Luftzug aus einer kleinen Öffnung am Hang auffiel.[46]

Sie räumten Felsen beiseite, bis sich Éliette Brunel, das kleinste

Mitglied der Truppe, durch die Öffnung zwängen konnte. Bald darauf folgten ihr auch die anderen Forscher und kletterten mit einer Hängeleiter aus Metall einen 10 Meter langen Schacht hinab. An dessen Ende fanden sie sich in einer riesigen Höhle voller Stalagmiten und Stalaktiten wieder. Hier entdeckten sie Tierknochen – und die ersten Bilder an den Wänden. Brunel rief aus: »Sie waren hier!« Gemeint waren die altsteinzeitlichen Höhlenmaler.[47]

Auf Grundlage der 1996 erschienenen Memoiren eines Mitglieds der damaligen Truppe rekonstruierte Joshua Hammer in einem im April 2015 im *Smithsonian Magazine* erschienenen Artikel, was als Nächstes geschah: Das Trio bewegte sich ganz vorsichtig durch die Höhle, vermied es, auf die kristallisierte Asche einer alten Feuerstelle zu treten, und bestaunte dabei Hunderte von Bildern: »Wir standen vor einer Felswand, die über und über mit Zeichnungen aus rotem Ocker bedeckt war ... Auf ein Mammut mit langem Rumpf folgte ein Löwe mit einem Bogen aus roten Punkten um die Schnauze, wie Blutstropfen. Wir hockten auf den Fersen und starrten ohne ein Wort auf die Höhlenwand. Es hatte uns schlichtweg die Sprache verschlagen.«[48] Nach wie vor ist nicht ganz klar, wer genau Chauvet an jenem Tag begleitete und wen er erst später mit in die Höhle nahm, ja nicht einmal, ob er es war, der als Erster die kleine Öffnung im Fels bemerkte. Wie dem auch sei: Sie sahen dort Hunderte von Zeichnungen und Malereien, manche riesengroß, andere eher klein, Einzelbilder wie auch Arrangements mehrerer Darstellungen, die einander mitunter sogar überlappten. Sie benachrichtigten sofort die zuständige Behörde, die Jean Clottes vorbeischickte, einen wissenschaftlichen Berater des Kulturministeriums und ausgewiesenen Spezialisten für Höhlenmalerei. Clottes erklärte, diese Höhle sei eine der größten Entdeckungen des 20. Jahrhunderts.[49]

Clottes stellte ein Experten-Team zusammen, das nunmehr seit 1996 die Höhlenmalereien von Chauvet untersucht. Bereits nach ihrer ersten Erkundung wurde die Höhle für die Öffentlichkeit gesperrt, um eben jene Probleme zu vermeiden, die die Touristen in Lascaux und Altamira verursacht hatten. Tatsächlich haben selbst Forscher nur zweimal im Jahr Zugang zur Chauvet-Höhle, und zwar im Frühjahr und im Herbst, jeweils für einige Wochen. Den Rest des Jahres über versperrt eine 1,20 Meter hohe, gut verriegelte Stahltür den Zugang. Es ist die einzige unserer drei Höhlen, die mithilfe moderner archäologischer Methoden erforscht worden ist.[50]

Die Höhle unterteilt sich in verschiedene Abschnitte.[51] Die ursprüngliche Eingangskammer, die heute von außen durch den prähistorischen Felssturz versperrt ist, führt in die riesige »Brunel-Kammer«, benannt nach Éliette Brunel, die die Höhle als erster Mensch nach vielen tausend Jahren betreten hat. Dahinter schließt sich die sogenannte Bärenhöhle an, in der es zahlreiche Indizien dafür gibt, dass hier tatsächlich Höhlenbären hausten, darunter diverse von den Bären in den weichen Lehmboden gegrabene Senken.

An die »Bärenhöhle« schließen sich zwei Korridore an. Einer ist relativ kurz, und darin findet sich auf einem herabhängenden Felsen die Abbildung eines kleinen roten Mammuts – es war die erste Malerei, die Chauvet und seine Begleiter in der Höhle entdeckten und eben jene, die Éliette Brunel zu ihrem Ausruf verleitete.[52] Der zweite Korridor ist viel größer und führt zu weiteren Kammern. Die meisten Bilder hier befinden sich an der Ostwand und sind vorwiegend mit roter Farbe gemalt.

Wenn man sich nun links hält (also Richtung Westen geht), gelangt man durch einen weiteren Korridor in den zweiten Abschnitt des Höhlensystems. Dieser beginnt mit der »Hillaire-Kammer«, benannt nach Christian Hillaire, dem dritten Mitglied des Trios, das die Höhle entdeckte. Diese Kammer hat einen Durchmesser von etwa 30 Metern und ist fast genauso hoch. Auch hier finden sich zahlreiche Malereien und Zeichnungen an den Wänden. Einige überlappen einander, was wohl darauf hinweist, dass sie zu unterschiedlichen Zeiten entstanden. Ein paar der Bilder sind von einer natürlichen Kalzit-Schicht überzogen, das heißt – falls jemand Zweifel haben sollte –, dass es sich auf keinen Fall um Fälschungen handeln kann.

Von der »Hillaire-Kammer« aus gibt es zwei Möglichkeiten: Wenn man Richtung Westen geht, kommt man in die »Schädel-Kammer«. Dort fanden die Forscher einen Bärenschädel, der sorgfältig auf einem von der Höhlendecke gefallenen Stein platziert worden war. An die »Schädel-Kammer« schließt sich der letzte Korridor an, der »Korridor der Kreuzschraffuren«, in dem ein großes Pferd auf den Felsen gezeichnet wurde. Im Norden gelangt man von der »Hillaire-Kammer« aus in den »Megaloceros-Korridor«. Hier finden sich Zeichnungen von mehreren Nashörnern, aber seinen Namen bekam der Korridor durch das Bild eines ganz anderen Tieres: Der Megaloceros gehörte zu den längst ausgestorbenen Riesenhirschen. Er war um einiges größer als ein Mensch und besaß ein immenses Geweih von über 3 Metern Spannweite.[53]

Anfang 2016 haben französische Forscher die These aufgestellt, dass das Bild eines Sprühnebels, das von dieser Megaloceros-Zeichnung teilweise verdeckt wird, die Eruption eines nahegelegenen Vulkans darstellen könnte. In der Chauvet-Höhle gibt es noch mindestens zwei weitere solche Darstellungen, die der Wissenschaft Rätsel aufgeben. Aber da nur 35 Kilometer entfernt das Vulkanfeld Bas-Vivarais liegt, wo zwischen 45 000 und 21 000 v. Chr. nachweislich mehrere Vulkane ausbrachen, und da die Höhle während dieses Zeitraums zumindest hin und wieder bewohnt war, scheint die neue These recht stichhaltig. Wenn sie stimmt, sind diese Bilder die frühesten bekannten Darstellungen von Vulkanausbrüchen überhaupt.[54]

Vom »Megaloceros-Korridor« aus geht es in die sogenannte End-Kammer, wo es Bilder von Bisons, Nashörnern, Mammuts und Raubkatzen zu sehen gibt. In dieser Kammer befinden sich so viele Malereien, dass sie ein Drittel des gesamten Bildbestandes der Chauvet-Höhle ausmachen; so lässt sich zum Beispiel ein Rudel von 16 Löwen bestaunen, das eine Bisonherde jagt. Wie an vielen anderen Stellen der Höhle haben die Künstler auch hier die natürliche Form der Felsen genutzt, um die Tiere lebendiger aussehen zu lassen. Hin und wieder hat man fast das Gefühl, sie bewegen sich.[55]

Auf der einen Seite der »End-Kammer« führt ein Durchgang in den »Belvedere- Korridor«. Dort gibt es keine Höhlenmalereien, nur ein kleines Loch, durch das man die linke Wand der »End-Kammer« erspähen kann. Auf der anderen Seite geht es in die »Sakristei«, wo Darstellungen eines Pferdes, eines großen Bisons, einer Großkatze und eines Nashorns die Wände zieren und mehrere Tiere ihre Abdrücke im weichen Lehmboden hinterlassen haben. An dieser Stelle endet das Höhlensystem – zumindest nach unserem heutigen Kenntnisstand.

Ende April 2015 wurde in der Nähe der Chauvet-Höhle eine Replik eröffnet. Zwar kostete ihr Bau ganze 55 Millionen Euro, doch immerhin kann die Öffentlichkeit seither endlich die erstaunlichen Bilder sehen, die auf die Wände und Felsen der Höhle gemalt wurden. Jedes einzelne Bild ist eine exakte Replik des Originals, erstellt mithilfe von 3-D-Modellierung, Digitalaufnahmen und anderen Hightech-Verfahren. Die Kalksteinwände der Höhle hat man in Beton nachgebaut, die Stalagmiten und Stalaktiten wurden in Kunstharz gegossen.[56] Wie man hört, ist das Ergebnis wirklich erstaunlich.

Somit sind heute alle drei Höhlen – Lascaux, Altamira und Chauvet – für den Publikumsverkehr weitgehend geschlossen, aber für alle drei wurden Repliken angefertigt. Glücklicherweise können die nachgebauten Höhlen (anders als die Originale) den Besucheransturm gut verkraften – und dieser wird immer größer: Hatte die Höhle von Altamira früher zu Spitzenzeiten 150 000 Besucher jährlich, wird ihr Nachbau inzwischen von bis zu 250 000 Menschen pro Jahr besucht.[57] Vielleicht können diese Zahlen auch andernorts die Behörden dazu veranlassen, solche Repliken anzufertigen. Beim Grab von Tutanchamun ist das bereits geschehen, aber es gibt noch viele weitere archäologische Touristenattraktionen, bei denen die Verantwortlichen vor der schwierigen Wahl stehen: für die Nachwelt bewahren oder Besucher hineinlassen? Repliken archäologischer Stätten haben indes nichts mit einer »Disney-fizierung« der Fundorte zu tun. Vielmehr ermöglichen sie es einem breiten Publikum, antike Wunderwerke zu bestaunen, ohne dass die Originale dabei in Mitleidenschaft gezogen werden. Letztere kann man dann den Wissenschaftlern überlassen, die sich auf fachkundige Weise mit ihnen auseinandersetzen.

Die Forschungsliteratur über die Höhlenkunst füllt ganze Regale. Es gibt auch diverse wissenschaftliche Theorien und Hypothesen, warum die Menschen der späten Altsteinzeit überhaupt solche Bilder angefertigt haben. Einig sind sich die Forscher zumindest in einem Punkt: Die Menschen vor 35 000 Jahren hatten enorme manuelle Fähigkeiten, sie besaßen ein gewisses Kunstverständnis und hatten religiöse Überzeugungen. Ganz allgemein wiesen sie mehr Gemeinsamkeiten als Unterschiede zu uns auf.

Die Prähistorische Archäologie gewährt uns immer wieder einzigartige Einblicke in die Geschichte der Hominini – von den drei Urmenschen, die vor mehreren Millionen Jahren im tansanischen Laetoli ihre Fußspuren in der Asche hinterließen, bis zu den Künstlern, die in Höhlen des heutigen Frankreich und Spanien die Wände bemalten. Unser Bild vom Stammbaum der menschlichen Spezies hat sich stark gewandelt, seit wir wissen, dass immer mehrere Arten von Hominini gleichzeitig den Planeten bewohnten. So ähnelt der Stammbaum mittlerweile mehr einem Busch als einem Baum.[58] Das gilt nicht nur für Menschen und Neandertaler, die vor 50 000 Jahren in Europa Seite an Seite lebten, sondern auch für einige andere, die ich gar nicht erwähnt habe – den Denisova-Menschen in Asien beispielsweise oder den gerne auch als »Hobbit« bezeichneten *Homo floresiensis* auf der indonesischen Insel Flores. Und falls die Genetik-Experten richtigliegen, lassen sich dem Genpool noch einige bislang nicht identifizierte Arten hinzufügen. Es ist erst 25 000 Jahre her, dass wir als einzige Spezies übriggeblieben sind, und alle anderen Spezies haben in unserer DNA ihre Spuren hinterlassen. Die Vor- und Frühgeschichte ist ein äußerst dynamisches Forschungsgebiet, in dem es ständig neue Entdeckungen gibt; Jahr für Jahr werden es mehr. Wir dürfen jetzt schon gespannt sein, was als Nächstes auftauchen wird.

7

DIE ERSTEN LANDWIRTE IM FRUCHTBAREN HALBMOND

Es gibt archäologische Stätten, deren Entdeckung es weltweit in die Schlagzeilen schafft. Und es gibt solche, die seltsame Theorien anziehen wie das Licht die Motten. Bei manchen Fundstätten ist sogar beides der Fall, wie bei Göbekli Tepe in der Türkei, wo seit 2007 ausgegraben wird. Im Jahr 2010 kam der Ort gar in einer Episode der TV-Sendung *Ancient Aliens – Unerklärliche Phänomene* vor.[1]

Laut verschiedenen Berichten wurde Göbekli Tepe, dessen Besiedlung mehr als 11 000 Jahre zurückreicht, 1983 von einem in der Gegend ansässigen Bauern entdeckt, der auf seinem Feld einen behauenen Stein fand und ins örtliche Museum brachte. Archäologen der University of Chicago hatten bereits in den 1960er-Jahren einen Survey an der Stätte vorgenommen, sie jedoch nicht weiter untersucht, da sie den Ort für einen mittelalterlichen islamischen Friedhof hielten – die vielen zerbrochenen Steinplatten, die dort herumlagen, sahen für sie allzu sehr nach Grabsteinen aus, und auf einem islamischen Friedhof darf nun einmal nicht gegraben werden. Auch der Fund des Bauern änderte nichts daran, zumindest fürs Erste.

Im Jahr 1993 bekam der deutsche Archäologe Klaus Schmidt den behauenen Stein, den der Bauer gefunden hatte, in die Finger, woraufhin er den Fundort etwa ein Jahr später einer erneuten Untersuchung unterzog. Es dauerte aber noch mehr als ein Jahrzehnt, bis alles so weit vorbereitet war, dass er vor Ort mit den Ausgrabungen beginnen konnte – das war im Jahr 2007. Bald schon stellte sich Folgendes heraus: Göbekli Tepe, das auf etwa 9600 v. Chr. datiert, ist eine der ältesten bekannten Stätten der vorkeramischen Jungsteinzeit, an der es konkrete Hinweise auf religiöse Glaubensvorstellungen gibt. Schmidt leitete die Ausgrabungen sieben Jahre lang, bis er im Juli 2014 beim Schwimmen plötzlich und unerwartet an einem Herzinfarkt starb.[2]

Die Jungsteinzeit oder das Neolithikum (vom griechischen *neos* für »neu« und *lithos* für »Stein«) begann vor etwa 12 000 Jahren im Nahen Osten. Während der ersten Phase dieser Epoche, die etwa 4000 Jahre dauerte, war die Keramik noch nicht erfunden, daher bezeichnet man sie als Präkeramisches Neolithikum oder Vorkeramische Jungsteinzeit.

Wenn es um diese Epoche geht, dann ist meistens von der Neolithischen Revolution die Rede – einer Phase, in der die Lebensweise der Menschen radikale Umwälzungen erfuhr. Die Steinwerkzeuge veränderten sich, vor allem aber wurden zum ersten Mal in der Geschichte der Menschheit Pflanzen wie Weizen und Gerste angebaut und Tiere wie Schafe und Ziegen domestiziert. Diese Entwicklung lässt sich in einem Gebiet nachweisen, das in einem Bogen von der Spitze des Persischen Golfs bis hinauf zur heutigen Grenze der Türkei und Syriens und wieder hinunter die Mittelmeerküste entlang bis nach Israel verläuft – einem Gebiet, das man den »Fruchtbaren Halbmond« nennt. Die Neolithische Revolution veränderte wirklich alles. Die Menschen hatten endlich genug Nahrung, um sesshaft zu werden, und mussten nicht mehr ständig umherziehen. Hat man das ganze Jahr über ausreichend Nahrung zur Verfügung, kann man auch mehr Kinder ernähren – die Bevölkerung wuchs. Nach und nach wurde aus einer Ansammlung von Hütten ein Dorf, aus dem Dorf eine Stadt und aus mehreren Städten eine kohärente Gesellschaft, die immer komplexer wurde, die eine Buchhaltung und eine Gesetzgebung brauchte, die eine Schrift entwickelte. All das waren Folgen davon, dass der Mensch angefangen hatte, Pflanzen anzubauen und Tiere zu domestizieren. Doch zugleich lag hier wohl auch der Ursprung von zwischenmenschlicher Gewalt, sozialem Ungleichgewicht und vielen anderen Ungerechtigkeiten.

Es gibt eine Vielzahl von Theorien darüber, warum sich in der Jungsteinzeit Ackerbau und Viehzucht ausgerechnet in dieser Region entwickelten. Einige dieser Theorien stammen von bekannten Wissenschaftlern wie dem australischen Archäologen V. Gordon Childe, dem Archäologen Robert Braidwood aus Chicago, dem Anthropologen Henry Wright von der University of Michigan und der dänischen Agrarökonomin Ester Boserup. So könnte ein drastischer Klimawandel zwischen 10 000 bis 9000 v. Chr. dazu geführt haben, dass die Menschen sich in Oasen niederließen und im Zuge dessen entdeckten, welche Pflanzen- und Tierarten sich domestizieren ließen. Zugleich hätte eine solche Entwicklung unter anderem zu Überbevölkerung und einer übermäßig starken Beanspruchung der natürlichen Ressourcen geführt, was Viehzucht und Ackerbau nicht nur ermöglicht, sondern vielleicht sogar unabdingbar gemacht hätte.[3]

In Göbekli Tepe finden sich die ältesten bekannten Beispiele für monumentale Architektur im antiken Nahen Osten. Bislang haben Archäologen mindestens fünf Kreise aus verschieden großen Steinen freigelegt – einer davon hat einen Durchmesser von 20 Metern.[4] Die Steinkreise sind so beeindruckend, dass ihnen nicht einmal die in diversen Publikationen erschienenen Fotos gerecht werden.

In die meisten dieser Steine sind Figuren oder ganze Szenen eingemeißelt, darunter zahlreiche Bilder von Tieren. Vor allem die Tierdarstellungen sind auf ein breites öffentliches Interesse gestoßen und haben auch Leute mit eher zweifelhaften Theorien auf den Plan gerufen. Abgebildet sind dort unter anderem Eidechsen, Skorpione, Stiere, Löwen, Geier und möglicherweise Hunde oder Wölfe. Im Sommer 2015 kam die Idee auf, dass einige dieser Darstellungen sogar Piktogramme sein könnten, also Bilder, die eine Geschichte erzählen – und das 5000 Jahre vor der Erfindung der Schrift![5]

Schmidt zufolge befinden sich noch mindestens 16 weitere Steinkreise unter der Erde, die er mit Hightech-Geräten wie einem bodendurchdringenden Radar entdeckt hat. Alle bis jetzt ausgegrabenen Kreise bestehen aus mehreren aufrecht stehenden Steinen, die um zwei größere, T-förmige Steine in der Mitte gruppiert sind. Einige der größeren Steine sind über 5 Meter hoch.

Es ist noch immer unklar, was die Bewohner von Göbekli Tepe mit den Steinkreisen genau bezweckt haben. Schmidt war überzeugt davon, dass es sich um Kultstätten handelte – damit wären die Steinkreise die früheste religiöse Architektur, die wir kennen. Im Jahr 2008 spekulierte das *Smithsonian Magazine* in einem Beitrag darüber, ob es sich bei den Steinkreisen vielleicht sogar um den ersten Tempel der Welt handelte, und 2011 brachte die Zeitschrift *National Geographic* einen Artikel mit der These, dass

»der Drang zur Anbetung der Götter die Zivilisation entstehen« ließ.[6] Der Autor wies zudem darauf hin, dass die Erbauer von Göbekli Tepe in der Lage waren, 16 Tonnen schwere Steine herauszuschlagen, in Form zu meißeln und über Hunderte Meter zu transportieren, obwohl sie weder Räder noch Lasttiere hatten. Und das Ganze in einer Welt, die noch keine Schrift kannte, kein Metall und keine Keramik.[7]

Für uns ist hier vor allem wichtig, dass Göbekli Tepe am nördlichen Rand des Fruchtbaren Halbmonds liegt und eine der frühesten Stätten aus dieser Zeit zu sein scheint. Tatsächlich war dieser Ort offenbar schon besiedelt, *bevor* die Menschen Viehzucht betrieben: Tausende Tierknochen, die inzwischen rekonstruiert und analysiert worden sind, deuten darauf hin, dass die Bewohner wildlebende Tiere jagten und aßen, vor allem Gazellen und Vögel.[8]

Bislang ist man immer davon ausgegangen, dass die Menschen sesshaft wurden, weil sie die Viehzucht und den Ackerbau erfanden, doch Standorte wie Göbekli Tepe könnten beweisen, dass das Gegenteil der Fall war: Um die Steinringe mit den verzierten Steinen zu errichten, mussten sich viele Menschen an einem Ort versammeln, und vielleicht waren es so viele, dass sie sich – abseits der gewohnten Praktiken als Jäger und Sammler – neue Möglichkeiten der Nahrungsbeschaffung einfallen lassen mussten.[9] Göbekli Tepe ist also in vielerlei Hinsicht ein äußerst spannender und wichtiger Ort. Doch die archäologischen Untersuchungen hier haben im Grunde gerade erst begonnen – da die Ausgrabungen unter neuer Leitung weitergehen, werden wir in den kommenden Jahren mit Sicherheit noch mehr von dieser Fundstätte hören.

Ich möchte hier allerdings auch noch etwas anderes erwähnen, nämlich was Göbekli Tepe *nicht* ist: Der antike Ort ist weder der Garten Eden (was Klaus Schmidt trotz gegenteiliger

Zeitungsberichte auch nie behauptet hat[10]) noch hat er etwas mit den Nephilim, den biblischen »Wächtern«, zu tun. Er steht auch höchstwahrscheinlich nicht in Verbindung mit einer globalen Naturkatastrophe, die sich angeblich nach dem Ende der letzten Eiszeit ereignet hat, auch wenn in einem Buch aus dem Jahr 2014 das Gegenteil behauptet wird.[11]

Göbekli Tepe ist schlicht und einfach eine der faszinierendsten neolithischen Stätten, die derzeit ausgegraben werden. Es kann gut sein, dass wir hier Erkenntnisse über frühe religiöse Praktiken gewinnen, und mit Sicherheit werden wir einiges über die Zeit erfahren, als der Mensch sesshaft wurde und begann, Getreide anzubauen und Nutztiere zu halten. Im Folgenden wollen wir uns noch zwei weitere Orte anschauen, die ebenfalls in beiderlei Hinsicht interessant sind: Çatalhöyük in der Türkei und Jericho im Westjordanland, nahe dem Toten Meer.

Jericho kennen die meisten Leute aus der Bibel. Dort wird die Stadt von Josua und den Israeliten zerstört, als sie sich nach dem Auszug aus Ägypten in Kanaan niederlassen.[12] Ob an dieser Geschichte etwas dran ist, steht auf einem ganz anderen Blatt, doch interessanterweise waren es Bestrebungen, archäologische Beweise zur Bestätigung der biblischen Geschichte zu finden, die letztlich zur Entdeckung des jungsteinzeitlichen Jericho führten.

Das antike Jericho lag mitten in der Wüste an einer Oase, die so viel Wasser bot, dass Menschen hier leben und sogar Felder bewässern konnten. Von 1930 bis 1936 führte der bekannte britische Archäologe John Garstang hier erste Ausgrabungen durch. Eine der Siedlungsschichten des Grabungshügels interpretierte er als eben jene Stadt, die Josua und die Israeliten erobert hatten. Leider geriet seine Hypothese schon bald in die Kritik, da er angeblich die Keramik aus dieser speziellen Siedlungsschicht falsch datiert und dadurch alles missinterpretiert hatte.

Schließlich bat Garstang Kathleen Kenyon, eine junge Archäologin, die bei Mortimer Wheeler studiert und bereits in Samaria, ein Stück weiter nördlich von Jericho, gegraben hatte, einen Blick auf die von ihm gefundene Keramik zu werfen. Sie kam zu dem Schluss, dass die Beweise nicht ausreichen, um eine endgültige Entscheidung zu fällen, und sie auf dem Gelände noch weiter graben müsste – unter Archäologen eine durchaus übliche Reaktion.

1952 kehrte Kenyon daher nach Jericho zurück und begann mit ihren eigenen Ausgrabungen.[13] Die Stratigrafie ließ vier Schichten beziehungsweise Nutzungszeiträume erkennen, doch insgesamt war sie komplizierter als erwartet.[14] Die Zeichnungen, die Kenyon von der freigelegten Grabungswand anfertigte, nachdem sie sich durch einen Teil des Hügels gekämpft hatte, offenbaren ein verworrenes Durcheinander von Mauern, Fußböden, zerstörten Artefakten und diversen anderen Überresten.

Man sollte an dieser Stelle erwähnen, dass der Begriff der Stratigrafie, der eigentlich aus der Geologie stammt, von William Matthew Flinders Petrie und Frederick Jones Bliss in die Archäologie des Nahen Ostens eingeführt wurde, und zwar, als sie einige Jahrzehnte zuvor am Tell el-Hesi westlich von Jericho gruben. Sie stellten fest, dass man ältere Objekte in der Regel in tieferen Siedlungsschichten findet als neuere, vor allem bei den künstlich entstandenen Siedlungshügeln, die wir als »Tell« bezeichnen und die sich im ganzen Nahen Osten finden (auch Jericho gehört dazu). Sie stellten aber ebenso fest, dass die Stratigrafie eines Fundortes unglaublich kompliziert sein kann. Und genau diese Erfahrung musste Kenyon nun machen.

Kenyon fand weitere Keramik und andere Objekte, die ihr verrieten (und die meisten Kollegen schlossen sich ihrer Meinung an), dass die Zerstörungsschicht, die Garstang gefunden hatte, in Wirklichkeit auf 1000 Jahre vor Josua datierte: Die

Überreste dieser Stadt stammten nicht aus der späten, sondern aus der frühen Bronzezeit. Außerdem zeigte sich, dass die Stadt offenbar bereits Mitte des 2. Jahrtausends v. Chr. aufgegeben wurde – als Josua und seine Israeliten in die Region einfielen, war Jericho mithin verlassen und leer, wahrscheinlich sogar komplett verfallen.[15]

Als Kenyon in Jericho grub, fand sie auch Siedlungsschichten aus dem Neolithikum, die unter anderem Mauern, Gebäude und Gräber enthielten. Zu jener Zeit, um 7500 v. Chr. herum, hatte Jericho wohl an die 2000 bis 3000 Einwohner. Dies war ungefähr 2000 Jahre nach der Zeit, aus der die gerade besprochenen Überreste von Göbekli Tepe stammen, aber wir befinden uns trotzdem noch immer im Präkeramischen Neolithikum. Die Stadt lag hinter einer schützenden Steinmauer, was Anlass zu einer Theorie gab, die sich in der archäologischen Literatur immer wieder findet: dass Jericho die erste Stadt mit einer Stadtmauer war (oder doch zumindest die erste, von der wir wissen).

In derselben Schicht fand Kenyon auch den sogenannten Turm von Jericho. Dieser Turm ist rund 8 Meter hoch, hat einen Basisdurchmesser von über 8 Metern und wurde aus unbehauenen mittelgroßen Steinen errichtet. Er ist hohl, besitzt im Inneren eine Treppe und diente wahrscheinlich als Lagerraum oder Getreidesilo (in dem man die Ernte aufbewahrte), wurde offenbar aber zugleich als Verteidigungsanlage genutzt. Manche Forscher mutmaßen allerdings, dass der Turm eher zivilen beziehungsweise sozialen Zwecken gedient habe oder sogar als eine Art Sternwarte.[16]

Erstaunlicherweise begruben die Bewohner von Jericho ihre Toten damals unter dem Fußboden ihrer Häuser; Kenyon fand fast 300 solche Gräber. Noch merkwürdiger aber war, was die Einwohner Jerichos in der zweiten Hälfte jener Epoche – die man als Präkeramisches Neolithikum B bezeichnet und die noch weitere 1000 Jahre, bis um 6000 v. Chr., andauerte – mit den Schädeln der Verstorbenen anstellten.

In Jericho, wie auch an rund einem Dutzend anderer Orte im Nahen Osten, war es damals Sitte, den Schädel eines Toten vom Rest des Skeletts zu trennen. Vermutlich wartete man damit, bis der Leichnam so stark verwest war, dass dies ohne allzu große Kraftanstrengung gelang. Anschließend wurde der Unterkiefer entfernt und der Rest des Schädels mit Ton verputzt; im Grunde tat man damit nichts anderes, als das Gesicht zu rekonstruieren. Dort, wo einst die Augen gewesen waren, steckte man Muscheln oder Schneckenhäuser in den Ton, was den Kopf beinah lebendig wirken ließ.[17] Am Ende wurde er dann an prominenter Stelle im Wohnraum des Hauses platziert.

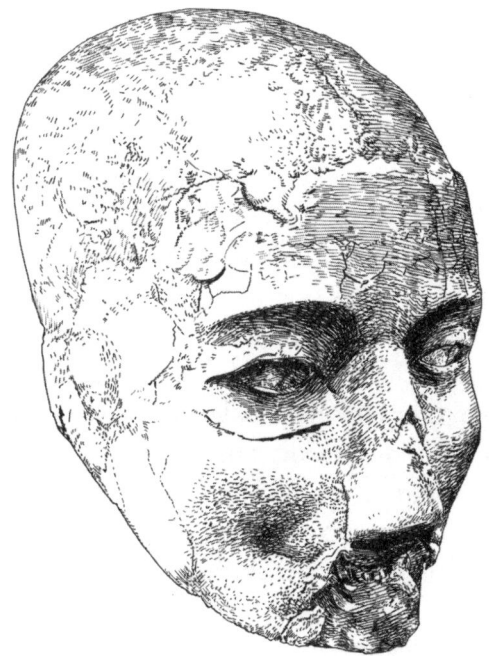

Mit Ton verputzter Schädel aus Jericho

Im Allgemein nimmt man an, dass es sich hierbei um eine spezielle Art des Totenkults handelte, aber wissen können wir das nicht, da es keine schriftlichen Aufzeichnungen gibt. Dieser Ritus mag uns heute ein wenig seltsam oder gruselig vorkommen – man stelle sich nur vor, wie der Kopf von Onkel Fred oder vielleicht sogar der eines verstorbenen Elternteils in einer Ecke des Wohnzimmers sitzt und alles beobachtet, was vor sich geht. Allerdings habe *ich* im Esszimmer ein Porträt meiner verstorbenen Mutter hängen – ganz so abwegig scheint der damalige Ritus also nicht zu sein, oder?

Diese Totenschädel faszinieren die Menschen noch immer, wenn auch auf ganz unterschiedliche Weise. Als der Künstler Damien Hirst im Jahr 2007 seine Version eines solchen Schädels anfertigte, zeigte ich meinen Studenten ein Foto davon und legte das Bild eines Schädels aus Jericho daneben. Wir waren uns einig, dass es gewisse Ähnlichkeiten gab, auch wenn derjenige von Damien Hirst um einiges kostspieliger war, schließlich verwendete er dazu Platin und 8601 lupenreine Diamanten. Allein der Materialwert seines Kunstwerks beläuft sich auf 14 Millionen britische Pfund (rund 16,5 Millionen Euro). Anschließend bot er es zum Verkauf an – zum Schnäppchenpreis von 50 Millionen Pfund.[18]

Von 1997 bis 2000 grub in Jericho ein Team aus italienischen und palästinensischen Archäologen, das weitere interessante Entdeckungen machte und unter anderem Hinweise auf eine große Unterstadt fand, die auf die mittlere Bronzezeit datiert. Die Arbeit kam aufgrund politischer Spannungen vorübergehend zum Stillstand, aber 2008 konnten die Forscher zurückkehren und mit der Ausgrabung fortfahren.[19]

Die letzte archäologische Stätte, die ich in diesem Kapitel besprechen möchte, hat ebenfalls zwei verputzte Schädel in der Art hervorgebracht, wie man sie in Jericho fand, doch eigentlich ist sie für etwas ganz anderes bekannt. Ihre Blütezeit lag zwischen 6500 und 5600 v. Chr., während des Präkeramischen Neolithikums B, die Stadt ist also etwas jünger als Jericho. Die Rede ist von Çatalhöyük in der heutigen Türkei.[20] Anfang der 1960er-Jahre fanden hier die ersten Ausgrabungen statt, unter der Leitung des britischen Archäologen James Mellaart. Er legte rund 160 Häuser frei, die zu einer erstaunlichen Siedlung gehören. Hier lebten wohl zwischen 3000 und 8000 Menschen.[21]

Die einstöckigen Häuser waren so eng aneinandergesetzt, dass zwischen ihnen keine Gassen oder Straßen verliefen, und zwei Wohneinheiten hatten jeweils eine gemeinsame Wand. Alle Wände waren aus Lehmziegeln errichtet. Das Merkwürdigste aber ist, dass keines dieser Häuser eine Tür oder Fenster besaß.

Doch wenn es weder Fenster noch Türen gab, wie kamen die Bewohner dann in ihre Häuser? Wir glauben heute: über Leitern. Die Menschen gelangten zunächst über eine Leiter aufs Dach und dann über eine weitere Leiter ins Innere des Hauses. Es gibt im Grunde keine andere Erklärung, denn dass tatsächlich jemand in diesen Häusern wohnte, ist eindeutig belegt. Dennoch ist es ein zumindest ungewöhnliches Arrangement. Was kann die Einwohner dazu bewogen haben, sich so einzurichten?

Die Antwort liefert uns eine Wandmalerei in einem der Häuser. Es zeigt ein riesiges, möglicherweise gehörntes Tier, das von einer Gruppe viel kleinerer Menschen mit Pferden gejagt wird. Der Künstler muss Probleme mit der Perspektive gehabt haben, andernfalls wäre dieses Tier, das an ein Wildschwein oder vielleicht auch einen Stier erinnert, wirklich erstaunlich groß gewesen. Auch wenn es in Wirklichkeit nicht ganz so riesig war wie auf dem Bild, kann die Darstellungsweise doch ein Hinweis darauf sein, dass in der Gegend rund um die Siedlung recht große

Wildtiere herumliefen. Es wäre kaum verwunderlich, wenn die Bewohner vor diesen wilden Tieren Angst gehabt hätten und sich vor ihnen zu schützen versuchten, indem sie Häuser ohne Türen und Fenster bauten – da die Raubtiere keine Leitern erklimmen konnten, waren die Bewohner der Siedlung in der Nacht vor ihnen geschützt. Es gibt schlichtweg keine andere hinreichende Erklärung für diese Bauweise.[22]

Mellaart entdeckte die oben genannte Wandmalerei während seiner Ausgrabungen in den 1960er-Jahren, dachte aber leider nicht daran, sie vor den Elementen zu schützen, daher ist sie heute in keinem allzu guten Zustand mehr. Er fand noch weitere Malereien dieser Art, darunter eine, auf der große Männer mit Lendenschurz beim Laufen dargestellt sind, und eine andere, die aus einem hübschen geometrischen Muster im oberen und mehreren weißen Händen auf rotem Hintergrund im unteren Teil besteht. Die Hände erinnern an Bilder, die Kinder im Kindergarten anfertigen, indem sie die Umrisse ihrer Hände auf Papier zeichnen und bunt ausmalen. Hier haben die Menschen etwas ganz Ähnliches getan, Weiß auf Rot.

Es gibt noch weitere Wandbilder mit Jagdszenen, unter anderem eines, auf dem viele kleine menschliche Figuren zu sehen sind, die ein wiederum unglaublich großes Tier mit gewaltigen Hörnern umzingeln – vielleicht einen Hirsch oder eine Antilope. All diese Szenen, von denen sich gleich mehrere in einem einzigen Raum befinden, haben eines gemein: Die Tiere sind viel größer dargestellt als die Jäger. Allerdings ist diese Art der Darstellung auch hier wohl eher ein Hinweis auf die Bedeutung der gejagten Tiere als darauf, dass sie wirklich außerordentlich groß waren.

Im Übrigen scheinen die Bewohner besonders auf Stiere fixiert gewesen zu sein, denn neben den Malereien, die diese Tiere zeigen, hat man in mehreren Räumen auch Plastiken, also dreidimensionale Skulpturen, von ihnen gefunden. Bei den Skulpturen handelt es sich in erster Linie um tönerne Stierköpfe, inklusive der Hörner, häufig sind aber auch nur die Hörner dargestellt. Woher diese Faszination für Stiere rührte, wissen wir nicht. Wie wir noch sehen werden, nahm der Stier auch in der Kultur der Minoer, die etwa 4000 Jahre später auf Kreta lebten, eine zentrale Rolle ein. Es gibt eine Theorie, die besagt, dass Kreta ursprünglich von Bewohnern Anatoliens besiedelt wurde, aber der zeitliche Abstand hier ist einfach zu groß, um die jungsteinzeitlichen Stiere von Çatalhöyük mit den bronzezeitlichen Stieren von Knossos in Verbindung zu bringen, so verlockend es auch scheinen mag.

Bei einer der Wandmalereien handelt es sich vermutlich um eine Landschaftsdarstellung, deren Perspektive an den Blick erinnert, den man über die Häuser hinweg in die Ferne hat, wo sich ein großer Berg erhebt. Dieser Berg, der Hasan Dağı, ist eigentlich ein Vulkan, von dem die meisten, wenn nicht sogar alle Obsidiane stammen, aus denen die in Çatalhöyük gefundenen Werkzeuge hergestellt wurden.[23] Die Wandmalerei zeigt vor dem Berg viele kleine Rechtecke, die möglicherweise die Häuser der Siedlung darstellen. Seit Kurzem mutmaßen einige Forscher, dass das Bild den Vulkan beim Ausbruch zeigt.[24]

Es gibt noch eine weitere Szene, in der große, an Geier erinnernde Vögel einen auf dem Boden liegenden Menschen zu attackieren scheinen. Dies hat einige Wissenschaftler zu der Hypothese veranlasst, dass die Bewohner von Çatalhöyük ihre Toten im Gelände abluden, um das Fleisch von Aasfressern abnagen zu lassen, und anschließend nur noch das Skelett begruben. Mellaart und sein Nachfolger Ian Hodder von der Stanford University, der die Grabung seitdem leitet, entdeckten zahlreiche Gräber unter dem Fußboden der Häuser (genau wie Kathleen Kenyon in Jericho). Heute lässt sich kaum noch beurteilen, ob die Leichname vor der Bestattung vom Fleisch befreit wurden. Allerdings deutet die Lage zumindest einiger Bestatteter darauf hin, dass sie noch völlig intakt waren, als sie ins Grab gelegt wurden.

Als Hodder 1993 anreiste, um die Ausgrabung in Çatalhöyük fortzusetzen, brachte er viele neue Ideen mit. So beschloss er unter anderem, die gesamte Ausgrabungsstätte zu überdachen, um die Funde vor der Witterung zu schützen – etwas, das Mellaart versäumt hatte. Daneben hatte Hodder neue kreative Ansätze zur Finanzierung der Ausgrabung im Gepäck. So brachte er eine große ortsansässige Bank dazu, die Patenschaft für die Ausgrabungsstätte zu übernehmen, ähnlich der Gepflogenheit, dass moderne Sportarenen den Namen bekannter Konzerne tragen – vom Mercedes-Benz Superdome in New Orleans bis zur Allianz Arena in München. In der Archäologie war so etwas damals indes recht ungewöhnlich, und das ist es heute noch. Außerdem beteiligte sich Hodder an der Inszenierung zweier großer Modenschauen, die 1997 in Istanbul und 2010 auf der Weltausstellung in Shanghai stattfanden: Beide Male wurden großformatige Repliken von Çatalhöyük errichtet, aus denen heraus die Models auf den Laufsteg traten und vom Neolithikum inspirierte Outfits präsentierten.[25]

Zuvor hatte Ian Hodder sich in der Archäologie eher mit seinen theoretischen Ansätzen hervorgetan. Bevor er nach Stanford kam, war er Professor im britischen Cambridge gewesen und hatte dort zusammen mit Michael Shanks und Christopher Tilley die sogenannte postprozessuale Archäologie auf den Weg gebracht. Was das ist, möchte ich im Folgenden kurz erklären.

In den 1960er-Jahren entwickelte der US-amerikanische Archäologe Lewis Binford die prozessuale Archäologie, die man auch als New Archaeology bezeichnet. Bis dahin hatten die Archäologie und entsprechende Publikationen in erster Linie deskriptiven Charakter: Man beschrieb Entdeckungen, Standorte und Völker im Hinblick darauf, aus welcher Zeit sie stammten, welcher Kultur sie angehörten, wie die gefundenen Objekte aussahen und so fort. Binford war die Archäologie nicht wissenschaftlich, will sagen nicht anthropologisch genug ausgerichtet. Damit griff er einen Trend auf, der sich ab Ende der 1950er-Jahre in der US-amerikanischen Archäologie breitgemacht hatte und dessen Verfechter das berühmte Diktum prägten: »Archäologie ist Anthropologie, oder sie ist gar nichts.«[26]

Binford wollte eine Archäologie, die die Dinge nicht nur beschrieb, sondern erklärte. Er wollte, dass Archäologen universelle Gesetze oder Modelle menschlichen Verhaltens entwickelten, so wie Einstein es in der Physik getan hatte. Dass sie sich (natur)wissenschaftlicher Prozesse bedienten und in ihren Diskussionen absolut neutral und objektiv blieben. Ein solcher Ansatz hätte früheren Archäologen völlig ferngelegen.[27] Vor allem in den 1960er- und 1970er-Jahren war Lewis Binford eine äußerst einflussreiche Figur, und seine Schüler taten ihr Bestes, um seine Botschaft in die Welt zu tragen. Dennoch fand sie hauptsächlich bei US-Forschern Anklang – die Europäer zeigten sich nicht ganz so begeistert und starteten in den 1980er-Jahren schließlich sogar eine Gegenbewegung: die postprozessuale Archäologie.

Eine der Gallionsfiguren der postprozessualen oder interpretativen Archäologie war und ist Ian Hodder. Binfords übergroßes Vertrauen in naturwissenschaftlich-anthropologische Methoden teilten Hodder und seine Gleichgesinnten nicht – oder zumindest nicht im selben Maße. Die Postprozessualisten waren der Ansicht, dass es schlichtweg keine universellen Gesetze geben kann, die das menschliche Verhalten steuern, und sie hielten es geradezu für lächerlich, nach solchen Gesetzen zu suchen. Sie argumentierten, man dürfe sich dem Fach schon deshalb nicht mit explizit naturwissenschaftlichen Methoden nähern, da die Archäologie keine »exakte Wissenschaft« sei. Hodder und seine Anhänger verkündeten, jeder Versuch, in archäologischen Diskussionen und bei entsprechenden Interpretationen objektiv und neutral zu sein, sei absurd. Jeder Mensch sei durch so viele Faktoren beeinflusst, dass eine unvoreingenommene Interpretation einfach ein Ding der Unmöglichkeit sei.[28]

Zudem hatte die New Archaeology das Fach ihrer Meinung nach geradezu »entmenschlicht«. Sie waren der Auffassung, dass es unmöglich sei, die Vergangenheit zu verstehen, ohne die Menschen und ihre vielfältigen Motivationen verstehen zu wollen – und der Tatsache Rechnung zu tragen, dass aus der Vergangenheit immer viele unterschiedliche Stimmen zu uns sprechen, das heißt, nicht nur so berühmte Männer wie Alexander der Große oder Julius Caesar, sondern auch Frauen und diverse Minderheiten. Als Antwort auf Binfords Diktum kann man Hodders Standpunkt wie folgt zusammenfassen: »Archäologie ist Archäologie, und Archäologie ist Geschichte – aber Archäologie ist keine Anthropologie.«[29] Ironischerweise ist Hodder in Stanford heute Professor im Fachbereich Anthropologie.

Der postprozessuale Ansatz ist in der Archäologie auch heute noch weit verbreitet, birgt aber seine ganz eigenen Tücken – nicht zuletzt bietet er womöglich allzu oft auch Laien ein Forum, da er letztlich davon ausgeht, dass jede Sichtweise relativ ist und alles frei interpretiert werden kann. In Çatalhöyük beispielsweise führt das große Interesse von Laien hin und wieder zu skurrilen Szenen, vor allem wenn Anhänger der New-Age-Bewegung und Verehrer antiker Muttergöttinnen die Ausgrabungsstätte besuchen, weil dort ein paar Skulpturen gefunden wurden, die in diesen Kontext passen.[30]

Bei diesen Statuen aus Çatalhöyük handelt es sich um

Darstellungen von sitzenden Frauen mit üppigen Proportionen. Sie sind einer ganz bestimmten Kategorie weiblicher Figurinen zuzuordnen, wie wir sie auch von mehreren Orten in Europa kennen. Sie alle stammen aus derselben Epoche. Marija Gimbutas, die von 1963 bis 1989 Professorin an der University of California in Los Angeles war, deutete sie als Darstellungen einer Muttergottheit, die für Fruchtbarkeit, Mutterschaft und die Herrschaft des Weiblichen über die Erde stand.[31]

Im Grunde aber wissen wir nicht, was diese Figurinen darstellen sollten. Manche symbolisierten sicherlich irgendeinen Aspekt von Fruchtbarkeit oder Mutterschaft, aber es ist fraglich, ob sie wirklich eine Gottheit abbilden und weshalb sie überhaupt geschaffen wurden. Gehörten die Statuetten Frauen, die schwanger werden wollten oder dankbar dafür waren, dass sie ein Kind erwarteten? Oder steckte etwas ganz anderes dahinter? Einige dieser Gestalten sitzen auf einer Art Thron, was bedeuten könnte, dass es sich um Abbildungen einer Königin handelte, und eine der Figuren hat sich, wie es aussieht, eine Tierhaut um die Schultern gebunden – möglicherweise handelte es sich hier eher um die Priesterin einer Göttin als um die Göttin selbst. So gibt es also durchaus Einwände gegen Gimbutas' Theorie. Die Anbieter kommerzieller »Muttergöttin-Touren«, bei denen stets auch Çatalhöyük auf dem Reiseplan steht, schert das allerdings wenig.

Wie wir gesehen haben, ist das Neolithikum eine äußerst interessante Epoche, selbst wenn man es nur auf Basis jener drei Stätten beurteilt, die ich in diesem Kapitel vorgestellt habe. Es war eine Zeit großer, faszinierender Veränderungen, die bei uns noch immer viele Fragezeichen hinterlässt. Und wie die Funde aus Göbekli Tepe, Çatalhöyük und Jericho zeigen, gibt es immer noch mehr zu entdecken. Zweifellos werden wir noch einige Funde zu sehen bekommen, die unser Wissen und unser Verständnis von der Jungsteinzeit erweitern werden. Dann erfahren wir vielleicht auch endgültig, warum Viehzucht und Ackerbau ausgerechnet in jener Region ihren Anfang nahmen, die wir den Fruchtbaren Halbmond nennen.

TEIL 3
DIE ÄGÄIS IN DER BRONZEZEIT

8

DIE ERSTEN GRIECHEN

Heinrich Schliemann, der »Entdecker« von Troja, gilt zugleich als Vater der mykenischen Archäologie. Grund dafür ist folgender: Nachdem Schliemann von 1870 bis 1873 im türkischen Hisarlık gegraben und der Welt anschließend verkündet hatte, er habe Troja gefunden, beschloss er, sich fortan sozusagen um die Gegenseite zu kümmern: um Agamemnon, Menelaos, Odysseus und die anderen Mykener, die angeblich zehn Jahre lang Troja belagert hatten.

Und so ließ Schliemann die Arbeit in Hisarlık ruhen und machte sich daran, Mykene auszugraben, jene Stadt auf der griechischen Peloponnes, über die einst König Agamemnon (der die Griechen gegen Troja führte) geherrscht haben soll. Mykene war viel einfacher zu finden als Troja, denn es gab zu Schliemanns Zeit noch immer ein Dorf, das diesen Namen trug, und sogar die

Überreste des berühmten Löwentors – der Eingang zur antiken Zitadelle – ragte noch ein Stück weit aus dem Boden.[1]

Schliemann war sich sicher, dass er vor Ort das Grab des Agamemnon finden würde. Die griechischen Quellen – von Homer bis hin zu den Tragödien des Sophokles, Aischylos und Euripides aus dem 5. Jahrhundert v. Chr. – gaben allesamt an, dass Agamemnon ermordet wurde, nachdem er aus dem zehnjährigen Kampf um Troja nach Hause zurückgekehrt war. Er starb durch die Hand seiner Ehefrau Klytaimnestra und ihres Liebhabers Aigisthos, und zwar entweder, wie es bei Homer heißt (*Odyssee* 4.524–535), während eines Festmahls oder, nach späteren Darstellungen, als er ein Bad nahm. Agamemnons Begleiter wurden ebenfalls ermordet. Ein späterer Besucher der Stätte, der Schriftsteller Pausanias, der im 2. Jahrhundert n. Chr. über seine Reisen durch ganz Griechenland schrieb, berichtete, dass Agamemnon und seine Männer innerhalb der Stadtgrenzen von Mykene begraben seien.[2] Da Pausanias aber nicht angab, wo genau sich die Gräber befanden, musste sich Schliemann auf seine eigenen detektivischen Fähigkeiten verlassen.[3]

Im Februar 1874 nahm Schliemann vor Ort erste Erkundungen vor. Wie gewöhnlich kümmerte er sich nicht um offizielle Genehmigungen. Er grub, wie er schrieb, »an verschiedenen Stellen 34 Schachte, um den Boden zu untersuchen und die Stelle zu finden, wo ich nach denselben zu graben hätte«.[4] Mit anderen Worten: Er führte Testgrabungen durch – eine Technik, die ich bereits an anderer Stelle vorgestellt habe –, um festzustellen, auf welchen Bereich er seine Bemühungen konzentrieren musste, sobald die eigentliche Ausgrabung begann. Mehrere dieser Testgrabungen führten zu interessanten Ergebnissen, aber am wichtigsten für ihn war, was seine Helfer an einer Stelle kurz hinter dem Löwentor zutage förderten: eine unverzierte Platte, die, so Schliemann, einem Grabstein ähnelte, sowie mehrere andere Funde, darunter weibliche Statuetten und kleine Figurinen.[5]

Als er Anfang August 1876 mit einem Team aus 63 Arbeitern zurückkehrte, ließ er zwei Drittel von ihnen an Ort und Stelle, etwa 10 Meter hinter dem Löwentor, weitergraben und einen Bereich von 34 x 34 Metern freilegen.[6] Binnen zwei Wochen – Schliemann hatte die Zahl der Arbeitskräfte mittlerweile auf 125 verdoppelt – entdeckten sie fünf im Kreis angeordnete tiefe Grabschächte, die oben mit fragmentarisch erhaltenen Grabsteinen markiert waren. Auf den Steinen waren Krieger und Jagdszenen abgebildet.[7] Diesen Kreis nennt man heute das Gräberrund A.

Am Ende der Schächte, die Schliemann gefunden hatte, befanden sich die Gräber mehrerer Bestattungen, eine schier unglaubliche Anzahl an Schwertern, zahllose Gegenstände aus Gold und Silber sowie viele weitere Grabbeigaben, darunter auch goldene Masken, die die Gesichter mehrerer Toter bedeckten.

Löwentor, Mykene

Für gewöhnlich erzählt man sich, Schliemann sei sich so sicher gewesen, das Gesuchte gefunden zu haben, dass er dem griechischen König Georg I. umgehend telegrafierte: »Ich habe dem Agamemnon ins Antlitz geblickt!«[8] Der König ließ alles stehen und liegen und eilte nach Mykene, wo Schliemann ihm eine fabelhafte Goldmaske präsentierte, in die ein geradezu königlich anmutendes Gesicht eingraviert war, inklusive des (Schnurr-) Barts. Heute ist die Maske in einem Schaukasten des Archäologischen Nationalmuseums in Athen zu bestaunen.

Das Problem dabei: Schliemann hatte eine ganz andere Maske vor Augen, als er das Telegramm an den König diktierte, und der obige markante Ausruf gehörte auch nicht zum Inhalt dieses Telegramms. In Wirklichkeit war der Text etwas weniger prägnant und pointiert und lautete (nach einer überlieferten Version): »Mit außergewöhnlicher Freude melde ich Eurer Majestät, daß ich die Gräber entdeckt habe, welche die Tradition als die Agamemnons, der Kassandra, Eurymedons und ihrer Kameraden bezeichnet, getötet während der Mahlzeit durch Klytämnestra und ihren Liebhaber Ägisthos.«[9] Jene Maske, die Schliemann zum Anlass nahm, dem griechischen König zu telegrafieren, stammte von einem eher pausbäckigen und friedlicher wirkenden Mann. Glücklicherweise fand er kurz darauf die andere Goldmaske mit den edleren Gesichtszügen, und als der König in Mykene eintraf, konnte er ihm kurzerhand letztere präsentieren. Dieser Schachzug war typisch Schliemann – man denke nur daran, dass er ja auch mit der Ausgrabung begonnen hatte, bevor er die behördliche Genehmigung dazu erhielt. Erst in späteren Telegrammen, zum Beispiel an einen Minister in Deutschland und an die deutsche Presse, berichtete Schliemann, er habe Agamemnon ins Gesicht oder in die Augen geschaut.

Unter den Grabbeigaben, die Schliemann in den Gräbern fand, waren einige wirklich beeindruckende Arbeiten: bronzene

Dolche mit goldenen und silbernen Jagd- und Tierszenen auf den Klingen, Artefakte aus Bergkristall und Halbedelsteinen und immer wieder Gold, Gold, Gold – das Gesamtgewicht der von ihm zutage geförderten Goldobjekte betrug rund 800 Kilogramm.

Etwa ein Jahr später fand der griechische Archäologe Panagiotis Stamatakis bei neuen Arbeiten im Gräberrund A noch mindestens ein weiteres Grab. Durch die modernen Datierungsmethoden gilt es mittlerweile als extrem unwahrscheinlich, dass es sich bei diesen Gräbern um die Grabstätten von Agamemnon und seinen Männern handelt. Der legendäre König von Mykene muss irgendwann zwischen 1250 und 1175 v. Chr. gestorben sein, so es ihn denn überhaupt gegeben hat und er nicht doch nur eine Gestalt aus der Mythologie ist. Wir wissen heute, dass die Keramik und die anderen Gegenstände aus den Gräbern auf 1600 bis 1500 v. Chr. datieren, also 300 bis 400 Jahre vor dem Trojanischen Krieg entstanden sind.

Es scheint, als habe Schliemann so etwas bereits vermutet. Im seinem Buch über Mykene, das 1878, nur wenige Jahre nach der Ausgrabung, veröffentlicht wurde, sagt er selbst, dass speziell die fragmentarischen Grabsteine wahrscheinlich auf Mitte des 2. Jahrtausends v. Chr. datieren, und gibt als Datum sogar explizit »circa 1500 v. Chr.« an.[10] Die Gräber samt Inhalt konnte er folglich nahezu korrekt datieren; was die Identität der Bestatteten betrifft, lag er indes völlig falsch.

Heute geht man davon aus, dass es sich bei den Gräbern um die letzte Ruhestätte einer der ersten mykenischen Herrscherdynastien nach dem Aufschwung der Stadt zum regionalen Machtzentrum (um 1700 v. Chr.) handelt. Besagte Herrscher lebten im ersten oder den ersten beiden Jahrhunderten der Mykener Blütezeit und wurden vor den Toren der Stadt begraben. Gegen Ende der Spätbronzezeit, um 1250 v. Chr. herum, wurde das Stadtgebiet jedoch vergrößert, und Gräberrund A befand sich fortan innerhalb der Stadtbefestigung. Aus dieser Zeit stammt auch das Löwentor.

Am Fuße des Burghügels von Mykene liegt Gräberrund B, das in den 1950er-Jahren entdeckt wurde. Heute befindet sich direkt daneben der Parkplatz für Touristenbusse. Die Gräber datieren auf 1650 bis 1550 v. Chr., sind also teilweise älter als jene aus Gräberrund A. Möglicherweise lagen hier die allerersten Könige von Mykene und vielleicht auch eine Königin. Im Jahr 1995 untersuchten forensische Anthropologen einige Skelette aus Gräberrund B und versuchten zu rekonstruieren, wie diese Individuen ursprünglich einmal ausgesehen hatten – fast so, als wäre das Ganze eine Folge von *CSI: Mykene*. Ihrer Ansicht nach handelte es sich um eine Frau und sechs Männer. Auch wenn sie zugeben mussten, dass ihre Ergebnisse letztlich nur auf Vermutungen basierten, gelang es den Anthropologen immerhin, einige längst verstorbene Menschen gewissermaßen zum Leben zu erwecken, und zwar weitaus besser, als es deren bloße Knochen je vermocht hätten – sie rekonstruierten die Gesichter, das Haar und in mehreren Fällen sogar die Bärte der Toten.[11]

Auf dem Grabungsareal befinden sich auch einige aus enormen Steinquadern gebaute Gräber, die die Form gewaltiger Bienenkörbe haben. Mehrere dieser sogenannten Tholosgräber haben in der Neuzeit klangvolle Namen wie »Grab der Klytaimnestra« und »Schatzhaus des Atreus« erhalten. Sie entstanden um 1250 v. Chr. – wenn Agamemnon also irgendwo bestattet wurde, könnte es durchaus in einem dieser Tholosgräber gewesen sein. Allerdings fand man diese bei den Ausgrabungen alle geplündert und leer vor.

Schliemann grub lediglich in den Jahren 1874 und 1876 in Mykene, dann machte er sich zunächst auf die Suche nach

Ithaka, der Heimat des Odysseus, bevor er sich anschließend wieder einige Jahre lang Troja widmete. 1884 grub er im antiken Tiryns, nur wenige Kilometer von Mykene entfernt, doch nach Mykene kehrte er nicht noch einmal zurück. 115 Jahre später, im Jahr 1999, wurden Mykene und Tiryns von der UNESCO in die Liste des Weltkulturerbes aufgenommen.[12]

Den Rest von Mykene auszugraben, überließ Schliemann anderen, und die meisten seiner Nachfolger gingen methodischer vor als er und hatten bessere technische Mittel zur Hand. Seit damals wird an diesem Standort nahezu ununterbrochen gegraben, und diverse bekannte griechische, britische und amerikanische Archäologen haben hier mehrere Grabungssaisons verbracht, unter anderem George Mylonas, Alan Wace, Elizabeth French und mein eigener Professor, Spyros Iakovides. Ihren Bemühungen ist es zu verdanken, dass der Palast an der Spitze des Burgbergs mittlerweile vollständig ausgegraben ist. Wie sich herausgestellt hat, waren das Innere und möglicherweise auch die Fassade des Palastes mit farbenfrohem Putz versehen. Viele Wände zierten Jagd- und andere Szenen in grellem Blau, Gelb, Rot und anderen kräftigen Farben. Umgeben von solchen Malereien wird der König vermutlich auf einer Seite eines großen Raums gesessen haben, während in der Mitte in einer in den Fußboden eingelassenen Feuerstelle ein Feuer brannte. Es war dunkel, es war verraucht und wahrscheinlich auch recht feucht. Mykenische Paläste scheinen nichts für Klaustrophobiker gewesen zu sein – es gab kaum Fenster oder andere Öffnungen. Offenbar richtete man den Blick eher nach innen als nach außen.

Die Zimmer im Palast dienten allen möglichen Zwecken. Einige waren vermutlich die Wohnquartiere der Königsfamilie, andere die Arbeitsräume von Handwerkern. In einem der Räume scheinen religiöse Rituale abgehalten worden zu sein, dort hat man seltsam anmutende Statuetten und Figuren gefunden sowie wiederum Wandmalereien.

An mehreren Stellen im und um den Palast herum wurden zudem Tontafeln ausgegraben, wie wir sie auch von anderen Fundstätten der sogenannten mykenischen Palastzeit kennen. Sie sind in Linear B verfasst, einer Schrift, die der britische Architekt Michael Ventris im Jahr 1952 entzifferte und übersetzte. Ventris konnte zugleich nachweisen, dass es sich hierbei um eine Frühform des Griechischen handelte. Die meisten dieser Tafeln sind schlicht Inventarlisten, auf denen verzeichnet ist, welche Waren in den Palast kamen oder ihn verließen. Daneben sind aber auch einige Götter der Mykener erwähnt, deren Namen für uns ganz vertraut klingen: Zeus, Hera, Poseidon, Artemis und Dionysos.[13]

Mykene war zweifellos eine wohlhabende Stadt mit vielen internationalen Verbindungen. Bei Ausgrabungen hat man Importwaren aus Italien, Ägypten, Kanaan, Zypern, Anatolien, ja sogar aus Mesopotamien gefunden. Besonders interessant sind die Fragmente ägyptischer Fayence-Plaketten, auf denen der Name des Pharao Amenophis III. steht. Möglicherweise gehörten sie zu einer offiziellen Depesche aus Ägypten, die Mitte des 14. Jahrhunderts v. Chr. nach Mykene gesandt wurde.[14] In der späten Bronzezeit, möglicherweise um 1250 v. Chr. herum, als auch das Löwentor gebaut wurde, entstand ein clever konstruierter Tunnel mit steinernen Stufen. Er führte zu einer Wasserquelle hinab und sorgte so dafür, dass die Einwohner im Falle einer Belagerung nicht die Stadt verlassen mussten, um Wasser zu holen. Vielleicht rechneten die Mykener damit, dass es in naher Zukunft Ärger geben würde.

Und Ärger gab es, auch wenn wir nicht genau wissen, welcher Art: Kurz nach 1200 v. Chr. ging die Stadt aus nicht geklärten Umständen unter, genau wie alle anderen Mächte der späten Bronzezeit in dieser Region. Mykene liegt direkt über einer seismischen Verwerfungslinie und es kam in dieser Zeit zu einem Erdbeben, das großen Schaden anrichtete, möglicherweise sogar zu mehreren Beben. Die Folgen könnten Dürre und eine Hungersnot gewesen sein, eventuell gefolgt von inneren Unruhen oder einer Invasion von außen, was die einst so blühende Stadt zu Fall brachte.[15] Es gibt ein paar wenige jüngere Überreste, unter anderem einen Hera-Tempel, der nach dem 8. Jahrhundert v. Chr., während der archaischen Zeit, auf dem höchsten Punkt der Zitadelle entstand. Aber an seinen einstigen Ruhm konnte Mykene nicht mehr anknüpfen.

Auch in Tiryns, Theben, Pylos und anderen Städten Griechenlands wurden gegen Ende der späten Bronzezeit mykenische Paläste zerstört und/oder aufgegeben. An diesen und anderen Stätten gibt es noch viel auszugraben, wie beispielsweise das sogenannte Grab des Greifen-Kriegers zeigt, das eine Grabungsmannschaft der University of Cincinnati unter Leitung von Jack Davis und Sharon Stocker erst 2015 in Pylos entdeckt hat. Das Grab aus dem 15. Jahrhundert v. Chr. lag direkt neben dem sogenannten Grab des Nestor und enthielt neben dem Skelett eines 35 Jahre alten Mannes über 1400 mit ihm bestattete Gegenstände. In Vorankündigungen und Medienberichten sind einige dieser Artefakte aufgeführt: goldener Schmuck wie Ringe und Halsketten, Tassen aus Gold und Silber, bronzene Schüsseln, ein bronzener Spiegel, Kämme aus Elfenbein, kunstvoll geschnitzte Siegelsteine und ein langes Bronzeschwert, dessen elfenbeinerner Griff mit Blattgold belegt ist. Zwischen den Beinen des Toten lag eine runde Tafel aus Elfenbein mit dem Relief eines Greifen, die dem Grab beziehungsweise dem bestatteten Krieger seinen Namen gab. Das Grab war dermaßen voll mit fragilen Artefakten, dass die Archäologen statt mit Zahnarztbesteck aus Metall mit hölzernen Schaschlikspießen graben mussten, um sicherzugehen, dass sie nichts beschädigten.[16]

Auch auf Kreta, im Süden der Ägäis, versuchte Schliemann Land zu kaufen: Er meinte die Gegend gefunden zu haben, in der sich einst der Herrschersitz des legendären Königs Minos befand. Der Besitzer wollte Schliemann das Grundstück aber nicht verkaufen, und so war es zwei Jahrzehnte später schließlich der Archäologe Arthur Evans, der die Zeugnisse einer weiteren bedeutenden Zivilisation der bronzezeitlichen Ägäis ans Licht brachte: die der Minoer. Die Siedlung, die er zu Beginn des Jahres 1900 auszugraben begann, nennt man heute Knossos.[17] Evans war ein viktorianischer Gentleman, wie er im Buche steht; auf einem Foto sieht man ihn im weißen Leinenanzug und mit Tropenhelm (was heute wohl niemand mehr auf einer Grabung tragen würde). Evans kam 1851 zur Welt und wuchs in England in sehr behüteten Verhältnissen auf. Sein Vater John Evans, ein bekannter Wissenschaftler, war Treuhänder des British Museum sowie Vorsitzender der Society of Antiquaries, der Numismatic Society, der Geological Society of London und mehrerer weiterer Vereine und Institute.

Evans hatte bereits mehrere Jahre nach Knossos gesucht und begonnen hatte alles wie folgt: Auf einem Athener Markt hatte er beobachtet, wie schwangeren Frauen »Milchsteine« – wie die Griechen sie nannten – zum Verkauf angeboten wurden. Diese Gegenstände sollten den Damen während und nach der Geburt des Kindes Glück bringen. Auf den kleinen aus Halbedelsteinen gefertigten Objekten waren seltsame Figuren und Gravuren zu sehen. Evans gelang es, die Milchsteine schließlich bis nach Kreta zurückzuverfolgen, zum Hügel Kephala am Stadtrand der modernen Hafenstadt Heraklion – eben jenem Stück Land, das Schliemann vergeblich zu kaufen versucht hatte. Evans hatte mehr Glück: Er erwarb es und begann sofort mit der Ausgrabung. Unter der Oberfläche des sanften, von Büschen und Bäumen bedeckten Hügels fanden Evans Arbeiter schon bald die Ruinen eines Gebäudes, das er schnell als genau den Palast identifizierte, nach dem er gesucht hatte. Bis zum Ende seiner beruflichen Laufbahn beschäftigte er sich nun damit, die Fundstätte auszugraben, die Ergebnisse zu publizieren und die vorhandenen Überreste zu rekonstruieren. Praktisch sein gesamtes Vermögen gab er dafür aus.

Die minoische Kultur, deren Zeugnisse Evans in Knossos vorfand, war etwas älter als die mykenische und hatte jene auf ihrem »Weg nach oben« stark beeinflusst. Zum Beispiel waren eine ganze Reihe der Objekte, die Schliemann in den Grabschächten von Mykene gefunden hatte, entweder von den Minoern hergestellt oder zumindest von ihnen inspiriert worden. Evans glaubte sogar, die Minoer hätten Mykene erobert; dabei war, wie sich später herausgestellt hat, genau das Gegenteil der Fall.

Wenn wir von den »Minoern« sprechen, dann verwenden wir den Namen, den Evans diesem Volk gegeben hat – wir wissen weder, wie sie sich selbst nannten, noch, woher sie ursprünglich stammten. Ihre Kultur erlebte Ende des 3. bis Mitte des 2. Jahrtausends v. Chr. ihre Blütezeit, also in der mittleren und späten Bronzezeit dieser Region. Um 1700 v. Chr. wurde Knossos von einem katastrophalen Erdbeben heimgesucht, aber einige Bewohner überlebten und bauten den Palast wieder auf. Offenbar um 1350 v. Chr. herum fielen die Mykener vom griechischen Festland ein und übernahmen die Herrschaft in Knossos. Sie brachten ihre eigene Schrift, neuartige Wandmalereien und einen deutlich militaristischeren Lebensstil mit. Etwa anderthalb Jahrhunderte herrschten sie auf Kreta, bis die Zivilisation kurz nach 1200 v. Chr. plötzlich zugrunde ging.

Evans fand in Knossos ganz erstaunliche Dinge, aber ihm ist auch ein fataler Fehler anzulasten: seine Rekonstruktionen. Auf Basis dessen, was er vorfand, versuchte er, die fehlenden

Gebäudeteile nachzubauen; die Überreste dreier Treppenaufgänge zum Beispiel veranlassten ihn zu der irrigen Annahme, der Hauptteil des Palastes habe drei Stockwerke gehabt, und so zog er in diesen Teil des Gebäudes drei Fußböden ein. Da er Zement und ähnlich dauerhafte Materialien verwendete, ist es heute nahezu unmöglich, seine Rekonstruktionen wieder rückgängig zu machen. Mag sein, dass er mit seinen Mutmaßungen hier und da richtig lag, aber eben nicht überall. Heutzutage würde man solche Rekonstruktionen gar nicht erst vornehmen, es sei denn, dass es vollkommen unmissverständliche Beweise dafür gäbe, wie etwas ursprünglich einmal ausgesehen hat.

Was Evans und seine Arbeiter vorfanden, war im Grunde ein großer Palast mit riesigem Innenhof. Er war offen und luftig gebaut, mit den Elementen verbunden und in die Umwelt integriert, es gab sogar fließend Wasser und ein Abwassersystem. Mit anderen Worten: Der Palast war das Zeugnis einer für ihre Zeit technologisch sehr fortschrittlichen Kultur. Er diente nicht nur als Herrschersitz, sondern war zugleich ein Zentrum zur Umverteilung von Waren: Die Einheimischen brachten Weizen, Gerste, Wein und Trauben in den Palast, wo die Güter gelagert und je nach Bedarf weiterverteilt wurden. Ein ganzer Abschnitt des Palastes bestand aus Gängen voller Vorratskrüge. Einige waren in den Boden eingelassen worden, um ihren Inhalt kühl zu halten.

Zwei Tatsachen geben uns allerdings nach wie vor Rätsel auf: Erstens hat man rings um den Palast von Knossos – genau wie bei den sechs oder sieben kleineren Palästen aus dieser Zeit, die man andernorts auf Kreta ausgegraben hat – keinerlei Festungsmauern vorgefunden (auch wenn hin und wieder etwas anderes behauptet wird). Das ist wirklich seltsam. Hatten die Menschen auf Kreta keine Angst, angegriffen zu werden?

Viel später schrieb der griechische Historiker Thukydides, die Minoer seien eine Thalassokratie gewesen, eine Seemacht, die sich einzig auf die Schlagkraft ihrer Marine verließ. Aber das erklärt lediglich, warum sie keine Invasion von außen fürchteten. Wieso waren sie sich so sicher, dass sie nicht einfach der Herrscher des Nachbarorts angreifen würde? Es gibt zahlreiche Theorien mit Erklärungsversuchen, so beispielsweise die Hypothese, dass Kreta von einer einzigen Familie beherrscht wurde. Der Vater könnte in Knossos gesessen haben, seine Söhne in den Palästen von Phaistos und Kato Zakros, seine Cousins in Chania. Eine andere Theorie besagt, dass Kreta von Frauen regiert wurde und dass die Herrschaft des Matriarchats so friedlich war, dass Befestigungsanlagen schlichtweg nicht nötig waren.[18] Doch selbst wenn die These vom Matriarchat stimmen sollte, ist dies doch eine recht dürftige Erklärung für das Fehlen von Festungsmauern. Wenn die lange Liste der Herrscherinnen und Heerführerinnen des Altertums – angefangen bei Zenobia von Palmyra über Kleopatra VII. bis hin zu Boudicca im keltischen Britannien – eines beweist, dann dass Frauen genauso wie Männer in der Lage sind, Krieg zu führen und fremde Städte zu überfallen.

Damit kommen wir zum zweiten Rätsel: Wir haben keine Ahnung, ob es in Knossos überhaupt einen König oder eine Königin gab. Vielleicht herrschte hier stattdessen auch ein Priester oder eine Priesterin – oder das Volk, gemeinschaftlich. Wir wissen es einfach nicht. Die archäologischen Funde, die Artefakte, ja selbst die schriftlichen Aufzeichnungen aus Knossos sind allesamt so vage und mehrdeutig, dass wir die Frage danach, wer dort herrschte, schlichtweg noch nicht beantworten können. Evans taufte einen Raum des Palastes »Thronsaal« und einen anderen »Megaron der Königin«, aber das sind lediglich frei erfundene Bezeichnungen. Irgendjemand muss hier die Macht gehabt haben, aber wer das war, können wir nicht mit Sicherheit sagen.

Zu den bekanntesten Artefakten, die Evans ans Licht holte, gehören zwei Figuren aus Fayence und Elfenbein. Es sind Frauen, die Schlangen in den Händen halten. Gefunden wurden nur Fragmente, aber Evans bezahlte qualifizierte Kunsthandwerker, die die Statuetten ganz geschickt restaurierten. Die größere der beiden wird häufig als »Schlangengöttin« bezeichnet, die kleinere als »Schlangenpriesterin«, aber diese Namen sind durchaus austauschbar, und wir wissen nicht, ob hier tatsächlich eine Göttin oder eine Priesterin dargestellt wurde. Heute stehen etliche Figuren dieser Art in Museen in aller Welt, doch leider sind wohl nur wenige davon echt. Viele hat man inzwischen als Fälschungen identifiziert. Sie wurden wahrscheinlich von eben jenen Handwerkern angefertigt, die für Evans die echten Exemplare konservierten und rekonstruierten.[19]

Die Innenwände des Palasts zierten Wandgemälde in vielen bunten Farben. Wo die Bewohner auch hinsahen: In jeder Ecke gab es etwas Neues zu entdecken. Allein diese Dekorationen verraten uns eine ganze Menge über die Minoer. So zeigt eines der Bilder eine Frau mit aufwendiger Frisur, Make-up und Schmuck, die ein rot-weiß-blaues Kleid trägt und die Evans so hübsch fand, dass er sie »die Pariserin« nannte. Andere Fresken zeigen ähnlich gekleidete Frauen. Auch Männer sind abgebildet, nur mit einer Art Rock bekleidet, die ebenfalls Schmuck und möglicherweise auch Make-up tragen.

Einige Wandgemälde sind von Evans und seinen Rekonstrukteuren auch schlichtweg falsch restauriert worden. Ein solcher Missgriff war das bekannte Delfin-Fresko, ein anderer das berühmteste Gemälde von Knossos, der »Priesterkönig«.[20]

Für das Delfin-Fresko rekonstruierte Evans an einer Wand nahe dem »Megaron der Königin« ein Gemälde mit fünf Delfinen und einigen fliegenden Fischen. Das Bild befand sich bei den Ausgrabungen nicht an der Wand, es lagen nur Bruchstücke davon auf dem Boden – mit der Vorderseite nach unten. Evans fand lediglich Fragmente von zwei Delfinen, aber der Bereich an der Wand, wo das Fresko offensichtlich gewesen war, war so groß, dass er von ursprünglich fünf Exemplaren ausging. Evans hätte sich natürlich am philosophischen Prinzip der Parsimonie orientieren müssen – dass die einfachste Lösung meistens die richtige ist. Wenn sich dort Fragmente von zwei Delfinen fanden, hätte er annehmen müssen, dass an der Wand lediglich zwei Delfine abgebildet gewesen waren; alles andere ist reine Spekulation. Zudem war nicht klar, wo genau sich das Fresko einst befunden hatte, ob an dieser Wand, einer anderen oder sogar an der Decke. 1986 stellte Professor Robert Koehl vom Hunter College in New York die Hypothese auf, dass sich das Delfin-Fresko ursprünglich auf dem Fußboden befand, denn dort gibt es einen Bereich, der genau die richtige Größe für die beiden Delfine hätte, und sowohl von den Minoern als auch von den Mykenern wissen wir, dass sie zumindest Teile ihrer Fußböden bemalten. Denkbar ist auch, dass es sich eigentlich auf dem Fußboden im Zimmer darüber befand und irgendwann, nachdem der Palast aufgegeben worden war, beim Zusammenbruch des oberen Stockwerks herunterfiel.

Das andere Wandgemälde, das Evans falsch rekonstruierte, ist das Fresko des Priesterkönigs, das man heute überall abgebildet findet, von Buchcovern über Tischsets bis hin zu Repliken aus Gips. Evans und seine Leute rekonstruierten das Bild eines Mannes, den sie den »Priesterkönig von Knossos« nannten – man beachte, dass Evans & Co. sich damals offenbar genauso unsicher darüber waren, wer einst über die Stadt geherrscht hatte, wie wir es heute sind.[21] Der Mann bewegt sich auf den linken Bildrand zu, Kopf und Beine weisen nach links, aber der Oberkörper ist nach rechts gedreht und weist frontal zum Betrachter. Der rechte Arm ist angewinkelt, die Hand liegt auf der Brust, der linke Arm ist nach rechts ausgestreckt und hält ein Seil (an dessen Ende ein Stier befestigt sein soll, der sich außerhalb des Bildrandes befindet).

Was daran ist falsch ist? Nun, nahezu alles. Zunächst einmal wurden die vorhandenen Fragmente in drei verschiedenen Zimmern gefunden. Warum Evans annahm, dass sie zu ein und demselben Bild gehören, übersteigt meine Vorstellungskraft. Zweitens weist die Figur zwei verschiedene Hauttöne auf: Am Kopf, der nach links schaut, ist ein wenig weiße Haut zu sehen, an der nach rechts gedrehten Brust und den nach links weisenden Beinen rötlich-braune Haut. Die minoischen Künstler folgten gewissen Konventionen: Männer wurden stets in den Farben Rot oder Braun dargestellt, Frauen in den Farben Weiß oder Gelb.

In anderen Worten: Wir haben hier Fragmente von drei verschiedenen Figuren vor uns, aus denen sich Evans eine einzige gebastelt hat – von einer Frau, die nach links schaut und von der nur der obere Kopf erhalten ist, von einem Mann, der ebenfalls nach links schaut und von dem wir ein Stück der Beine haben, und von einem Knaben oder jungen Mann, von dessen Torso ein Fragment erhalten ist, auf dem er die rechte Hand an die Brust hält. Die Pose des Torsos erinnert im Übrigen stark an ein Bild mit zwei boxenden jungen Männern, das auf Santorini gefunden wurde.

So viel zum »Priesterkönig von Knossos«. Wenn schon die Rekonstruktion nichts taugt, kann er uns zumindest daran erinnern, dass die Archäologie immer offen für neue Erkenntnisse sein sollte und archäologische Rekonstruktionen von späteren Forschern durchaus korrigiert werden können.

Wenden wir uns nun kurz dem großen Innenhof des Palasts von Knossos zu. Dieser diente zweifellos allen möglichen Zwecken, nicht zuletzt als Schauplatz großer Zeremonien, wie sie überall auf der Welt an solchen Orten stattfinden und in jeder Epoche stattgefunden haben. In Knossos gab es jedoch eine recht ungewöhnliche Veranstaltung, wenn wir einem Fresko glauben dürfen, das an einer kleinen Mauer in einem der Gebäude gefunden wurde. Es zeigt zwei Frauen und einen Mann, die über einen Stier springen.

Der Mann absolviert gerade einen Salto über den Rücken des Stiers. Eine Frau steht vor dem Stier und greift nach seinen Hörnern, möglicherweise um ihn abzulenken, die andere befindet sich hinter dem Stier, und es sieht so aus, als ob sie sich bereithält, den Mann bei seiner Landung aufzufangen. Es könnte aber ebenso gut sein, dass alle drei Personen am Stiersprung teilnehmen; in dem Fall ist die Frau rechts bereits gelandet, der Mann springt gerade und die Frau links steht kurz vor dem Sprung. Beide Interpretationen sind möglich. In jedem Fall erinnert dies an das Turnen am Pauschenpferd, wie wir es heute von den Olympischen Spielen kennen – nur, dass dieses Pauschenpferd lebendig war, Hörner hatte und versuchte, einen zu töten. In Knossos wurde auch eine Figur aus Elfenbein gefunden, die ebenfalls zu einer Stiersprung-Gruppe gehört haben könnte. Höchstwahrscheinlich sollte sich die dargestellte Person gerade in der Luft befinden, denn sie streckt Zehen und Arme.

Außerdem hat man in Knossos mehrere steinerne Stierköpfe gefunden, von denen einige offenbar vorsätzlich zerschlagen wurden, vielleicht im Rahmen eines Rituals. Diese Stierköpfe waren hohl und an den Nüstern durchlöchert. Befüllte man sie also beispielsweise mit Rotwein und neigte sie in einem entsprechenden Winkel, sah es aus, als halte man den Kopf eines gerade den Göttern geopferten Stiers in Händen, aus dem noch das Blut tropfte.

Es scheint also, als hätten die Minoer nicht nur im Innenhof des Palastes den Stiersprung geübt, sondern auch weitere Stierrituale im und um den Palast herum gepflegt. Und damit kommen wir zum Mythos von Theseus und dem Minotaurus. Damals, in der Bronzezeit, forderte König Minos jedes Jahr Menschenopfer für den Minotaurus – eine furchtbare Kreatur, halb Mensch, halb Stier, die in den unterirdischen Gewölben des Palastes in Knossos lebte. Dieses Kellergewölbe war ein Labyrinth, aus dem noch niemand lebend herausgelangt war. Jahr für Jahr musste der König von Athen sieben Jungen und sieben Mädchen zu König Minos senden, die jener dann in das Labyrinth hinunterschickte. Als es wieder einmal so weit war, erklärte sich Theseus, der Sohn des attischen Königs, bereit, mit nach Kreta zu segeln. Er wollte den Minotaurus töten und so den jährlichen Zwangsopfern ein Ende bereiten. Sein verzweifelter Vater willigte ein. Als Theseus in Knossos eintraf, lernte er König Minos' Tochter Ariadne kennen, die ihm ein Schwert und ein Garnknäuel gab. Während er durch das Labyrinth ging, löste er nach und nach den Faden des Garnknäuels, und nachdem er schließlich auf den Minotaurus getroffen war und ihm mit dem Schwert den Kopf abgeschlagen hatte, fand er dank des Fadens wieder aus dem Labyrinth heraus.

Ich bin immer davon ausgegangen, dass sich spätere Bewohner der Gegend diese Geschichte ausgedacht haben, und zwar als Erklärung dafür, wozu die Ruinen des Palastes von Knossos – vor allem die verwinkelten Vorratsquartiere – einst dienten, und dass sie zugleich die vage Erinnerung daran einbauten, dass ihre Vorfahren ein Faible für Stiere hatten. Vielleicht liege ich da aber auch völlig falsch: Anfang der 1990er-Jahre fand man ein riesiges Wandgemälde, das diverse Stiere und Stierspringer in Aktion zeigt, und im Hintergrund sieht man – ein Labyrinth. Es ist genau die Art Fresko, die wir in Knossos erwarten würden. Das Problem ist nur: Das Wandbild befindet sich nicht in Knossos, ja nicht einmal auf Kreta, sondern in Ägypten, genauer gesagt in Tell el-Dab'a im Nildelta. Es datiert auf das 17. bis

15. Jahrhundert v. Chr., entstand also während der Bronzezeit und der Blütezeit der minoischen Kultur.[22]

Es könnte demnach sein, dass im Mythos von Theseus und dem Minotaurus doch ein größeres Körnchen Wahrheit steckt und er direkt auf minoische Gebräuche zurückgeht, das heißt, nicht nur dazu diente, im Nachhinein die Ruinen von Knossos zu erklären. Noch interessanter aber finde ich die Tatsache, dass sich dieses Gemälde in Ägypten befindet, obwohl es ein minoisches Motiv zeigt und mittels künstlerischer Techniken angefertigt wurde, die sich von denen der Ägypter zu dieser Zeit stark unterschieden. Der Ausgräber des Freskos mutmaßte, das Bild weise darauf hin, dass eine minoische Prinzessin in die Familie des Pharaos eingeheiratet habe. Meiner Ansicht nach bedarf es gar keiner solch komplizierten Erklärung, eines zeigt das Wandgemälde nämlich mit Sicherheit: dass Ägypten und Kreta damals in direktem Kontakt miteinander standen. Ich vermute, dass das Gemälde entweder von minoischen Künstlern geschaffen wurde oder von ortsansässigen Künstlern, die von Minoern ausgebildet worden waren. Wir wissen bereits aus anderen Zusammenhängen, dass solche internationalen Verbindungen existierten, aber es ist immer wieder faszinierend festzustellen, wie stark vernetzt die verschiedenen Völker der Ägäis und des östlichen Mittelmeerraums bereits vor über 3000 Jahren waren.

Schliemann gilt als Entdecker der mykenischen Kultur auf dem griechischen Festland und Evans als Entdecker der minoischen Kultur auf Kreta. Doch es gab noch eine weitere Zivilisation in der Ägäis, die während der Bronzezeit ihre Blüte erlebte: Sie war auf den Kykladen beheimatet, einer Inselgruppe nördlich von Kreta und östlich der Peloponnes. Auch wenn es diverse Verbindungen zu den Mykenern und den Minoern gab, hatten Inseln wie Naxos, Paros, Melos und Thera doch eine ganz eigene Kultur.

Am bekanntesten sind sicherlich die sogenannten Kykladenidole, Marmorfiguren aus der frühkykladischen Zeit im 3. Jahrtausend v. Chr. Abgebildet sind in erster Linie Frauen, es gibt aber auch Figuren, die Musikinstrumente spielen, zum Beispiel eine Doppelflöte oder eine Art Lyra. Einige dieser Inseln – wenn nicht alle – waren in die regen internationalen Beziehungen eingebunden, die das 2. Jahrtausend v. Chr. prägten. Das gilt nicht zuletzt für die Insel Thera, die ich im folgenden Kapitel näher vorstellen möchte und die man heute besser unter ihrem modernen Namen kennt: Santorini.

9

WO LIEGT ATLANTIS?

Im Jahr 2011 lief im Fernsehen eine Dokumentation mit dem Titel *Finding Atlantis (Die Suche nach Atlantis)*. Die Macher begleiteten ein paar Leute, die vor der spanischen Küste bei Cádiz nach den Spuren der versunkenen Insel suchten.[1] Die meisten Archäologen, die ich kenne, fanden die Ergebnisse alles andere als überzeugend. (Genau wie viele andere Zuschauer.)

Es kommt einem beinahe so vor, als trete jedes Jahr aufs Neue irgendjemand auf den Plan, der verkündet, er habe die untergegangene Insel Atlantis aufgespürt, sei es im Inselstaat der Bahamas oder vor der Küste Zyperns.[2] Manchmal wird eine Fernsehsendung daraus, manchmal ein Buch.

Ich für meinen Teil bin der Auffassung, dass diese Insel uns schon immer direkt vor der Nase gelegen hat. Wie viele andere Archäologen glaube ich: Wenn dem Mythos von Atlantis ein

Funken Wahrheit innewohnt, dann handelt es sich bei diesem sagenumwobenen Ort um die griechische Insel Thera, heute zumeist Santorini genannt, auf der Mitte des 2. Jahrtausends v. Chr. ein Vulkan ausbrach. Wir werden später noch einmal zur Atlantis-Frage zurückkehren, zunächst soll es aber um die Ausgrabungen gehen, die seit 1967 auf Santorini stattgefunden haben, und um die Entdeckungen, die dort gemacht wurden.

Santorini liegt 120 Kilometer nördlich von Kreta. Der Name Santorini ist noch relativ jung – so nannten die Venezianer die Insel, nach der Heiligen Irene. Der ältere Name, den vor allem Archäologen häufig benutzen, ist Thera, was laut dem griechischen Historiker Herodot vom Namen des Heerführers Theras aus Sparta abgeleitet war, der dort einer im 1. Jahrtausend v. Chr. eingerichteten Kolonie vorstand.[3] Davor hieß die Insel Kalliste – »die Schöne« – ein Name, den die Phönizier der Insel gaben (auch wenn *kalliste* ein griechisches Wort ist).[4] Der allererste Name der Insel war einigen Forscher zufolge Strongili, was man mit »die Runde« übersetzen kann – der Name ergibt durchaus Sinn, wenn man sich die Form der Insel anschaut. Eigentlich ist sie ein Vulkan, und dieser Vulkan ist tatsächlich immer noch aktiv.

Irgendwann Mitte des 2. Jahrtausends, höchstwahrscheinlich im 17. oder 16. Jahrhundert v. Chr., brach der Vulkan aus und spuckte Unmengen an Asche und Bimsstein, vor allem nach Süden und Osten. Zu dieser Zeit blühte auf Kreta die minoische Kultur, und der Vulkanausbruch hatte für die Minoer offenbar dramatische kurz- wie auch langfristige Folgen. Man nimmt an, dass die Eruption vier- bis fünfmal heftiger war als der stärkste Vulkanausbruch der Neuzeit, die Eruption des Krakatau in Indonesien im Jahr 1883. Das Gestein wurde so weit geschleudert, dass Archäologen und Geologen (bei Ausgrabungen und auf dem Grund von Seen) vom Ausbruch des Santorini-Vulkans

Der Vulkan von Santorini bricht aus

stammende Bimssteine an so entfernten Orten wie Kreta, Ägypten und der Türkei gefunden haben.

Durch die Explosion wurde der gesamte Mittelteil der Insel weggesprengt; nur ein Teil des Kraterrands blieb stehen und bildet seither einen unvollständigen, zweigeteilten Ring. An den zwei Stellen, an denen der Ring unterbrochen ist, strömte damals das Meerwasser hinein und flutete die mehrere hundert Meter tiefe Caldera. Höchstwahrscheinlich entstand dadurch eine Flutwelle beziehungsweise ein Tsunami, dessen Folgen auch an weit entfernten Orten wie Kreta spürbar waren – am Strand der antiken Hafenstadt Amnisos sind heute noch riesige Steinblöcke ehemaliger Gebäude zu sehen, die wahrscheinlich infolge dieser Katastrophe herausgerissen wurden. In der Caldera von

Santorini befinden sich mehrere kleine Inseln, die erst im letzten Jahrhundert entstanden sind. Sie sind das Ergebnis vulkanischer Aktivität – bis heute ist der Vulkan nicht ganz zur Ruhe gekommen. Mittlerweile kann man diese kleinen Inseln als Tourist (oder Archäologe) per Boot besuchen und darauf herumlaufen. Ich kann persönlich bezeugen: Die Felsen sind so heiß, dass man durch die Schuhsohlen hindurch die Hitze spürt, und es stinkt überall nach Schwefel, ein Geruch wie von faulen Eiern. Ein nicht unbedingt angenehmes Erlebnis, aber auf jeden Fall eines, das man nie mehr vergisst.

Durch den Vulkanausbruch wurde die bronzezeitliche Stadt Akrotiri komplett unter der Asche begraben und somit konserviert, weshalb man Akrotiri auch als das »Pompeji der Ägäis« bezeichnet. An manchen Stellen der Insel ist die Ascheschicht so dick, dass sie abgebaut wird – zum Beispiel zur Zementherstellung. Die herabregnende Asche füllte die Häuser von Akrotiri und sorgte so dafür, dass von manchen Gebäuden noch zwei Stockwerke erhalten sind. Genau wie in Pompeji blieb das Leben hier von einem Moment auf den anderen stehen, in diesem Fall vor 3500 Jahren.

Ob das alles nun etwas mit dem Mythos von Atlantis zu tun hat oder nicht: Die Ausgrabungen in Akrotiri haben sehr interessante und wichtige Details über das Leben in der bronzezeitlichen Ägäis ans Licht gebracht, denn der Vulkan brach zu einer Zeit aus, in der die Bewohner von Thera (genau wie die Minoer auf der nahegelegenen Insel Kreta) internationale Handelsbeziehungen mit mehreren Mittelmeeranrainern wie Ägypten und Kanaan pflegten.

Aus der Fundsituation wird klar, dass die Stadt zum Zeitpunkt des Ausbruchs nahezu verlassen war. Es gibt Hinweise darauf, dass die Insel etwa zehn Jahre zuvor von einem heftigen Erdbeben heimgesucht wurde, vielleicht sogar von mehreren. Anscheinend versuchten manche Bewohner, die Schäden an ihren Häusern zu reparieren, während andere beim ersten Anzeichen der Naturkatastrophe aus der Stadt flohen und nicht mehr zurückkehrten. Wie wir heute wissen, kommt es im Vorfeld eines Vulkanausbruchs häufig zu Erdbeben, und möglicherweise war dieser Zusammenhang bereits im Altertum bekannt. Dass in den fünfzig Jahren archäologischer Arbeit in Akrotiri keinerlei menschliche Überreste und nur sehr wenige kostbare Gegenstände gefunden wurden, spricht dafür, dass die meisten Einwohner ihre Stadt zum Zeitpunkt des Vulkanausbruchs bereits verlassen und ihre Wertgegenstände und alles, was sie sonst noch transportieren konnten, mitgenommen hatten. Trotzdem blieb einiges zurück, was sich ausgraben ließ. Dem griechischen Archäologen Spyridon Marinatos gebührt das Verdienst, die Stätte entdeckt zu haben, aber allzu schwer war sie nicht zu finden: Ein Teil dieser Stätte lag in einer Rinne, durch die bei jedem Regen Wasser floss. Mit der Zeit hatte das Regenwasser dort schon so viel Asche fortgespült, dass man bereits Teile von Akrotiri sehen konnte. Die Ausgrabungen begannen 1967.

Marinatos hatte bereits dreißig Jahre zuvor auf Santorini graben wollen. Im Jahr 1939 hatte er einen Artikel in der Fachzeitschrift *Antiquity* publiziert, in dem er die These aufstellte, dass die minoische Kultur auf Kreta im 2. Jahrtausend v. Chr. unterging, weil der Vulkan von Santorini ausbrach, oder dass sie zumindest stark unter den Folgen dieser Katastrophe gelitten hatte.[5] Sein Artikel war damals so kontrovers, dass die Redakteure sich nur auf eine Veröffentlichung einlassen wollten, wenn dazu der Hinweis erschien, dass Marinatos seine Hypothese bald durch Ausgrabungen bestätigen oder widerlegen würde.

Marinatos leitete die Arbeiten in Akrotiri von 1967 an, im Jahr 1974 starb er an der Ausgrabungsstätte. Die offizielle Todesursache war ein heftiger Schlaganfall, der dazu führte, dass er von einem Balken aus in den darunterliegenden Graben fiel. Er wurde auf dem Gelände von Akrotiri beigesetzt, doch wie es bei Archäologen üblich ist, dauerte es eine Weile, bis man eine passende Grube ausgehoben hatte, da die Helfer beim Graben immer wieder auf antike Überreste stießen, die erst geborgen werden mussten. (Dasselbe Problem taucht übrigens immer dann auf, wenn ein neues Dachsystem zum Schutz der Fundstätte installiert wird und Löcher für die Pfosten gegraben werden.)

Vom ersten Tag seiner Ausgrabungen an stieß Marinatos auf Funde, und nach seinem Tod gingen die Ausgrabungen weiter; heute werden sie von dem renommierten Archäologen Christos Doumas geleitet.[6] Obwohl in Akrotiri bereits seit fünfzig Jahren gegraben wird, schätzen die Archäologen, dass bislang erst ein kleiner Prozentsatz der antiken Stätte freigelegt ist. An manchen Stellen fand man eine ähnliche Situation wie in Pompeji vor: Holz oder anderes organisches Material war von der Vulkanasche eingeschlossen worden und verrottet, wodurch in der ausgehärteten Asche ein Hohlraum entstand, den die Ausgräber mit Zement oder Gips ausgossen (genau wie in Pompeji). Ehemalige Holzstrukturen hat man braun angemalt, um die ursprüngliche Farbe zu imitieren. Manche Gebäude konnte man mit dieser Methode bis über das zweite Stockwerk hinaus genau so erhalten, wie Marinatos und Doumas sie vorgefunden hatten, und Touristen wie Archäologen können nun durch die Gebäude wandern, ohne Angst zu haben, dass etwas einstürzt. Die antiken Gebäude auf Santorini sind den modernen so ähnlich, dass man, wären die Häuser blau und weiß angemalt, Akrotiri kaum von einem heutigen Dorf unterscheiden könnte.

Akrotiri ist voller Asche, in jeder Ecke und jedem Winkel hat der Vulkan seine Spuren hinterlassen und alles so konserviert, wie es zum Zeitpunkt des Ausbruchs ausgesehen hatte. Viele große Vorratskrüge stehen noch an Ort und Stelle und harren der Ausgrabung, auch wenn manche durch die Katastrophe umgekippt sind. Andere große Artefakte, die in der ausgehärteten Asche Hohlräume hinterlassen haben, zum Beispiel hölzerne Betten, hat man mithilfe des Wachsausschmelzverfahrens rekonstruiert.

Bei den Ausgrabungen kamen jede Menge Artefakte aus Keramik, aus Stein und anderen Materialien ans Licht. Vor allem die Keramik ist vielfach mit maritimen Malereien verziert, vor allem mit Delfinen und Kraken. Andere Objekte zeigen Naturszenen, unter anderem Blumen, Blätter, langstielige Gräser und fliegende Vögel, die an Schwalben erinnern – auch heute gibt es auf der Insel noch viele Schwalben. In manchen Häusern zierten Fresken die Wände. In einem Fall zeigen alle vier Wände eines Raums eine naturalistische Szenerie mit Papyruspflanzen und wiederum zwei Schwalben, die umeinanderfliegen. Die Wandmalereien aus Akrotiri gehören zusammen mit jenen aus Knossos zu den besterhaltenen Fresken der bronzezeitlichen Ägäis.[7] Eines der Akrotiri-Fresken, das sogenannte Nilotische Fresko, zeigt eine Szene, die möglicherweise am Nil in Ägypten spielt: Zu sehen ist ein Fluss oder Strom, an dessen Ufer eine springende Raubkatze eine Ente oder Gans jagt. Zu beiden Seiten des Flusses wachsen Pflanzen, bei denen es sich um Palmen oder Papyrus handeln könnte. Gefunden wurde diese Darstellung im sogenannten Westhaus neben mehreren Wandbildern, die nautische und andere Szenen zeigen, die nicht auf Thera zu spielen scheinen. Eventuell war dies das Haus eines Kapitäns oder einer anderen Person, die bereits das Meer überquert hatte.

Eine weitere exotisch anmutende Wandmalerei zeigt Affen, die sich in Affenmanier von Baum zu Baum schwingen – das Seltsame ist nur: Diese Affen sind blau und haben weiße Wangen. Ein ganz ähnliches Fresko, auf dem ebenfalls blaue Affen zu sehen sind, kennen wir aus Knossos auf Kreta, und zwei Statuetten blauer Affen mit gelben Wangen hat man in Mykene und Tiryns auf dem griechischen Festland gefunden.[8]

Noch seltsamer ist die Tatsache, dass es in der ganzen Region rund um das Ägäische Meer keine Affen gibt und auch nie gegeben hat. Am ehesten ähneln die dargestellten Tiere der Grünen Meerkatze, deren Pelz eine bläulich-grüne Färbung annehmen kann und die gelbe oder weißliche Wangen hat. Die Grüne Meerkatze war unter anderem in Nubien heimisch und galt bei den ägyptischen Pharaonen des Neuen Reichs als beliebtes Haustier. Hin und wieder sandte der Pharao einen solchen Affen auch als Geschenk an die Herrscher anderer Länder. So merkwürdig es scheinen mag: Wahrscheinlich sind diese Affen, die uns als Fresken und Figurinen begegnen, also ganz gut getroffen. Vielleicht hatte jemand auf einer Reise nach Ägypten solche Meerkatzen gesehen, oder sie waren von Ägypten aus als Geschenk in einem der Herrscherhäuser von Santorini oder Kreta gelandet.

Ein anderes Wandgemälde zeigt Tiere, die auf den griechischen Inseln durchaus heimisch waren: zwei Steinböcke oder Wildziegen. Dieses Bild ist ein echtes Meisterwerk. Bei beiden Tieren wurde der Rücken vom Schwanz über den Hals bis zum Kopf mit einem einzigen dicken Pinselstrich gemalt, danach wurden die übrigen Details mit weiteren kräftigen Strichen hinzugefügt. Die meisterhaft schlichte Maltechnik fängt die beiden Ziegen auf wunderbare Weise ein.

Vielerorts sind auch Menschen auf den Fresken abgebildet. Ein Fresko zeigt zwei junge Männer bei einer Art Boxkampf (im Zusammenhang mit dem Fresko des »Priesterkönigs« in Knossos habe ich dieses Bild bereits kurz erwähnt). Sie tragen lediglich einen Lendenschurz und haben rasierte Köpfe, an denen nur ein paar dicke Strähnen wie Dreadlocks herabhängen. Dort, wo das Haar nahe der Kopfhaut abrasiert ist, hat der Künstler die Flächen blau statt schwarz dargestellt. Ein anderes Bild zeigt einen nackten jungen Mann, der zwei Schnüre in Händen hält, an denen frisch gefangene Fische hängen. Er hat eine ganz ähnliche Haartracht wie die beiden Boxer, an seinem rasierten Schädel finden sich allerdings nur noch zwei kurze, dicke Haarlocken. Manche Forscher meinen, Knaben und junge Männer hätten sich von Jahr zu Jahr mehr Haare abrasieren lassen, bis sie schließlich, vielleicht mit 17 oder 18 Jahren, eine Art Bürstenschnitt oder Undercut trugen.[9]

Es gibt auch Darstellungen junger Frauen bei diversen Aktivitäten, unter anderem beim Pflücken von Krokussen und Safran. Einige dieser Mädchen haben die gleichen rasierten Schädel wie die Jungen. Falls es also in Sachen Haartracht eine altersspezifische Zeremonie gab, so galt sie für Jungen wie für Mädchen. Viele Frauen auf den Fresken tragen Ohrringe und anderen Schmuck sowie aufwendig gestaltete Kleider, sodass wir leicht auf den damaligen Modegeschmack schließen können.

Im »Westhaus« gibt es neben der Nil-Szene noch weitere Wandbilder, unter anderem ein langer Miniaturfries, der unter dem Titel »Schiffsprozession« bekannt ist. An einem Ende der Szene sehen wir Krieger, die in die Schlacht ziehen. Ihre Kleidung erinnert an einige Krieger, die Homer in der *Ilias* beschreibt: Sie tragen Helme mit Wildschweinhauern und sogenannte Turmschilde, die so hoch sind, dass sie einen Menschen vom Hals bis zu den Unterschenkeln schützen. Hinter den Kriegern sieht man ein großes Gebäude. Auf dem Dach stehen Frauen, die die Krieger zu verabschieden scheinen. Außerdem sind Kühe und andere Herdentiere abgebildet und über ihnen, ein Stück weit entfernt, ein Hirte. Darunter sieht man ein paar Boote mit Besatzung, die auf der Seite liegen oder mit der Unterseite nach oben treiben – so hat der bronzezeitliche Künstler tote und ertrinkende Menschen dargestellt. Die Szene wird für gewöhnlich als

Seeschlacht interpretiert, hin und wieder deutet man sie aber auch als Opferszene.[10]

Daneben zeigt das Fries eine Schiffsflotte. Etwa ein Dutzend Schiffe verlassen einen Hafen, der vielleicht, vielleicht aber auch nicht, auf Thera liegt. Neben den Schiffen, die von zahlreichen Männern gerudert werden, tummeln sich Delfine im Wasser. Auf der anderen Seite der Szene erreichen die Schiffe eine zweite Stadt, in deren Hafen die Besatzungen vermutlich von Bord gehen. Diese »Schiffsprozession« hat unter Archäologen zu zahlreichen Diskussionen geführt; einige Forscher haben sich dabei auf die Bauweise und Darstellung der Schiffe konzentriert, andere fragten danach, wo die Reise begann und wo sie geendet haben könnte. Fahren die Schiffe nach Ägypten oder kommen sie von dort? Sind sie vielleicht nach Anatolien unterwegs? Oder von Anatolien nach Thera? Einen Konsens gibt es hier noch nicht.[11]

Bei Archäologen, die sich mit der Region rund um die Ägäis befassen, steht Santorini seit 1987 wieder vermehrt im Mittelpunkt der Debatten, denn damals gab es einen radikalen Vorschlag zur Neudatierung des Vulkanausbruchs. Bis zu diesem Zeitpunkt hatte man angenommen, dass der Vulkan auf Santorini um 1450 v. Chr. ausgebrochen war. Da ein bestimmter Keramikstil – die spätminoische Keramik vom Typ LM Ib – zur Zeit des Vulkanausbruchs in Mode war, ging man davon aus, dass man diesen Stil ebenfalls auf etwa 1450 v. Chr. datieren muss.

Neue Radiokarbondatierungen von Objekten rund um Akrotiri haben einige Forscher jedoch zu der Überzeugung gebracht, dass die Naturkatastrophe bereits im oder um das Jahr 1628 v. Chr. herum stattfand, also fast 200 Jahre früher. Da es aber auf jeden Fall einen Zusammenhang zwischen dem Vulkanausbruch und der Verwendung von Keramik des Stils LM Ib gibt, gehen die Anhänger dieser Theorie davon aus, dass jede Grabungsschicht, die solche Art von Keramik enthält, in Wirklichkeit auf das 17. und nicht auf das 15. Jahrhundert v. Chr. zu datieren ist. Da diese Deutung der Ereignisse in der Zeit weiter zurückgeht, nennt man sie die »lange Chronologie«.

Einer der wichtigsten Verfechter der langen Chronologie war und ist Sturt Manning, der heute an der Cornell University lehrt. Neben zahlreichen Artikeln zum Thema hat er sogar ein ganzes Buch mit dem Titel *A Test of Time* dazu veröffentlicht. Eines seiner wichtigsten Indizien ist ein Stück Holz, das von einem Olivenbaum stammt und von der Vulkanasche eingeschlossen war. Es datiert auf etwa 1628 v. Chr.[12]

Die Neudatierung geht davon aus, dass die Ergebnisse der Radiokarbonanalyse korrekt sind. Doch wir wissen, dass die Radiokarbondatierung einige Tücken birgt, etwa aufgrund des schwankenden Anteils von Kohlenstoff in der Atmosphäre oder weil Proben möglicherweise kontaminiert sein könnten. Daher hat längst nicht jeder Forscher die Neudatierung und damit die lange Chronologie akzeptiert. Manche Wissenschaftler sind willens, den Vulkanausbruch zumindest ein Stück weit zurückzudatieren, zwar nicht auf 1628 v. Chr., aber doch auf 1550 v. Chr.; sie sind die Verfechter einer »mittleren Chronologie«.

Übrigens, ganz gleich, welche Chronologie man bevorzugt: Die Naturkatastrophe auf Santorini lässt sich keinesfalls mit der Teilung des Roten Meers oder einer der zehn Plagen in Verbindung bringen, die Teil der biblischen Erzählung vom Auszug der Israeliten aus Ägypten sind. Auch wenn diese Vermutung gerne von Pseudo-Archäologen geäußert wird, würde ein ernstzunehmender Forscher hier schon deshalb keine Verbindung vermuten, weil der Vulkan mindestens ein Jahrhundert, wenn nicht sogar vier Jahrhunderte vor der Zeit ausbrach, in der der Auszug aus Ägypten frühestens stattgefunden haben kann.[13] Das nur als kleine Randnotiz.

Ich selbst halte es für durchaus möglich, dass die »lange Chronologie« richtig ist, aber die Diskussionen darüber dauern an. Wie man sieht, können wir uns selbst dann, wenn wir an einer archäologischen Stätte Häuser, Keramik und andere Artefakte vorfinden und uns auch über ihre Blütezeit verhältnismäßig sicher sind, nicht immer wissen, wie sie in absoluter (oder chronologischer) Hinsicht zu datieren ist. Mit diesem Problem wie auch der Radiokarbonmethode selbst werde ich mich in einem späteren Kapitel etwas eingehender befassen.

Santorini und Akrotiri sind für Archäologen deshalb so interessant, weil sie bei der Erforschung möglicher Handelsbeziehungen und internationaler Kontakte zwischen Griechenland, Ägypten und dem Nahen Osten in der Bronzezeit immer eine zentrale Rolle einnehmen.[14] Die breite Öffentlichkeit interessiert sich indes vielmehr für mögliche Verbindungen zum Mythos von Atlantis.

Wie bereits erwähnt, neige ich dazu, hinter vielen griechischen Mythen und Legenden einen Funken Wahrheit zu vermuten. Ich bin mir sicher, dass viele dieser umfangreichen Erzählungen ihre Wurzeln in der Lebensrealität der Menschen haben. Sicherlich wird es ein reales Ereignis gegeben haben, das die Geschichten rund um den Trojanischen Krieg aufkommen ließ. Ich glaube auch, dass der Ausbruch des Vulkans auf Thera im 17. (oder 15.) Jahrhundert v. Chr. jenes Ereignis gewesen ist, das der Geschichte von Atlantis zugrunde liegt. Mir ist bewusst, dass ich mich hier gefährlich nahe an das Terrain von Pseudo-Wissenschaftlern heranwage, die fiktionale Orte in der Wirklichkeit suchen. Lassen Sie mich kurz erklären, wie ich zu meiner Überzeugung gelangt bin.[15]

Die Geschichte von Atlantis kennen wir vom griechischen Philosophen Platon. In zwei seiner kürzeren Texte, dem *Timaios* und dem *Kritias* aus dem 4. Jahrhundert v. Chr. (die Werke entstanden also über 1000 Jahre nach dem Vulkanausbruch auf Thera), erzählt Platon von einer ganz erstaunlichen Zivilisation und einer Insel, die binnen 24 Stunden auf Nimmerwiedersehen im Meer versank. Im *Timaios* heißt es: »Späterhin aber entstanden gewaltige Erdbeben und Überschwemmungen, und da versank während eines schlimmen Tages und einer schlimmen Nacht … die Insel Atlantis, indem sie im Meer unterging.« Wo genau Atlantis lag, verrät er nicht – nur, dass »vor der Mündung, welche ihr in eurer Sprache die Säulen des Herakles nennt, … eine Insel [lag], welche größer war als Asien und Libyen zusammen.«[16]

Ein ägyptischer Priester, so Platon, habe die Atlantis-Geschichte ursprünglich dem berühmten attischen Staatsmann Solon erzählt, als jener kurz nach 590 v. Chr. Ägypten bereiste. Dem Priester zufolge hatten die beschriebenen Ereignisse 9000 Jahre vor ihrer Zeit stattgefunden. Das ist insofern etwas schade, da 900 Jahre besser gepasst hätten. In diesem Fall wären wir nämlich bei einer Datierung auf etwa 1500 und nicht 9600 v. Chr. – letzteres liegt in der Steinzeit, als es noch gar keine komplexen Kulturen gab (auch wenn ein paar Pseudo-Archäologen etwas anderes behaupten). Die Geschichte wurde dann von Solons Sohn, seinen Enkeln und Urenkeln weitergereicht, bis sie um 400 v. Chr. herum zu Platon durchdrang.

Platon beschreibt detailliert, wie Atlantis aussah, zum Beispiel, dass es aus konzentrischen, einander abwechselnden Ringen aus Land und Wasser bestand, dass verschiedene Teile der Hauptstadt bestimmte Ausdehnungen hatten und mehr. Was die Lage der Insel betrifft, bleibt er allerdings so vage, dass die Menschen, wie bereits erwähnt, an allen möglichen und unmöglichen Orten nach dem versunkenen Atlantis gesucht haben – von der Küste Zyperns bis zu den Bahamas und überall dazwischen.[17]

Auch wenn manche glaubten, die legendäre Insel gefunden zu

haben: Im Endeffekt stellte sich jede dieser Meldungen als haltlos heraus. Selbst wenn es geografische Ähnlichkeiten gab, waren es entweder natürliche Geländeformationen, und/oder es gab dort keinerlei Verbindungen zur griechischen Kultur. Man darf (und sollte!) wohl davon ausgehen, dass Atlantis nichts als ein mythischer Ort ist, den Platon erfand, um seine Idealvorstellung des Staates und der Gesellschaft zu beschreiben. Es gibt keinerlei Grund zur Annahme, dass wir Atlantis da draußen irgendwo finden können.

Santorini kommt dem Ganzen noch am nächsten. Der Ausbruch des Vulkans auf Thera war so heftig, dass man ihn noch in Ägypten hörte und spürte. Die Ägypter werden auch die riesige Wolke gesehen haben, die vom Vulkan ausging, und an ihrer Küste schließlich den auf dem Wasser schwimmenden Bimsstein gefunden haben. Einige Ägyptologen und andere Forscher sind sogar der Meinung, dass eine bekannte ägyptische Inschrift, die sogenannte Unwetterstele, eine zeitgenössische Darstellung dessen ist, was die Menschen in Ägypten vom Vulkanausbruch auf Thera mitbekamen.[18] Sollten die Minoer und die Bewohner der Kykladen nach der Naturkatastrophe eine Zeitlang nicht mehr nach Ägypten gereist sein (und einiges deutet darauf hin), dann schlossen die Ägypter daraus möglicherweise tatsächlich, dass ein ganzes Inselreich untergegangen war. Und für die Einwohner von Akrotiri und vielleicht auch anderen Orten auf Thera war die Welt tatsächlich binnen eines Tages und einer Nacht untergegangen.

Der Vulkanausbruch auf Thera/Santorini könnte also durchaus die Grundlage für Platons Erzählung von Atlantis sein. Und selbst wenn dem nicht so ist, gewährt uns all das, was Archäologen wie Marinatos und Doumas in Akrotiri gefunden haben, doch immer noch einen wunderbaren Einblick in das bronzezeitliche Leben am ägäischen Meer im 2. Jahrtausend v. Chr. – einer der, wie ich finde, faszinierendsten Epochen der Geschichte.

10

TAUCHER, WRACKS UND SCHÄTZE AUF DEM MEERESGRUND

Eines schönen Tages im Jahr 1982 tauchte vor der Südwestküste der Türkei ein 17-jähriger Schwammtaucher aus den dunklen Fluten des Mittelmeers auf und teilte seinem Kapitän mit, er habe einen »Metallkeks mit Ohren« gesehen. Als er ein Bild von dem zeichnete, was er da auf dem Meeresgrund entdeckt hatte, wusste der Kapitän sofort Bescheid: Es war einer der kupfernen Ochsenhautbarren, nach denen er während der Schwammtauch-Saison Ausschau halten sollte – auf Bitten der Archäologen vom Institute of Nautical Archaelogy an der texanischen A&M University. Der Kapitän kontaktierte das Institut, und im Sommer darauf konnten die Archäologen bestätigen, dass die Barren zur Ladung eines Schiffs gehört hatten, das in der späten Bronzezeit gesunken war. Sie hatten das »Schiff von Uluburun« gefunden.

Es lässt sich ohne Übertreibung behaupten, dass dieses Schiff, das um 1300 v. Chr. herum sank, eine der bedeutendsten archäologischen Entdeckungen aller Zeiten darstellt. Ob es sich nun um die *Titanic* oder das Schiff von Uluburun handelt: Schiffswracks sind stets eine Momentaufnahme der Zeit, in der sie gesunken sind. Doch ein derart altes Schiff mit einer so umfangreichen Ladung an Bord zu finden, ist schon reichlich ungewöhnlich. Als man das Schiff von Uluburun entdeckte, war es randvoll beladen mit Rohstoffen wie Kupfer, Zinn, Elfenbein und Rohglas und mit Endprodukten wie Keramik aus Zypern und Kanaan, die ein Schlaglicht auf den internationalen Handel und die Beziehungen der Länder zueinander werfen. Als Mikrokosmos der vernetzten Welt vor 3000 Jahren ist das Schiff von nahezu unschätzbarer Bedeutung.[1] Die Tatsache, dass es in 40 bis 50 Metern Tiefe gefunden wurde und dass die Archäologen binnen zehn Jahren mehr als 20 000 Tauchgänge ohne einen einzigen Unfall absolvierten, macht das Ganze noch erstaunlicher.

Teil dieser Geschichte sind auch George Bass, der »Vater der Unterwasserarchäologie«, und Cemal Pulak, der zuerst Bass' Student war und heute sein Kollege am Institute for Nautical Archaeology an der Texas A&M University ist. Die Geschichte beginnt aber bereits 1959, als Bass selbst noch studierte, und zwar an der University of Pennsylvania. Bass war gerade auf der Suche nach einem Dissertationsthema, als Rodney Young, der Kurator der Mittelmeer-Abteilung des Penn Museum, ihn in sein Büro rief. Ein Schiffswrack sei vor der Küste der Türkei gefunden worden, man brauche jemanden, der es ausgrabe, und er, Young, halte Bass für eine gute Wahl.[2]

Young wurde nicht enttäuscht: George Bass machte sich an die Arbeit und führte an einem Schiffswrack vor Kap Gelidonya die erste Unterwasser-Ausgrabung der Welt durch. Was Bass damals nicht ahnte: Jenes Wrack lag ganz in der Nähe des Schiffs von Uluburun. Es stammt sogar fast aus derselben Zeit, denn es ist etwa 1200 v. Chr. gesunken.

An Bord des Schiffs vor Kap Gelidonya fand Bass Artefakte, die darauf hindeuten, dass der kleine Frachter einst im gesamten Mittelmeerraum unterwegs war und von Hafen zu Hafen fuhr, um Waren einzukaufen und wieder zu verkaufen. Der Eigner scheint weder ein reicher Kaufmann noch ein König gewesen zu sein, es handelte sich wohl vielmehr um eine Privatperson, die mit dieser Art des Handels ihren bescheidenen Lebensunterhalt bestritt. Zu den Objekten, die Bass an Land holte, gehörten auch Exemplare der »Metallkekse mit Ohren«, die der junge Schwammtaucher vor Kap Uluburun im Jahr 1982 entdecken sollte: um die 25 Kilogramm schwere Barren aus massivem Kupfer, die wir heute als Ochsenhautbarren bezeichnen, weil sie die Form jener gespannten Rinderhäute haben, die man sich an die Wand hängt oder als Teppich auf den Boden legt.

Bronze wird oft aus 90 Prozent Kupfer und 10 Prozent Zinn hergestellt (statt Zinn kann man auch Arsen verwenden, davon rate ich allerdings ab). Man durfte also im Laderaum des Kap-Gelidonya-Schiffs Zinn vermuten – und fand auch tatsächlich welches. Leider sahen die Überreste davon inzwischen weniger wie Zinn und mehr wie Zahnpasta aus, da das Metall im Salzwasser korrodiert war, und so bezweifelten einige Forscher, dass es sich tatsächlich um Zinn handelte.

Die ausgegrabenen Artefakte brachten Bass zu der Überzeugung, dass es sich bei dem Wrack um ein kanaanitisches Schiff handelte, das sich möglicherweise auf dem Weg in die Ägäis befunden hatte. Mit dieser Meinung stieß Bass damals auf einigen Widerstand, da in der Forschung einhellig davon ausgegangen wurde, dass lediglich die Minoer auf Kreta in der Lage gewesen waren, über das Meer zu segeln – immerhin spricht

Thukydides von der »Thalassokratie«, der »Seeherrschaft«, der Minoer. Als Bass 1967 sein Buch über das Schiff publizierte, erntete er in manchen wissenschaftlichen Zirkeln nur Hohn und Spott.³ Heute wissen wir, dass Bass seiner Zeit weit voraus war. Er sollte in allen Punkten Recht behalten, und er war einer der Ersten, die erkannten, dass neben den Minoern auch andere frühe Völker das Mittelmeer überquerten.

Bass war wild entschlossen, irgendwann ein weiteres Wrack zu finden, das die Erkenntnisse aus dem Fund vor Kap Gelidonya bestätigen würde. Im Jahr 1972 gründete er das American Institute of Nautical Archaeology. Damals war er noch an der University of Pennsylvania tätig, und als er 1976 an die Texas A&M University berufen wurde, wo er heute noch arbeitet, zog das Institut mit ihm um. Inzwischen ist das Institut so international ausgerichtet, dass es auf das Adjektiv »American« in seinem Namen verzichtet.⁴

Im Jahr 1980 erwarb das Institut ein Boot, woraufhin die Mitarbeiter damit begannen, den Meeresboden abzusuchen. Ihre Vorgabe lautete, weitere Schiffswracks zu finden. Unterwasser-Surveys können ziemlich langwierig und zeitaufwendig sein; das galt in den 1980er-Jahren noch mehr als heute – wie bei einer Geländebegehung an Land untersuchte man bestimmte Strecken und Abschnitte und notierte die jeweiligen Funde. Irgendwann jedoch kam jemand auf eine clevere Idee: Statt den Survey selbst durchzuführen, könne man doch einfach in die umliegenden Dörfer gehen und den dort lebenden Schwammtauchern erzählen, wonach man suchte. Gesagt, getan. Fortan konnten die Archäologen auf die Unterstützung von Profis bauen, die ohnehin jeden Tag auf den Meeresgrund tauchten, um Schwämme zu finden. 1982 entdeckte der zuvor erwähnte junge Schwammtaucher den »Metallkeks mit Ohren«, und schon bald war Bass drauf und dran, ein weiteres Wrack auszugraben, das seine Hypothesen und Erkenntnisse bezüglich des Schiffs vor Kap Gelidonya in jeder Hinsicht bestätigen sollte.

Was er nicht ahnte: Das Schiff von Uluburun war viel reicher beladen als das vorherige Wrack und schon deshalb der weitaus wichtigere Fund. *Wie* wichtig, kann man vielleicht daran ermessen, dass Bass schon ein paar Jahre später, im Jahr 1986, und lange bevor die Ausgrabungen abgeschlossen waren, die goldene Medaille für herausragende Leistungen in der Archäologie erhielt. Die vom Archaeological Institute of America verliehene Medaille ist die höchste Ehre, die einem Archäologen in den USA zuteilwerden kann.⁵

Taucher am Kap Uluburun

Die Ausgrabung des Schiffs von Uluburun begann im Sommer 1984 noch unter George Bass persönlich, doch im Jahr darauf übergab er die Leitung des Projekts an Cemal Pulak. Bis 1994 war sein Team aus professionellen Archäologen und eifrigen Studenten praktisch jeden Sommer vor Ort. Jeder Teilnehmer absolvierte zwei Tauchgänge pro Tag, blieb dabei aber jeweils nur 20 Minuten unten – das Wrack lag so tief, dass allein der Druckausgleich beim Ab- und Auftauchen immer eine ganze Weile dauerte, wollten die Taucher sich nicht vorsätzlich in Gefahr bringen. Um sich dabei die Zeit zu vertreiben, nahmen die Team-Mitglieder an Schnüren festgebundene Bücher mit unter Wasser, in denen sie schmökern konnten, sobald sie so nahe an der Wasseroberfläche waren, dass das Licht dafür ausreichte. Binnen zehn Jahren kam das Team bei der Ausgrabung auf mehr als 6600 Arbeitsstunden und absolvierte über 22 000 Tauchgänge zum Wrack.[6]

Wie sich herausstellte, lag der obere Teil des Wracks 40 Meter unter dem Meeresspiegel, und die Funde waren bis in 50 Meter Tiefe verstreut. Nur der Bug des 17 Meter langen Schiffs war abgebrochen und über den Klippenrand in die Tiefe gestürzt; bis heute hat man ihn nicht bergen können. Laut Bass fühlte man sich in dieser Tiefe immer, als habe man sich vor der Arbeit zwei Martinis genehmigt; umso sorgfältiger mussten die Archäologen jeden Tauchgang planen. Sie nutzten das sogenannte Buddy-System, tauchten also paarweise, und sie hatten stets einen ehemaligen Marinesoldaten der US Navy SEALs dabei, der sich um die Sicherheit kümmerte – was erklärt, wieso es in diesen zehn Jahren zu keinem einzigen ernsthaften Unfall kam.

In einem Beitrag für die PBS-Sendung *Nova* sprach Bass darüber, wie diese Tauchgänge vor sich gingen. Sobald man unten ankam, so Bass, nahm man als Erstes die Schwimmflossen von den Füßen, um nicht versehentlich ein Artefakt zu zertrampeln, während man sich auf dem Meeresgrund bewegte. Dann entfernte man den losen Sand zunächst grob mit einer Art Unterwasserstaubsauger, einem Schlauch, der bis an die Wasseroberfläche reichte. Ging es dann an die eigentliche Freilegung eines Gegenstandes, musste der Sand von Hand mit gleichmäßigen, vorsichtigen Schaufelbewegungen entfernt werden – nur mit der Hand zu wedeln, hätte ihn lediglich aufgewirbelt, und man hätte sich selbst die Sicht genommen. Jeder Teil des Wracks und jedes gefundene Objekt musste so sorgfältig kartiert werden, dass man die Ergebnisse später auf den Millimeter genau zeichnerisch festhalten konnte, genau wie bei einer archäologischen Stätte an Land. Unter normalen Bedingungen ist das schon schwierig genug – stellen Sie sich vor, wie es erst unter Wasser in 40 Metern Tiefe sein muss, wenn man zwei Martinis intus hat!

Insgesamt fand das Grabungs-Team so viele Objekte, dass der endgültige Bericht immer noch aussteht, während ich diese Zeilen schreibe; wenn er erscheint, wird er mehrere Bände umfassen. Bislang haben Bass und Pulak am Ende jeder Grabungssaison einen vorläufigen Bericht veröffentlicht und auf diversen Konferenzen Vorträge über neueste Erkenntnisse präsentiert, die ebenfalls publiziert worden sind.[7]

Das Grabungs-Team hauste jeden Sommer mehrere Monate lang in selbstgebauten Holzhütten, direkt oberhalb der Klippen, an denen das Schiff von Uluburun vor mehr als 3000 Jahren offenbar leck geschlagen und gekentert war. Es gab einen Raum, in dem die Männer, und einen, in dem die Frauen schliefen, einen Holzbau, in dem gekocht und gegessen wurde, einen Raum zur Konservierung und Lagerung der antiken Artefakte sowie einen Verschlag, der übers Wasser hinausragte und als Toilette diente. Auf dem Tauchboot, der *Virazon*, die permanent über dem Schiffswrack ankerte, gab es noch eine Kajüte.

Das Team lebte nicht nur spartanisch, sondern auch mitten im Nirgendwo – bis zur nächsten Ortschaft musste man mehrere Stunden mit dem Boot fahren.

Vier Anhaltspunkte haben wir für den Zeitpunkt des Schiffsunglücks. Der erste ist ein an Bord gefundener goldener Skarabäus mit dem Namen der ägyptischen Königin Nofretete, die um 1350 v. Chr. herum zusammen mit Pharao Echnaton regierte – früher kann das Schiff also nicht gesunken sein. Der zweite ist ein Stück Holz vom Rumpf des Schiffs, das per Dendrochronologie auf etwa 1320 v. Chr. datiert werden konnte (bei der Dendrochronologie wird anhand von Jahresringen bestimmt, wann der Baum, von dem ein bestimmtes Stück Holz stammt, gefällt wurde). Der dritte Anhaltspunkt ist mykenische und minoische Keramik im Stil des sogenannten Späthelladikums III A2, den die Archäologie anhand von Vergleichen zwischen diversen griechischen Fundstätten auf Ende des 14. Jahrhunderts v. Chr. datiert hat. Und viertens konnte Reisig, der sich ebenfalls an Bord befunden hatte, einer C-14-Datierung unterzogen werden. All diese Anhaltspunkte weisen darauf hin, dass das Schiff etwa 1300 v. Chr. sank, rund dreißig Jahre, nachdem in Ägypten Tutanchamun bestattet worden war und möglicherweise wenige Jahrzehnte vor dem Trojanischen Krieg.[8]

Wir wissen inzwischen auch, was das Schiff alles geladen hatte. Am Boden, unter dem Rest der Ladung, lagen über den ganzen Schiffsrumpf verteilt 14 große steinerne Anker. Sie dienten als Ballast, konnten aber auch zu ihrem eigentlichen Zweck verwendet werden – blieb einmal ein Anker an einem Felsen oder in einem Riff stecken, kappten die Seeleute kurzerhand das Seil und verwendeten fortan einen neuen. Solche Anker aus Stein kannte man schon von anderen archäologischen Stätten, zum Beispiel Kition und Enkomi auf Zypern oder Ugarit an der syrischen

Küste. Bei einem gesunkenen Schiff aus der Bronzezeit hatte man aber noch nie einen gefunden.

Die Hauptladung bestand aus Ochsenhautbarren, hergestellt aus 99-prozentigem Rohkupfer aus Zypern. Mehr als 350 solcher Barren waren im Frachtraum des Schiffs in mehreren Reihen gestapelt. Wir besitzen einen Brief, den der König von Zypern um das Jahr 1350 v. Chr. herum an den ägyptischen Pharao schrieb und in dem er den Pharao dafür um Entschuldigung bittet, dass er ihm »nur« 200 Kupferbarren geschickt hat (oder »Talente« wie man diese Barren damals nannte). Möglicherweise dienten solche Ochsenhautbarren also als Währung für den internationalen Handel; wie wir dank des Schiffs von Uluburun wissen, konnten zu dieser Zeit bis zu 350 Stück auf einmal auf dem Seeweg transportiert werden.

Insgesamt hatte das Schiff über 10 Tonnen Kupfer geladen. Einige Barren waren dermaßen korrodiert, dass die Archäologen für ihre Bergung einen neuen Klebstoff erfinden mussten. Dieser Klebstoff wurde in die Überreste der Barren injiziert und musste dann bis zur nächsten Grabungssaison im Jahr darauf aushärten.[9] Dann wurde jedes einzelne Exemplar vorsichtig angehoben, an die Wasseroberfläche befördert und ins Museum in Bodrum gebracht. Dort konservierte man die Barren und entfernte die Spuren der Korrosion, die sich über die Jahrhunderte darauf angesammelt hatten.

Das Schiff von Uluburun bewies, dass Bass noch in anderer Hinsicht Recht gehabt hatte, und zwar im Hinblick auf das an Zahnpasta erinnernde Zinn, das er an Bord des Wracks vor Kap Gelidonya gefunden hatte und dessen Echtheit viele Wissenschaftler angezweifelt hatten. Auch das Schiff von Uluburun hatte nämlich Zinn geladen, mehr als 1 Tonne, aber es ließ sich besser identifizieren – man fand es als Fragmente von Ochsenhautbarren und als kleinere Barren in Form von Brotlaiben vor, teils war es zu Tellern oder anderem Geschirr verarbeitet. Das Zinn hatte einen weiten Weg zurückgelegt, es stammte offenbar aus der Gegend von Badachschan in Afghanistan, und sein Bestimmungsort war höchstwahrscheinlich die Ägäis gewesen (wo es leider nicht mehr ankam).

Zehn Tonnen Kupfer und 1 Tonne Zinn, das hätte 11 Tonnen Bronze ergeben – Bass zufolge genug, um eine Armee von 300 Soldaten mit Schwertern, Schilden, Helmen, Beinschienen und Ähnlichem auszurüsten. Es kann also durchaus sein, dass durch das Kentern des Schiffs nicht nur ein Händler ein veritables Vermögen einbüßte, sondern möglicherweise auch ein Feldherr einen Krieg verlor.

Es befanden sich noch weitere Rohstoffe an Bord, darunter etwa 1 Tonne Terpentinharz, das im Altertum unter anderem als Räucherwerk und bei der Parfümherstellung zur Anwendung kam. Dieses aus der Terebinthe gewonnene Harz hatte man nie zuvor in solchen Mengen an einem einzigen Ort gefunden.[10] Transportiert wurde es in Vorratsgefäßen, die in Kanaan (im heutigen Israel, Libanon und Syrien) hergestellt worden waren; 140 Stück davon befanden sich an Bord. In solchen Gefäßen wurden allerlei unterschiedliche Dinge aufbewahrt und transportiert. Auf dem Schiff von Uluburun dienten sie nicht nur zum Transport von Harz, sondern auch von Glasperlen – manche Exemplare enthielten mehrere tausend davon – und von Nahrungsmitteln wie Feigen und Datteln. In einem Gefäß steckte eine kleine hölzerne Klapptafel mit Scharnieren aus Elfenbein. Vermutlich gelangte sie erst dort hinein, nachdem das Schiff gesunken war. Im Inneren war die Tafel ursprünglich mit Wachs beschichtet, das man mit Terpentinharz gelb gefärbt hatte und in das man kurze Texte schrieb; so etwas nennt man Diptychon oder Wachstafelbuch, und es taucht bereits bei Homer auf, der im 6. Gesang der *Ilias* ein »Täfelchen« mit »traurigen Zeichen« erwähnt.

Das Wachs auf diesem Diptychon aus dem Wrack von Uluburun ist längst verschwunden, genau wie bei einem zweiten, das ebenfalls bei den Ausgrabungen auftauchte. Wir wissen also leider nicht, was darauf einst geschrieben stand: Verzeichnete es die Route des Schiffes? Die Ladung? War es eine Nachricht, die ein König einem anderen schickte? Wir werden es nie erfahren.

Zu den Rohstoffen, die das Schiff transportiert hatte und die von den Archäologen geborgen werden konnten, zählten außerdem Ebenholz aus Nubien (südlich von Ägypten) und Rohglas in Form von etwa 175 zylinderförmigen Barren. Die meisten dieser Rohglasbarren waren kobaltblau, einige auch hellblau oder bernsteinfarben. Chemische Analysen der Barren stimmen mit gläsernen Objekten aus derselben Zeit überein, die in Ägypten und Griechenland gefunden wurden. Dies deutet darauf hin, dass damals jeder sein Rohglas aus derselben Quelle bezog – einer Quelle, die sich möglicherweise in Nord-Syrien oder in Ägypten befand.[11]

Im Frachtraum des Schiffs fand sich auch eine große Menge unbearbeitetes Elfenbein. Es handelte sich dabei sowohl um Elefantenstoßzähne als auch um Eck- und Schneidezähne von Flusspferden. Nach diesem Fund nahmen andere Wissenschaftler noch einmal Elfenbeinobjekte aus der Spätbronzezeit unter die Lupe, die sich bereits in Museen in aller Welt befanden. Bis zu diesem Zeitpunkt hatte man angenommen, dass die meisten dieser Artefakte aus den Stoßzähnen von Elefanten hergestellt worden waren; zur großen Überraschung der Wissenschaftler stellte sich nun heraus, dass der Großteil der Objekte in Wahrheit aus Flusspferd-Elfenbein bestand. Ferner fanden die Archäologen im Wrack einen winzigen Unterkieferknochen, der von einer syrischen Hausmaus stammte – möglicherweise war sie bei einem Zwischenstopp im Hafen von Ugarit als blinder Passagier an Bord gekommen.[12]

Die Ladung enthielt auch zahlreiche Fertigwaren, von denen einige auf recht ungewöhnliche Weise verstaut waren.[13] So bargen die Archäologen große Vorratsgefäße, sogenannte Pithoi. Sie ähneln jenen, die wir von bronzezeitlichen Malereien an den Grabwänden ägyptischer Adliger kennen und die dort auf Schiffen zu sehen sind. Man glaubte immer, dass es sich bei diesen Pithoi um Frischwasserbehälter für die Besatzung handelte. Aber als die Archäologen einen Pithos am Meeresgrund in ein Netz verfrachten wollten, um ihn an die Oberfläche zu ziehen, kippte er um und gab Töpferwaren preis – nagelneue, noch nie benutzte Teller und Schüsseln, Öllampen, große und kleine Krüge. All diese Stücke stammten aus Zypern und Kanaan. Offenbar waren diese Pithoi gar nicht für Trinkwasser gedacht, sondern dienten dazu, Keramik zu verstauen.

Unter den aus dem Wrack geborgenen Objekten befand sich außerdem ein ziemlich seltsamer Gegenstand aus Stein, der später als eine Hiebwaffe vom Balkan identifiziert wurde, sowie mehrere Schwerter – eines scheint aus Kanaan zu kommen, eines aus der Ägäis-Region, eines aus Italien. Wahrscheinlich gehörten sie einem Mitglied der Besatzung oder dem Kapitän, doch sicher ist das nicht. Auch die gefundenen Pfeil- und Speerspitzen sowie verschiedene bronzene Werkzeuge könnten genauso gut Privatbesitz wie Handelsware sein.

Außerdem fand man Angelhaken und Bleigewichte, die die Besatzung zweifellos dazu verwendete, unterwegs Fische zu fangen. Die Lebensmittel, die man noch identifizieren konnte, waren allesamt Produkte des östlichen Mittelmeers wie Oliven, Mandeln, Feigen und Granatäpfel. Zusammen mit dem Fisch kommt dies derselben Kost gleich, die eine Schiffsbesatzung in jener Region auch heute noch zu sich nehmen würde.

Es gab eine ganze Reihe aufwendig gearbeiteter Trinkbecher aus Fayence (einer Art Mittelding zwischen Keramik und Glas) in Tierform, zum Beispiel Becher, die aussahen wie Widderköpfe. Für gewöhnlich nimmt man an, dass solche Gegenstände an königlichen Höfen verwendet wurden, was die These stützen könnte, dass die Schiffsladung das Geschenk eines Königs an einen anderen gewesen ist. Aus überlieferten Texten wissen wir, dass die damaligen Herrscher der verschiedenen Länder einander aufwendige, geradezu verschwenderische Geschenke machten; daher ist es durchaus denkbar, dass wir es auch hier mit einem solchen zu tun haben. Vielleicht war es das Geschenk eines ägyptischen oder kanaanitischen Herrschers an einen mykenischen König, möglicherweise sogar an einen Vorfahr Agamemnons in Mykene. Ob dem so war, werden wir wohl nie erfahren.

Zu den Gegenständen, die auf ein Königsgeschenk hindeuten, zählt auch ein einzelner goldener Becher. So hübsch er ist, so wenig verrät er uns über die Herkunft des Schiffs oder seine zeitliche Einordnung, denn er ist doch recht unspezifisch. Es gibt ein bekanntes Foto von der Unterwassergrabung, das inzwischen in vielen Archäologie-Lehrbüchern auftaucht und das aufgenommen wurde, als sich der Becher noch, halb im Sand steckend, auf dem Meeresboden befand. Auf dem Bild sieht man den goldenen Becher, einen kanaanitischen Krug, eine Flasche aus Zinn und eine ziemlich schlicht wirkende mykenische Kylix (eine Trinkschale). Wenn ich meine Studenten frage, welches Objekt auf diesem Foto das wichtigste ist, antworten sie durch die Bank weg: der Goldbecher. Doch das stimmt nicht – ich paraphrasiere dann immer den dritten Indiana-Jones-Film und sage: »Du wähltest ... schlecht!« Der Krug aus Kanaan interessierte Archäologen vor allem aufgrund seines Inhaltes, die Flasche ist wichtig, weil sie eine der wenigen je gefundenen Zinnflaschen ist. Doch das wichtigste Objekt ist trotz seines schlichten Äußeren die mykenische Tonschale, denn ihre unverwechselbare Form half den Forschern, das Wrack zu datieren.

Bass, Pulak und ihre Grabungs-Teams fanden auch zahlreiche Schmuckstücke, von silbernen Armbändern bis hin zu goldenen Anhängern. Einer dieser Anhänger ist ein ganz wunderbar gearbeitetes Stück. Ihn ziert ein Falke oder ein anderer Vogel aus granuliertem Gold, der eine Schlange in den Fängen hält. Ein anderer Anhänger zeigt eine Frau mit einer Gazelle an jeder Hand, und ein weiterer gehört zu einem Typus, den wir von ägyptischen Grabmalereien kennen, auf denen diese Art Schmuck von kanaanitischen Männern getragen wird. Außerdem gehörten Rollsiegel aus Mesopotamien zur Schiffsladung, darunter ein kleines Exemplar aus Bergkristall mit einer goldenen Kappe an beiden Enden, das man um das Handgelenk oder um den Hals trug, sowie ein schwarzer Stein aus Ägypten, in den »Ptah, Herr der Wahrheit« eingeritzt ist.

Von den Skarabäen und anderen Kleinstgegenständen, die mit ägyptischen Hieroglyphen verziert sind, ist ein Fund besonders wichtig – und zugleich besonders klein: ein Skarabäus aus massivem Gold, in den der Name von Königin Nofretete »Nefer neferu Aton« in Hyroglyphen geritzt ist. Diese Version ihres Namens verwendete sie nur während der ersten fünf Jahre ihrer Herrschaft, als ihr Ehemann, Pharao Echnaton, sich von allen Göttern außer dem durch die Scheibe symbolisierten Gott Aton abwandte. Dies ist ein äußerst seltener Fund, und wie bereits erwähnt, hilft er uns, das Schiff zu datieren: Es kann erst nach der Herstellung des Skarabäus gesunken sein, der wohl um 1350 v. Chr. angefertigt wurde[14]

Skelette oder Skelettfragmente hingegen wurden nicht im Schiffswrack gefunden. Vielleicht hat die Besatzung überlebt und konnte sich an Land retten, vielleicht dienten die Leichname aber in den 3200 Jahren, die seither vergangen sind, auch bloß den Fischen und anderen Meerestieren als Nahrung.

Als das Schiff von Uluburun gefunden wurde, gingen die Ausgräber zunächst davon aus, dass es im östlichen Mittelmeer und rund um die Ägäis entgegen dem Uhrzeigersinn von Hafen zu Hafen fuhr, um Waren zu kaufen und zu verkaufen. Damit hätte es dem Schiff geähnelt, das ein Jahrhundert später vor Kap Gelidonya sank – nur dass es eine sehr viel wertvollere Ladung an Bord hatte. In letzter Zeit sind jedoch einige neue Hypothesen aufgetaucht, unter anderem, dass es sich bei der Ladung um die damals üblichen königlichen Geschenke handelte und dass das Schiff vielleicht von Ägypten nach Griechenland oder von Kanaan nach Griechenland oder vielleicht sogar von Zypern nach Griechenland unterwegs war.

Einig sind sich die Forscher dabei nur, dass der Zielort Griechenland gewesen sein muss, denn an Bord befanden sich Gegenstände aus mindestens sieben verschiedenen Kulturen, die eindeutig als Fracht identifiziert werden können, wohingegen es sich bei den einzig griechischen Objekten um ein paar bereits benutzte minoische und mykenische Keramikgefäße handelte sowie um zwei persönliche Siegel, die jemand aus der Ägäis-Region getragen haben könnte.[15] Alle an Bord gefundenen Gegenstände waren wahrscheinlich auf ein griechisches Publikum zugeschnitten.

Auf der Rückfahrt (oder möglicherweise der Weiterfahrt in der Region) wäre der Laderaum des Schiffes wahrscheinlich voll von typisch mykenischen und minoischen Waren wie Keramikgefäßen mit Wein, Olivenöl und Parfüm gewesen, die für Ägypten, Kanaan und Zypern bestimmt waren. Dazu kam es natürlich nicht mehr, da das Schiff vor Uluburun sank – und das, obwohl sich vermutlich eine Schutzgottheit an Bord befand: eine kleine Figur aus Bronze, deren Kopf, Schultern, Hände und Füße mit Blattgold verziert waren. Die Statuette war komplett korrodiert, ließ sich aber wieder herstellen. Ihr Stil ist ganz typisch für

Votivobjekte, das heißt Figuren, die dazu gedacht waren, religiöse Hingabe und den Wunsch nach göttlichem Schutz zum Ausdruck zu bringen.

Wenn die Figur tatsächlich eine Schutzgottheit für das Schiff gewesen war, dann hat sie kolossal versagt. Doch das Pech der Seeleute ist unser Glück: Dieses Schiff und seine Ladung hat uns einen unschätzbar wertvollen Einblick in den internationalen Alltag der späten Bronzezeit vor mehr als 3000 Jahren gewährt.

TEIL 4

ECHTE KLASSIKER: GRIECHEN UND RÖMER

11

VOM DISKURS ZUR DEMOKRATIE

Bei den Olympischen Spielen 2016 in Rio de Janeiro wurden Wettbewerbe in 42 sportlichen Disziplinen ausgetragen, vom Bogenschießen über Gewichtheben bis hin zum Synchronschwimmen. Trotz dieser Vielfalt gab es damals, bei den Olympischen Spielen der Antike, mehrere Disziplinen, die Rio nicht bieten konnte. Dazu gehörte etwa der Waffenlauf, bei dem die Teilnehmer mit Helm auf dem Kopf, Metallschienen an den Beinen und einem Schild am linken Arm rennen mussten. Oder das Pankration, eine Mischung aus Karate, Judo und Kickboxen, bei dem außer Beißen, Kratzen und dem Gegner die Augen auszustechen alles erlaubt war. Auch auf ein Wagenrennen wartete man in Rio natürlich vergeblich.[1]

Die ersten Olympischen Spiele fanden vor beinahe 3000 Jahren statt, im Jahr 776 v. Chr., und wurden dann mehr als tausend

Jahre lang alle vier Jahre abgehalten. Da Athleten aus der ganzen griechischen Welt zusammenkamen, um miteinander zu wetteifern, nennt man diese Art sportliche Veranstaltung auch panhellenische Spiele (von griechisch *pan* für »alle«). Insgesamt gab es 293 Olympiaden, bevor der römische (und christliche) Kaiser Theodosius Anfang der 390er-Jahre alle heidnischen Feste verbot.[2]

Nach Olympia, dem Ort, an dem die Olympischen Spiele abgehalten wurden, suchten die frühen Entdecker und Archäologen fast genauso fanatisch wie nach den Stätten, die bei Homer erwähnt werden. Genau wie Schliemann Troja, Mykene, Tiryns und Ithaka aufspüren wollte, hatten andere Forscher ihre Gründe, nach berühmten Stätten der griechischen Antike zu suchen – neben Olympia waren das vor allem Delphi mit seinem Orakel sowie der Parthenon und die Agora in Athen, dem Geburtsort der Demokratie. Die Nationen, die in der Archäologie zu dieser Zeit den Ton angaben, teilten diese Stätten sozusagen untereinander auf – die Deutschen beispielsweise gruben ab 1875 in Olympia, die Franzosen ab 1892 in Delphi und die Amerikaner ab 1931 auf der Athener Agora. Stets unterstützten dabei auch griechische Archäologen die Erforschung dieses – ihres – historischen Erbes, genau wie Panagiotis Stamatakis es bei Schliemanns ersten Ausgrabungen in Mykene getan hatte.

Olympia zu finden, war für die Archäologen nicht so einfach, wie man glauben mag. Nach dem Verbot der Olympischen Spiele im Jahr 393 n. Chr. hatte man die ehemals heilige Stätte nicht mehr benötigt; sie wurde aufgegeben und verfiel. Im 6. Jahrhundert n. Chr. machten mehrere Beben die Gebäude dem Erdboden gleich, die Säulentrommeln der prächtigen Tempel fielen um wie Zahnstocher. Und als wäre das noch nicht genug, traten die beiden nahegelegenen Flüsse über die Ufer – einer, der Kladeos, hatte das bereits im 4. Jahrhundert n. Chr. getan, als die Spiele noch abgehalten wurden, doch als im Mittelalter auch noch der Alpheios Hochwasser führte, machte das Olympia endgültig den Garaus: Der Fluss begrub den gesamten Standort unter einer über 4 Meter hohen Schlammschicht.[3]

Im Jahr 1766 fand der britische Entdecker Richard Chandler als Erster Spuren der verschollenen Stätte. Er hatte sich zuvor bei den Einheimischen nach alten Ruinen erkundigt und Pausanias' *Beschreibung Griechenlands* aus dem 2. Jahrhundert n. Chr. zurate gezogen – genau wie Schliemann es rund hundert Jahre später auf der Suche nach Mykene tun sollte. Chandler war dadurch in der Lage, den Standort des Heiligtums auszumachen und bereits die Reste des Tempels aufzuspüren, der – wie das gesamte Heiligtum – Zeus geweiht war.[4] Als ich Olympia im März 2015 mit einer Gruppe von Studenten der George Washington University besuchte, bot der Ort einen geradezu malerischen Anblick: Auf einem Teppich aus frischem, grünem Gras sprossen Gänseblümchen und wilder Mohn zwischen moosbewachsenen grauen Steinen hervor. Einige der Studentinnen bastelten Blumenkränze und steckten sie sich ins Haar, bevor sie ihre Referate über die antiken Denkmäler hielten. Im Frühling ist es hier, im Nordwesten der Peloponnes, besonders schön, aber die alten Griechen kamen nicht nach Olympia, weil es dort so schön war. Sie kamen nach Olympia, um Zeus zu ehren und sportliche Wettkämpfe zu gewinnen.[5]

Die berühmten Spiele waren eine sportliche und eine religiöse Veranstaltung zugleich, denn die Wettkämpfe wurden in ein größeres Fest zu Ehren des Zeus eingebunden. Der Zeustempel, den Chandler aufspürte, war das berühmteste Bauwerk von Olympia und mit seinen 64 × 28 Metern zugleich der größte Tempel, den man bis dahin in Griechenland entdeckt hatte. Die Giebelskulpturen und die Metopen, die den Tempel zierten, stellten ein mythisches Wagenrennen, den Kampf der Lapithen gegen die Kentauren und die zwölf Arbeiten des Herakles dar. Zehn Jahre hatte es gedauert, bis der Bau vollendet war, von 457 bis 466 v. Chr.

Vor allem aber befand sich im Tempel einst eine etwa 13 Meter hohe Kolossalstatue des Zeus aus Gold und Elfenbein, die der berühmte griechische Bildhauer Phidias angefertigt hatte und die zu den Sieben Weltwundern der Antike zählte. Als Chandler die Überreste des Tempels fand, war diese Statue längst verschwunden. Wie wir heute wissen, war sie bereits im 4. Jahrhundert n. Chr. nach Konstantinopel (Istanbul) gebracht worden. Dort wurde sie später ein Opfer der Flammen, da das Gebäude, in dem sie stand, niederbrannte.[6]

Laut Pausanias gab es in Olympia noch zahlreiche weitere Statuen, allerdings von normaler Größe. Manche bestanden aus Marmor, andere aus Bronze, und sie stammten aus den Werkstätten einiger der bedeutendsten griechischen Bildhauer wie Praxiteles und Lysipp. Es waren unter anderem diese wertvollen antiken Statuen, die die ersten Archäologen nach Olympia lockten; die Ausgrabungen begannen demnach aus demselben Grund wie jene im italienischen Herculaneum hundert Jahre zuvor.[7]

1829 gruben die Franzosen in Olympia und legten Fragmente von mit Reliefs versehenen Metopen des Zeustempels frei. Metopen sind architektonische Elemente, die sich an griechischen Tempeln häufig zwischen der Oberkante der Säulen und dem Dach finden, wo sie sich mit Triglyphen (drei senkrechten Balken) abwechseln. Die Metopen am Zeustempel zeigten die Arbeiten des Herakles und sind heute im Pariser Louvre zu sehen.[8]

Am Ende waren es aber nicht die Franzosen, sondern die Deutschen, denen es gelang, mit der griechischen Regierung einen Vertrag auszuhandeln, der ihnen für die Jahre 1875 bis

1881 die exklusiven Grabungsrechte für die Stätte sicherte. Das Abkommen, das als »Olympia-Vertrag« in die Geschichte einging, wurde in Griechenland zum Präzedenzfall für alle nachfolgenden Ausgrabungen durch ausländische Archäologen. Man hatte darin festgelegt, dass sämtliche ausgegrabenen Fundstücke in Griechenland verbleiben sollten; allenfalls würde die Regierung Duplikate oder Faksimiles in Auftrag geben, die den Ausgräbern (oder deren Regierung) zum Dank für ihre Arbeit ausgehändigt würden. Im Gegenzug verpflichteten sich die Deutschen, die Ergebnisse der Ausgrabung – in diesem Fall umfasste das Inschriften, Skulpturen und Gebäude – für die internationale Forschungsgemeinde zu publizieren; was sie auch umgehend taten. Der spätere Direktor der Zentrale des Deutschen Archäologischen Instituts (DAI), Helmut Kyrieleis, pries die Arbeit in Olympia als erste große Ausgrabung an einer Stätte der klassischen Antike mit spezifisch wissenschaftlicher Zielsetzung. Nicht zuletzt die ausführlichen Berichte der damaligen Ausgräber veranlassten den Franzosen Pierre de Coubertin, die ersten Olympischen Spiele der Neuzeit zu initiieren, die schließlich 1896 in Athen stattfanden.[9]

Der Architekt Wilhelm Dörpfeld lernte das Archäologenhandwerk als Grabungsassistent in Olympia. Er war es auch, der Heinrich Schliemann im Jahr 1881 dort herumführte, als jener sich ansehen wollte, was die Kollegen dort alles gefunden hatten. Schliemann war so beeindruckt von Dörpfeld, dass er ihn einlud, im kommenden Jahr mit ihm in Troja zu arbeiten. Es war eine Zufallsbekanntschaft, aus der eine großartige Partnerschaft wurde – die beiden arbeiteten nach Troja auch noch in Tiryns zusammen. Wie bereits in einem früheren Kapitel erwähnt, leitete Dörpfeld nach Schliemanns Tod die Grabung in Troja. Arthur Evans bemerkte einmal, der akribische, ergebnisorientierte Wissenschaftler Dörpfeld sei Schliemanns größte Entdeckung gewesen.[10]

1937 kam ein neues Archäologen-Team aus dem Deutschen Reich nach Olympia und setzte die Ausgrabungen fort. Die Deutschen machten sich das große öffentliche Interesse zunutze, für das die Olympischen Spiele in Berlin im Jahr zuvor gesorgt hatten. Bis 1966 dauerte diese zweite Phase der Ausgrabungen (inklusive einer zehnjährigen Pause während des Zweiten Weltkriegs und unmittelbar danach, von 1942 bis 1952). Auch die neuen Archäologen nutzten die detaillierte Beschreibung der Stätte bei Pausanias; ohne sie hätte man die meisten Gebäude wahrscheinlich gar nicht identifizieren können. Die Untersuchungen vor Ort gingen stetig weiter, und die letzte Grabungskampagne, unter der Leitung von Kyrieleis, begann erst 1985.[11]

In über hundert Jahren Grabungstätigkeit wurde so viel freigelegt, dass man heute bei einem Gang über das Gelände die Standorte aller Gebäude des zentralen Heiligtums ausmachen kann. Dazu zählen der große Zeusaltar und der Heratempel, aber auch das Prytaneion und das Buleuterion, Sitz des Olympischen Rates, der für das Heiligtum und die Festivitäten verantwortlich war. Das Gymnasion mit der Palästra (Hof), wo die Athleten einen Monat vor den Spielen zu trainieren begannen, sowie das Schwimmbecken befinden sich auf der Westseite des Heiligtums; das Hippodrom, Schauplatz der Wagenrennen, und das Stadion, wo die Läufer gegeneinander antraten, auf der Ostseite. Die Ausgrabung des knapp 200 Meter langen Stadions, das etwa 350 v. Chr. gebaut wurde, war der teuerste und zeitaufwendigste Teil des ganzen Projekts, da hierfür mehrere Tonnen Erde abgetragen werden mussten. Doch die Mühe zahlte sich für die Archäologen aus, denn sie gelangten durch Inschriften, Statuen, Gebäude, Keramik und zahlreiche andere Artefakte an eine Fülle von Informationen. 1989 wurde Olympia zum UNESCO-Weltkulturerbe erklärt. Fast eine halbe Million Touristen besuchen die Stätte pro Jahr.[12]

Als die Archäologen in den 1950er-Jahren die Erdwälle zu beiden Seiten des Stadions ausgruben, auf denen in der Antike mehr als 40 000 Zuschauer gesessen und sich die Wettläufe angesehen hatten, stießen sie unverhofft auf zahlreiche Bestandteile bronzener Rüstungen und Waffen. Sie legten unter anderem 22 Bronzehelme sowie Schilde, Beinschienen und Schwerter frei, die ursprünglich an hölzernen Stangen befestigt waren und damit auf dem Wall hinter den Zuschauerreihen in der Erde steckten. Es handelte sich um Weihgeschenke für Zeus, von Kriegern, die bei Wettkämpfen gewonnen hatten. Die Rüstungen und Waffen waren hier entweder platziert worden, damit die Einwohner der einzelnen griechischen Stadtstaaten die individuelle Stärke und den Erfolg ihrer Krieger bewundern konnten oder um kollektiver griechischer Erfolge, zum Beispiel im Krieg gegen die Perser, zu gedenken.[13]

Unter den Trophäen befand sich ein bronzener Helm, der von Miltiades gestiftet wurde, jenem Heerführer, der die Griechen in der Schlacht bei Marathon im Jahr 490 v. Chr. zum Sieg über die Perser führte. Es ist ein ganz gewöhnlicher, schlichter Helm von dem Typus, der unter Archäologen als »korinthischer Helm« bekannt ist. An der Unterkante eines der Wangenschirme sind die Worte »Miltiades hat [diesen Helm] dem Zeus geweiht« eingraviert. Die Ausgräber fanden auch einen persischen Helm, der ebenfalls aus der Schlacht bei Marathon stammte und hinterher geweiht wurde. Ihn ziert die Inschrift: »Die Athener für Zeus als Siegesbeute von den Medern.«[14]

Wertvollere Weihobjekte, etwa aus Gold und Silber, wurden gesondert in kleinen Gebäuden untergebracht, den sogenannten Schatzhäusern. Diese sahen aus wie kleine Tempel und wurden von den einzelnen griechischen Stadtstaaten und Kolonien errichtet, um darin die von ihren Bürgern gestifteten Gegenstände aufzubewahren.[15]

Ein weiteres recht schlichtes und mit einer Inschrift versehenes Artefakt aus Olympia ist heutzutage ähnlich berühmt, doch handelt es sich dabei nicht um ein Weihobjekt: Es ist ein zerbrochener Weinbecher aus Keramik, in dessen Unterseite die Worte »Ich bin des Pheidias [Eigentum]« eingeritzt sind. Man nimmt an, dass es sich um den persönlichen Trinkbecher des legendären Bildhauers Phidias handelt. Die deutschen Ausgräber fanden ihn 1958 in einem Gebäude außerhalb des Heiligtums – es muss die Werkstatt gewesen sein, in der Phidias die Kolossalstatue des Zeus schuf. Später wurde der Bau in eine byzantinische Kirche umgewandelt, doch von den Proportionen her entspricht er genau den Abmessungen jenes Tempelraums, in dem viele Jahrhunderte lang die Statue stand. In der Nähe wurden zwei Müllplätze ausgegraben, wo sich neben Resten von Elfenbein, Metall und Glas auch Terrakotta-Formen und Werkzeuge fanden, unter anderem ein Goldschmiedehammer.[16]

Die Olympischen Spiele selbst wurden im Laufe der Jahre immer aufwendiger, und es kamen immer wieder neue Disziplinen hinzu.[17] Als die Spiele im Jahre 776 v. Chr. zum ersten Mal stattfanden, gab es nur einen einzigen Wettlauf. Noch im selben Jahrhundert wurden zwei längere Wettläufe eingeführt. Es folgten Ringen und Boxen und der Pentathlon, der antike Fünfkampf, bei dem die Athleten in fünf Sportarten gegeneinander antraten: Diskuswurf, Speerwurf, Weitsprung, Laufen und Ringen. Noch später kamen Pferderennen, der Wettlauf in voller Rüstung und das Pankration hinzu.

Nicht alle diese Sportarten glichen dem, was wir heute darunter verstehen. Beim Weitsprung beispielsweise hielten die Athleten Gewichte in der Hand, die sie mitten im Sprung hinter sich warfen, um noch weiter springen zu können. Die deutschen Archäologen haben einige solcher Gewichte ausgegraben – mehr als 2000 Jahre, nachdem die Sieger sie an Ort und Stelle weihten. Um 100 v. Chr. (wahrscheinlich sogar schon um einiges früher) dauerten die Wettkämpfe und die religiösen Feierlichkeiten bereits volle fünf Tage. Die Sieger – bei jeder Disziplin war das nur ein einziger, ein »Treppchen« gab es noch nicht – wurden am letzten Tag der Spiele mit einem Kranz aus Olivenbaumzweigen geehrt. Wenn sie in ihre Heimatstadt zurückkehrten, wurden sie dort jedoch oft reicher beschenkt; wer bei den Spielen zum Beispiel für Athen siegte, erhielt sein Leben lang freie Kost und Logis in der Stadt.[18]

Auch nachdem die Römer Griechenland im 2. Jahrhundert v. Chr. erobert hatten, blieben die Spiele populär – bis Kaiser Theodosius ihnen mehr als 500 Jahre später ein Ende setzte. Nero war besonders begeistert von den Olympischen Spielen und nahm im Jahr 67 n. Chr. sogar persönlich daran teil. Beim Wagenrennen fiel er vor der Zieleinfahrt vom Wagen, wurde aber dennoch zum Sieger erklärt. Er verfügte außerdem, ein öffentliches Konzert zu veranstalten, und ließ die Stadttore verriegeln, damit niemand fliehen konnte. Wie der römische Biograf Sueton berichtet (auch wenn er dabei wohl ein wenig übertreibt), taten mehrere Frauen so, als stünden sie kurz vor der Niederkunft, während Nero auf der Bühne stand; andere Zuschauer sprangen von den Mauern des Heiligtums oder täuschten ihren eigenen Tod vor, damit sie aus der Stadt getragen wurden und den Kaiser nicht länger singen hören mussten.[19]

Da es noch weitere panhellenische Sportwettkämpfe gab, fanden die Olympischen Spiele nur alle vier Jahre statt. In den drei dazwischenliegenden Jahren standen die Isthmischen Spiele in Korinth, die Nemeischen Spiele in Nemea und die Pythischen Spiele in Delphi an. Genau wie in Olympia entstanden an jedem dieser Orte neben den Sportstätten auch Tempel, Schatzhäuser sowie Denkmäler für die jeweilige Schutzgottheit. In Delphi war das der Gott Apollon.

Das Orakel im Apollontempel brachte der am Fuße des Parnass auf dem griechischen Festland gelegenen Stadt Delphi im Altertum Ruhm und Reichtum ein. Verkörpert wurde das Orakel durch eine heilige Priesterin, die, wie es hieß, im Inneren des Tempels auf einem dreibeinigen Stuhl über einem Riss im Boden saß. Aus der Erdspalte stiegen Dämpfe empor, die sie in Trance fallen ließen. In diesem Trancezustand sprach der Gott Apollon aus ihr und gab jedem, der sie etwas fragte, recht rätselhafte Antworten.[20]

Im 8. und 7. Jahrhundert v. Chr. wurde das Orakel regelmäßig von Abgesandten griechischer Stadtstaaten konsultiert, die Kolonisten in weit entfernte Gegenden senden wollten – vom Schwarzen Meer bis nach Süditalien und darüber hinaus; Kyrene in Nordafrika gehörte ebenso zu den griechischen Kolonien wie Marseille in Südfrankreich. Fraglich bleibt, woher das Orakel wusste, was es diesen Bittstellern raten sollte, aber offenbar waren die meisten Kolonien ziemlich erfolgreich; nicht selten übertrafen sie später sogar die Mutterstadt in puncto Wohlstand und Prestige.[21] Die berühmteste Frage, die dem Orakel jemals gestellt wurde, stammte laut dem griechischen Historiker Herodot von König Krösus von Lydien (in Anatolien). Er wollte Mitte des 6. Jahrhunderts v. Chr. wissen, ob er unter Kyros dem Großen in den Krieg gegen die Perser ziehen sollte. Das Orakel antwortete, wenn er eine Armee gegen die Perser führe, zerstöre er damit ein großes Reich. Krösus nahm das als gutes Omen, zog in den Krieg – und verlor. Die Prophezeiung erfüllte sich, indem sein eigenes Reich unterging.[22]

Nichts von alledem hat irgendwelche Spuren hinterlassen. Die französischen Delphi-Ausgräber fanden keinen dreibeinigen Stuhl, keine Überreste einer Priesterin, ja nicht einmal einen Riss im Boden, und das, obwohl ganz in der Nähe zwei Verwerfungslinien aufeinandertreffen, die für Erdbeben sorgen können.[23]

Um sich die Grabungsrechte für Delphi zu sichern, handelte Frankreich im Frühjahr 1891 mehrere Verträge mit der griechischen Regierung aus. Doch zunächst musste das neuzeitliche Dorf, das sich direkt über dem Heiligtum befand, komplett verlegt werden. Alle 300 Dorfbewohner in neu gebaute Häuser umzusiedeln, kostete 500 000 Francs (heute wären das etwa 3,5 Millionen Euro).[24] Trotzdem gab es Proteste: Einige Dorfbewohner fanden, sie hätten für ihre alten Häuser zu wenig Geld bekommen. Erst, als sich auch in dieser Hinsicht die Wogen geglättet hatten, konnte die Ausgrabung beginnen. Was die französischen Archäologen fanden, war so bemerkenswert, dass Delphi, das bei den alten Griechen als Nabel (*omphalos*) der Welt galt, heute eines der schönsten und am häufigsten besuchten Touristenziele von ganz Griechenland ist. Seit 1987 zählt die Stätte zum UNESCO-Weltkulturerbe.[25]

Apollontempel, Delphi

Die Franzosen waren nicht die ersten Archäologen gewesen, die dort gegraben hatten; ab den 1820er-Jahren hatte es immer wieder Versuche gegeben, hier Spuren der antiken Stätte zu finden. Doch erst die offiziell sanktionierte und entsprechend aufwendige Ausgrabung der französischen Forscher, bei der eigens 1800 Meter Eisenbahnschienen verlegt wurden, um die ungeheuren Mengen ausgehobener Erde abzutransportieren, führte zum Erfolg. Die Grabung dauerte etwas mehr als zehn Jahre, von Oktober 1892 bis Mai 1903. Sie wurde von den Zeitgenossen als »die große Grabung« bezeichnet, und »groß« war sie wirklich, sowohl hinsichtlich dessen, was die Ausgräber alles zutage förderten, als auch in Bezug auf die Anzahl der Beschäftigten – 1893 beispielsweise waren vor Ort 220 Arbeitskräfte tätig.[26]

Seither hat es an der Fundstätte keine Ausgrabungen in ähnlicher Größenordnung mehr gegeben, auch wenn in den 1920er- und 1930er-Jahren sowie in den 1970er- bis 1990er-Jahren immer wieder kleinere Untersuchungen vorgenommen wurden. In puncto moderne Grabungstechnologien gibt es hier also wenig zu vermelden. Umso interessanter ist Delphi aber, wenn es um die Konservierung und Erhaltung dessen geht, was die Ausgräber um die Jahrhundertwende fanden. Allein die Zahl der Fachpublikationen ist bemerkenswert – bis heute sind über die dortigen Gebäude, Inschriften und anderen Funde mehr als sechzig Bände erschienen.[27]

Die erste Grabungssaison im Jahr 1892 war relativ kurz, da sich die Verhandlungen mit den Dorfbewohnern in die Länge zogen. Doch als die Ausgrabungen 1893 endlich Fahrt aufnahmen, riss das Glück der Archäologen nicht mehr ab; Jahr für Jahr machten sie neue erstaunliche Entdeckungen. Es war eine aufregende Zeit für die französischen Ausgräber. Sie nutzten auf vorbildliche Weise die noch recht junge Technologie der Fotografie –

in der 1846 gegründeten École française d'Athènes lagern heute noch an die 2000 Fotoplatten aus Glas, die damals in Delphi aufgenommen wurden und einige der spektakulären Funde im Augenblick ihrer Entdeckung dokumentieren.[28]

Besonders einige der Statuen waren sensationell. 1893 und 1894 fanden die Forscher je eine gegen Ende des 7. Jahrhunderts v. Chr. im archaischen Stil angefertigte Marmorstatue. Das Paar stellt die mythischen Brüder Kleobis und Biton aus Argos dar. Wir kennen die beiden aus Herodots *Historien,* wo der Dichter beschreibt, wie sich »die pflichtbewussten Söhne« selbst vor den Karren ihrer Mutter spannen und sie fünf Meilen weit ziehen, damit sie an einem religiösen Fest teilnehmen kann. Um sie zu ehren, fertigten die Bewohner von Argos laut Herodot »Standbilder dieser beiden hervorragenden Männer an und weihten sie in Delphi«. Eben jene Statuen hatten die stolzen Archäologen nun gefunden; die Schwarz-Weiß-Fotografien zeigen, wie sie sich an der Fundstelle versammelt haben und zuschauen, wie die Köpfe und Torsos der Figuren freigelegt werden.[29]

Die wohl berühmteste Statue, die die Franzosen fanden, ist der sogenannte Wagenlenker von Delphi. Den unteren Teil der Bronzeskulptur gruben die Archäologen zusammen mit der dazugehörigen steinernen Basis Ende April 1896 aus, und bereits Anfang Mai tauchte der obere Teil auf, bei dem Kopf und Gesicht komplett intakt waren – Letzteres verfügte sogar noch über die eingelegten Glasaugen. Auch hier wurde der Moment der Entdeckung fotografisch festgehalten. Die Inschrift auf der Kalksteinbasis dokumentiert, dass ein gewisser Hieron von Syrakus bei den Pythischen Spielen im Jahr 478 oder 474 v. Chr. siegte. Er war der Bruder (und Nachfolger) des Tyrannen Gelon und der Besitzer des Wagens, der als Erster ins Ziel kam – damals galt nämlich nicht der Wagenlenker als Sieger des Rennens, sondern der Besitzer. Sein anderer Bruder, Polyzalos (der wiederum

Hierons Nachfolger wurde), weihte die Statue später anscheinend noch einmal, um den Sieg für sich zu reklamieren.[30]

Auch mehrere Gebäudereste wurden freigelegt, unter anderem Fundamente von Schatzhäusern der Athener, der Siphnier, der Sikyonier und der Knidier. Rund um die Schatzhäuser waren auch noch Fragmente der aufwendigen Friese und anderer Dekorationselemente erhalten. In diesen schön gestalteten kleinen Gebäuden bewahrten die genannten Stadtstaaten einst die Weihgeschenke ihrer Bürger auf. Die kostbaren Objekte aus Gold und Silber konnten die Ausgräber allerdings nicht mehr finden – sie waren bereits von römischen Eroberern wie Sulla und Nero abtransportiert worden. Allein Nero ließ angeblich etwa 500 Statuen aus dem delphischen Heiligtum nach Rom bringen. Die Archäologen entdeckten auch die Überreste des Apollontempels und das Stadion für die Wettläufe der Pythischen Spiele, die wie die Olympischen Spiele alle vier Jahre abgehalten wurden, sowie das dazugehörige Gymnasion.[31]

Die Ausgräber fanden viele, sehr viele Inschriften, mitunter mehrere Dutzend an einem einzigen Tag. Zu den bedeutendsten zählen Fragmente zweier Delphischer Hymnen an Apollon aus dem 2. Jahrhundert v. Chr., die 1893 auf Steinplatten im Schatzhaus der Athener auftauchten. Zwischen den Textzeilen finden sich Symbole, die Vokal- und Instrumentalnotationen darstellen. Mitte März 1894 wurde daher im Beisein des Königs und der Königin von Griechenland der Versuch unternommen, die Hymnen so aufzuführen, wie sie ursprünglich geplant gewesen waren. Kurz darauf waren die Hymnen auch in St. Petersburg und Johannesburg zu hören, doch es war die Aufführung in Paris im selben Jahr, vorgetragen im Rahmen einer von Pierre de Coubertin organisierten Konferenz, durch die sich zahlreiche neue Mitstreiter für dessen Bewegung zur Wiederbelebung der Olympischen Spiele fanden.[32]

Auch die Heilige Straße wurde freigelegt. Der schon von Pausanias beschriebene Pilgerweg führte vom Eingang des Heiligtums zum Stadion und wand sich dabei wie eine Schlange den Berg empor – durchaus passend für den ursprünglichen Namen von Delphi: Pytho. Wenn ich heute mit Touristen diese Straße emporsteige, lässt mich der Blick auf die heiligen Olivenhaine im Tal und über den Golf von Korinth auf die Peleponnes jedes Mal aufs Neue ehrfürchtig staunen, ein Gefühl, wie es in alten Zeiten jeder echten religiösen Erfahrung innewohnte. Und vielleicht gilt das auch heute noch.[33]

Von der Terrasse des viel kleineren Heiligtums der Athene aus, wo sich das Gymnasion befindet, überquert man die moderne Straße und gelangt in einen gepflasterten Bereich, der hinter dem Haupteingang zum Gelände liegt. Hier entdeckt man sofort die Statuen und anderen Weihgeschenke von Einzelpersonen und Stadtstaaten, die links und rechts der Heiligen Straße Spalier stehen. Viele erinnern an militärische Erfolge wie den Sieg der Athener über die Perser in Marathon 490 v. Chr. Um an ihren Triumph über die Athener in der Schlacht bei Aigospotamoi im Jahre 405 v. Chr. zu erinnern, die das Ende des Peloponnesischen Krieges markierte, stifteten die Spartaner sogar ein ganzes Gebäude.[34]

Weiter geht es die Straße empor und um die erste Rechtskurve. Hier kommen wir zu dem Bereich, wo die von den griechischen Stadtstaaten errichteten Schatzhäuser standen; leider sind die Gebäude längst verschwunden, genau wie die Reichtümer, die sie einst bargen. Die französischen Archäologen konnten 1893/1894 nur noch die Fundamente freilegen sowie Teile der einst bunt bemalten Metopen und Friese, die Kämpfe zwischen Göttern und Riesen, die Heldentaten des Theseus und viele weitere Szenen zeigten.[35]

Ein Stück weiter den Hügel empor, ragt mit einem Mal das

Fundament des Apollontempels wie eine Wand vor uns auf. Davor befindet sich die sogenannte Halle der Athener, eine Säulenhalle, die nur eine einzige Inschrift besitzt: »Die Athener weihten diese Halle und die Schiffstaue und Galionsfiguren, die sie ihren Feinden abnahmen.« Ein findiger französischer Forscher konnte 1948 nachweisen, dass damit die Taue einer Brücke gemeint waren, die der persische König Xerxes 480 v. Chr. beim Einmarsch in Griechenland über den Hellespont hatte bauen lassen. Nachdem die Athener Xerxes noch im selben Jahr in Salamis besiegt hatten, nahmen sie die Taue als Erinnerungsstücke mit und weihten sie hier in ihrer Säulenhalle in Delphi.[36]

Wenn wir um die nächste Ecke biegen und uns links halten, nähern wir uns langsam dem Vordereingang des Tempels, wo einst gegenüber dem Apollonaltar die berühmte Schlangensäule stand. Der Schaft der Säule bestand aus drei einander umschlingenden Schlangen aus Bronze, darüber thronte ein goldener Dreifuß. Sie sollte an den Sieg der Griechen über die Perser in der Schlacht von Plataiai 479 v. Chr. erinnern. Der Dreifuß wurde vor langer Zeit gestohlen oder zerstört, doch die Bronzeschlangen, die eine Inschrift mit den Namen aller 31 an der Schlacht beteiligten griechischen Stadtstaaten tragen, existieren noch: Der römische Kaiser Konstantin der Große nahm die Schlangensäule im 4. Jahrhundert n. Chr. mit in seine neue Hauptstadt Konstantinopel, das heutige Istanbul, wo man sie nach wie vor bewundern kann. Sie steht in der Mitte des Sultan-Ahmed-Platzes, dem ehemaligen Hippodrom. Nur die Köpfe der Schlangen (beziehungsweise Fragmente davon) befinden sich im nahegelegenen Archäologischen Museum von Istanbul.[37]

Wir verlassen nun die Straße, betreten den Heiligen Bezirk des Apollon und nähern uns dem großen Tempel. Sechs Säulen der Vorderseite wurden wieder aufgestellt. Ursprünglich befanden sich an der Vorder- und Rückseite des Tempels je sechs und dazwischen an den Längsseiten je 13 weitere Säulen – zwei mehr als für diese Art Tempel eigentlich üblich. Um das berühmteste Orakel von ganz Griechenland unterzubringen, benötigte man eben ein wenig mehr Platz.

Von dem Bau, dessen Ruinen wir heute vorfinden, schreibt Pausanias, es sei bereits die fünfte Version des Tempels gewesen. So ganz glaubwürdig scheint sein Bericht indes nicht, denn im gleichen Atemzug behauptet er, die ersten drei seien aus Lorbeerzweigen, Bienenwachs und Bronze errichtet worden und erst die vierte Version aus Stein. Ein wenig zuverlässiger sind (vielleicht) die Erkenntnisse von Archäologen, die an diesem Standort Spuren von immerhin zwei Vorgängertempeln gefunden haben. Der erste brannte im Jahr 548 v. Chr. nieder, den zweiten zerstörte 373 v. Chr. ein Erdbeben. Der Tempel, dessen Fundament wir heute vorfinden, wurde ebenfalls noch innerhalb des 4. Jahrhunderts v. Chr. errichtet. Die französischen Archäologen fanden eine Inschrift mit den Namen der Wohltäter, die den Wiederaufbau mitfinanzierten, und sie konnten ermitteln, dass es fast vierzig Jahre dauerte, bis der Tempel wieder stand, nicht zuletzt, weil Philipp II. von Makedonien, der Vater Alexanders des Großen, zu jener Zeit immer wieder Griechenland angriff.[38]

Kehren wir nun zur Heiligen Straße zurück, biegen wieder links ab und gehen an der Längsseite des Tempels entlang, so stehen rechts von uns weitere Statuen und Weihgeschenke, und ein Stück dahinter befinden sich die Überreste eines großen Säulenbaus, der sogenannten Stoa. Der hellenistische König Attalos I., der im 3. Jahrhundert v. Chr. in Pergamon (in der heutigen Türkei) herrschte, ließ diese Stoa bauen und weihen. Sein zweitgeborener Sohn und Nachfolger, Attalos II., errichtete Mitte des 2. Jahrhunderts v. Chr. in Athen eine ganz ähnliche Stoa.

Sobald wir den Tempel hinter uns lassen, fällt unser Blick nach rechts auf das große Theater sowie auf das oberhalb des Theaters gelegene Stadion, das die Franzosen 1896 ausgruben. Hier fanden während der Pythischen Spiele die Wettkämpfe statt. Alles in allem standen in Delphi laut Pausanias die gleichen Disziplinen an wie in Olympia, und der Sieger eines jeden Wettbewerbs erhielt auch hier einen Kranz. Die ersten Pythischen Spiele fanden um 591 v. Chr. herum statt. Sie wurden alle vier Jahre ausgetragen, bis der gesamte heilige Bezirk in den 390er-Jahren n. Chr. geschlossen wurde, was das Aus sowohl für das Orakel als auch für die Wettkämpfe bedeutete. Schuld war das Dekret von Kaiser Theodosius, das auch den Olympischen Spielen ein Ende bereitete.[39]

Athen hat ebenfalls ein Stadion, aber es ist nicht antik, sondern (relativ) modern. 1896 und 2004 fanden hier die Olympischen Spiele der Neuzeit statt. Im Altertum richtete die Stadt keine solchen Spiele aus, obwohl sie mit Athene ihre eigene Schutzgottheit hatte, so wie Olympia Zeus und Delphi Apollon. Stattdessen war Athen Dreh- und Angelpunkt vieler bahnbrechender Neuerungen wie der Demokratie und die Heimstatt so bedeutender Philosophen wie Sokrates, Platon und Aristoteles. Die Akropolis (wörtlich: »Oberstadt«) von Athen ist zu Recht weltberühmt und wurde 1987 zum UNESCO-Weltkulturerbe erklärt.[40] Griechische und deutsche Ausgräber, unter anderem auch Wilhelm Dörpfeld, entdeckten zu Beginn des 19. Jahrhunderts die Überreste der Akropolis-Gebäude. Sie gruben den Parthenon, das Erechtheion und den kleinen Tempel der Siegesgöttin Nike aus sowie zahlreiche marmorne Statuen und Inschriften. Vom Parthenon stammten auch die sogenannten Elgin Marbles – die Marmorskulpturen, die Lord Elgin um 1805 herum nach England schickte. Rund zehn Jahre später gelangten sie ins British Museum, wo sie heute noch zu sehen sind. Nach wie vor drängt Griechenland auf eine Herausgabe der Kunstwerke. Auch an den Hängen der Akropolis legten die Archäologen diverse antike Ruinen frei, unter anderem das Theater und das Odeion, das aus römischer Zeit stammt und inzwischen wieder für Theater- und Musikaufführungen mit griechischen und internationalen Künstlern genutzt wird.

Die Agora, der Marktplatz im Herzen der Stadt, war ein Ort, den die Athener weitaus häufiger besuchten. Hier befanden sich viele wichtige öffentliche Bauten, zum Beispiel die Gerichtshöfe, das Buleuterion, in dem der Stadtrat tagte, die Tholos, wo der Vorstand des Stadtrats unter Ausschluss der Öffentlichkeit zusammenkam, das Metroon mit dem Stadtarchiv und diverse Säulenhallen. An der Agora gab es außerdem zahlreiche Ladengeschäfte, wie es sich für einen Marktplatz gehört, und sie diente als Treffpunkt für die Bürger – natürlich auch für Philosophen wie Sokrates. An einer Seite der Agora thronte über allem das Hephaisteion, ein bedeutender Tempel für den Schmiedegott Hephaistos, den deutsche Archäologen in den 1890er-Jahren ausgruben. Wie bei einem großen Gebiet in der Innenstadt einer Metropole nicht anders zu erwarten, war die Agora einem ständigen Wandel unterworfen. Auch wenn die grundlegende Funktion der Athener Agora immer dieselbe blieb, sahen die Gebäude und ihre Anordnung im 5. Jahrhundert v. Chr. ganz anders aus als im 1. Jahrhundert n. Chr.[41]

Seit 1931 ist die American School of Classical Studies at Athens fast ohne Unterbrechung mit der Ausgrabung der Agora beschäftigt. Die Arbeiten hier spiegeln sehr schön wider, welche methodischen und technologischen Fortschritte in den nunmehr fast neunzig Jahren gemacht wurden.[42] Die Archäologen haben nicht nur alle im vorigen Absatz aufgeführten Gebäude freigelegt, sondern auch viele der Straßen und Gassen, auf denen Perikles und Sokrates einst wandelten. Dennoch gibt es immer noch einiges zu entdecken. Heute verwenden die Ausgräber iPads mit einer Software namens iDig, die vom Technologie-Guru der

Archäologen, Bruce Hartzler, entwickelt wurde und die weit mehr Funktionen bietet als die Standardsoftware, mit der die Ausgräber von Pompeji noch vor wenigen Jahren unterwegs waren. Mit iDig können die Archäologen auf der Agora ihre Grabungsdaten jetzt noch schneller, einfacher, präziser und in Echtzeit aufzeichnen.[43]

Die Agora liegt am Fuße der Akropolis, in einem der lebhaftesten und quirligsten Viertel von Athen mit Geschäften, Restaurants und Wohnhäusern. Bevor die Archäologen irgendwo etwas ausgraben können, müssen sie folglich die Häuser oder anderen Bauten kaufen, die heute dort stehen. Unter T. Leslie Shear Sr., Homer Thompson, T. Leslie Shear Jr. und John McKesson Camp, die einander hier im Laufe der Jahrzehnte als Grabungsleiter abwechselten, wurden bislang etwa 400 Gebäude gekauft und abgerissen, um unter ihnen zu graben. Dabei müssen sich die Ausgräber sorgfältig durch die einzelnen Schichten der Stratigrafie vorarbeiten; über die osmanische und die byzantinische Epoche gelangen sie so zur Römerzeit, dann zum klassischen Athen und schließlich in die Bronzezeit.[44]

In jedem Sommer, den die Archäologen hier gegraben haben, kamen neue Puzzleteile ans Licht, die nach und nach die Geschichte des wohl berühmtesten aller Marktplätze erzählen. Sie fanden zum Beispiel Steine, die einst die Grenze der Agora markierten und in die buchstäblich »Ich bin die Grenze der Agora« eingeritzt wurde, sowie die Überreste diverser Gebäude und Monumente, die wir aus den Schriften mehrerer antiker Autoren kennen. Dazu zählen der Zwölfgötter-Altar, die Statuen der Eponymen Heroen, die Stoa des Attalos und möglicherweise sogar das Haus von Simon dem Schuster (in dem Sokrates manchmal lehrte) sowie das Gefängnis, in dem Sokrates einsaß, als man ihn anklagte, die Jugend zu verderben und nicht an die Götter zu glauben.[45]

Da Athen (und insbesondere die Agora) als Wiege der Demokratie gilt, ist es wenig verwunderlich, dass die Archäologen sowohl Wahlurnen gefunden haben als auch jene bronzenen Täfelchen, mit denen abgestimmt wurde. Diese Täfelchen wurden so zwischen Daumen und Zeigefinger gehalten, dass auf dem Weg zur Urne niemand sehen konnte, wen man wählte. Außerdem fand man Geräte, die dazu dienten, Geschworene für Gerichtsprozesse auszuwählen, Wasseruhren, mit denen die Redezeit gemessen wurde, und Tonscherben (Ostraka) mit eingeritzten Namen. Mit diesen Tonscherben wurde darüber abgestimmt, welche Personen zu mächtig geworden waren und ihres Amtes enthoben werden sollten – das legendäre »Scherbengericht«. Viele dieser Funde sind in der Stoa des Attalos zu sehen, die in den 1950er-Jahren mit denselben Materialien wie der Originalbau rekonstruiert wurde und heute als Museum der Fundstätte dient.[46]

Ich war 1982 als junger, eifriger Grabungshelfer auf der Agora. Es war der Sommer nach meinem College-Abschluss, und wie viele Absolventen, die die Archäologie zu ihrem Beruf machen wollten, hatte auch ich mich freiwillig für eine Grabung gemeldet, bevor im Herbst mein Studium auf der Graduiertenschule beginnen sollte. Dem damaligen Team gehörten mindestens zwölf Freiwillige an, die inzwischen eine ganz ähnliche Karriere hinter sich haben wie ich.

Ich hatte das Privileg, in der Stoa Poikile (der »bunten Stoa«) graben zu dürfen, die erst im Jahr zuvor entdeckt und identifiziert worden war. Im Altertum war die Säulenhalle für ihre großen Wandmalereien berühmt gewesen, und als Pausanias sie 600 Jahre nach ihrer Entstehung besuchte, gab es die Bilder immer noch. Inzwischen sind sie natürlich längst verschwunden.[47]

Außerdem hatte ich das zweifelhafte und feuchte Vergnügen, einen antiken Brunnen auszugraben, der sich neben der Stoa

Poikile befand. Nur mit Shorts bekleidet und ein Tuch um den Kopf geschlungen, das den Schlamm von Haar und Augen fernhalten sollte, wurde ich in einem großen Eimer in ein Erdloch hinuntergelassen. Unten angekommen stieg ich aus dem Eimer und stand im Schlick, wo ich einen Bereich auszuheben begann, der so eng war, dass ich kaum hineinpasste – nichts für Leute mit Platzangst. Im Laufe der Saison verbrachten noch einige andere nicht allzu lang geratene Ausgräber viele Stunden in diesem feuchten Erdloch, legten sorgfältig intakte Gefäße, Scherben und andere Artefakte frei, die entweder versehentlich hineingefallen oder absichtlich entsorgt worden waren, und holten sie schließlich aus dem Schlamm heraus, der sie seit dem Altertum konserviert hatte.[48]

Eine Ausgrabung in der Innenstadt von Athen unterscheidet sich von den meisten anderen Grabungen insofern, als dass am Rand der Fundstätte ständig Dutzende Touristen hinter dem Zaun stehen und einem auf die Finger schauen. So auch bei uns damals – doch die Rache folgte auf dem Fuße: Besonders dann, wenn wir den ganzen Tag im Brunnen verbracht hatten, starrten wir derart vor Schlamm und Dreck, dass sich auf dem Nachhauseweg durch die Plaka die Menschenmassen vor uns wie von Zauberhand teilten. Unter den dreißig Grabungssaisons, die ich erlebt habe, zählt jener Sommer noch immer zu den besonders denkwürdigen.

Diese drei Orte – Olympia, Delphi und Athen – kennt jeder, der schon einmal etwas über das antike Griechenland gelesen hat. Nur dank zahlloser Archäologen, die dort im Laufe von zwei Jahrhunderten tätig waren, können wir heute durch die antiken Monumente wandeln und ein Gefühl dafür bekommen, wie das alles im Altertum wohl so gewesen sein mag. Einige ausgewählte Gebäude – vor allem in Delphi und Athen – ausgenommen haben die Archäologen darauf verzichtet, die zerstörten und verfallenen Bauten zu rekonstruieren. Wer heute als Tourist diese Stätten besucht, muss sich demnach aktiv mit dem jeweiligen Standort auseinandersetzen, um sich vorstellen zu können, wie es dort früher einmal aussah.

Die drei in diesem Kapitel beschriebenen Stätten sollen an dieser Stelle genügen, um das klassische Griechenland vorzustellen. Sie zeigen exemplarisch, wie sich die Klassische Archäologie in dieser Region entwickelt hat und wie aus der Suche nach Statuen und legendären Orten eine Wissenschaft geworden ist, die sich mit dem Leben und den Leistungen der alten Griechen beschäftigt. Ganz abgesehen davon ist es einfach ein großartiges Gefühl, im selben Theater zu sitzen wie Euripides, in Sokrates' Gefängniszelle zu stehen, den Apollontempel zu betreten, in dem einst die Abgesandten des Krösus das Orakel von Delphi befragten, oder im Originalstadion von Olympia miteinander um die Wette zu laufen. Ohne die Archäologie wäre das alles nicht möglich.

12

WAS HABEN DIE RÖMER JE FÜR UNS GETAN?

Sicherlich erwartet man in einem Buch über die Archäologie nicht unbedingt ein Monty-Python-Zitat als Kapitelüberschrift, aber schließlich habe ich ja auch schon mehrfach Indiana Jones erwähnt. Zudem steckt viel Wahres in dem dazugehörigen Dialog aus dem Film *Leben des Brian* (1979). Das vollständige Zitat nämlich lautet: »Mal abgesehen von sanitären Einrichtungen, der Medizin, dem Schulwesen, Wein, der öffentlichen Ordnung, der Bewässerung, Straßen, der Wasseraufbereitung und den allgemeinen Krankenkassen – was, frage ich euch, haben die Römer je für uns getan?«[1] Natürlich haben die Römer diese Dinge nicht alle erfunden, aber sie haben sie im Laufe der Jahrhunderte, in denen das Römische Reich existierte (insbesondere vom ersten vor- bis zum fünften nachchristlichen Jahrhundert), flächendeckend eingeführt. Außerdem haben sie den Menschen die Massenunterhaltung gebracht, mitsamt der riesigen Arenen (wie dem Kolosseum in Rom), in denen die Spektakel verfolgt werden konnten.

Römische Ruinen haben Archäologen nicht nur in Italien gefunden und ausgegraben, sondern auch in England, Frankreich, Deutschland, Spanien und vielen anderen europäischen Ländern sowie in Libyen, Ägypten, Israel, Libanon, Jordanien, Syrien und anderswo im Nahen Osten; von Griechenland, der Türkei und Zypern ganz zu schweigen. 1986 beispielsweise gehörte ich einem Team an, das bei Paphos auf Zypern eine römische Villa ausgrub. Die Villa, die auf Ende des 2. oder Anfang des 3. Jahrhunderts n. Chr. datierte, war offenbar durch ein Erdbeben zerstört worden. Die darin gefundenen Artefakte bezeugten, dass der Hausherr recht wohlhabend gewesen war. In einem Zimmer fanden wir das Skelett eines jungen Mädchens, das wahrscheinlich während des Erdbebens den Tod fand, sowie eine einzelne Ledersandale.[2]

Das Beeindruckendste an diesem Haus aber war ein komplexes, vielfarbiges Bodenmosaik, das Orpheus, den musikalischsten aller griechischen Helden, Lyra spielend und umringt von Tieren zeigt. Angelehnt an dieses Mosaik heißt das ganze Gebäude seither »Haus des Orpheus«. Die Ausgrabung des Mosaiks ist mir vor allem deshalb so in Erinnerung geblieben, weil es nach der langwierigen Freilegung nicht ganz einfach war, einen Überblick über die komplette Darstellung zu bekommen – immerhin war das Mosaik 3 Meter breit und 3,5 Meter lang. Weil man damals weder Drohnen kannte noch tief fliegende Drachen benutzte, musste unser Fotograf auf eine Leiter steigen und dann, während wir das Gestell festhielten, auf einer hölzernen Planke über dem Mosaik balancieren wie eine Turnerin auf dem Schwebebalken. Nur so bekam er das gesamte Mosaik ins Bild. Stellen Sie sich vor, sie stünden im Schwimmbad auf einem federnden Dreimeterbrett und müssten, anstatt zu springen, das Wasser unter sich fotografieren – so in etwa war das damals.[3]

Villen und Mosaiken wie diese auf Zypern hat man überall gefunden, wo sich die Römer niederließen oder ihr Einfluss auf andere Weise spürbar wurde – von Europa über den Nahen Osten bis nach Nordafrika. In den vorangegangenen Kapiteln habe ich bereits Funde aus der Römerzeit in London und Troja, in Athen, Delphi, Pompeji und Herculaneum erwähnt; später werde ich noch auf weitere Zeugnisse der alten Römer zu sprechen kommen, die sich an Stätten wie Masada, Megiddo und den Höhlen am Toten Meer in Israel sowie in Petra in Jordanien und Palmyra in Syrien finden. In diesem Kapitel möchte ich mich daher auf einige wichtige Monumente in Rom beschränken und außerdem ein paar Probleme ansprechen, die aufkommen, wenn die Archäologie zu nationalistischen Zwecken instrumentalisiert wird.

Dem Mythos zufolge wurde Rom am 21. April 753 v. Chr. von den Zwillingen Romulus und Remus gegründet. Die Überlieferung besagt, dass sie Nachfahren des Königssohns Aeneas waren, der 500 Jahre vorher aus dem brennenden Troja geflohen war, zu der Zeit nämlich, als die Griechen um 1250 v. Chr. oder etwas später mit der Eroberung der Stadt den Trojanischen Krieg beendeten. Der römische Dichter Vergil hat die Geschichte von Aeneas in seinem treffend betitelten Epos *Aeneis* verewigt. In diesem Werk, das im 1. Jahrhundert n. Chr. während der Regierungszeit des ersten römischen Kaisers Augustus erschien, erwähnt Vergil auch mehrmals Romulus und Remus (in Buch 1 und Buch 8). Es wird niemanden überraschen, dass man die Geschichte von Aeneas nicht für bare Münze nehmen muss; immerhin war Vergil mit dem Vorsatz angetreten, den Römern ein Nationalepos zu schreiben, so wie es Homer mit der *Ilias* und der *Odyssee* für die Griechen getan hatte. Die Erzählung von Romulus und Remus ist ebenfalls nur ein Mythos. Eine detaillierte Darstellung davon findet sich im ersten Buch von Livius' umfassendem Werk zur Geschichte Roms, das ebenfalls aus der Regierungszeit des Augustus stammt. Auch Livius wollte mit seinen Schriften den ersten römischen Kaiser verherrlichen und klarstellen, dass er einen legitimen Anspruch auf den Thron hatte. Livius schreibt, die Zwillinge seien nach der Geburt am Ufer des Tibers ausgesetzt worden, wo eine Wölfin sie fand, mit in ihre Höhle nahm und säugte, als seien sie ihre eigenen Welpen. Später entdeckte ein Schäfer namens Faustulus die beiden Knaben, brachte sie nach Hause zu seiner Ehefrau und zog sie wie eigene Kinder auf. Jahre später, als die Zwillinge im Prozess der Stadtgründung begriffen waren, tötete Romulus seinen Bruder Remus und benannte die Stadt nach sich. So zumindest will es der Mythos.[4]

Die zahlreichen Bände von Livius' Werk deckten die gesamte Geschichte Roms ab, *Von der Gründung der Stadt* (so der Titel) bis zur Gegenwart des Autors. Vieles von dem, was er schreibt, haben Archäologen mittlerweile bestätigt; beispielsweise hat man auf dem römischen Hügel Palatin primitive Hütten und andere Überreste aus dem frühen 1. Jahrtausend v. Chr. gefunden.[5] Die Erzählung von Romulus und Remus indes ist ein typisches Beispiel für den sogenannten Gründungsmythos. Viele Zivilisationen kennen einen solchen Mythos, der erklären soll, wie augenscheinlich ganz gewöhnliche Menschen Herrscher oder Anführer wurden. Ähnliche Mythen ranken sich um Moses (nachzulesen im Alten Testament), um Kyros II. von Persien und bereits um Sargon von Akkad, der im 23. Jahrhundert v. Chr. in Mesopotamien regierte. All diese Geschichten erzählen von fragwürdigen Ereignissen.[6]

Livius war natürlich nicht der Einzige, der sich für die römische Geschichte begeisterte und eine Brücke von der Antike in die Gegenwart bauen wollte. Dieses Bedürfnis gab es im 1. Jahrhundert n. Chr. ebenso wie im 19. und 20. Jahrhundert. Tatsächlich spiegeln die archäologischen Ausgrabungen, die zwischen 1870 und 1940 in Rom stattfanden, und die Rekonstruktion vieler antiker Monumente vielfach den Wunsch wider, Gegenwart und Vergangenheit zu verknüpfen.

Das erste Programm zur Ausgrabung und Erneuerung Roms wurde von Papst Pius VII. ins Leben gerufen und begann 1803/1804. Im Rahmen dieses Programms wurden Teile des Bogens von Septimius Severus, des Pantheon, des Konstantinsbogens und des Kolosseums freigelegt und konserviert. Auch nachdem Napoleon die Stadt 1807 erobert hatte, gingen die Arbeiten an zahlreichen Standorten weiter, unter anderem am Trajansforum und im Inneren des Kolosseums.[7]

In den Jahren nach 1870 hatten die Ausgrabungen, nun unter der Ägide von König Viktor Emanuel II., erstmals eine betont nationalistische Note. Neben dem Kolosseum wurden das Forum Romanum und zahlreiche weitere antike Gebäude und Monumente sowie einige berühmte Skulpturen weiter ausgegraben oder zumindest von Schutt und Geröll befreit. Rom war erst kurz zuvor zur Hauptstadt eines nunmehr geeinten Königreichs Italien erkoren worden, genau wie es damals die Hauptstadt des Römischen Reiches gewesen war, und der König wollte, dass sowohl die antike als auch die moderne Architektur den zurückgewonnenen Status der Stadt widerspiegelte.[8]

Für vieles von dem, was Touristen heute zu sehen bekommen, war jedoch nicht der König verantwortlich, sondern der faschistische Diktator Benito Mussolini, der in Italien 1922 zunächst als Premierminister an die Macht kam und der zehn Jahre später erklärte: »Vor allem ... bin ich Römer.« Mussolini prägte auch das Wort *Faschismus,* indem er es im Jahr 1919 zur Beschreibung seiner politischen Bewegung heranzog – abgeleitet von den römischen *fasces,* einem Rutenbündel, aus dem eine Axt herausragte. Im alten Rom galten diese *fasces* als Symbol für die Macht und Autorität der römischen Magistraten; nun machte Mussolini sie zum Symbol seiner Bewegung und seiner Revolution. Mussolini sah sich selbst als neuen Augustus, und das Rutenbündel stand für die Bedeutung Roms in der Vergangenheit und in der Gegenwart. Um es möglichst korrekt darstellen zu lassen, holte er eigens den Rat eines Archäologen ein. Als er an die Macht kam, war Mussolini wild entschlossen, ein Rom wie unter Kaiser Augustus zu erschaffen. Der hatte, wie es so schön heißt, »eine Stadt aus Ziegeln vorgefunden und eine aus Marmor hinterlassen«.[9]

Zu diesem Zweck ordnete Mussolini an, möglichst viele antike Baudenkmäler auszugraben und alle Hütten, Ladengeschäfte und andere neuzeitlichen oder mittelalterlichen Bauten rund um die Fundstätten abzureißen. Unter der Leitung von Archäologen wie Corrado Ricci wurden zwischen 1924 und 1938 auf diese Weise nicht nur mehrere Foren wie das Caesar-, das Augustus- und das Trajansforum freigelegt, sondern auch der Circus Maximus, in dem früher die Wagenrennen stattfanden. Viele antike Gebäude und Monumente wurden ausgegraben oder (im Falle des Kolosseums und des Forum Romanum) weiter ausgegraben, andere wurden rekonstruiert, so zum Beispiel die Ara Pacis – der Friedensaltar – des Augustus, das Mausoleum des Augustus, das Marcellustheater, das Pantheon und diverse Tempel. Neue Plätze und breite Boulevards wurden angelegt, um die ausgegrabenen Monumente besser in Szene zu setzen. Es heißt, die 14 Jahre Ausgrabungen unter Mussolini hätten uns »mehr Wissen über das augusteische Rom beschert als die 14 Jahrhunderte vorher«.[10]

Mussolini zeigte sich hinsichtlich der Ausgrabungs- und Bauprojekte sehr interessiert. Als die ersten modernen Gebäude abgerissen wurden, ließ er sich sogar dabei ablichten, wie er höchstpersönlich die Spitzhacke schwang. Auf anderen Fotos sieht man ihn mitsamt seinem Gefolge auf der brandneuen Via del Mare (»Meeresstraße«) vor dem Marcellustheater stehen oder über die Piazza Bocca della Verità schreiten, mit dem Janusbogen im Hintergrund. Eine der berühmtesten Fotografien zeigt den Duce zu Pferde und in vollem Ornat direkt vor dem Kolosseum. Sie entstand anlässlich der Einweihung der 1932 fertiggestellten Via del Imperio (»Reichsstraße«).[11]

Die Ausgrabung der Ara Pacis war eine technische Glanzleistung. Der Altar war von 13 bis 9 v. Chr. errichtet worden, um Augustus' Rückkehr nach Rom zu feiern – er hatte drei Jahre lang in Hispanien und Gallien gekämpft und dem Römischen Reich damit schließlich den ersehnten Frieden gebracht. Der mehr als 10 × 10 Meter große frei stehende Altar war ein handwerkliches Meisterstück mit kunstvoll ausgearbeiteten Friesen und Relieftafeln auf allen vier Seiten. Unter anderem waren dort die Göttin Roma zu sehen – sie sitzt auf einem Haufen Rüstungen – sowie die Wölfin, wie sie Romulus und Remus säugt. Mussolini beschloss, die Ara Pacis bis zum 23. September 1938, dem 2000. Geburtstag von Kaiser Augustus, ausgraben und restaurieren zu lassen,.[12]

Durch Zufall waren bereits 1568 beim Bau des Palazzo Peretti (der später in Palazzo Fiano umbenannt wurde) zehn Fragmente des Altars aufgetaucht, 17 weitere Bruchstücke wurden im Jahr 1859 entdeckt; letztere befanden sich inzwischen in verschiedenen Museen. Zudem lag der Großteil des Monuments nach wie vor unterhalb des Palazzo, und zwar nicht nur unter der Erde, sondern auch unter Wasser: Bei Ausgrabungen im Jahr 1903 hatte man zwar 53 weitere Fragmente des Altars gefunden, aber gleichzeitig feststellen müssen, dass der ganze Bereich komplett überflutet war.[13]

12 Was haben die Römer je für uns getan? 275

Der Archäologe Giuseppe Moretti und der Ingenieur und Hydraulikspezialist Giovanni Rodio leiteten die Ausgrabung in den Jahren 1937/1938. Als Erstes musste das Grabungs-Team die Wände des Palasts stabilisieren, der sich über dem antiken Monument befand; dazu wurde flüssiger Beton in einzelne Ziegelsteine gespritzt. Dann konstruierte man eine Art riesigen Sägebock, auf dem die Palastmauern ruhen konnten, die man mithilfe von Hydraulikhebern auf die Stützen hob. Als Nächstes legten die Forscher um den gesamten Bereich einen 1,5 Meter breiten Graben von etwa 70 Metern Umfang und einem Radius von über 20 Metern an. Im Graben wurde ein Rohr platziert, an das 55 weitere Rohre mit je 7,5 Zentimetern Durchmesser angeschlossen wurden, die 8 Meter tief in der Erde steckten. Dann wurde unter Druck flüssiger Stickstoff in die Rohre gepumpt, was rund um die Rohre alle Feuchtigkeit in der Erde gefrieren ließ. So entstand eine 8 Meter tiefe und 70 Meter lange kreisförmige Wand aus gefrorener Erde. Das Wasser im Inneren des Kreises wurde abgepumpt, und die Barriere aus Eis verhinderte, dass neues Wasser eindrang – auf diese Weise konnten die Archäologen endlich ordnungsgemäß graben. Sie bargen 75 große und mehrere hundert kleinere Stücke des Altars. Alsdann wurde der Altar mithilfe der neuen und aller bereits vorhandenen Fragmente (die man teilweise erst von den Museen zurückfordern musste) an einem neuen Standort in der Nähe des Augustus-Mausoleums rekonstruiert. Pünktlich zum 2000. Geburtstag des Augustus war der Altar fertig, so wie Mussolini es angeordnet hatte.[14]

Der Altar und der umliegende Bereich sind seitdem mehrmals renoviert worden, zuletzt 2006. Mehrere Wissenschaftler haben inzwischen Zweifel an Mussolinis Rekonstruktion angemeldet, sie sei allzu hastig durchgeführt worden und nicht so sorgfältig, wie man es sich gewünscht hätte; ein paar Fragmente seien fortgelassen worden, andere falsch zusammengefügt. Zudem könnte der gesamte äußere Teil auch von Kaiser Tiberius, der auf Augustus folgte, hinzugefügt worden sein. Möglicherweise ließ Tiberius den Altar sogar komplett umgestalten.[15]

Von der Ara Pacis abgesehen stammen die berühmtesten Monumente, die Touristen heute in Rom bestaunen können, aus dem späten 1. und der ersten Hälfte des 2. Jahrhunderts n. Chr., das heißt aus der Zeit der Flavier-Dynastie und der sogenannten Adoptivkaiser. Dazu zählen das von Vespasian erbaute Kolosseum, der Bogen von dessen Sohn Titus, die Trajanssäule und das unter Hadrian fertiggestellte Pantheon.

Mehr als achtzig Jahre nach dem Bau von Augustus' Friedensaltar ließ sich Kaiser Vespasian einen eigenen Friedenstempel in Rom errichten: das Templum Pacis. Im Jahr 71 n. Chr. gab er den Tempel in Auftrag, vier Jahre später wurde er offiziell geweiht. Der Friedenstempel, der angeblich zehnmal so groß war wie die Ara Pacis, galt lange Zeit als verloren – bis Archäologen bei Ausgrabungen in den Jahren 1998 bis 2000 die westliche Ecke des Tempels nahe dem Nerva-Forum entdeckten.[16]

Das Berühmteste an diesem Tempel war eine riesige Karte von Rom, die in Marmorplatten eingemeißelt war und zwischen 203 und 211 n. Chr. an der Südostwand des Tempels aufgehängt wurde. Auf diesem etwa 18 Meter hohen und 13 Meter breiten Stadtplan, der als Forma urbis Romae bekannt ist, waren im Maßstab von etwa 1:240 alle großen Gebäude verzeichnet, die die Stadt im frühen 3. Jahrhundert n. Chr. prägten – und das innerhalb eines Bereiches, der sich vom Tiber bis zur Gegend südlich des Kolosseums erstreckte. Die Karte verschwand während der Barbareninvasionen im unruhigen 5. Jahrhundert n. Chr. und tauchte später in zahllosen, über ganz Rom verstreuten und wiederverwendeten Einzelteilen wieder auf. Archäologen und Laien haben seit 1562 mehr als tausend Fragmente wiedergefunden, zuletzt im Jahr 2006. Dennoch besitzen wir noch immer nicht mehr als 20 Prozent der Karte (und nur 10 Prozent des Puzzles lassen sich verlässlich zusammensetzen).[17]

Vespasian war der vierte Kaiser, der binnen eines Jahres den römischen Thron bestieg, und zwar im ganz treffend benannten »Vierkaiserjahr« 69 n. Chr. Damals mussten sich die Römer mit einem Volksaufstand im heutigen Israel herumschlagen – dem sogenannten Jüdischen Krieg, der von 66 bis 70 n. Chr. dauerte. Vespasian war als Feldherr vor Ort, um den Aufstand mit Waffengewalt niederzuschlagen, bis er nach Rom zurückgerufen und als Kaiser eingesetzt wurde. Seine Thronbesteigung markierte den Beginn der Flavier-Dynastie, die Rom von 69 bis 96 n. Chr. regierte; auf Vespasian folgten seine beiden Söhne Titus und Domitian.

Da man Vespasian nach Rom zurückgerufen hatte, war es am Ende sein Sohn Titus, der 70 n. Chr. Jerusalem einnahm und zerstörte. Den Herodianischen Tempel brannten die Römer nieder, den Tempelschatz nahmen sie mit. Im Zuge dessen wurden so viele Menschen versklavt und so viel erbeutet, dass kurz darauf sowohl der Sklaven- als auch der Goldpreis fielen – der antike Historiker Josephus schreibt: »In Syrien verkaufte man ein Pfund Gold für die Hälfte seines früheren Wertes.«[18]

Vespasians Friedenstempel entstand in erster Linie, um die Niederschlagung des Aufstands in Judäa zu feiern, und bezahlt wurde er mit der Kriegsbeute aus dem eroberten Jerusalem. Nachdem die Schätze aus dem Jerusalemer Tempel im Rahmen eines Triumphzugs durch die Straßen von Rom getragen worden waren, bewahrte man sie im Innern des Friedenstempels auf. Zu diesen Schätzen gehörten laut Josephus eine siebenarmige Menora aus massivem Gold, der Schaubrottisch und zwei silberne Trompeten.

Titusbogen

Als die Barbaren im 5. Jahrhundert v. Chr. in Rom einfielen, verschwanden all diese Gegenstände, möglicherweise um dieselbe Zeit wie die Forma urbis Romae. Es heißt, dass die Beutestücke aus Jerusalem zunächst nach Karthago gebracht wurden und anschließend, im 6. Jahrhundert, nach Konstantinopel. Seither sind sie verschwunden; das Einzige, was von ihnen bleibt, ist die Darstellung auf einem berühmten Relief am gewaltigen Titusbogen.

Der Titusbogen wurde kurz nach Titus' Tod 81 n. Chr. zum Gedenken an den Sieg über Judäa am Ende des Forum Romanum in der Nähe des Kolosseums errichtet und geweiht.[19] Er blieb vor allem deshalb erhalten, weil er im Mittelalter in einen Turm integriert wurde, der zur Festung der Familie Frangipani gehörte – ein mächtiger Clan, der im 12. Jahrhundert in Rom für kurze Zeit das Sagen hatte. Im Jahr 1821 wurde der Bogen von den Anbauten der Frangipanis befreit und sein ursprüngliches Aussehen wiederhergestellt. Es ist ein beeindruckendes Monument, das da in den Himmel ragt, hoch über die Köpfe der vielen tausend Touristen hinaus, die das Forum jedes Jahr besuchen. Wie bemerkenswert muss der Anblick erst gewesen sein, als er damals gebaut wurde.[20]

Eines der Bogenreliefs zeigt, wie römische Soldaten die Tempelschätze durch die Straßen von Rom tragen. Das Relief ist an einer der Innenseiten angebracht, sodass man es sah, wenn man durch den Bogen ging oder ritt. Im Juni 2012 war diese Szene Gegenstand eines interessanten Experiments: Mithilfe einer neuartigen Technologie untersuchte ein Team unter der Leitung von Steven Fine (Yeshiva University, New York), Bernard Frischer (University of Virginia) und Cinzia Conti (Soprintendenza Speciale per i Beni Archeologici di Roma), ob die Szene einst bemalt gewesen war. Wir wissen heute ja, dass viele architektonische Elemente an antiken Gebäuden, wie dem Parthenon in Athen oder dem Luxor-Tempel in Ägypten, genauso wie zahlreiche

Titusbogen, Detail

antike Marmorskulpturen ursprünglich in vielen bunten Farben erstrahlten.[21]

Im Rahmen des Projekts zur digitalen Restaurierung des Titusbogens wurden zunächst hochauflösende dreidimensionale Scans angefertigt und damit ein dreidimensionales Modell des gesamten Bogens in seinem ursprünglichen Zustand erstellt. Dieses Modell wurde später Teil von Frischers Projekt »Rome Reborn«, das mit 3-D-Modellen zeigen möchte, wie das alte Rom zwischen 1000 v. Chr. und 500 n. Chr. aussah.[22]

Anschließend untersuchte das Team die Marmorreliefs mit der nichtinvasiven UV-VIS-Spektralphotometrie – so konnten die Forscher feststellen, ob sie früher bemalt gewesen waren, ohne einen Teil des Reliefs beschädigen oder zerstören zu müssen. An 32 Stellen suchten sie nach Pigmentresten, an zwanzig davon wurden sie fündig. Die Ergebnisse wurden von Heinrich Piening, einem der führenden deutschen Konservatoren, analysiert. Er kam zu dem Schluss, es handele sich um »Spuren von gelbem Ocker«, der »als Farbschicht … direkt auf der Steinoberfläche« eines Arms und auf der Vorderseite der Menora aufgetragen war, die von Soldaten getragen wird. Von etwas weiter weg hätte es dann so ausgesehen, als leuchte die Menora ähnlich golden wie die echte. Andere Elemente der Szene waren im Altertum ganz offensichtlich ebenfalls bemalt gewesen, allerdings hat das Team über diese erste Pilotstudie hinaus noch keine konkreten Ergebnisse vorzuweisen.[23]

Dem mittelalterlichen Frangipani-Clan gehörte auch das nahe gelegene – und ebenfalls in eine Festung verwandelte – Kolosseum. Sein Bau hatte 72 n. Chr. unter Kaiser Vespasian begonnen. Bereits 80 n. Chr. wurde das Gebäude in noch unfertigem Zustand von seinem Sohn Titus geweiht. Der eigentliche Name dieser Arena war »flavisches Amphitheater«, daher nannten die Zeitgenossen es schlicht »das Amphitheater«. Immerhin wissen wir, dass es spätestens im 8. Jahrhundert auch als »Kolosseum«

bezeichnet wurde – vielleicht wegen einer 40 Meter hohen Kolossalstatue von Kaiser Nero, die einst in der Nähe stand, vielleicht aber auch nur, weil das Gebäude tatsächlich *kolossal* war: Wie mehrere Forscher angemerkt haben, war das flavische Amphitheater das höchste Gebäude der Stadt.[24]

Vespasian ließ das Amphitheater auf den vom Wasser befreiten Überresten eines künstlichen Sees errichten, der zu Neros Domus Aurea (»goldenes Haus«) gehört hatte, einem gewaltigen Palast, der seinen Namen der Tatsache verdankte, dass die Wände einiger Räume und vielleicht sogar die Fassade mit Blattgold überzogen waren. Die Domus Aurea, berühmt-berüchtigt für die zahllosen Festessen und rauschenden Partys, die Nero dort veranstaltete, wurde nach dem Großen Brand von 64 n. Chr. gebaut. Der Kaiser habe, wie manche Quellen behaupten, bei diesem Brand aus sicherer Entfernung von einem Turm aus zugesehen, während er die Plünderung Trojas besang.[25]

Nach Neros Selbstmord vier Jahre später, im Jahr 68 n. Chr., gab man die Domus Aurea auf; spätere Kaiser ließen Teile davon abreißen und andere überbauen. Im Jahr 1488, also in der Renaissance, entdeckte man sie durch einen Zufall wieder, als Berichten zufolge der Skulpturenbestand geplündert wurde. Möglicherweise stammt die berühmte Laokoongruppe im Vatikan ebenfalls aus der Domus Aurea, vielleicht aus einem Zimmer im Palast, das mit Szenen aus dem Trojanischen Krieg dekoriert war. Raffael, Michelangelo und andere Renaissance-Maler »seilten sich durch die Löcher in der Decke ab, um die Fresken des Palasts zu studieren«, und fanden, wie es heißt, in den antiken Wandmalereien Inspiration für ihre eigene Kunst; einige kritzelten ihren Namen auf die Wände, um anzuzeigen, dass sie dort gewesen waren. 1907 begannen Archäologen, die Überreste des Palastes auszugraben. Noch 2009 kamen hier neue Funde ans Licht, und mittlerweile ist die Ruine für Touristen geöffnet.[26]

Vor einiger Zeit wurde die recht schlüssige These aufgestellt, der Bau des Kolosseums, des wohl berühmtesten Bauwerks im Römischen Reich, habe sich nur durch die Eroberung und Plünderung Jerusalems im Jahr 70 n. Chr. finanzieren lassen, genau wie Vespasians bereits erwähnter Friedenstempel. Einen Hinweis darauf liefert ein im Grunde recht unscheinbares Stück Marmor, das im Jahr 1813 in der Nähe des Kolosseums gefunden wurde und das eine Inschrift aus dem 5. Jahrhundert n. Chr. ziert. Das eigentlich Bemerkenswerte an der Marmorplatte aber ist eine sogenannte Phantominschrift.[27] Entdeckt wurde sie 1995 von Professor Géza Alföldy von der Universität Heidelberg, der Hinweisen mehrerer Kollegen nachging, die schon ein paar Jahre zuvor Entsprechendes vermutet hatten.[28]

Die in den Marmor eingemeißelte Inschrift verweist auf eine Renovierung des Kolosseums, die 443/444 n. Chr. durchgeführt und von Senator Rufius Caecina Felix Lampadius bezahlt wurde. Wenn man dem Text glauben darf, hatte dieser großzügige Römer »die Arena des Amphitheaters sowie das Podium und die Plattform und die hinteren Tore auf eigene Kosten erneuert«.

Alföldy fiel auf, dass dort, wo sich die Inschrift befand, zahlreiche Löcher in den Marmor gebohrt worden waren, die nichts mit Rufius Lampadius und seinem großzügigen Projekt zu tun hatten. Vielmehr sah es ganz danach aus, als wären dort die bronzenen Lettern einer anderen Inschrift montiert gewesen, die früher einmal die Marmortafel geziert hatte. Die Metallbuchstaben waren entweder abgenommen worden, um die neue Inschrift einzumeißeln, oder sie fehlten bereits, bevor dies geschah. Um sie befestigen zu können, besaßen solche Bronzelettern an der Rückseite kleine Stifte, die in entsprechende Löcher im Marmor gedrückt wurden. Alföldy musste jetzt nur noch herausfinden, welche Buchstaben zu den vorhandenen Löchern passten.

Glücklicherweise ist Alföldy einer der versiertesten Experten überhaupt, wenn es gilt, eine solche Phantominschrift zu entschlüsseln, und so dauerte es gar nicht lange, bis er ein Ergebnis vorweisen konnte. Seiner Meinung nach lautete der verschwundene Text: »Imperator Caesar Vespasian Augustus befahl, das neue Amphitheater aus [dem Verkaufserlös] der Beute zu errichten.« Möglicherweise gab Vespasian diese Inschrift im Jahr 79 n. Chr. in Auftrag. Für »Beute« wird dabei ein lateinischer Begriff verwendet, der speziell die Beute aus einem gewonnenen Krieg bezeichnet, und der einzige Krieg, an dem Vespasian jemals teilnahm, war der Jüdische Krieg von 66 bis 70 n. Chr. Alföldys Schlussfolgerung lautete, dass Vespasian das Geld aus dem Verkauf dieser Kriegsbeute verwendete, um für die Baukosten des Kolosseums aufzukommen. Die meisten Forscher stimmen seiner These mittlerweile zu.

Aber Alföldy war noch längst nicht fertig: Ein paar Löcher waren nämlich noch übrig, die sich auch mit dieser langen Inschrift nicht erklären ließen. Es sah so aus, als seien die ursprünglichen Buchstaben an einer Stelle nach rechts verschoben worden, um einen zusätzlichen Buchstaben einzufügen. Dieser Buchstabe musste ein *T* gewesen sein, das in solchen Inschriften oft als Abkürzung für *Titus* verwendet wurde, und er war vor dem *C* von *Caesar* platziert worden. Damit lautete die veränderte Inschrift: »Imperator Titus Caesar Vespasian Augustus befahl, das neue Amphitheater aus [dem Verkaufserlös] der Beute zu errichten.« Durch Hinzufügen eines einzigen Buchstabens beanspruchte Titus – der tatsächliche Eroberer Jerusalems – den Bau des Amphitheaters für sich. Diese Änderung wurde wahrscheinlich 80 n. Chr., nach dem Tod Vespasians vorgenommen, als Titus das Amphitheater einweihte.

Nach der Eröffnung des Kolosseums durch Titus im Jahr 80 n. Chr. – ein Jahr nachdem der Vesuv Pompeji und Herculaneum unter Asche begraben hatte – blieb das Bauwerk fast

400 Jahre lang ein Fixpunkt des römischen Alltagslebens. Im 5. Jahrhundert n. Chr. fand dort die letzte Veranstaltung statt. Die Spektakel, die das Publikum im Laufe der Jahrhunderte im Kolosseum bestaunen konnte, reichten von den berüchtigten Gladiatorenkämpfen über Hetzjagden mit wilden Tiere bis hin zu Seeschlachten (auch wenn Letztere dort möglicherweise nur im ersten Jahr nach der Eröffnung veranstaltet wurden).[29]

So wie die zufällige Entdeckung der Domus Aurea Renaissance-Maler inspiriert haben soll, so ließen sich im 18. und 19. Jahrhundert Dichter und Schriftsteller wie Charles Dickens, Johann Wolfgang von Goethe, Franz Grillparzer oder Mark Twain vom Kolosseum inspirieren.[30] In Lord Byrons dramatischem Gedicht *Manfred* aus dem Jahr 1817 beispielsweise beschreibt der Protagonist das Kolosseum im Mondschein:

> Es mahnt mich jetzt, wie ich in meiner Jugend,
> Als ich ein Pilger war, in solcher Nacht
> Im Kolosseum weilte, mitten unter
> Den größten Resten des allmächtigen Roms. (...)
> In einem Hein, entsprosst geschleiften Zinnen,
> Und wurzelnd in dem kaiserlichen Herd.
> Den Lorbeer hat der Eppich dort verdrängt;
> Allein des Fechters blut'ger Zirkus steht
> Noch edel in Ruin-Vollkommenheit.[31]

Byrons Gedicht und viele andere literarische Werke ließen das Kolosseum zu einer beliebten Touristenattraktion werden, besonders für Besuche bei Mondschein, und eine herausragende Sehenswürdigkeit ist es immer noch (nur dass es nachts inzwischen nicht mehr geöffnet hat). Trotzdem können wir heute wohl kaum mehr ermessen, wie das, was in der Antike dort vor sich ging, auf die Römer gewirkt haben muss. Selbst wenn wir Russell

Crowe in *Gladiator* gesehen haben, fehlten beim Kinoerlebnis naturgemäß ein paar Sinneseindrücke.

Man stelle sich nur einmal den Gestank vor, der einem in die Nasenlöcher kriecht: Schweiß und Blut und der Geruch von 50 000 ungewaschenen Körpern, die sich im Amphitheater drängen. Den Geschmack von Staub im Mund, der durch die Aktivitäten in der Arena aufgewirbelt wird. Das ohrenbetäubende Gebrüll der Menge, das so laut ist, dass man keine Chance hat, seinen Nebenmann zu verstehen. Das Gefühl, so eng zwischen Fremden eingepfercht zu sein, dass sich Arme und Beine auf ganzer Länge berühren. Die sengende Hitze der Sonne, die trotz der riesigen, als Schattenspender gedachten Planen auf Kopf und Schultern niederbrennt, während man zusieht, wie Gladiatoren, verurteilte Verbrecher und wilde Tiere aus Afrika und anderen fernen Regionen um Leben und Tod kämpfen – ein Lebewesen nach dem anderen, zur reinen Unterhaltung der Massen, tagein, tagaus. Die Sinne sind augenblicklich überfordert und man wird automatisch eins mit der Masse, wird Teil einer brodelnden Menschenmenge, die gebannt in die Arena hinunterstarrt. Man sieht nur für den Bruchteil einer Sekunde zur Seite, und wenn man wieder hinschaut, springt ein Löwe ein glückloses Zebra an, beide sind scheinbar aus dem Nichts aufgetaucht. Tatsächlich wurden die Tiere mithilfe eines genialen, an moderne Aufzüge erinnernden Systems aus den Katakomben unterhalb der Arena bis unter eine Falltür gehievt, die sich direkt nach oben in die Arena öffnete.[32]

Das war es, was die Menschen rochen, sahen, hörten, schmeckten und fühlten, als Titus das Kolosseum einweihte. Hundert Tage dauerten die Feierlichkeiten, und an jedem einzelnen Tag fanden derartige Spiele statt. Später hielten die römischen Kaiser sogar noch ausgedehntere Spiele ab – unter Trajan traten einmal an 123 Tagen hintereinander nicht weniger als 10 000 Gladiatoren und 11000 wilde Tiere auf. Da die meisten Veranstaltungen im Kolosseum aber ohnehin von Privatleuten finanziert wurden, die bei ihren Mitbürgern um Ansehen und Prestige buhlten, standen solche Spektakel zeitweise jede Woche, manchmal sogar täglich auf dem Programm.[33]

Auch wenn die Gelehrten noch immer darüber streiten, ob Menschen hier jemals aufgrund ihrer religiösen Überzeugung den Löwen zum Fraß vorgeworfen wurden, wurde das Kolosseum im Jahr 1749 von Papst Benedikt XIV. als Märtyrerstätte der verfolgten Christen geweiht. Bis dahin hatte es den Römern jahrhundertelang als Steinbruch gedient. Sie stahlen die behauenen Steine und die Eisenklammern, die die Steine zusammenhielten, und verwendeten sie als Baumaterial. Deshalb ist so viel davon verschwunden.[34]

Natürlich war Rom nicht die einzige Stadt im Reich, die ein Amphitheater besaß. Vor allem zwischen dem 1. und 4. Jahrhundert n. Chr. wurden solche Bauten im gesamten Römischen Reich errichtet, entweder von den Römern selbst oder von den Einheimischen. Heutzutage lassen sich noch über 200 römische Amphitheater besichtigen – von Albanien bis nach Algerien, von Tunesien bis in die Türkei. Allein in Frankreich gibt es fast vierzig Stück.[35] Für große Sportveranstaltungen nutzen wir heute noch Arenen mit einem ganz ähnlichen Grundriss – man denke nur an das Coliseum in Los Angeles oder das Berliner Olympiastadion. Allerdings treten heute statt Gladiatoren in der Regel zwei Sportmannschaften gegeneinander an.

Der Nationalismus, also der Stolz auf das eigene Land und seine Vergangenheit, war Triebfeder für die gewaltigen Anstrengungen, die die Italiener in Sachen Archäologie zwischen 1870 und 1940 unter König Viktor Emanuel II. und Mussolini unternahmen. Gerade in Rom besteht zwischen der Archäologie und dem Nationalismus wohl ein größerer Zusammenhang, als es ihn jemals in irgendeiner anderen Stadt oder Region gegeben hat, sei es Athen, Jerusalem oder Mexiko-Stadt. Wie der Archäologe James Packer einmal gesagt hat: »Die Faschisten benutzten die bedeutendsten Monumente ... als Werkzeug für ihre Propaganda. Sie dienten zugleich als Präzedenzfälle und als Rechtfertigung eines Imperiums.«[36]

Bittere Ironie ist, dass die große Eile, in der König Viktor Emanuel II. und Mussolini die antiken Baudenkmäler ausgraben ließen, zur Zerstörung und zum Abriss großer Teile Roms führten. Damit die Archäologen ungehindert arbeiten konnten, mussten zahllose Menschen ihre Wohnungen räumen, Geschäfte wurden geschlossen, sogar manche Kirchen fielen den Ausgrabungen zum Opfer.[37]

Die Archäologen waren nicht nur zur Eile angehalten, sondern hatten zudem die Order, sich in erster Linie auf Überreste aus der Zeit von Julius Caesar bis zum Höhepunkt des Kaiserreichs im 2. Jahrhundert n. Chr. zu konzentrieren. Das führte dazu, dass jüngere Schichten der Stratigrafie zerstört wurden und viele Funde aus der Spätantike und dem Mittelalter, also aus der Zeit nach dem Untergang des Römischen Reichs, verloren gingen. Das meiste davon landete einfach auf dem Müll, und viele der ohnehin schon raren Notizen und Pläne, die die Archäologen im Zuge dessen hinterließen, überdauerten den Zweiten Weltkrieg nicht. Niemand versuchte, jene Schlüsselfragen zu stellen und zu beantworten, die heute zum kleinen Einmaleins der Archäologie gehören. Niemand hatte Interesse daran, mehr über das Leben der Menschen zu erfahren, die die Gebäude einst errichtet hatten, die Spiele im Kolosseum besuchten und in den Tempeln den Göttern opferten.[38]

Eine solche Verbindung aus Archäologie und Nationalstolz gab es aber nicht nur in Italien. Vor einiger Zeit ist ein

Buch über Nationalismus und Archäologie in Europa erschienen, in dem es heißt, die Symbiose zwischen beidem sei »ein allgemeines Phänomen, das es in den vergangenen 200 Jahren in jedem Land gegeben hat«.[39] Die Herausgeber weisen aber auch darauf hin, dass es gerade der Nationalismus war, der in Ländern wie Deutschland, Italien und Dänemark dafür sorgte, dass die Archäologie zu einer eigenen Wissenschaft wurde und eigene Institutionen erhielt – Museen, in denen die gefundenen Artefakte aufbewahrt wurden, akademische Gesellschaften, wo sich die Fachleute trafen, Fachzeitschriften, in denen Ausgrabungsergebnisse veröffentlicht wurden, und Lehrstühle an den Universitäten, um den wissenschaftlichen Nachwuchs auszubilden. Was ebenfalls half, war der feste Glaube – der der Archäologie auch heute noch ihre Berechtigung verleiht –, dass »die Vergangenheit … für die Gegenwart von zentraler Bedeutung ist«.[40]

Die Bedeutung der Archäologie lässt sich heutzutage vor allem an den Millionen Touristen ablesen, die jedes Jahr Rom besuchen, um sich die antiken Baudenkmäler anzusehen, die zum Teil auch auf Geheiß der Faschisten ausgegraben wurden.[41] Zu den Antworten auf die Frage von Monty Python am Beginn dieses Kapitels – »Was haben die Römer je für uns getan?« – könnte man heute also auch noch den Tourismus hinzufügen.

Das Zusammenspiel von Nationalismus und Archäologie hat aber auch eine dunkle Seite: dort, wo die Vergangenheit dazu dient, nicht nur den Stolz einer Nation zu stärken, sondern ihre Überlegenheit gegenüber anderen zu demonstrieren – so, wie es in Deutschland und Italien vor und während des Zweiten Weltkriegs der Fall war.[42] Manchmal wird die Archäologie auch dazu missbraucht, die Gebietsansprüche moderner Völker mithilfe antiker Überreste zu begründen. Das kann man beispielsweise in Israel beobachten, wo Israelis und Palästinenser auf Grundlage teils realer, teils vorgegebener Verbindungen zum Altertum dasselbe Land für sich beanspruchen.[43] Wir werden auf dieses Thema in einem späteren Kapitel zurückkommen, in dem es um Yigael Yadins Ausgrabung und Interpretation der archäologischen Überreste in Masada geht. Die meisten Archäologen sind heute bemüht, sich nicht von nationalistischen oder ähnlichen Empfindungen beeinflussen zu lassen. Leider klappt das nicht immer, selbst wenn sie häufiger in anderen Ländern graben als in ihren eigenen, denn schließlich sind Archäologen auch nur Menschen.

Nachgefragt 2

Woher weiß man, wie man graben muss?

Dies bringt uns wieder zu einem der Zwischenkapitel, in denen ich mich eingehender damit beschäftige, wie Archäologen eigentlich arbeiten. Dieses Mal möchte ich die Frage beantworten: *Wie* gräbt man eigentlich an einer Ausgrabungsstätte?

Zunächst die gute Nachricht: Um graben zu lernen, braucht man nicht mehr als eine Viertelstunde – archäologisches Graben unterscheidet sich nicht grundlegend von dem, was man mit Schaufel und Spaten bei der Gartenarbeit anstellt. Die spezifische Technik mag zu einem gewissen Grad variieren, aber die Werkzeuge, die man dabei verwendet, sind fast überall auf der Welt die gleichen. Archäologen verwenden für großflächige Bereiche größere Gerätschaften wie Spitzhacken, Schaufeln und Schubkarren, die feinere Detailarbeit wird mit Pickhammern und Kellen verrichtet, und für die besonders heiklen Aufgaben wie das

Freilegen von Skeletten und anderen organischen Befunden wie Samen, Nüssen und Tierknochen nimmt man Zahnarztbestecke und Zahnbürsten.[1] Kompliziert wird es erst, wenn man herauszufinden versucht, was man da eigentlich gerade ausgräbt; wenn man entscheiden muss, ob sich ein bestimmter Bereich einst im Inneren eines antiken Gebäudes befand oder im Freien; ob es sich um eine Grube oder einen ähnlichen Befund handelt; oder wenn es um andere Probleme geht, die etwas mit der Stratigrafie zu tun haben.

Viele Leute sind überrascht, wie häufig Spitzhacken bei archäologischen Ausgrabungen zum Einsatz kommen, zumindest in den Regionen rund ums Mittelmeer, wo ich gearbeitet habe. Israel Finkelstein, mein Freund und Kollege in Megiddo, ist überzeugt: »Wenn man sie richtig benutzt, kann eine Spitzhacke das filigranste Werkzeug am Tell sein.« Da hat er recht. Das Geheimnis dabei ist folgendes: Selbst wenn man sich durch 10 Zentimeter Füllmaterial oder Erde gräbt, schwingt man die Spitzhacke niemals wild durch die Luft und lässt sie einfach so niedersausen – stattdessen hält man sie höchstens hüfthoch und arbeitet nur mit dem Schwung des Eigengewichts der Metallspitze. Hackt ein Mitglied des Teams einfach so drauflos, kann sich leicht jemand verletzen. Bei einer der Grabungen, an denen ich teilgenommen habe, schwang eine Volontärin ihre Hacke so ungelenk durch die Luft, dass sie damit ihre Kniescheibe traf, die ihr bis in den Oberschenkel rutschte. Sechs Wochen lang war das Bein eingegipst. Seien Sie also bitte vorsichtig!

Bei einer Ausgrabung benutzt man noch eine ganze Reihe anderer Arbeitsgeräte, und eines darf dabei niemals fehlen: eine Kelle, auch Truffel genannt. Archäologen benutzen allerdings keine x-beliebige Kelle aus dem Eisenwarenladen um die Ecke. US-Archäologen bevorzugen Kellen der Firma Marshalltown, in Europa sind es Kellen von WHS – sie sind kleiner und weniger biegsam. Archäologenkellen sind gar nicht teuer, man bekommt sie schon für etwa 20 Euro. Manch ein Archäologe leistet sich zusätzlich noch ein schickes Lederholster für die Kelle.

Ich staune immer wieder, dass meine Marshalltown-Kelle inzwischen älter ist als die meisten Studierenden, die mich auf meine Grabungen begleiten. Ich bekam sie von meiner Mutter zum 21. Geburtstag geschenkt; wenn ich meine Kelle heute auf einer Ausgrabungsstätte verlieren und jemand sie wieder ausgraben würde, dann könnte sie wohl beinahe schon selbst als historisches Artefakt durchgehen.

Einige Kolleginnen und Kollegen bringen auch ihren eigenen Pickhammer mit, eine kleinere Version der Spitzhacke. Solche Pickhämmer gibt es ebenfalls schon für etwa 20 Euro. Normalerweise werden sie aber bei der Grabung bereitgestellt, und ich persönlich hatte nie den Drang, mir einen eigenen zuzulegen. Trotzdem habe ich auf der einen oder anderen Expedition schon mit Leuten zusammengearbeitet, die ohne ihren eigenen Pickhammer am Gürtel nicht einmal das Haus verlassen würden.

Bereitgestellt werden außerdem Kehrschaufeln, Bürsten und Maßbänder – all das (wie auch die Kellen und Pickhämmer) braucht man an der Ausgrabungsstätte täglich. Außerdem bringe ich jeden Sommer ein Set mit Zahnarztwerkzeugen mit. Mein Zahnarzt bewahrt seine ausrangierten Instrumente für mich auf, und wenn ich zur Kontrolle oder Zahnreinigung bei ihm war, kann ich danach immer welche mitnehmen. Zahnarztwerkzeuge verwendet man in der Regel nur, wenn man besonders filigrane, zerbrechliche Dinge freilegt, zum Beispiel Skelette. Meistens lasse ich sie bei einer Grabung im Materialraum liegen, da ich sie so selten brauche.

Bei vielen Ausgrabungen rund ums Mittelmeer benutzt man ein System mit farbcodierten Eimern. In Megiddo und Tell Kabri beispielsweise kam die ausgegrabene Erde in schwarze Eimer,

Keramik in orangefarbene und Tierknochen in grüne oder blaue Eimer. Hin und wieder bilden wir eine Kette, um die schwarzen Eimer auf dem Schuttabladeplatz auszuleeren. Oder wir kippen den Inhalt der Eimer in Schubkarren, die wir dann zur Schutthalde fahren. Manchmal aber – insbesondere, wenn wir behutsam einen antiken Fußboden freilegen – schütten wir die Erde zunächst sorgfältig durch ein feines Sieb, damit kein noch so kleines Objekt verloren geht.

Gegen Ende einer Saison haben die Team-Mitglieder in der Regel ein paar Kilo verloren und Armmuskeln gewonnen, weil sie so viele Eimer mit Erde herumgeschleppt haben. Wir witzeln dann immer, dass wir unser Fach vermutlich völlig falsch vermarkten. Im Grunde sollten wir Werbung in Fitness- und Wellnesseinrichtungen machen, ganz nach dem Motto: Werden Sie schlank, werden Sie fit – und graben Sie nebenbei ein paar antike Artefakte aus!

Natürlich sollten Sie nicht erwarten, jeden Tag Gold und Schmuck, vergrabene Schätze, Gräber oder Skelette zu finden. Bei Ausgrabungen in der Mittelmeer-Region geht es meistens um Keramik, Steinwerkzeuge und andere kleine Objekte, und die findet man tatsächlich quasi stündlich. Welche Erwartungen man hegen kann, hängt stark davon ab, wo man gräbt – ob in Europa oder in England, in den USA oder in Mittel- oder Südamerika. Auch wenn es sich bei Ausgrabungsfunden meist um banale Dinge wie Keramik oder Gebäudemauern handelt: Allein die Tatsache, dass man der erste Mensch ist, der ein Objekt nach Hunderten, wenn nicht sogar Tausenden von Jahren zu Gesicht bekommt und berührt, kann bereits für Herzklopfen sorgen.

Ganz gleich, in welcher Ecke der Welt man gerade gräbt, lautet eine der wichtigsten und allgemeingültigen Regeln: Wenn sich beim Graben abzeichnet, dass man ein Objekt freilegt, darf man es auf keinen Fall einfach so aus dem Boden reißen! Noch wichtiger als die Oberseite des Objekts ist nämlich die Unterseite, denn sie könnte zum Beispiel auf einem Fußboden ruhen, der uns wichtige Informationen über das liefert, was wir den »Fundkontext« eines Objekts (oder manchmal, auch wenn es Verwirrung stiften kann, den »Befund«) nennen. Wir holen also zunächst die Erlaubnis zum Weitergraben ein, und zwar bei der Person, die die Aufsicht über den für uns relevanten Bereich hat; dann legen wir das Objekt sowie alle anderen Artefakte, die mit ihm in Verbindung stehen, Stück für Stück frei. Nur wenn sich Artefakte so leicht aufheben und mitnehmen lassen wie ein benutzter Teller vom Esstisch, sollte man in Erwägung ziehen, einen Fund vom Fundort zu entfernen. Wenn das Objekt aber bedeutend genug ist, wird der Grabungsleiter ohnehin zunächst einen Fotografen rufen und vielleicht sogar einen Zeichner, der das Objekt im Bild festhält, während es sich noch *in situ* befindet, also dort, wo es gefunden wurde.

Der Grund für diesen Aufwand ist ganz einfach der, dass jedes Objekt, das bei einer Ausgrabung auftaucht, einen ganz bestimmten Fundkontext hat. Zu diesem Fundkontext gehören andere Funde, die in einem Zusammenhang mit diesem Objekt stehen – etwa die vielen Grabbeigaben, die man in Tutanchamuns Grabkammer vorfand –, aber auch die physische Umgebung, zum Beispiel, ob man das Objekt in Sand, Schlamm, Wasser, Eis oder einfach so in der Erde entdeckt hat. Wenn wir den Fundkontext eines Artefakts kennen, können wir oftmals rekonstruieren, wie es an seinen Fundort gelangt ist.[2] Zudem hilft der Fundkontext dabei, das Objekt genau zu datieren.

Es ist dieser Fundkontext, der jeden einzelnen Fund so bedeutend macht, und genau an diesem Punkt unterscheidet sich der Archäologe vom Schatzjäger und vom Grabräuber: Wenn ich einen Artikel über ein antikes goldenes Armband oder ein anderes Artefakt lese, geht mir als Erstes durch den Kopf: »Wow, woher stammt es? Welchen Fundkontext hat es?« Wenn wir nichts über den Fundkontext eines Artefakts wissen, also keine Ahnung haben, wo und wann es entdeckt wurde, welche anderen Objekte in seiner Nähe gefunden wurden oder wie der Fundort aussah, hat es für Archäologen keinen großen Wert. Deshalb ist es für uns auch eine so traurige Angelegenheit, wenn ein Objekt aus einer Plünderung oder Raubgrabung auf den Kunstmarkt gelangt. Vielleicht hätte uns gerade dieses Artefakt neue Erkenntnisse liefern können; stattdessen wird es an irgendeinen Sammler verkauft, der es schlicht hübsch findet oder endlich etwas aus dem alten Ägypten oder dem Irak in seiner Sammlung haben möchte.

Um die Kontext-Geschichte noch ein wenig komplizierter zu machen, teilen die Archäologen das Ganze auch noch auf: in einen primären, einen sekundären und mitunter sogar einen tertiären Fundkontext.[3] Wenn wir sagen, ein Objekt wurde in einem *primären* Fundkontext gefunden, dann bedeutet das, wir haben es genau an der Stelle entdeckt, wo es ursprünglich platziert wurde. Niemand hatte es seither angerührt oder verrückt. Von einem *sekundären* Fundkontext sprechen wir, wenn wir glauben, dass das betreffende Objekt bewegt oder an einen anderen Ort gebracht wurde, nachdem es bereits vergraben oder irgendwo aufbewahrt worden war. Ein Beispiel für einen sekundären Fundkontext liefert Kathleen Kenyons Ausgrabung in Jericho. Wie bereits erwähnt, fand Kenyon heraus, dass die Menschen in Jericho ihre Toten während der Jungsteinzeit – also vor knapp 10 000 Jahren – zunächst bestatteten oder im Freien liegen ließen, bis das Fleisch verrottet war; dann trennten sie den Schädel vom Rumpf, verputzten ihn mit Ton (wahrscheinlich, um das ursprüngliche Aussehen zu rekonstruieren) und steckten Gehäuse von Kaurischnecken in die leeren Augenhöhlen. Den so ausstaffierten Kopf platzierten sie anschließend auf einem Regal in einer Ecke des Wohnraums, möglicherweise als eine Form der Ehrerbietung ihren Ahnen gegenüber. Als Kenyon solche Schädel ausgrub, befanden diese sich folglich in einem sekundären Fundkontext.

Ist der Fundkontext denn wirklich so wichtig? Absolut! Denn nur, wenn wir uns klarmachen, dass die Bewohner von Jericho damals die Schädel ihrer toten Angehörigen vom Rumpf trennten, mit Ton verputzten und im Wohnraum aufbahrten, wo die Archäologen sie am Ende in einem sekundären Fundkontext entdeckten, können wir die Gedanken und Beweggründe dieser Menschen nachvollziehen. Wir bekommen einen Einblick in ihre Denkprozesse, ihre Angst vor dem Tod oder ihren Glauben an ein Leben nach dem Tod; vielleicht sehen wir hier sogar die Anfänge von etwas, das wir heute Religion nennen.

Im Endeffekt ist es vor allem deshalb so wichtig, das Konzept des archäologischen Fundkontexts zu verstehen, weil es ein Grund dafür ist, warum wir beim Ausgraben so vorsichtig sind und alles sorgfältig dokumentieren müssen – wenn wir etwas ausgraben, zerstören wir automatisch den Fundkontext eines Objekts. Der Kontext ist das A und O, und ohne eine detaillierte Dokumentation geht es nicht. Archäologen schätzen, dass antike Objekte, die von Plünderern aus ihrem archäologischen Fundkontext gerissen und ohne jede Dokumentation auf dem Kunstmarkt verkauft werden, rund 90 Prozent ihres ursprünglichen Wertes einbüßen. Sie liefern eigentlich kaum noch brauchbare Erkenntnisse. Umgekehrt können Nachahmungen und Fälschungen unseren Kenntnisstand über das Altertum auf fatale Weise beeinflussen.

Doch wie verläuft eine korrekte Ausgrabung nun genau? Eine Möglichkeit besteht in der sogenannten Planagrabung, bei der eine Erdschicht von zuvor festgelegter Stärke abgetragen wird.[4] Die freigelegte Fläche wird dann dokumentiert, gezeichnet und fotografiert. Planagrabungen kommen häufig an Stätten wie Colonial Williamsburg in den USA zur Anwendung, und auch die Archäologen der University of Chicago nutzten in den 1920er- und 1930er-Jahren zeitweilig diese Technik bei ihren Ausgrabungen in Megiddo.

Eine Planagrabung kann helfen, den gesamten Grundriss einer Ausgrabungsstätte nachzuvollziehen: Wo fanden bestimmte Aktivitäten statt? Wo lebten die Menschen? Wo arbeiteten sie, wo opferten sie den Göttern, wo wurden sie begraben? An Grabungsstätten, die nur eine einzige Besiedlungsphase erlebt haben, ist die Planagrabung eine gute Strategie, doch sobald mehrere Siedlungsschichten übereinander liegen, hat man ein Problem – dann sieht man jeweils nur, wie die gesamte Fundstätte zu einem bestimmten Zeitpunkt aussah, kann aber nicht gut nachvollziehen, wie sich einzelne Gebäude oder andere Standorte mit der Zeit entwickelt haben. In Megiddo beispielsweise hatte die große Grabungsmannschaft der University of Chicago fast zehn Jahre lang zu tun und am Ende gerade einmal drei Siedlungsschichten des Areals ausgegraben sowie die vierte freigelegt; dabei befanden sich unter jener vierten noch ganze 16 weitere Siedlungsschichten. Diese blieben so lange unerforscht, bis die Archäologen beschlossen, sich von der Planagrabung zu verabschieden und eine andere Technik anzuwenden: die Stratagrabung.

Die Strata- oder Schichtengrabung ist die zweite Option. Dabei richtet man sich beim Graben nach den Kulturschichten und damit sozusagen nach den natürlichen Vorgaben einer Fundstätte – allerdings meist nur an ausgewählten Stellen, nicht über die gesamte Fläche. Dadurch bekommt man einen besseren Einblick in die Chronologie und das Ausmaß einer archäologischen Stätte.[5] Lässt sich auf diese Weise schon einmal die Stratigrafie des Ortes nachvollziehen, hilft einem das, wenn später beschlossen wird, die Grabungen an dieser Stätte auszudehnen.

Im Fall einer Stratagrabung beschränkt man sich zunächst auf wenige, begrenzte Bereiche und gräbt dort so tief wie möglich. Als die Archäologen der University of Chicago in Megiddo dazu übergingen, diese Technik anzuwenden, legten sie einen schmalen, tiefen Graben an, der bis zu der Stelle reicht, an der unter der untersten Kulturschicht das Gestein beginnt. Nur so konnten sie herausfinden, dass die Stätte zwanzig Siedlungsschichten aufweist, von der die älteste auf mindestens 3000 v. Chr. datiert.

William Matthew Flinders Petrie, einer der wichtigsten frühen Archäologen, gehörte zu den Ersten, die demonstrierten, was eine Stratagrabung bei einer Fundstätte mit mehreren Kulturschichten leisten kann. Petrie hatte keine formelle Ausbildung genossen, aber bereits an archäologischen Surveys in England teilgenommen (unter anderem in Stonehenge), bevor er mit 26 Jahren nach Ägypten ging, um die Pyramiden zu vermessen. Seine Kenntnisse eignete er sich allein durch praktische Erfahrung an. 1892, mit knapp vierzig Jahren, wurde er Professor für Ägyptologie an der University of London. Es war die erste Professur dieser Art in England, und er sollte sie vierzig Jahre lang bekleiden.[6]

Als Petrie das erste Mal in Ägypten grub, rekrutierte er zahlreiche Arbeitskräfte aus dem Dorf Quft in der Nähe von Luxor. Bis heute sind die Nachkommen der damaligen Arbeiter – die »Quftis« – bei Ausgrabungen in Ägypten als kenntnisreiche Mitarbeiter gefragt. Jeder Qufti tut immer noch genau das, was schon sein Vater, sein Großvater und sein Urgroßvater (Letzterer noch im Auftrag von Petrie) getan hat – manche arbeiten mit dem Pickel, andere mit der Kelle, wieder andere sind Aufseher. Die Quftis sind handwerklich sehr geschickt; auf einer Grabung im Nildelta Mitte der 1980er-Jahre hatte ich das Vergnügen, mit einigen von ihnen zusammenzuarbeiten.

Petrie grub auch dort, wo sich heute der Staat Israel und der Gazastreifen befinden. Hier führte er eine Reihe von Techniken und Prinzipien ein (beziehungsweise machte sie bekannt), die für heutige Archäologen ganz selbstverständlich sind, nicht zuletzt das stratigrafische Prinzip und das Konzept der Kulturschichten – vereinfacht gesagt die Tatsache, dass Dinge, die man weiter unten findet, in der Regel älter sind als das, was man weiter oben entdeckt.[7] Das gilt vor allem für die Tells im Nahen Osten, wo Jahrhunderte oder sogar Jahrtausende lang immer wieder neue Städte auf den Ruinen der vorherigen errichtet wurden, sodass sich die älteste Stadt immer in der untersten Siedlungsschicht findet.

In Megiddo zum Beispiel fand die Grabungsmannschaft aus Chicago mittels einer Stratagrabung wie erwähnt heraus, dass sich in dem 20 Meter hohen Hügel nicht weniger als zwanzig Städte verbargen. Die unterste und älteste datiert auf spätestens 3000 v. Chr., die oberste und damit jüngste auf etwa 300 v. Chr. Wenn man sich den Querschnitt durch einen solchen Hügel ansieht, erkennt man leicht die verschiedenen Schichten aus Erde, Steinen und anderen Materialien, die jeweils verschiedene Farben, Texturen und Konsistenzen aufweisen. Einen solchen Querschnitt nennt man im Fachjargon Schichten- oder geologisches Profil. Archäologen geben sich immer große Mühe, es für ihre Publikationen so akkurat wie möglich zu zeichnen und zu fotografieren, damit andere Wissenschaftler beurteilen können, ob bei der Ausgrabung alles korrekt abgelaufen ist oder ob vielleicht irgendetwas falsch interpretiert wurde.

Petrie erkannte als einer der Ersten, dass jede noch so kleine Keramikscherbe, die man bei der Grabung in einem Eimer voll Erde findet, dazu dienen kann, die jeweilige Schicht eines Hügels zu datieren. Bestimmte Keramiktypen unterlagen früher der Mode, genau wie heute dieser oder jener Kleidungsstil. Der jeweilige Keramikstil lässt sich ziemlich genau bestimmten Zeiträumen zuordnen, mitunter auf das Jahrzehnt genau. Archäologen nennen diese Datierungsmethode Keramik-Seriation. Das erklärt auch, weshalb archäologische Epochen nach Keramikstilen benannt sind; so haben wir in Griechenland das Späthelladikum IIIA1 mit der dazugehörigen Keramik, die auf die erste Hälfte des 14. Jahrhunderts v. Chr. datiert, die Mykenische Zeit. Petrie fand außerdem heraus, dass, wenn man bei zwei verschiedenen Stätten zwei Stücke des gleichen Keramikstils findet, die Siedlungsschichten, in denen sie gefunden wurden, wahrscheinlich auf dieselbe Zeit datieren.[8] Diese Erkenntnis hat sich als extrem wichtig und nützlich erwiesen.

Eines der erstaunlichsten Details in Petries Biografie ist sicherlich, dass er seinen Kopf (und damit sein Gehirn) der Wissenschaft vermachte. Er starb 1942 in Jerusalem, wo auch sein Körper begraben wurde, während man seinen Kopf nach London schickte. Dort lagerte er, aufbewahrt in einem Glas, eine ganze Weile in einem Kellerraum, doch dummerweise fiel irgendwann der Klebezettel mit seinem Namen ab, was dazu führte, dass eine Zeitlang niemand wusste, wem dieser Kopf gehört hatte. Schließlich wurde er aber doch noch identifiziert, und Berichten zufolge befindet er sich heute in einem Lagerraum des Royal College of Surgeons in London; ich habe mir allerdings nicht die Mühe gemacht nachzusehen, ob das stimmt.[9]

Zwei weitere Archäologen, die unsere moderne Grabungsweise maßgeblich beeinflussten, waren Mortimer Wheeler und seine bekannteste Schülerin, Kathleen Kenyon (später Dame Kathleen Kenyon). Wheeler, der in den 1930er- und 1940er-Jahren zahlreiche Stätten ausgrub, erfand eine neue Grabungsmethode, die er unter anderem bei Ausgrabungen im englischen Maiden Castle und in Harappa in Indien anwendete.[10]

Wheeler hatte erkannt, dass die Stratigrafie einer Fundstätte extrem kompliziert sein kann. Daher beschloss er, jeweils nur 5 × 5 Meter große Quadranten auszugraben; dazwischen ließ er jeweils einen Steg von 1 Meter Breite unangetastet, den sogenannten Kontrollsteg. Das klingt zunächst kompliziert, ist es aber eigentlich gar nicht – man kann sich das Ganze von der Form her wie eine rechteckige Eiswürfelschale vorstellen, in der Art, wie Sie sie vielleicht daheim im Gefrierfach haben (sollten Sie noch keinen automatischen Eiswürfelbereiter Ihr Eigen nennen): Die quadratischen Fächer, die man mit Wasser füllt, sind die Quadranten, die ausgegraben werden, und die Kunststoffstege zwischen den Eiswürfeln entsprechen den Kontrollstegen. Wheelers Arbeiter konnten auf diesen Stegen entlanglaufen und ihre Schubkarren schieben; vor allem aber war Wheeler endlich in der Lage, die einzelnen Schichten genau im Auge zu behalten, denn jeder Quadrant hatte nun vier Innenseiten – quasi die Seitenflächen der Stege, die den Quadranten auf allen vier Seiten begrenzten. Stellen Sie sich vor, Sie sind klein genug, in eines der leeren quadratischen Fächer Ihrer Eiswürfelschale zu springen – Sie stehen dann zwischen vier hohen Wänden. Auf diese Weise konnte sich nun auch Wheeler in jeden Ausgrabungsquadranten begeben und die vier Seitenwände betrachten, deren verschiedene Schichten ihm einen optischen Eindruck von der Geschichte der Stätte vermittelten. Allzu leicht kommt es vor, dass man sich unbemerkt durch die Überreste eines Gipsfußbodens gegraben hat, von dem vielleicht nicht mehr allzu viel übrig war; durch Wheelers Methode erkennt man diesen dann aber ganz deutlich als weiße Linie in der Seitenwand des Quadranten. Die Seitenwände werden täglich begradigt, damit man genau nachvollziehen kann, was passiert – zum Beispiel ob sich jemand versehentlich durch einen Gipsfußboden gegraben hat. Die Wände müssen absolut senkrecht sein, um ein klares Bild davon zu vermitteln, durch was man sich bereits gearbeitet hat. Beim Begradigen leistet eine Spitzhacke gute Dienste.

Am Ende jeder Saison zeichnet und fotografiert die Grabungsmannschaft in der Regel jeden einzelnen Abschnitt und publiziert die Bilder. Schließlich ist Archäologie immer auch Zerstörung – wir zerstören das, was wir untersuchen, indem wir uns hindurchgraben; daher müssen wir dabei stets alle Einzelheiten dokumentieren. Die Ausgräber publizieren detaillierte Zeichnungen und Fotografien von den ausgegrabenen Abschnitten, damit sich auch andere Archäologen die Ergebnisse ansehen und darüber diskutieren können – sie kommen womöglich zu neuen oder ganz anderen Schlussfolgerungen.

Heutzutage gehört diese Quadrantenmethode in den Regionen rund um das Mittelmeer (und an vielen anderen Orten weltweit) zur standardmäßigen Arbeitsweise von Archäologen. Als ich Mitte der 1980er-Jahre als Gebietsaufsicht an einer Ausgrabung in Tell el-Maschuta in Ägypten teilnahm, fanden wir uns einmal auf dem Boden eines 7 Meter tiefen Quadranten wieder, den wir ausgegraben hatten. Die Wände der Grube waren wirklich spektakulär, denn man konnte eindeutig große farbliche Unterschiede zwischen den Siedlungsschichten ausmachen: Dort, wo einst ein Feuer gebrannt hatte, waren die Schichten grau und schwarz von Asche; andere bestanden einfach nur aus Sand – sie stammten aus einer Phase, in der der Ort eine Zeitlang unbewohnt gewesen war. In einigen Siedlungsschichten waren ganz deutlich die Umrisse von Lehmziegeln zu erkennen – Gebäudemauern, die in unterschiedlichen Epochen mitten durch unseren Quadranten verlaufen waren. Am Ende jener Grabungssaison brauchten wir mehrere Tage, um die Seitenwände aller ausgegrabenen Quadranten zu vermessen, zu zeichnen und abzufotografieren, doch am Ende verfügten wir über eine akkurate Dokumentation, die wir publizieren konnten, um sie zukünftigen Archäologen und anderen Forschern zugänglich zu machen.

Ein andermal fanden wir in Tell Kabri mehrere weiße Gipsfußböden mit dunkelbraunen Schichten aus Erde dazwischen. Sie zeigten, dass der Palast zu verschiedenen Zeitpunkten renoviert worden war. Hier sahen die Wände aus wie die Schichten einer Schwarzwälder Kirschtorte und waren entsprechend leicht zu vermessen, zu zeichnen und zu fotografieren.

In Athen wurde im Rahmen der Olympischen Spiele 2004 eine neue U-Bahn-Strecke gebaut. Dabei dachten sich Archäologen und Stadtplaner eine einzigartige Methode aus, um Einheimischen und Touristen die verschiedenen Erdschichten zu präsentieren, durch die sie sich hatten graben müssen. In einigen U-Bahnhöfen platzierte man große Glasscheiben vor den Wänden, sodass man die Erde und die Stratigrafie nach wie vor *in situ* sehen konnte, gerade so, als stünde man bei einer laufenden archäologischen Ausgrabung inmitten eines ausgehobenen Quadranten. Hinter dem Glas sieht man ganz deutlich Gebäudeteile, Abflussleitungen und sogar die Überreste einer Straße.

Stratigrafische Lagen, Tell Kabri

Bei der Dokumentation nutzen viele Archäologen heute die sogenannte Harris-Matrix, eine bestimmte Methode, die Stratigrafie grafisch darzustellen. Bei der Harris-Matrix werden die einzelnen Siedlungsschichten gemäß ihrer stratigrafischen Position durch nummerierte Kästen dargestellt; niedriger gelegene Schichten finden sich weiter unten im Diagramm, höher gelegene weiter oben. Die Kästen sind durch Linien miteinander verbunden, die die vertikalen und horizontalen Beziehungen der Siedlungsschichten untereinander erkennen lassen. Dadurch erhält man das Schema der kompletten stratigrafischen Geschichte eines Fundorts.[11] Häufig lässt sich bereits im Feld eine Harris-Matrix als grobe Arbeitsskizze anfertigen. Auf diese Weise behalten Grabungsleiter und Aufsichtspersonen einen besseren Überblick über die verschiedenen Schichten und darüber, wie sie zusammenhängen.

Kathleen Kenyon, die heute vor allem durch ihre Grabungen in Jericho und Jerusalem bekannt sein dürfte, brachte Wheelers Methode mit nach Samaria in Palästina, wo sie in den 1930er-Jahren grub.[12] Daher nennt man die Quadrantenmethode auch die Wheeler-Kenyon-Methode. (Manchmal bezeichnet man sie übrigens auch als »Englische Grabung«.)

Kenyon und andere Archäologen modifizierten das System im Laufe der Jahre immer wieder. Heute wechseln Grabungsteilnehmer die Eimer, in denen die Keramikscherben und die anderen Funde landen, sobald es eine Veränderung in der Farbe oder Textur des Erdreichs gibt. Die neuen Eimer werden dann entsprechend beschriftet; schließlich kann eine neue Farbe auf den Beginn einer neuen Siedlungsschicht hindeuten, die sich als solche vielleicht erst später zu erkennen gibt. Auf diese Weise lassen sich bei den ausgegrabenen Überresten ganz subtile Veränderungen zwischen einzelnen Phasen entdecken und dokumentieren. Ging beim Graben alles ordnungsgemäß vonstatten und wurden bei jeder Farb- oder Texturveränderung im Boden neue Eimer, Etiketten, Beutel und Ähnliches verwendet, sollten die Funde genau das widerspiegeln, was man an der Wand des ausgegrabenen Bereichs ablesen kann.

Wenn es für Sie tatsächlich ans Graben geht, sollten Sie einem Ratschlag folgen, den man mir gegeben hat, als ich während meines zweiten Jahres auf dem College zum ersten Mal an einer Ausgrabung teilnahm: Wenn sich dort, wo du gräbst, die Farbe des Bodens oder die Textur dessen, was gerade ausgegraben wird, verändert, dann höre auf zu graben und sage jemandem Bescheid, bevor du dich möglicherweise mitten durch einen Fußboden oder einen anderen wichtigen Befund hindurchgräbst. Die Aufsicht habende Person wird dann einen Satz neuer Eimer, Etiketten und so weiter bringen, es könnte nämlich sein, dass die neue Farbe oder Textur tatsächlich auf signifikante Veränderungen im Altertum hindeutet, zum Beispiel auf eine neue Siedlungsschicht im Hügel. Ist das der Fall, wird diese Veränderung später auch an der Grabungswand sichtbar sein.

Ich möchte noch einmal betonen, dass dies das traditionelle Vorgehen ist, wenn man in einem der Länder rund um das Mittelmeer gräbt. Archäologen, die in England oder in Nordamerika tätig sind, folgen oftmals einem eigenen System, bei dem sie beispielsweise, soweit erforderlich, einzelne Artefakte separat nach Untergruppe und Ausgrabungsebene eintüten.

Genauso wichtig ist es, täglich zu dokumentieren, was gefunden wurde und was sich an der Fundstätte sonst so tut; das gilt für jede Grabung überall auf der Welt. Diese chronologischen Notizen sind nicht nur notwendig, um die Ergebnisse nach dem Ende der Grabungssaison publizieren zu können; sie helfen auch zukünftigen Forschern dabei, die gesammelten Daten nochmals zu prüfen, beispielsweise angesichts neuer Funde oder neuer Hypothesen anderer Wissenschaftler. Die Aufzeichnungen umfassen Feldnotizen zu allem, was an jedem einzelnen Tag ausgegraben wurde: Fotos von Strukturen, Befunden und Artefakten – sowohl von der Situation, in der man sie auffand, als auch später aus dem Labor, wo sie gereinigt und konserviert werden, Fundprotokolle zur Keramik und zu Kleingegenständen mit laufenden Bestandslisten aller Funde sowie diverse weitere relevante Daten. An immer mehr Ausgrabungsarealen wie Pompeji und Megiddo geben Archäologen diese Daten direkt in Laptops, iPads oder ähnliche Geräte ein, von wo aus sie direkt auf die Server der heimatlichen Uni hochgeladen werden, ob diese nun in den USA, in England, Deutschland oder anderswo liegt. So besteht (fast) kein Risiko mehr, dass die Daten verloren gehen.

Sie möchten wissen, wie ein typischer Tag auf einer Ausgrabung aussieht? Auch wenn ich nicht für alle Stätten sprechen kann, möchte ich zumindest kurz beschreiben, wie das Ganze in Kabri und Megiddo abläuft: Ein normaler Arbeitstag beginnt um fünf Uhr morgens; zu dieser Zeit findet sich das ganze Team an der Ausgrabungsstätte ein und beginnt zu graben. Nach gut drei Stunden, gegen halb neun, gibt es dann eine halbstündige Frühstückspause. Danach graben wir weiter, bis um elf eine weitere Pause von einer Viertelstunde folgt, in der Regel mit Kaffee, Obst und Keksen. Die Arbeit geht weiter bis halb eins oder eins, dann steigen wir alle in den Bus, der uns in unsere Unterkünfte zurückbringt. Um diese Zeit ist es in den meisten Ländern rund um das Mittelmeer bereits zu heiß, um in einer Erdgrube herumzustochern.

Nach dem Mittagessen begeben sich die meisten zum Swimmingpool oder machen ein Nickerchen in ihrem Zimmer, bevor sich um vier Uhr nachmittags alle wieder zur Arbeit treffen. Einige Team-Mitglieder reinigen nun die an diesem Tag gefundene Keramik und legen sie zum Trocknen in die Sonne, damit sich die Grabungsleiter die Funde am folgenden Tag ansehen und sich ein Bild davon machen können, aus welcher Zeit sie stammen. Andere Mitarbeiter säubern Fragmente von Tierknochen, wieder andere geben Daten in den Computer ein oder widmen sich den Aufgaben, die man ihnen zugeteilt hat. Die für einen bestimmten Abschnitt zuständigen Aufsichtspersonen dokumentieren ihre Grabungsnotizen und planen den nächsten Tag. Das alles geht bis sechs Uhr abends oder auch etwas länger, um sieben gibt es Abendessen, oft gefolgt von einem Vortrag um acht – immerhin sind viele Leute dabei, die Punkte fürs College sammeln müssen. Und nach einem kurzen geselligen Beisammensein gehen schließlich um zehn Uhr die Lichter aus.

Wenn morgens um halb fünf der Wecker klingelt und sich die ganze Mannschaft kurz darauf auf der Grabungsstätte versammelt, beginnt das Ganze von vorne – in der Regel fünf Tage die Woche. Die Feldsaison dauert vier bis sieben Wochen, die fast immer im Juni und Juli liegen, da sich in diesen Monaten die meisten freiwilligen Grabungshelfer melden. In der Regel handelt es sich bei den Freiwilligen um Studierende, aber viele kommen auch aus ganz anderen Ecken; oft sind das Menschen, die schon immer mal an einer Ausgrabung teilnehmen wollten – pensionierte Ärzte und Rechtsanwälte, Krankenschwestern, Lehrer und, und, und ... Eines haben sie fast alle gemein: Sie sind ziemlich überrascht darüber, wie es bei einer Grabung tatsächlich zugeht. Wenn man beispielsweise im Nahen Osten gräbt, ist es immer sehr heiß und dazu noch trocken und staubig. Befindet sich die Ausgrabungsstätte in der Nähe einer Küste, kommt noch eine unerträglich hohe Luftfeuchtigkeit hinzu.

Bei Ausgrabungen in England oder Nordamerika herrschen natürlich andere Bedingungen, aber man sollte stets darauf gefasst sein, dass es nicht allzu gemütlich wird – wenn es regnet, gräbt man eben im Schlamm. Das tägliche Arbeitspensum kann ebenfalls stark variieren, vor allem, wenn man statt mit vielen Freiwilligen nur mit Profis zusammenarbeitet. Das ist vor allem dann der Fall, wenn sich Archäologen dem sogenannten Kulturressourcen-Management widmen, ihre Aufgabe also beispielsweise darin besteht, die Baustelle eines wichtigen Bauprojekts zu sichten und archäologische Funde sicherzustellen, bevor die Planierraupen anrücken. In solchen Fällen können sich Arbeitstage durchaus von Sonnenaufgang bis Sonnenuntergang hinziehen – ohne Pausen (wenn man von hastig verschlungenen Snacks und Kaffee absieht) und manchmal mehrere Wochen am Stück.

Und was findet man so an einem typischen Tag auf einer Ausgrabung? Bei vielen Stätten rund ums Mittelmeer, sei es in Italien oder in Israel, tauchen in fast jeder Schaufel Erde auch Keramikscherben auf, also Geschirr, das vor mehreren tausend Jahren kaputtgegangen ist (es sei denn, es handelt sich um eine Fundstätte aus dem Neolithikum, einer Zeit, in der es noch keine Keramik gab). Für fast alle Tätigkeiten im Haushalt und im Gewerbe benutzte man Keramik, die als Massenware aus lokal produziertem Ton gebrannt wurde und leicht zerbrach, wenn man sie fallen ließ. Es war billiger und einfacher, die Scherben eines zerbrochenen Tellers oder einer Amphore aufzukehren und wegzuwerfen und dann eine neue herzustellen oder zu kaufen, als das Geschirr zu kitten. Ähnliches gilt für Steinwerkzeuge aus Hornstein, Feuerstein, Obsidian oder Quarz, die man in prähistorischen Stätten findet – sie waren leicht herzustellen, sehr zerbrechlich und es war unkomplizierter, sie zu ersetzen als zu reparieren.

Wie ich bereits erwähnt habe, handelt es sich bei den spektakuläreren Funden, also solchen, von denen man als Archäologe seinen Freunden und Bekannten erzählt, meistens um Artefakte, das heißt um von Menschen hergestellte oder modifizierte

Objekte. Manchmal ist es gar nicht so einfach, beispielsweise ein bearbeitetes Steinwerkzeug von einem Stein zu unterscheiden, der einfach nur ein paar Kilometer in einem Bachbett mitgeschleift wurde, aber in der Regel erkennt man ziemlich schnell, ob man es mit einem Artefakt zu tun hat oder nicht.

Ganz anders verhält es sich am ersten Tag einer Grabung. Dann läuft nämlich so gut wie jeder, der zuvor noch nie an einer Ausgrabung teilgenommen hat, bereits im Lauf des Vormittags ungefähr fünfzig Mal zum Grabungsleiter, hält ihm etwas unter die Nase und fragt: »Ist das hier ein Stück Keramik? Ist es das?« – »Nein«, lautet die Antwort dann stets, »es ist ein Stein. Aber ein sehr hübscher Stein!«

Da weder Steine noch Keramik im Boden verrotten, entdeckt man von beidem naturgemäß immer eine ganze Menge. Wie wir bereits wissen, findet man Keramikscherben (wie auch Steine) ja bereits bei der Geländebegehung – sie sind ein Indikator für die Existenz und die Lage einer Fundstätte; bei der Ausgrabung innerhalb der Stätte werden sie dann in ihrem Fundkontext freigelegt.

Außerdem gräbt man meistens Tierknochen aus sowie eine Unmenge Erde und wiederum Steine – viele, viele kleine und größere Steine. Die meisten liegen einfach so herum, manche gehören aber auch zu Mauern oder Gebäuden. Der Trick besteht darin zu wissen, worum es sich handelt, bevor man den Stein aufhebt und wegwirft – es gibt nichts Schlimmeres, als festzustellen, dass man gerade die Hälfte einer antiken Mauer weggeräumt hat, ein typischer Anfängerfehler.

Hier kommt auch wieder das archäologische Axiom ins Spiel, das ich zu Beginn des Buches zitiert habe: »Ein Stein ist ein Stein, zwei Steine sind ein Befund, drei Steine sind eine Mauer.« Es ist ein unbeschreibliches Gefühl, wenn man eine Reihe Steine freilegt und plötzlich klar ist: Die hat jemand vor langer, langer Zeit ganz bewusst dort platziert.

Alles in allem sollte man stets im Hinterkopf behalten, dass echte Archäologie beileibe keine so romantische Angelegenheit ist, wie zahlreiche Bücher, Fernsehsendungen und Hollywood es uns verkaufen wollen. Jedem Moment, in dem man etwas Bemerkenswertes entdeckt, sind viele Tage oder sogar Wochen vorausgegangen, in denen man im Dreck herumgewühlt hat; jeden Fund bezahlt man mit Blut (beziehungsweise Blasen), viel Schweiß und gelegentlich auch Tränen. Dennoch: Die Mühe lohnt sich, ganz gleich, ob man zum ersten Mal bei einer Ausgrabung dabei ist, zum wiederholten Mal an dieselbe Fundstätte zurückkehrt oder seine Erkenntnisse publiziert. Jedes archäologische Projekt hat irgendwo auch etwas Erhabenes – die ganze Planung, die nötig ist, die harte Arbeit, die es während und nach der Saison erfordert ... Es ist ähnlich wie bei einem Symphonieorchester, das ein bedeutendes Musikstück aufführt: Wenn nicht alle ihren Beitrag leisten, kommt nichts Gutes dabei heraus.

TEIL 5

**IM HEILIGEN LAND
UND DRUM HERUM**

13
AUSGRABUNGEN IN ARMAGEDDON

In den bisherigen Kapiteln war schon einige Male die Rede von Megiddo in Israel, das wahrscheinlich besser unter seinem biblischen Namen bekannt ist: Armageddon. Dabei kommt das Wort *Armageddon* eigentlich von *Megiddo,* denn auf Hebräisch bedeutet »Har Megiddo« nichts weiter als »Hügel von Megiddo« oder »Berg von Megiddo«. Auf Griechisch schrieb man den Ortsnamen dann »Harmageddon«, und im Laufe der Zeit wurde »Armageddon« daraus.

Es ist schon etwas ganz Besonderes, über einen Grabungshügel wie Megiddo zu laufen – einem Ort, an dem 3000 Jahre lang Menschen gelebt haben – und sich zu fragen, was sich da unter den eigenen Füßen befindet. Alles Mögliche könnte dort verborgen liegen – oder auch gar nichts. Ich hatte die große Freude, zehn Grabungssaisons in Megiddo zu arbeiten; von 1994 bis 2014 war ich jedes zweite Jahr dort, und jeden Morgen, wenn ich über das Ausgrabungsareal ging, spürte ich dieses Kribbeln: Was befindet sich gerade direkt unter mir? Was würde ich finden, wenn ich hier stehenbliebe und anfinge zu graben? Wie ich schon mehrfach angemerkt habe, liegt der künstliche Hügel von Megiddo mehr als 20 Meter über der Jesreelebene und beinhaltet die Überreste von mindestens zwanzig verschiedenen Städten, die nacheinander und jeweils auf den Ruinen ihrer Vorgängersiedlung errichtet wurden.[1] Die früheste von ihnen ist über 5000 Jahre alt, die jüngste datiert auf die Zeit Alexanders des Großen im 4. Jahrhundert v. Chr.

Die Jesreelebene liegt im Norden Israels und ihre Form erinnert an ein umgekipptes Dreieck – die Spitze liegt bei Haifa am Mittelmeer und die breite Basis erstreckt sich im Osten entlang des Jordan. Die Ebene misst 30 bis 50 Kilometer von Ost nach West, aber nur 5 bis 11 Kilometer von Nord nach Süd. Sie eignet sich perfekt als Schlachtfeld, was erklären mag, dass hier in den vergangenen 4000 Jahren mindestens 34 Schlachten geschlagen wurden. Bei den meisten von ihnen ging es um die Kontrolle über Megiddo oder die umliegenden Gebiete, denn von Megiddo aus überblickt man das ganze Tal, durch das einst die Via Maris verlief, die »Meeresstraße«, die von Ägypten nach Mesopotamien und wieder zurück führte. Der ägyptische Pharao Thutmosis III. soll einmal gesagt haben, Megiddo zu erobern sei, als erobere man eintausend Städte.

Viele berühmte Leute haben bei Megiddo oder in der Jesreelebene gekämpft: Thutmosis III. im Jahre 1479 v. Chr. Debora, Barak, Gideon, Saul, Jonathan und Josia aus der Bibel. Die Römer kämpften hier ebenfalls, genau wie die Kreuzritter, die ägyptischen Mamluken, die Mongolen, Napoleon und im Ersten Weltkrieg der britische General Allenby. Von all den Invasoren, die diese Gegend heimsuchten, kämpfte ausgerechnet Alexander der

Große nicht in oder bei Megiddo – als er anrückte, scheint sich ihm die ganze Region kampflos ergeben zu haben. Doch von all den Schlachten bei Megiddo steht die weitaus berühmteste noch aus: die Schlacht von Armageddon, wie sie in der *Offenbarung des Johannes* beschrieben ist.[2] Es ist der endzeitliche Entscheidungskampf zwischen Gut und Böse, und das Gute wird ihn gewinnen – eine Schlacht, der zahlreiche Zeichen vorausgehen werden, unter anderem ein Erdbeben, die Pest, riesige Hagelkörner und ein 300 Kilometer langer Fluss, der Blut statt Wasser führt.

Die wohl bekanntesten archäologischen Funde auf dem Gelände sind der Wassertunnel und die »Ställe Salomos«. Ein 30 Meter tiefer Schacht führt zu dem 100 Meter langen Tunnel, der direkt an den Hügelrand gegraben wurde. Da die Wasserquelle von Megiddo außerhalb des Hügels lag, konnten sich die Einwohner über diesen Tunnel im Falle einer Belagerung mit Wasser versorgen, ohne den Feinden in die Quere zu kommen. Die sogenannten Ställe Salomos bestehen aus mehreren langen steinernen Korridoren, deren Gewölbe von Säulen getragen werden. Es ist jedoch nicht sicher, ob es sich dabei tatsächlich um Ställe handelte, und mit an Sicherheit grenzender Wahrscheinlichkeit war es nicht Salomo, der sie errichten ließ.

Die ersten Ausgrabungen in Megiddo fanden 1903 bis 1905 unter der Leitung von Gottlieb Schumacher statt, zur selben Zeit, als Flinders Petrie und Howard Carter in Ägypten waren, und er bediente sich der damals üblichen Ausgrabungsmethoden – die Archäologie steckte damals schließlich noch in den Kinderschuhen. So heuerte er Hunderte Arbeiter an, um quer durch die Mitte des Hügels einen riesigen Graben auszuheben, ganz ähnlich wie Heinrich Schliemann das dreißig Jahre zuvor in Troja getan hatte. Schumacher legte zwar auch auf der Oberseite des Hügels an mehreren Stellen kleinere Gräben an, doch es war der große Graben, in dem einige der interessantesten Funde ans Licht kamen.

So entdeckte er etwa ein Grab aus der Mitte des 2. Jahrtausends v. Chr., der Mittleren Bronzezeit, das die Leichen mehrerer Männer und Frauen enthielt sowie Objekte aus Gold und anderen Putz. Schumacher war überzeugt davon, die sterblichen Überreste der damaligen Herrscherfamilie von Megiddo gefunden zu haben, und es kann durchaus sein, dass er Recht hat. Leider lassen sich die meisten Objekte heute nicht mehr lokalisieren.

Außerdem fand Schumacher eines der berühmtesten Artefakte, das je in Megiddo entdeckt wurden, nämlich ein etwa 4 Zentimeter breites ovales Siegel aus Jaspis gefertigt, einer Art Quarz. Darauf zu sehen waren ein Löwe und die Worte »Schma, Diener des Jerobeam«. Wir wissen nicht, welcher Jerobeam gemeint war, denn in der Bibel werden zwei Könige dieses Namens erwähnt; einer der beiden war es aber in jedem Fall. Unglücklicherweise schickte Schumacher das Siegel nach Istanbul, als Geschenk für den osmanischen Sultan – die Gegend gehörte damals zum Osmanischen Reich –, und heute weiß niemand mehr, wo das Siegel geblieben ist.

Zahlreiche wichtige Funde wurden von Schumachers Arbeitern gar nicht erst als solche erkannt; sie warfen sie auf den Haufen mit der ausgehobenen Erde oder ließen sie unbeachtet am Rande der Gräben liegen. Dazu zählten auch Steine aus antiken Mauern, die sie auseinandernahmen. Einer dieser Steine trug eine Kartusche (einen Königsring) des ägyptischen Pharaos Scheschonq aus dem 10. Jahrhundert v. Chr., was den Arbeitern jedoch entging.[3]

Erst bei der nächsten archäologischen Expedition nach Megiddo erkannte man, was dieser Stein einmal gewesen war – Teil einer wahrscheinlich um die 3 Meter hohen monumentalen Siegesinschrift. Höchstwahrscheinlich wurde sie angefertigt, nachdem Scheschonq die Stadt erobert und besetzt hatte. Jahre, vielleicht auch Jahrzehnte später wurde sie dann wieder abgenommen, zerschlagen und die Steine beim Bau einer Mauer wiederverwendet – wo Schumachers Helfer den Stein wohl auch fanden. Da diese ihn aber nicht weiter beachteten und einfach neben dem Graben liegen ließen, wissen wir leider nicht, aus welcher Siedlungsschicht beziehungsweise welcher Stadt im Hügel er stammt – andernfalls hätte man diese Schicht ganz wunderbar einer bereits bekannten Person zuordnen können. Immerhin kennen wir Scheschonq nicht nur aus der ägyptischen Geschichte, sondern auch aus der Bibel – falls er mit dem dort erwähnten Schischak identisch ist.

Der Scheschonq-Stein wurde von einem Team der University of Chicago identifiziert, das gerade dabei war, Baumaterial zu sammeln, um vor Ort eine Unterkunft für die Ausgräber zu errichten. Das Team aus Chicago grub 15 Jahre lang in Megiddo, von 1925 bis zum Ausbruch des Zweiten Weltkriegs. Den Großteil des Jahres über wohnten die Archäologen auf dem Ausgrabungsgelände. Da die Jesreelebene damals noch ziemlich sumpfig war, litten die meisten Forscher unter Malaria; glücklicherweise wurden die Sümpfe irgendwann trockengelegt. Das gesamte Projekt unterstand James Henry Breasted, dem Gründer des berühmten Orientalistik-Instituts der University of Chicago. Grabungsleiter waren unter anderem Clarence Fisher, Gordon Loud und Philip L. O. Guy.

Die Chicagoer Expedition stand für eine ganz neue Art der Archäologie, die wissenschaftlicher ausgerichtet war und weit vorsichtiger zu Werke ging, als Schumacher das zwanzig Jahre zuvor getan hatte. Dank Petrie wusste man inzwischen, dass es so etwas wie eine Stratigrafie gibt und dass man eine Schicht mithilfe der Keramik-Seriation datieren kann (wie in Kapitel »Nachgefragt 2« beschrieben), sich also aufgrund der unterschiedlichen Keramikstile in etwa abschätzen lässt, wie alt eine bestimmte Siedlungsschicht ist.

Das Grabungs-Team aus Chicago, das von John D. Rockefeller

finanziert wurde, führte eine Planagrabung durch – die Forscher wollten eine komplette Schicht der gesamten Fundstätte freilegen, dokumentieren, zeichnen, fotografieren und dann forträumen, um im Anschluss die darunterliegende Siedlungsschicht zu untersuchen. So verfuhren sie mit der obersten Schicht, die sie Stratum I nannten und deren Ende sie auf Mitte des 4. Jahrhunderts v. Chr. datierten, danach mit Stratum II, einer Schicht aus dem 6./5. Jahrhundert v. Chr., und schließlich mit Stratum III, einer Siedlungsschicht aus der neuassyrischen Zeit im 8./7. Jahrhundert v. Chr. Dann ging ihnen das Geld aus.

Bald darauf wechselten die Ausgräber ihre Strategie – während ihres restlichen Aufenthaltes an der Stätte führten sie nur noch Stratagrabungen durch. Da sie einen neuen Graben anlegten, der bis zum Grundgestein reichte, wissen wir, dass sich im Hügel die Überreste von mindestens zwanzig Städten befinden, die dort nach- beziehungsweise übereinander errichtet wurden. Damals war es noch gang und gäbe, bei den vermeintlichen Erkenntnissen aus einer Grabung im Nahen Osten an den biblischen Erzählungen zu orientieren, und das galt auch für das Team aus Chicago. Als die Archäologen zum Beispiel mehrere lange, nebeneinanderliegende Räume ausgruben, die groß genug für die Unterbringung von Pferden gewesen wären, schauten sie in der Bibel nach, was sie da wohl gefunden haben könnten. Zwei Passagen aus dem 1. Buch der Könige hielten sie für besonders relevant. Die erste lautet:

> So verhielt es sich mit dem Frondienst: König Salomo hatte Fronarbeiter ausgehoben zum Bau des Tempels, seines Palastes, des Millo und der Mauern von Jerusalem, Hazor, Megiddo und Geser.
>
> (1. Könige 9:15)

Und die zweite:

> Salomo beschaffte sich Wagen und Besatzung dazu. Er hatte vierzehnhundert Wagen und zwölftausend Mann als Besatzung und brachte sie in die Wagenstädte sowie in die Umgebung des Königs nach Jerusalem.
>
> (1. Könige 10:26)

Zusammengenommen waren diese beiden Stellen für die Forscher Anlass genug zu glauben, dass Megiddo eine von Salomos »Wagenstädten« gewesen war und dass es sich bei den Gebäuden um Pferdeställe handeln musste, die aus der Zeit Salomos, also aus dem 10. Jahrhundert v. Chr., stammten. Wenn man heute in Megiddo an einer Führung teilnimmt, sprechen die Fremdenführer immer noch von »Salomos Ställen«.

Ähnliche Bauten mit langgestreckten Räumen hat man auch andernorts gefunden. Es ist gar nicht so unwahrscheinlich, dass es sich in Megiddo tatsächlich um Stallungen handelt, aber es könnten auch Lagerräume gewesen sein oder eine Kaserne für Soldaten, vielleicht sogar eine Art antiker Souk oder Basar – all diese Hypothesen finden sich in der Forschungsliteratur.[4]

Spätere Radiokarbonanalysen der in den vermeintlichen Ställen gefundenen Keramik ergaben, dass sie kaum aus der Zeit Salomos stammen können. Wahrscheinlich sind sie mindestens hundert Jahre jünger und wurden während der Regierungszeit der nordisraelischen Könige Ahab und Omri errichtet oder zur Zeit ihres Nachfolgers Jerobeam II. Mithin handelt es sich bei »Salomos Ställen« in Megiddo möglicherweise gar nicht um Ställe, und es ist sehr unwahrscheinlich, dass sie während der Regierungszeit Salomos entstanden.

»Salomos Ställe« in Megiddo

Für die nächsten Ausgrabungen in Megiddo zeichnete der berühmte israelische Archäologe Yigael Yadin verantwortlich, der in den 1960er- und 1970er-Jahren für einige kurze Grabungssaisons dort war.⁵ Yadin beschränkte sich bei seinen Untersuchungen darauf, ein paar der noch offenen Forschungsfragen zu beantworten. Außerdem nutzte er Megiddo als Ausbildungsstätte für seine Studenten, von denen einige später selbst bedeutende Archäologen wurden.

Yadin und sein Team entdeckten unter anderem die Grundmauern eines riesigen palastartigen Gebäudes, das er »Palast 6000« taufte. Mehr als die Grundmauern waren nicht erhalten, denn das Gebäude lag direkt unter dem nördlichen Teil der »Ställe«, die die Ausgräber aus Chicago freigelegt hatten. Die großen Blöcke, aus denen Yadins Palast 6000 einst bestanden hatte, waren bei dem späteren Bau wiederverwendet worden, um die Wannen anzufertigen, die den Archäologen aus Chicago zufolge als Futtertröge und vielleicht auch Wasserbehälter für die dort untergebrachten Pferde dienten. Yadin war sich sicher: Dieser Palast (und nicht die Ställe, die direkt darüberlagen) war von Salomo errichtet worden. Leider besaß er keinerlei Beweise dafür außer den erwähnten Bibelstellen sowie seiner persönlichen Überzeugung, der Palast stamme aus der gleichen Ära wie ein großes Eingangstor zur Stadt.[6]

Dieses Tor verfügte über sechs Kammern und ähnelte jenem, das Yadin zuvor in Hazor entdeckt hatte. Wie sich herausstellte, gab es in Gezer ein weiteres Tor dieser Art, das zum Teil bereits ausgegraben, aber nicht korrekt identifiziert worden war. Auf Basis jener Bibelstelle, in der erwähnt wird, dass Salomo Megiddo, Hazor und Gezer als Festungen ausbaute, datierte Yadin all diese Tore auf das 10. Jahrhundert v. Chr., die Zeit, in der Salomo herrschte.

Dieses Vorgehen ist für einen Archäologen nicht akzeptabel, zumindest nicht im Mittelmeerraum. Die Tore und die zugehörigen Gebäude sollte man mithilfe von Keramik datieren, die in ihrem Kontext gefunden wird, und nicht anhand von biblischen Passagen, die sich möglicherweise auf sie beziehen – vielleicht aber auch nicht. Als Israel Finkelstein die Keramik, welche die Archäologen aus Chicago und Yadin dort gefunden hatten, noch einmal genauer unter die Lupe nahm, kam er zum Ergebnis, dass sowohl das Tor als auch der Palast aus dem 9. Jahrhundert v. Chr. stammen und somit nicht aus der Zeit Salomos. Falls er recht hat, datiert keine der von den Ausgräbern in Megiddo untersuchten Siedlungsschichten auf Salomos Zeit. Allerdings streiten sich die Forscher auch zwanzig Jahre nach Finkelsteins Neudatierung noch darüber, wer nun richtig liegt. Eine endgültige Entscheidung steht nach wie vor aus.

Finkelstein leitet seit 1992 die neuen Grabungen in Megiddo, und ich selbst war einer seiner Co-Leiter.[7] Ab 1994 arbeitete ich mit ihm zusammen, und zwar zunächst als freiwilliger Grabungshelfer. Obwohl ich bereits 15 Feldsaisons in meinem Lebenslauf stehen hatte, wollte ich unbedingt einmal bei einer derart umfangreichen Ausgrabung an einer legendären Fundstätte in Israel dabei sein. Nach und nach stieg ich in der dortigen Hierarchie auf – 2006 wurde ich zum stellvertretenden Grabungsleiter ernannt, von 2012 an war ich Co-Leiter, bis ich mich einige Jahre später aus dem Projekt zurückzog.

Vor Ort gehörte ich der Grabungsmannschaft an, die das große Glück hatte, jenes Gebiet neu auszugraben, in dem sich sowohl Yadins Palast 6000 als auch die nördlichen »Ställe Salomos« befanden, und so erfuhr ich aus erster Hand von den Problemen, die eine Neudatierung dieses Bereichs mit sich bringt.[8] Daneben habe ich auch an vielen anderen Stellen auf dem Gelände gegraben, und überall gab es etwas Interessantes zu entdecken.

In jenem Bereich beispielsweise, den wir als »Area H« bezeichnen, stehen zwei Paläste, die aus der neuassyrischen Zeit im 8. Jahrhundert v. Chr. stammen. Das Team aus Chicago hatte sie bereits freigelegt, dann aber drumherum nicht weitergegraben. Wir haben dort an der Seite des Hügels einen Stufengraben angelegt, der uns einen Einblick in die Geschichte des Bereichs unterhalb der neuassyrischen Siedlungsschicht gewährt, so wie die Kollegen aus Chicago es am anderen Ende des Geländes getan hatten. Gegen Ende der Grabungssaison 2014 standen wir dort 6 Meter tiefer als zu Beginn der Grabung 1994 und waren in der Bronzezeit angelangt, ungefähr in der Mitte des 2. Jahrtausends v. Chr. (möglicherweise stammten die Gräber, die Schumacher vor hundert Jahren fand, aus derselben Zeit). Auf dem Weg nach unten fanden sich immer wieder Schichten mit Asche, verbrannten Objekten und anderen Anzeichen der Zerstörung,

13 Ausgrabungen in Armageddon

die darauf hinweisen, dass es mit mehreren Städten des Hügels recht dramatisch zu Ende gegangen sein muss.

In einem anderen Bereich stießen wir auf einen Tempel, der aus dem 3. Jahrtausend v. Chr. stammt, also der frühen Bronzezeit. Bei diesem Bauwerk handelte es sich um den wohl größten antiken Tempel, den man jemals im Nahen Osten entdeckt hat. Er erstreckt sich über das gesamte Ausgrabungsgebiet der Area J auf der Ostseite des Hügels, wo sich auch der berühmte Rundaltar befindet, auf den die Ausgräber aus Chicago gestoßen waren. Die große Anzahl von Knochen, die dort zutage gefördert wurden, veranlasst manche Fremdenführer zu der Behauptung, die Kanaaniter hätten auf diesem Altar Kinder geopfert. Zwar haben wir bei unseren Ausgrabungen tatsächlich Tausende von Knochen gefunden, aber sie stammen von Schafen, Ziegen, Rindern und einige sogar von Löwen. Kinderknochen waren keine dabei.

Im Jahr 1998 arbeiteten wir an der Ostseite von Megiddo, etwas weiter am Rand des Hügels nach Süden entlang, in Area K. Wir begannen in der neuassyrischen Siedlungsschicht und gruben uns vor bis in die mittlere Bronzezeit. In dieser Ära gab es eine besonders interessante Stadt, die vermutlich Ende des 10. Jahrhunderts v. Chr. zerstört wurde, wenn unsere Datierung stimmt. Als uns klar wurde, dass wir gerade dabei waren, die Reste eines zerstörten Hauses freizulegen, wendeten wir beim Graben die sogenannte Feinraster-Technik an. Meines Wissens war dies das erste Mal, dass diese Technik in Megiddo zur Anwendung kam, und zwar dank Assaf Yasur-Landau – der später mit mir zusammen Co-Leiter in Tell Kabri wurde, wo dieses Vorgehen standardmäßig angewendet wird.

Bei der Feinraster-Technik werden die normalerweise 5×5 Meter großen Grabungsquadranten wiederum in kleinere Planquadrate von 1 Meter Seitenlänge aufgeteilt. Wenn man Funde wie Keramikfragmente in diesen kleineren Planquadraten dokumentiert, ist es möglich, später mit größerer Präzision zu rekonstruieren, was man wo gefunden hat. Bei Archäologen in Nordamerika ist dieses Vorgehen übrigens so gang und gäbe, dass es nicht einmal einen speziellen Terminus dafür gibt; und das, obwohl die dortigen Archäologen die 1-Meter-Quadranten sogar weiter unterteilen, um noch genauer festhalten zu können, wo ein bestimmter Fund aufgetaucht ist.

Mithilfe der Feinraster-Technik konnten wir in Megiddo die Funktion jedes Raums in dem von uns entdeckten Haus relativ präzise identifizieren, von der Küche über das Wohnzimmer bis zum Schlafzimmer. Wir fanden einige Skelette, unter anderem von einer Frau und mehreren Kindern, hauptsächlich in dem Bereich, den wir als Küche ausgemacht hatten.[9]

Die große Frage lautete: Was hatte zur Zerstörung der kanaanitischen Stadt und dieses Hauses geführt? Einige Forscher glauben, Invasoren hätten die Stadt dem Erdboden gleichgemacht, beispielsweise König David oder andere israelitische Gruppen. Einer anderen These zufolge soll dies die Stadt gewesen sein, die der ägyptische Pharao Scheschonq eroberte, als er vor Ort seine Inschrift hinterließ.[10] Meiner Meinung nach deuten die Daten allerdings darauf hin, dass ein Erdbeben die Stadt zerstört hat. Als Archäologe weiß ich genau, wie schwer es sein kann, festzustellen, ob ein Standort einer Naturkatastrophe oder einer feindlichen Macht zum Opfer fiel, doch in diesem Fall stechen ein paar Details heraus: Erstens sind die Wände schief und einige von ihnen nicht mehr ausgerichtet, was nur durch äußerst starke Krafteinwirkung geschehen sein kann, und zweitens gibt es an den Skeletten keine Anzeichen von Gewalteinwirkung – keine Pfeilspitzen, keine Kerben von Schwertern oder Speeren, keine Schnittverletzungen. Kurzum: Ich bin der Ansicht, dass Mutter Natur diese Stadt zerstört hat, auch wenn ich es nicht mit Bestimmtheit beweisen kann.[11]

Deutliche Anzeichen für eine Schlacht fanden wir in einem anderen Bereich von Megiddo, am Südrand des Hügels, allerdings aus einer ganz anderen Epoche als gedacht. Die Geschichte dahinter ist wieder ein schönes Beispiel dafür, dass man auch als erfahrener Archäologe noch überrascht werden kann, und zwar gerade dann, wenn man es am wenigsten erwartet.[12] 2008 wollten wir ein Gebiet vom Gestrüpp befreien, in dem 1925/1926 die Kollegen von der University of Chicago gegraben hatten und in das seither niemand mehr einen Fuß gesetzt hatte – so glaubten wir zumindest. Wir hatten die Fotografien und Zeichnungen der Archäologen aus Chicago dabei, und wir wussten, dass sie rechteckige Gebäude mit kleinen Räumen gefunden hatten, die aus neuassyrischer Zeit stammten, genauer: aus dem 8. Jahrhundert v. Chr.

Als wir begannen, das Gestrüpp von der inzwischen in »Area Q« umbenannten Fläche zu entfernen, stellten wir nicht nur fest, dass einige der Räume rund statt rechteckig waren, sondern wir fanden auch zahlreiche Patronenhülsen. Zunächst glaubten wir, hier seien Freizeitjäger unterwegs gewesen oder Leute, die das Gelände für Zielübungen missbraucht hatten. Aber es tauchten immer mehr Patronenhülsen auf, und langsam dämmerte uns, was hier in Wirklichkeit geschehen war. Wir begannen, die Geschosshülsen einzusammeln, als wären es archäologische Artefakte – und im Grunde waren sie das auch. Einer meiner Schüler, Anthony Sutter, nahm einige davon mit in die Staaten, um sie näher zu untersuchen. Die eingestempelten Buchstaben und Zahlen, die er auf der Rückseite der gereinigten Hülsen fand, gaben Aufschluss über den Hersteller der Patronen und das Jahr, in dem sie produziert wurden. Ich selbst nahm nach den Grabungssaisons 2010 und 2012 auch ein paar davon mit und säuberte sie. Wie sich herausstellte, stammten sowohl Sutters als auch meine Geschosshülsen aus dem Jahr 1948 oder aus den Jahren davor. Keine einzige der mehreren hundert Hülsen, die wir untersuchten, war später hergestellt worden – wir hatten es also ganz offensichtlich mit den materiellen Überresten einer Schlacht des Palästinakriegs von 1948 zu tun, der zur Gründung des Staates Israel führte. (Dass damals auch in Megiddo gekämpft wurde, hatten wir bereits gewusst.)

Ohne es zu beabsichtigen, hatten wir den Bereich der sogenannten Schlachtfeldarchäologie betreten, die vor allem auf den europäischen Kampfschauplätzen des Ersten und Zweiten Weltkriegs angewendet wird, aber auch in den USA, zum Beispiel am Little Bighorn, wo General Custer den Tod fand. Das Gebiet liegt heute in einem Nationalpark im Bundesstaat Montana, und Archäologen haben für ihre Zwecke eine ganze Armada von Metalldetektor-Enthusiasten eingespannt: Mit deren Hilfe konnten sie die dort herumliegenden Patronenhülsen kartieren und so neue Erkenntnisse über das Schlachtengeschehen gewinnen.[13] Ich glaube, das Gleiche könnte man in Megiddo tun, um herauszufinden, auf welchem Weg die israelischen Soldaten den Hügel angriffen, bevor sie ihn eroberten.

Nun war auch klar, warum einige der Räume, die das Team aus Chicago einst ausgegraben hatte, mittlerweile rund statt rechteckig waren: 1948 hatten Soldaten die Steine der neuassyrischen Bauten versetzt, um sich dahinter mit Maschinengewehren verschanzen und die britische Polizeistation beschießen zu können, die sich ungefähr einen Kilometer entfernt befand und heute ein Gefängnis ist. Unklar hingegen war, wer die Soldaten gewesen waren, die sich hier Schützenlöcher gebaut und im Kampf all diese Kugeln abgefeuert hatten – die arabischen Verteidiger oder die israelischen Angreifer? Und genau an dieser Stelle nahm die ganze Geschichte eine unvorhergesehene Wendung, die wieder einmal zeigt, dass Archäologen ihre Antworten manchmal genau dort finden, wo sie niemand vermutet. Auch wenn wir nicht herausfinden konnten, wer die Steine verrückt hatte, waren wir in der Lage, mit ziemlicher Sicherheit festzustellen, wer hier geschossen hatte.

Wir besaßen eine ganze Menge Patronenhülsen vom Kaliber 8 Millimeter (oder 7,93 Millimeter, um genau zu sein), die von einem oder mehreren Maschinengewehren abgefeuert worden waren, wahrscheinlich aus den Schützenlöchern heraus. Wir konnten sogar eingrenzen, welcher Maschinengewehr-Typ im Jahr 1948 dazu hätte verwendet werden können: Drei Fabrikate kamen infrage, zwei deutsche und ein tschechisches. Aber an diesem Punkt waren wir dann mit unserem Latein am Ende – wir kannten nämlich niemanden, der noch eine dieser drei Waffen (geschweige denn alle drei) besessen hätte, um einen ballistischen Vergleich anstellen zu können.

Der Durchbruch kam, als ich während eines Betriebsausfluges unsere interessanten Funde und das Dilemma in einem Gespräch mit dem Leiter der Forensikabteilung unserer Universität erwähnte. Er war so fasziniert von meinem Bericht, dass er mir den Namen einer Lehrbeauftragten nannte, die hauptamtlich im US-amerikanischen Bureau of Alcohol, Tobacco and Firearms tätig war. Sie wiederum verwies mich an einen Mitarbeiter in ihrer Behörde, der ein Archiv leitete, das so gut wie niemand kennt und in dem mehr als 6000 Schusswaffen aus allen Epochen und vielen verschiedenen Ländern aufbewahrt werden. Als ich diesem Mann von unseren drei Maschinengewehr-Fabrikaten erzählte, sagte er sofort: »Klar, die haben wir da.« Wie sich herausstellte, hatte er früher einmal Archäologie studiert, und er versprach, uns bei der Identifizierung jenes Gewehrtyps zu helfen, mit dem unsere Kugeln mehr als sechzig Jahre zuvor abgefeuert worden waren.

Ich sah ihm dabei zu, wie er alle drei Gewehrtypen benutzte. Dann nahm ich die Hülsen der abgefeuerten Patronen mit zu der oben erwähnten Lehrbeauftragten, woraufhin die alten und die neuen Patronenhülsen mit einem speziellen Mikroskop untersucht wurden. Diejenigen des tschechischen Fabrikats stimmten eins zu eins mit unseren in Megiddo gesammelten Exemplaren überein; sie wiesen die gleichen Schlagbolzeneindrücke und weitere identische Charakteristika auf – genug, um die Waffe einwandfrei zu identifizieren. Es war ein spektakulärer Moment: Die »CSI Megiddo« hatte den Fall gelöst – einen *cold case* von 1948. Anthony Sutter und ich schrieben später für das *Journal of Military History* einen Artikel über die ganze Aktion.[14]

Erst vor Kurzem waren die Ausgrabungen in Megiddo unter Archäologen wieder Gesprächsthema Nummer eins. 2009 erhielt der Co-Leiter des Projekts, Israel Finkelstein, vom Europäischen Forschungsrat einen hohen Zuschuss, der es ihm gestattete, neue wissenschaftliche Technologien in die Biblische Archäologie einzuführen. Einer der Orte, an denen diese Technologien zum Einsatz kamen, war Megiddo. Dort holte Finkelstein Mikroarchäologie-Spezialisten mit ins Boot, die beispielsweise den Schmutz und andere Partikel auf den Fußböden von Häusern untersuchen, nachdem diese verlassen wurden. Dadurch erfährt man Details über die Vegetation dieser Gegend, darüber, wie lange ein Gebäude leer stand, bevor es wieder bewohnt wurde, und so weiter.

2012 vermeldeten die Medien, dass in Megiddo ein echter Schatz aufgetaucht war: Acht kleine goldene Kreolen gehörten dazu, ein großer verzierter Ring und viele kleine Perlen, die früher wohl zu einer Halskette oder einem Armband gehört hatten. Vom Stil her datiert all das in etwa auf das 11. Jahrhundert v. Chr., vielleicht ist es auch etwas älter. Zweifellos gehörte der Schmuck einer wohlhabenden Kanaaniterin, die ihn in einem kleinen Krug aus Keramik versteckte oder aufbewahrte und aus irgendeinem Grund nicht mehr herausholte.[15]

Darin befand sich der Schmuck noch immer, als die Archäologen den Krug fanden, aber um das festzustellen, brauchten sie eine ganze Weile – fast zwei Jahre, um genau zu sein. Das Gefäß wurde während der Grabungssaison 2010 entdeckt und war bei der Bergung noch völlig intakt. Da es aber bis zum Rand mit Erde gefüllt war, schickten die Forscher es in ein Speziallabor, wo es besonders vorsichtig gereinigt werden sollte. Die dortigen Konservatoren hatten aber so viel zu tun, dass der Krug erst einmal im Regal stehen blieb. Als endlich jemand einen genaueren Blick darauf werfen konnte und die Erde aus dem Inneren entfernte, kam der kleine Schatz zum Vorschein – zur großen Überraschung und Freude des Konservators und der Mitglieder der Megiddo-Expedition, die mit einer solchen Entdeckung nicht gerechnet hätten.

Die Ausgrabungen in Megiddo gehen weiter. Wie ich bereits in einem früheren Kapitel erwähnt habe, identifizierten Matt Adams und Yotam Tepper erst kürzlich neben dem Grabungshügel den definitiven Standort eines im 2. Jahrhundert n. Chr. errichteten Römerlagers.[16]

Manchmal denke ich auch heute noch an die Zeit zurück, als ich in der frühmorgendlichen Kälte über das Ausgrabungsareal lief und mich fragte, was sich wohl unter meinen Füßen befand. Auch wenn ich dort nicht mehr arbeite, verfolge ich – genau wie viele andere – nach wie vor, was in »Armageddon« vor sich geht. Was wohl die nächste Grabungssaison ans Licht bringt? Wir dürfen gespannt sein.

14

BIBLISCHE FUNDE

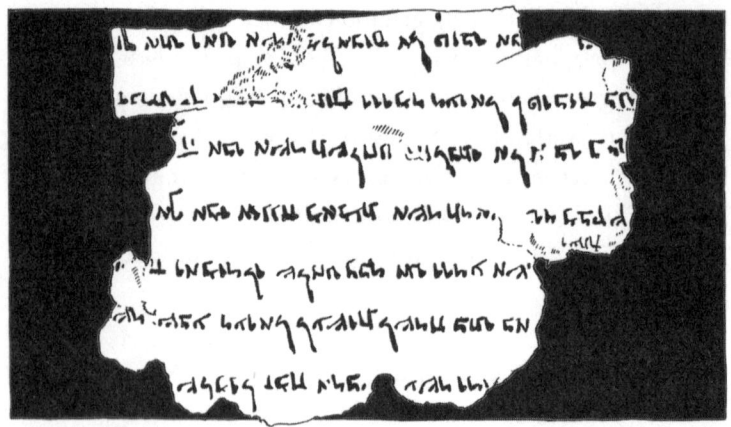

Unter den Schriftrollen vom Toten Meer, auch Qumran-Rollen genannt, finden sich die frühesten uns bekannten Abschriften des Alten Testaments. Bis dahin war die älteste Version der Bibel ein Fundstück gewesen, das im Hinterzimmer einer Kairoer Synagoge versteckt lag und ganze tausend Jahre jünger war. Andere Qumran-Rollen enthalten religiöse Texte einer apokalyptischen jüdischen Sekte, die möglicherweise auch für die biblischen Texte verantwortlich war.

Die älteste dieser Schriftrollen stammt aus dem 3. Jahrhundert v. Chr., die jüngste aus dem 1. Jahrhundert n. Chr. Die Rollen wurden in mehreren Höhlen einer Felswand am Westufer des Toten Meeres im heutigen Israel gefunden, wo sie höchstwahrscheinlich während des ersten Aufstands der Judäer gegen Rom, dem sogenannten Jüdischen Krieg von 66 bis 70 n. Chr., versteckt wurden.¹ Auch wenn es unter Gelehrten nach wie vor mehrere Streitpunkte hinsichtlich dieser Schriftrollen gibt, hat sich die Forschung zumindest auf zwei Punkte geeinigt: erstens, dass diese Rollen die Bibliothek einer Siedlung namens Qumran darstellten, die ganz in der Nähe lag, und zweitens, dass die Bewohner von Qumran die Texte so lange in den Höhlen versteckt halten wollten, bis der Aufstand beendet war und die Römer wieder abzogen. Doch der Aufstand wurde niedergeschlagen, die Siedlung aufgegeben, und die Bewohner kamen nicht mehr wieder, um sich ihre Schriftrollen zurückzuholen.

Wir wissen nicht genau, wer in Qumran lebte. Die meisten Wissenschaftler gehen davon aus, dass hier Essener ansässig waren, eine der drei damaligen Hauptgruppen der Juden (neben den Sadduzäern und den Pharisäern). Von antiken Autoren wie Philon, Plinius dem Älteren und Josephus wissen wir ein

Höhlen bei Qumran

wenig über die Essener, zum Beispiel dass sie sich einem Zölibat unterwarfen und keinen persönlichen Besitz kannten – sie lebten sozusagen wie Mönche in einem Kloster. Da Plinius sie in die Nähe von En Gedi verortet, das ebenfalls in dieser Region liegt, haben Forscher die Hypothese aufgestellt, dass Qumran eine Art Klostersiedlung war und die Essener die Qumran-Rollen verfassten. Beide Punkte werden jedoch kontrovers diskutiert. Möglich ist auch, dass Qumran alles andere als ein jüdisches Kloster war, nämlich eine Festung oder sogar eine römische Villa.[2]

Nun, wer auch immer hier einst wohnte, lebte in einer der heißesten und trockensten Gegenden, die man sich überhaupt vorstellen kann, mit weniger als 50 Millimeter Niederschlag pro Jahr. Das Tote Meer liegt 428 Meter unter dem Meeresspiegel und ist damit der am tiefsten gelegene Punkt der Erde. Der Jordan fließt in den See hinein, aber einen Abfluss hat er nicht, das Wasser kann folglich nur verdunsten. Zurück bleiben Salze und Mineralien, weshalb das Tote Meer eines der salzigsten Gewässer auf dem Planeten ist, noch salzhaltiger als der Große Salzsee in Utah. Ich selbst habe mich kaum jemals in einer heißeren Region aufgehalten.

Die erste dieser Qumran-Schriftrollen, von denen wir über 900 Stück besitzen, wurde 1947 von drei Beduinenjungen gefunden. Berichten zufolge waren die drei Cousins gerade in der Nähe von Ras Feschka dabei, ihre Schafe und Ziegen zu tränken, als einer der Jungen davonlief, vielleicht auf der Suche nach einer Ziege, die ausgebüxt war. Da ihm langweilig war, probierte er, Steine in eine Höhle zu werfen, die er hoch oben an der Felswand sah. Nach ein paar Versuchen landete er einen Treffer – und hörte prompt, wie im Inneren der Höhle Töpferwaren zu Bruch gingen.

Da es bereits dunkelte, kehrte er an die Stelle zurück, wo sie ihr Lager aufgeschlagen hatten, und erzählte den anderen beiden Jungen, was geschehen war. Am nächsten Tag schauten sie sich alle zusammen die Höhle an. Zu ihrer großen Enttäuschung fanden sie dort kein Gold, sondern nur zehn Tongefäße, von denen eines nun schon zerbrochen war. Die meisten der Gefäße waren voller Erde, doch in einem steckten mehrere Schriftrollen aus Leder. Die Jungen nahmen die Rollen mit und ließen die Tontöpfe in der Höhle stehen.

Einige Wochen später erreichte die Gruppe von Beduinen, zu der die Jungen gehörten, den Stadtrand von Bethlehem und man zeigte die Schriftrollen einem Mann namens Kando, der ein Leder- und Schuhgeschäft besaß und nebenbei mit Antiquitäten handelte. Kando kaufte ihnen die Schriftrollen ab, zuversichtlich, dass er immer noch Sandalen daraus fertigen könne, wenn er sie nicht als antike Artefakte los wurde.[3] In einer anderen Version der Geschichte verkauften die Beduinen vier Schriftrollen an Kando und drei an einen weiteren Antiquitätenhändler in Bethlehem mit Namen Salahi.[4] Wie dem auch sei: Bald darauf erreichte die Nachricht von den Schriftrollen den jüdischen Wissenschaftler Eleasar Sukenik, der in Jerusalem wohnte. Er fuhr mit dem Bus nach Bethlehem, kaufte drei der Schriftrollen – entweder von Kando oder Salahi – und kehrte nur wenige Stunden vor Ausbruch des Palästinakrieges 1947 nach Jerusalem zurück.

Als Sukenik den Inhalt der drei Schriftrollen übersetzte, stellte er überrascht fest, dass eine davon eine Abschrift des Buches Jesaja aus dem Alten Testament war. Er war nach 2000 Jahren der erste Mensch, der diese Rolle zu lesen bekam. Zu seinem großen Erstaunen stimmte der Text fast vollständig mit einer anderen Kopie des Jesaja-Buches überein, die man in einer Synagoge in Kairo gefunden hatte und die auf das 10. Jahrhundert n. Chr., also fast tausend Jahre später, datierte. Die Abschrift unterscheidet sich von unserer heutigen Version nur durch etwa 13 geringfügig andere Textstellen, die sich im Lauf der Jahrhunderte vermutlich als Kopistenfehler einschlichen.

Eine der beiden anderen Schriftrollen, die sogenannte Hymnenrolle, enthielt bis dato unbekannte Dankesgebete und -lieder einer Gemeinde. Die dritte Schriftrolle, die Kriegsrolle, beinhaltete ebenfalls Unbekanntes; aus ihr geht hervor, dass die Bewohner von Qumran (oder wem auch immer die Rolle gehört hatte) auf den Tag des Jüngsten Gerichts warteten – auf den finalen Kampf zwischen Gut und Böse. Sie sahen sich selbst als Streitmacht, nannten sich »Söhne des Lichts« und würden gegen die »Söhne der Finsternis« antreten. Die Schriftrolle hält fest, wie sie sich verhalten und leben wollten, während sie sich auf die große Schlacht vorbereiteten. Natürlich lässt sich leichthin behaupten, dass dieser finale Kampf zwischen Gut und Böse niemals stattgefunden hat. Ich möchte dagegenhalten, dass dergleichen auch eine Frage der Perspektive sein kann – für die Bewohner von Qumran waren die Römer durchaus so etwas wie »Söhne der Finsternis«.

Kurze Zeit später standen vier weitere Rollen zum Verkauf. Ihr Besitzer war Erzbischof Samuel vom syrisch-orthodoxen Markuskloster in Jerusalem, der sie dem Bethlehemer Antiquitätenhändler Kando für angeblich 250 Dollar abgekauft hatte. Er bot sie Sukenik an, konnte sich mit ihm aber auf keinen Preis einigen.

Im Januar 1949 schmuggelte der Erzbischof die vier Schriftrollen in die Vereinigten Staaten, wo sie ein paar Jahre lang in einer syrisch-orthodoxen Kirche in New Jersey unter Verschluss gehalten wurden. Am 1. Juni 1954 schaltete Samuel eine Anzeige im *Wall Street Journal* mit dem Text: »Die ›vier Schriftrollen vom Toten Meer‹ – biblische Manuskripte aus dem Jahr 200 v. Chr. oder früher – stehen zum Verkauf. Das ideale Geschenk für eine schulische oder religiöse Institution, überreicht durch eine Einzelperson oder eine Gruppe. Postfach F 206, *The Wall Street Journal*.«[5]

Zufällig befand sich damals gerade der bedeutende israelische Archäologe Yigael Yadin in den Vereinigten Staaten, da er einen Lehrauftrag an der Johns Hopkins University in Baltimore hatte. Er bekam Wind von der Anzeige und erwarb die vier Schriftrollen mit Hilfe eines Zwischenhändlers aus New York für den Staat Israel – für eine Viertelmillion Dollar.

Die sieben Rollen waren endlich wieder vereint. Heute befinden sie sich im Israel Museum in Jerusalem, wo ihnen ein eigenes Gebäude zugestanden wurde, der »Schrein des Buches«. Aber die Geschichte hatte noch eine besondere Pointe: Yigael Yadin nämlich, der irgendwann seinen Namen hatte ändern lassen, hieß ursprünglich Yigael Sukenik – er war Eleasar Sukeniks Sohn. Somit gelang dem Sohn der Erwerb jener Schriftrollen, die dem Vater damals durch die Lappen gegangen waren; alles in allem eine runde Sache.

Eine der vier Schriftrollen, die Yadin Erzbischof Samuel abkaufte, war eine weitere Kopie des Buches Jesaja, die in noch besserem Zustand war als jene, die sein Vater damals erworben hatte. Eine andere, die sogenannte Gemeinderegel, beinhaltete Regeln und Vorschriften für eine Gemeinschaft – man nimmt an, dass es für die Gemeinde von Qumran bestimmt war.

Bei der dritten Schriftrolle handelte es sich um einen Kommentar zum Buch Habakuk aus dem Alten Testament. Habakuk war einer der weniger bedeutenden Propheten, und das ihm zugeschriebene Buch ist nicht sehr lang. Dennoch ist dieser Kommentar dazu äußerst wichtig. Drei Figuren kommen darin vor – der »Lehrer der Gerechtigkeit« und seine beiden Gegner: der »Frevelpriester« und der »Lügenmann«. Obwohl diese Schriftrolle im Laufe der Jahre im Mittelpunkt zahlreicher wissenschaftlicher Diskussionen stand, hat man bislang keine dieser Figuren einwandfrei identifizieren können.

Die vierte Rolle, die Yadin erwarb, ist das sogenannte

»Genesis-Apokryphon«. Bei dem Text handelt es sich um eine alternative Version des 1. Buchs Mose, die nicht auf Hebräisch, sondern auf Aramäisch – der damaligen Umgangssprache der Juden – verfasst ist und von der Version im Alten Testament deutlich abweicht. So findet sich im Apokryphon beispielsweise ein Gespräch zwischen Noah und seinem Vater Lamech, das in unserem Bibeltext fehlt.

Die Nachricht, dass diese bemerkenswerten Dokumente aufgetaucht waren, schlug bei den Bibelforschern ein wie eine Bombe. Zudem begann sofort ein Wettrennen zwischen Archäologen und den Beduinen, die in der Nähe des Toten Meeres lebten. Sie alle wetteiferten in den 1950er- und 1960er-Jahren darum, weitere Höhlen mit antiken Schriftrollen zu entdecken, und sie wurden mindestens elf Mal fündig. Am Ende besaß die Forschung von jedem Buch des Alten Testaments – mit Ausnahme des Buches Ester – mehrere Exemplare. Daneben waren auch zahlreiche Schriftrollen aufgetaucht, die nicht religiöser Natur waren. Die Schriftrollen in Höhle 7 waren weder auf Hebräisch noch auf Aramäisch verfasst, sondern auf Griechisch, der Sprache des internationalen Handels und der römischen Besatzer (neben Latein).

Besonders interessant waren die Höhlen 3 und 4. Höhle 3 enthielt eine Schriftrolle, die nicht aus Leder oder Pergament bestand, sondern aus beschriebenen Kupferblättern. Als Archäologen die Rolle im Jahr 1952 fanden, war sie in zwei Teile zerbrochen. In der wissenschaftlichen und populären Literatur wird sie als »Kupferrolle« bezeichnet.[6]

Es wurde bereits eine ganze Menge über die Kupferrolle geschrieben – vor allem eine Menge Unsinn –, denn bei ihr handelt es sich um eine Schatzkarte. Ja, tatsächlich: eine Schatzkarte, wie wir sie aus alten Seeräubergeschichten kennen und auf der ein »X« die Stelle markiert, an der der Schatz vergraben liegt. Statt des »X« finden sich auf der Kupferrolle allerdings detaillierte Anweisungen, und zwar zur Suche von nicht weniger als 64 Schätzen.

Zur Zeit ihrer Entdeckung waren die Archäologen nicht in der Lage, die Kupferrolle, die heute in einem Museum im jordanischen Amman aufbewahrt wird, zu entrollen. Sie versuchten es mit allen ihnen zur Verfügung stehenden Mitteln, aber es war technisch einfach nicht möglich. Am Ende schickten sie die Rolle zu Spezialisten nach Manchester, wo sie mit einer Hochgeschwindigkeitssäge in kleinere Segmente zerschnitten wurde. Es funktionierte. Zwar gingen die Schnitte mitten durch einige der Buchstaben hindurch, aber am Ende ließ sich die Schriftrolle ausbreiten wie ein großes Puzzle, das aus 23 etwa gleich großen Teilen bestand.

Der Text auf der Kupferrolle ist größtenteils in hebräischer Sprache verfasst, aber es gibt auch einige griechische Buchstaben und offenbar auch Zahlen. Das eigentlich Bizarre sind jedoch die Anweisungen, die – zumindest mir – erklären, warum keiner der vielen dort aufgeführten Schätze jemals gefunden wurde. »In der Ruine, die im Tal liegt«, heißt es beispielsweise gleich zum ersten Schatz, »gehe unter den Stufen hindurch, die 40 Ellen gen Osten führen. [Da ist] eine Truhe mit Geld: insgesamt 17 Talente. Im Grabmonument in der dritten Reihe: 100 Goldbarren. In der großen Zisterne im Hofe des Peristyls in einem Hohlraum im Boden, der mit Sediment bedeckt ist, vor der oberen Öffnung: 900 Talente.«[7] Schön und gut, aber welche Ruine? Welches Tal? Welche Zisterne? Welches Peristyl? Das weiß heute leider niemand mehr.

In diesem Tenor geht der Text weiter, Spalte um Spalte um Spalte. Kein Wunder, dass niemand je auch nur einen der beschriebenen Schätze gefunden hat. Wir wissen ja nicht einmal, ob es diese Schätze noch gibt beziehungsweise überhaupt jemals gab – vielleicht hat sich jemand das Ganze auch nur ausgedacht. Falls die Schätze real waren, handelte es sich höchstwahrscheinlich um die jährlichen Zehnten, die die Juden traditionell zum Jerusalemer Tempel brachten – außer während des Jüdischen Kriegs, als Jerusalem belagert wurde und die Menschen ihr Geld lieber versteckten, als es den Römern zu überlassen. Man sollte meinen, dass zumindest ein Teil der Schätze längst wieder hätte auftauchen müssen. Laut einigen Forschern wurden die Schätze tatsächlich wiedergefunden – allerdings schon im Altertum, kurz nachdem sie vergraben worden waren. Trotzdem versuchen Amateur-Archäologen immer wieder erfolglos, das Rätsel zu lösen.[8]

In Höhle 11 fanden die Beduinen noch eine andere Schriftrolle, die wie die ersten Rollen in Kandos Geschäft in Bethlehem landete. Ursprünglich wurde sie wohl über einen Pfarrer in Virginia, der als Mittelsmann fungierte, zum Verkauf angeboten, aber nach dem Sechstagekrieg 1967 fiel sie Yigael Yadin in die Hände. Der Hauptteil der Rolle war in einem Schuhkarton aufbewahrt worden und ein paar kleinere Fragmente in einer Zigarrenkiste. Als man diese sorgfältig entrollte und die einzelnen Bestandteile wieder zusammenführte, stellte sich heraus, dass die Rolle Details über den Entwurf für einen jüdischen Tempel enthielt (der nie gebaut wurde), inklusive der Vorschriften für Opfer und andere religiöse Praktiken. Heute nennt man diese Schriftrolle passenderweise die »Tempelrolle«. Yadin publizierte später die Geschichte, wie die Tempelrolle in seinen Besitz gelangt war; die Rolle selbst ist nach wie vor ein beliebtes Studienobjekt.[9]

Die größten Probleme bereitete der Forschung jedoch Höhle 4. Hier hatten einst mehrere Schriftrollen in Regalen gelegen, waren jedoch irgendwann heruntergefallen und hatten sich buchstäblich aufgelöst. Die ehemaligen Schriftrollen lagen in Form von Zehntausenden Schnipseln auf dem Boden verstreut, manche von ihnen kleiner als ein Fingernagel. Ein wissenschaftliches

Komitee wurde ins Leben gerufen, das die einzelnen Bestandteile wieder zusammensetzen und publizieren sollte. Es arbeitete über vierzig Jahre lang daran. Während dieser Zeit durfte kaum ein anderer Forscher einen Blick auf die Fragmente werfen, was vielerorts für böses Blut sorgte – ganz zu schweigen von den vielen Verschwörungstheorien darüber, was in den Texten, um die in der Forschung ein solches Geheimnis gemacht wurde, wohl stehen mochte.

Um 1990 herum hatte es dann doch ein Ende mit der Geheimniskrämerei. Dafür sorgten einerseits Fotografien der Fragmente, die ein anonymer Hinweisgeber einem Wissenschaftler vor die Haustür legte, andererseits ein Professor und sein Doktorand, die den Text der Schriftrolle rekonstruierten. Dazu verwendeten sie Karteikarten, auf denen jeweils ein einzelnes Wort von einer der Schriftrollen stand, zusammen mit dem vorangegangenen und dem folgenden Wort des Ursprungstextes. Diese Karten, sogenannte Kompendien, hatte das Forscherteam, das sich um die Schriftrollen kümmerte, an befreundete Wissenschaftler verteilt, die als besonders vertrauenswürdig galten. Besagter Professor und sein Doktorand entwickelten nun ein Computerprogramm, das die Karten miteinander abglich, und rekonstruierten so – mit einer Genauigkeit von etwa 90 Prozent – den ursprünglichen Inhalt der Fragmente.[10]

Die folgenschwerste Enthüllung aber war, dass seit Langem schon Fotos aller Fragmente im Archiv der Huntington Museum Library in Los Angeles aufbewahrt wurden, wovon seltsamerweise kaum jemand gewusst hatte. Als dieser Umstand 1991 an die Öffentlichkeit drang und die Bibliothek erklärte, jeder Wissenschaftler mit berechtigtem Forschungsinteresse könne die Mikrofilme der Bilder einsehen, brachen schließlich alle Dämme.[11] Seither arbeitet eine neu gebildete Forschungsgruppe an den Fragmenten und publiziert Band für Band in rascher

Folge. Sie sorgte schon deshalb für neue Impulse, weil ihr auch Frauen und Juden angehören – das ursprüngliche Komitee hatte ausschließlich aus männlichen Christen bestanden. Da die neuen Team-Mitglieder zum Teil einen ganz unterschiedlichen beruflichen Hintergrund haben, bringen sie entsprechend neue Ansätze in die Arbeit ein. Außerdem nähert man sich den Fragmenten mittlerweile mit neuartigen Technologien wie der Infrarot-Fotografie, die hier und da die Schrift überhaupt erst lesbar macht.

Die Erforschung der Qumran-Rollen hat sich inzwischen zu einer regelrechten Industrie entwickelt. Eine immense Anzahl von Publikationen ist bislang dazu erschienen, und von streng wissenschaftlich bis höchst popularisierend ist alles dabei. Dass sich so viele Menschen derart intensiv mit diesen Schriftrollen beschäftigen, hat zu einigen bemerkenswerten Erkenntnissen geführt – zum Beispiel der, dass das früheste Fragment auf Ende des 3. Jahrhunderts v. Chr. datiert und aus dem Buch Samuel stammt.[12]

Ein anderes Fragment aus dem Buch Samuel enthielt eine Passage, die in unserer Version der Bibel fehlte. Der Text stammte aus 1. Samuel 10–11, und darin begannen zwei aufeinanderfolgende Verse mit dem Namen derselben Person (Nahas, König der Ammoniter). Wahrscheinlich unterlief hier demjenigen, der das Manuskript abschrieb, ein Fehler – als er den ersten Absatz kopiert hatte und wieder in die Vorlage schaute, sah er zu Beginn des zweiten Absatzes wieder den Namen Nahas und dachte, es handele sich um den bereits kopierten. Also fuhr er mit dem nächsten Absatz fort, hatte aber in Wirklichkeit nur den ersten Absatz übertragen. Das könnte erklären, warum in der modernen Version der Bibel der zweite Vers fehlte. Inzwischen wurde der fehlende Vers in zahlreichen Ausgaben wieder mit aufgenommen – allein aufgrund dieser Entdeckung in einer der Qumran-Rollen.[13]

14 Biblische Funde 341

Archäologen haben rund um das Tote Meer noch mehr Höhlen mit antiken Objekten gefunden, darunter weitere Überreste von Schriftrollen und anderen alten Texten; jene stehen aber wohl nicht mit den Qumran-Rollen in Verbindung, da sie aus anderen Epochen stammen. Eine der bekanntesten Höhlen dieser Art, die sogenannte Schatzhöhle, befindet sich in dem Wadi Nachal Mischmar. In ihr fanden Archäologen etwa 400 Gegenstände aus Kupfer, die auf etwa 3500 v. Chr. datieren, also aus der Kupfersteinzeit stammen, und zu denen eine ganze Reihe Keulenköpfe gehören, die allerdings eher eine zeremonielle denn praktische Funktion gehabt haben dürften. Andere Objekte sehen aus wie Kronen und Szepter, wobei auch hier unklar ist, ob sie tatsächlich als solche verwendet wurden.[14]

Zwei andere Höhlen, die in einem Wadi namens Nachal Chever etwa 40 Kilometer südlich von Qumran liegen, sind noch berühmter: die »Schreckenshöhle« und die »Höhle der Briefe«.[15] Beide befinden sich an den Felswänden, welche die Seiten des Wadis bilden; eine an der Nord-, die andere an der Südseite. Über den Höhlen waren oberhalb des Felsvorsprungs einst Römerlager errichtet worden, und ihre Eingänge liegen an derart steilen Hängen, dass man sie nur mithilfe wackliger Strickleitern erreicht.

Beide Höhlen wurden im Jahr 1953 entdeckt, aber erst 1960/1961 von einem Team aus vier renommierten israelischen Archäologen gründlich untersucht und ausgegraben; einer davon war wieder einmal Yadin. Zuerst nahmen sie sich die Schreckenshöhle vor, die ihren Namen aufgrund der grausigen Entdeckung dort trägt: Die Archäologen fanden vierzig Skelette, die allesamt aus der Zeit des zweiten großen Aufstands der Juden gegen die römischen Besatzer stammten. Dieser Konflikt, der als »Bar-Kochba-Aufstand« in die Geschichte einging, dauerte von 132 bis 135 n. Chr. und wurde, genau wie der Jüdische Krieg, schlussendlich niedergeschlagen. Die Toten in dieser Höhle waren vermutlich Flüchtlinge oder Aufständische, denen es nicht gelang, ihr Versteck zu verlassen, weil die Römer (zweifellos ganz bewusst) direkt über ihnen ihr Lager aufgeschlagen hatten. Da es keine Hinweise auf Verletzungen gibt, sind sie möglicherweise verhungert; was genau damals in der Schreckenshöhle passierte, werden wir wohl nie erfahren.

Im Gegensatz dazu wissen wir über die Höhle der Briefe geradezu erstaunlich viel. Zwar hatten die Archäologen 1953 hier bereits ein paar Vorarbeiten geleistet, aber das Gros der Funde kam erst 1960/1961 unter der Leitung von Yadin ans Licht – und es war eine Menge. Yadin und sein Team stellten Objekte aus drei Epochen sicher: aus der Kupfersteinzeit (um 3500 v. Chr. herum, wie die Schatzhöhle von Nachal Mischmar), aus dem 1. Jahrhundert n. Chr. (möglicherweise aus der Zeit des Jüdischen Kriegs, als die Qumran-Rollen versteckt wurden) und aus dem 2. Jahrhundert n. Chr. (aus der Zeit des Bar-Kochba-Aufstands).

Die Höhle hat zwei schmale Eingänge, die beide in die sogenannte Halle A führen. Dort fanden die Archäologen das Fragment einer Schriftrolle mit biblischen Psalmen, auf dem stand: »Herr, wer darf Gast sein in deinem Zelt?« (Psalm 15:1). Mithilfe eines Metalldetektors spürten sie diverse weitere Objekte auf, unter anderem Metallgefäße und Münzen. Von der Halle A aus führt ein schmaler Tunnel zu den Hallen B und C. In Halle C gab es die wichtigsten (und grausigsten) Funde. In einer Felsspalte entdeckte man zum Beispiel einen Korb mit menschlichen Schädeln, ein in eine Decke gewickeltes Skelett sowie einen Kinderleichnam, der in einer mit Leder ausgekleideten Kiste lag. In der hintersten Ecke der Halle fanden die Forscher Briefe aus der Feder von Bar Kochba (der sich hier Bar Kosiba nennt – sein eigentlicher Name). Des Weiteren tauchten diverse metallene Schlüssel auf und ein aus Palmblättern geflochtener Korb voller Artefakte, darunter ein Spiegel, weitere Schlüssel, Ledersandalen,

Holzschüsseln und Kannen aus Bronze. Vor allem aber stieß Yadin auf ein in Lumpen gewickeltes Bündel Schriftrollen, die einer Frau namens Babatha gehört hatten und ebenfalls auf die Zeit des Bar-Kochba-Aufstands datieren.[16]

Insgesamt fanden die Forscher in Halle C die Skelette von drei Männern, acht Frauen und sechs Kindern. Die Korrespondenz von Bar Kochba war auf Holztafeln notiert, die man in Papyrus gewickelt hatte; der Text einer dieser Tafeln lautete: »Schim'on Bar Kosiba, Herrscher über Israel.«[17] Einer Anekdote zufolge soll Yadin den israelischen Staatspräsidenten aufgesucht haben, um ihm von den Entdeckungen im Wadi Nachal Chever zu erzählen, und ihn dabei mit den Worten begrüßt haben: »Ich bringe eine Nachricht von Ihrem Vorgänger!«

Beim »Archiv der Babatha« handelt es sich um 35 Papyrusrollen, die größtenteils juristische Dokumente enthalten. Es geht darin um Besitztümer, die Babatha von ihrem Vater geerbt hatte, und um die Vormundschaft für ihren Sohn.[18] Der Fotograf David Harris, der an jenem Tag vor Ort war, als die Forscher das Archiv entdeckten, schrieb später: »Als Yadin noch einmal nachschaute, um sicherzustellen, dass er nichts übersehen hatte, berührte seine Hand ein Bündel Lumpen. Als er es hervorholte, sah er einen ganzen Haufen Papyrusrollen, der in die Lumpen eingewickelt worden war. Die Rollen nennen wir heute das ›Babatha-Archiv‹, sie beschreiben den Alltag während der Zeit von Bar Kosiba. Auch 35 Jahre später erinnere ich mich noch genau an diesen wunderbaren Moment. Es war das aufregendste Erlebnis in meiner gesamten Laufbahn als Fotograf.«[19]

Die Funde in der Schatzhöhle, der Schreckenshöhle und der Höhle der Briefe gehören zu den wichtigsten Neuentdeckungen im Bereich der Biblischen Archäologie. Letztendlich aber waren es die über 2000 Jahre alten Qumran-Rollen, die die Bibelwissenschaft geradezu revolutionierten, indem sie Aufschluss über das

Alte Testament gaben. Von ihrer zufälligen Entdeckung über das unglaubliche Hin und Her auf dem Antiquitätenmarkt bis hin zu den wissenschaftlichen Kontroversen, die diese Bibelhandschriften entfacht haben: Die Schriftrollen vom Toten Meer gehören zweifellos zu den aufregendsten archäologischen Entdeckungen des 20. Jahrhunderts.[20]

15

DAS GEHEIMNIS VON MASADA

Im Jahr 73 oder 74 n. Chr. begingen 960 jüdische Zeloten – Männer, Frauen und Kinder – auf dem Berg Masada am Toten Meer Selbstmord. Sie wollten lieber tot sein, als den Römern in die Hände zu fallen. Diese Geschichte, überliefert von dem römischen Historiker Josephus, ist eine der berühmtesten des gesamten Altertums. Aber hat sie sich tatsächlich so zugetragen? Der bereits häufig in anderen Zusammenhängen erwähnte israelische Archäologe Yigael Yadin von der Hebräischen Universität Jerusalem, der dort Mitte der 1960er-Jahre grub, war davon überzeugt und behauptete Objekte gefunden zu haben, die diese These bewiesen. Das Buch, das er später darüber schrieb, *Masada – Der letzte Kampf um die Festung des Herodes,* wurde zum Bestseller.[1]

Yadin selbst hat nie ein Geheimnis daraus gemacht, dass seine Ausgrabungen an verschiedenen Orten in Israel – wie Hazor in den 1950er- und Masada in den 1960er-Jahren – zumindest teilweise von der Hoffnung motiviert waren, den Anspruch der Juden auf das »Gelobte Land« zu untermauern. Er wollte handfeste Beweise dafür finden, dass die Erzählungen aus der Bibel und die Berichte über andere berühmte Vorfälle wie die von Josephus beschriebene Belagerung Masadas stimmten. Schon lange werfen Yadins Kritiker ihm vor, diese Motivation habe seine Interpretation der Grabungsergebnisse allzu sehr beeinflusst. 1995 und 2002 veröffentlichte der Soziologe Nachman Ben-Yehuda, der ebenfalls an der Hebräischen Universität Jerusalem lehrt, in zwei separaten Büchern seine eigene Interpretation der Funde von Masada – *The Masada Myth* und *Sacrificing Truth*.[2] Er kam zum Fazit, dass der Nationalist Yadin die falschen Schlüsse gezogen hatte, und zwar möglicherweise ganz bewusst, um dem noch jungen Staat Israel und seinen Bürgern mithilfe der antiken Funde in Masada zu einer eigenen Identität zu verhelfen, die auf Erkenntnissen aus der Archäologie basierte.

Als Reaktion darauf brachte Amnon Ben-Tor, der heute an der Hebräischen Universität Jerusalem die Yigael-Yadin-Professur für Archäologie innehat, im Jahr 2009 eine leidenschaftliche Verteidigung Yadins und seiner Erkenntnisse heraus: das Buch *Back to Masada*.[3] Darin nimmt sich Ben-Tor, der mit Yadin zusammen in Masada gegraben hatte, die dortigen Funde noch einmal vor, widerlegt jede einzelne von Ben-Yehudas Behauptungen und bestätigt ganz allgemein Yadins Interpretationen und Schlussfolgerungen.

Bei dieser Debatte geht es nicht nur darum, ob Josephus' Bericht eine vertrauenswürdige Quelle ist, es geht um die Glaubwürdigkeit des wohl berühmtesten Archäologen Israels und um den Einfluss des Nationalismus auf die Interpretation archäologischer Entdeckungen. Wem soll man nun glauben?

Masada ist ein Berg mit einem flachen länglichen Gipfelplateau, der sich hoch über der umliegenden Wüste erhebt. Seit Yadins Ausgrabungen Mitte der 1960er-Jahre sind die Ruinen auf dem Bergplateau ein echter Touristenmagnet. Hunderte Besucher durchstreifen sie Tag für Tag, eine halbe Million sind es pro Jahr; damit ist Masada nach Jerusalem das zweitbeliebteste Touristenziel in Israel. 2001 nahm die UNESCO das Ausgrabungsgelände in die Liste des Weltkulturerbes auf.[4]

Der Berg liegt am südlichen Ende des Toten Meers, ein ganzes Stück südlich von Qumran und den meisten anderen Höhlen, in denen damals die berühmten Schriftrollen gefunden wurden. Zu Fuß gelangt man auf das Plateau über einen 400 Meter langen, schmalen Pfad, der »Schlangenpfad« heißt und sich an der Vorderseite des Bergs emporwindet, oder über die Belagerungsrampe der Römer an der Westseite, die sich heute noch vor Ort befindet. Tagsüber wird es so heiß in dieser Gegend, dass Touristen den Berg nur dann zu Fuß besteigen dürfen, wenn sie vor 9:30 Uhr aufbrechen; danach ist die Gefahr, während des Aufstiegs zu dehydrieren, einfach zu groß. Dafür wird jeder, der bereits vor Tagesanbruch losmarschiert, mit einem der spektakulärsten Sonnenaufgänge seines Lebens belohnt. Dennoch entscheiden sich die meisten Touristen für die Seilbahn, in der man inzwischen bequem über den Schlangenpfad hinwegschwebt und vom Fenster aus den schwitzenden Wanderern zuwinken kann.

Die Ausgrabungen, die Yadin in Masada von Oktober 1963 bis Mai 1964 und dann noch einmal von November 1964 bis April 1965 leitete, waren in vielerlei Hinsicht ein Meilenstein für die Archäologie. Beispielsweise war Yadin der erste Grabungsleiter, der ausländische Freiwillige als Helfer rekrutierte. Er schaltete in diversen israelischen und britischen Zeitungen Anzeigen, und am Ende standen ihm Grabungshelfer aus 28 Ländern zur Verfügung.[5]

Masada

Heutzutage ist es gang und gäbe, dass an einer Ausgrabung in Israel Menschen aus aller Herren Länder teilnehmen, doch damals war dies eine echte Neuerung. Ebenso erstaunlich war auch die schiere Anzahl an Helfern – Yadin behauptete, er habe während der Ausgrabungen in Masada zu keinem Zeitpunkt weniger als 300 Freiwillige um sich gehabt. Neben den internationalen Teilnehmern waren das vielfach Angehörige der israelischen Streitkräfte, Gymnasiasten oder auch Mitglieder von Kibbuzim.[6]

Die Logistik, um die sich ein Grabungsleiter in Masada kümmern musste, war erstaunlich. Mehrere Archäologen, die damals noch studierten, haben mir erzählt, wie Werkzeuge und Gerät per Hubschrauber auf den Gipfel des Berges geflogen wurden. Der übliche Weg war allerdings, alles von Westen aus über die römische Belagerungsrampe hinauf zu schleppen – die Rampe bot schwer beladenen Grabungshelfern noch immer den einfachsten

Zugang zum Bergtableau. Bei schwereren Geräten verwendete man ein Seilbahnsystem, das neben der Rampe errichtet worden war. Die Zelte, in denen die Expeditionsmitglieder hausten, wurden aus logistischen Gründen am Fuße des Berges aufgeschlagen. All das beschreibt Yadin in seinem Buch.[7]

Die Ausgrabung selbst ist längst zur Legende geworden. Yadin schreibt, als sie die Grabung zu planen begannen, habe man in Masada keinerlei Strukturen mit erkennbaren Grundrissen ausmachen können. Das ganze Gebiet sei lediglich mit Gestein- und Schutthaufen übersät gewesen.[8] Sobald die Archäologen aber Luftaufnahmen gemacht hatten, konnten sie viele Gebäude ganz deutlich erkennen und wussten, wo sie graben mussten.

Bis zum Ende der Grabungsarbeiten hatte sich herausgestellt, dass Masada eine aufwendige, palastartige Siedlung gewesen war, die König Herodes nach seiner erfolgreichen Romreise im Jahr 40 v. Chr. hatte errichten lassen. Er wollte vorsorgen, falls er jemals aus Jerusalem hätte fliehen und anderswo unterkommen müssen. Ende des 1. Jahrhunderts n. Chr. besetzten dann die Sikarier die Siedlung – Rebellen, die sich im Anschluss an den Jüdischen Krieg gegen die Römer auflehnten.

Eigentlich gab es in Masada sogar zwei Paläste. Einer hatte drei Stockwerke und war am nördlichen Ende des Plateaus teilweise in die Felswand hineingebaut, sodass man in der unbarmherzigen Gluthitze der Wüste noch eine leidlich kühlende Sommerbrise abbekam. Der andere Palast befand sich an der Westseite von Masada. Außer den beiden Palästen entdeckte Yadins Team noch mehrere Räume und Gebäude, die als Gerbereien und Werkstätten dienten, eine Synagoge und eine ganze Reihe Lagerräume, in denen Nahrung und andere Vorräte aufbewahrt wurden. In einigen standen noch Vorratsbehälter mit verkohltem Getreide, das von der letztendlichen Zerstörung Masadas zeugte. Ferner entdeckten die Forscher mehrere Zisternen zum Speichern von Regenwasser, denn es gab in der trockenen Wüstengegend rund um den Berg keine Süßwasserquellen.[9]

Einige der Wände waren verputzt und mit Bildern in tiefen Blau-, und leuchtenden Rottönen sowie in den Farben Gelb und Schwarz bemalt, von denen noch einige Fragmente erhalten sind. Hier und da zierten außerdem aufwendig gestaltete Mosaike die Fußböden, wie man sie sonst eher bei den Griechen und Römern fand. Vermutlich hatte Herodes Kunsthandwerker angeheuert, die nachahmen sollten, was er in Rom gesehen hatte. Auch von den Mosaiken ist nur noch wenig erhalten.

Yadin gelang es, einige der Originalgebäude aus den überall herumliegenden Steinen zu rekonstruieren. Das beste Beispiel hierfür ist der große Komplex aus Lagerräumen, die sich im nordöstlichen Teil des Geländes befanden. Von diesen Lagern standen nur noch die Grundmauern, aber die restlichen Steine lagen noch genau dort, wo sie beim Einsturz der Gebäude einst gelandet waren. Yadin und sein Team rekonstruierten die, wie sich herausstellte, mehr als 3,30 Meter hohen Räume, indem sie sämtliche der ihnen vorliegenden Steine zum Wiederaufbau der Mauern verwendeten. Um ihre Arbeit zu dokumentieren, malten sie dort, wo der ausgegrabene auf den rekonstruierten Teil traf, eine schwarze Linie auf die Mauern.[10] So geht man in Israel vielerorts heute noch vor; wenn man Megiddo durch das Stadttor aus der späten Bronzezeit betritt, sieht man, dass die Archäologen hier eine ganz ähnliche Markierung hinterlassen haben.

Jedes einzelne Staubkorn, so Yadin, hätten er und seine Mitarbeiter an der Fundstätte umgedreht. Fast 50 000 Kubikmeter Sand und Erde wurden vor Ort gesiebt. Tatsächlich war es das erste Mal, dass bei einer Ausgrabung in Israel alle Eimer mit abgetragener Erde durch ein Sieb geschüttet wurden. Und es lohnte sich, denn die Forscher fanden zahlreiche Kleinstgegenstände, die andernfalls vermutlich auf dem Müll gelandet wären, darunter Hunderte von Münzen, Scherben von Töpferwaren mit Inschriften darauf und kleine Schmuckstücke wie Ringe und Perlen. Dank der Münzen konnte Yadin das, was sie dort freilegten, genau datieren – es waren Exemplare aus jedem einzelnen Jahr des fünf Jahre dauernden Jüdischen Kriegs dabei, inklusive einiger besonders seltener Münzen aus dem letzten.[11]

Yadins Ausgrabungen in Masada haben in den letzten Jahren wieder für Diskussionen gesorgt, insbesondere was seine Interpretation der Überreste betrifft und die Art und Weise, wie er aus den Funden geschlussfolgert hat, was im Altertum oben auf dem Berg geschah. Nur ein Jahr nach Grabungsende brachte Yadin seine Erkenntnisse als opulentes Coffee Table Book auf den Markt – es war einer der ersten Grabungsberichte, die sich direkt an ein breites Publikum richteten.[12] An der Publikation der eigentlichen Grabungsergebnisse arbeiteten Dutzende Forscher mehrere Jahrzehnte lang; der letzte der acht Bände erschien 2007, mehr als vierzig Jahre nach dem Ende der Ausgrabungen.

Die Geschichte rund um Masada ist weit mehr als bloß die Geschichte einer Grabung. Unter anderem zeigt sie beispielhaft, wie Archäologen historische Informationen verwenden, um ihre Funde zu ergänzen und mehr über sie zu erfahren. Yadin nutzte hierzu vor allem die Schriften von Flavius Josephus, einem jüdischen Militärkommandanten, der später nach Rom ging, sich dort als Geschichtsschreiber betätigte und Ende des 1. Jahrhunderts n. Chr. mehrere Bücher über die Juden veröffentlichte. Josephus dient als Primärquelle für das, was sich vor knapp 2000 Jahren in Masada zugetragen hat, doch die Beziehung zwischen Archäologie und historischen Aufzeichnungen ist durchaus wechselseitig: Da wir nicht sicher sein können, dass Josephus' Ausführungen hundertprozentig der Wahrheit entsprechen, können uns Erkenntnisse aus der Archäologie dabei helfen, seine Texte entweder zu bestätigen oder infrage zu stellen. Masada kann uns aber auch als Warnung davor dienen, archäologische Erkenntnisse zur Unterstützung einer nationalistischen Agenda zu verwenden (beziehungsweise zu missbrauchen) – genau das, was einige Forscher Yadin hier vorwerfen.

Im Jahr 73 oder 74 n. Chr. wurde eine kleine Gruppe jüdischer Aufständischer in Masada von den Römern belagert.[13] Josephus ist unsere einzige historische Quelle für diese Belagerung, und er erzählt von einem Massenselbstmord der jüdischen Verteidiger. Yadin trat an, um mit den Mitteln der Archäologie zu beweisen, dass diese altbekannte Geschichte tatsächlich stimmt.

Im Grunde lassen sich die damaligen Vorkommnisse, so wie Josephus von ihnen berichtet, in wenigen Sätzen wiedergeben. Wie bereits im Kapitel über Rom angemerkt, begann der Jüdische Krieg im Jahr 66 n. Chr., als die Juden auf dem heutigen Staatsgebiet von Israel gegen die Römer aufbegehrten, die ihr Land besetzt hielten. Die Revolte dauerte bis 70 n. Chr., als die Römer Jerusalem eroberten und größtenteils in Schutt und Asche legten, einschließlich des Tempels, den Herodes der Große dort hatte errichten lassen. Herodes' Bau hatte den alten Tempel ersetzt, der noch von König Salomo stammte und den die Neubabylonier einige Jahrhunderte zuvor zerstört hatten. Der Legende nach wurde der erste wie auch der zweite Tempel, also sowohl Salomos als auch Herodes' Tempel, am selben Tag des Jahres zerstört. Mit dem Trauertag Tisha B'Av erinnern die Juden heute noch an dieses Datum.

Als der Aufstand zu Ende war, gelang es einer Gruppe von Rebellen, den Sikariern (»Dolchträger«), aus dem zerstörten Jerusalem zu fliehen und sich auf dem Berg Masada zu verschanzen. Angeführt von einem Mann namens Eleasar ben Ja'ir übernahmen die Sikarier die Kontrolle über die befestigten Gebäude und Paläste, die Herodes ursprünglich als möglichen Zufluchtsort für sich und seine Familie auf dem Gipfelplateau von Masada hatte errichten lassen. In Josephus' Bericht über diese Ereignisse sind einige Details allerdings schlichtweg falsch, weshalb man annimmt, dass er selbst niemals vor Ort war, sondern die Notizen eines anderen benutzte. So schreibt er zum Beispiel, Herodes habe sich einen Palast bauen lassen, »und zwar am westlichen Aufstieg unterhalb der Ringmauer des Gipfels mehr gegen Norden zu.«[14] Wie bereits erwähnt, fanden die Archäologen aber nicht einen, sondern zwei Paläste – einen im Westen und einen im Norden des Plateaus.

Andere Details, die Josephus widergibt, stimmen wiederum; zum Beispiel beschreibt er recht präzise die dortigen Bäder sowie die Fußböden, die in einigen Gebäuden »mit bunten Steinmustern« versehen waren. Außerdem erwähnt er, Herodes habe sich »viele große Behälter zur Aufbewahrung des Wassers in die Felsen hauen lassen«.[15] Mit den »Steinmustern« meint Josephus natürlich die Bodenmosaiken, deren intakte Restbestände Yadin bei der Grabung vorfand, und die »Behälter« sind die Zisternen, die teils enorme Ausmaße hatten – Yadin schätzte die Kapazität einer einzelnen Zisterne auf bis zu 4000 Kubikmeter. Insgesamt konnten in den Zisternen an die 40 Millionen Liter Regenwasser gespeichert werden.[16]

Drei Jahre harrten die Rebellen in Masada aus und organisierten regelmäßig Raubzüge in die Umgebung, um sich Nahrung zu beschaffen. Dann beschlossen die Römer, auch diesen letzten Aufständischen endlich den Garaus zu machen. Josephus schreibt, die Römer, unter ihrem Feldherrn Flavius Silva, hätten auf dem Wüstenboden einen Belagerungswall errichtet, der einmal rund um den Berg lief und auf dem in regelmäßigen Abständen Garnisonen oder Festungen standen. Niemand konnte diesen Wall überwinden.[17] Wenn man heute vom Bergplateau aus hinunterschaut, kann man noch immer die Überreste von acht dieser Befestigungen erkennen.

Als Nächstes begannen die Römer, auf einem natürlichen Grat eine lange Rampe aus Erde und Steinen zu errichten, auf der man vom Wüstenboden aus nach »300 Ellen« das Gipfelplateau erreichte. Sobald die Rampe fertig war, konnten die Römer Belagerungsgerät wie Rammböcke, Katapulte und Ballisten in Stellung bringen, um die Mauern von Masada mit riesigen Steinen zu torpedieren. Dazu, so Josephus, »kam noch der Bau eines sechzig Ellen hohen Turmes, der vollständig mit Eisen gepanzert war und von dem aus die Römer mittels starker Batterien von Katapulten und Steinschleudergeschützen sehr rasch die Kämpfer auf der Mauer zurückscheuchten und ihnen sogar das Ausgucken verleideten.«[18]

Einige Belagerungsmaschinen lassen sich heute vor Ort als Repliken in Originalgröße bestaunen; sie entstanden bei den Dreharbeiten zu einer Miniserie über Masada, die 1981 im US-Fernsehen ausgestrahlt wurde und noch im selben Jahr in die deutschen Kinos kam. Außerdem sind auf dem Gelände diverse Objekte ausgestellt, die Yadin und sein Team bei den Ausgrabungen in den 1960er-Jahren fanden, unter anderem große Steine, die aussehen, als stammten sie von den römischen Katapulten, und solche, wie sie die jüdischen Verteidiger möglicherweise von der Mauer aus auf die Angreifer schleuderten.

Nachdem die Römer ihre Gerätschaften aufgebaut hatten, begann die eigentliche Belagerung. Wie Josephus erzählt, befahl Silva seinen Soldaten, den Rammbock über die Rampe nach oben zu hieven und an der Mauer anzulegen.[19] Dann packten mehrere Männer das Seil, das an dem großen, angespitzten Holzbalken befestigt war, und zogen ihn damit weit zurück; als sie losließen, schlug der Rammbock mit einem gewaltigem Rums gegen die Festungsmauer. Die Römer wussten: Lange würde die Mauer dem Druck nicht standhalten.

Doch die jüdischen Verteidiger hatten vorgesorgt, wie Josephus schreibt, und aus Holz und Erde einen eigenen Wall angelegt, der weich und elastisch war. Dazu hatten sie seinem Bericht zufolge direkt an der Mauer sowie in einem Abstand von 3 Metern enorme Holzbalken der Länge nach gestapelt und den Zwischenraum mit Erde aufgefüllt, sodass am Ende direkt hinter der steinernen Befestigungsmauer ein dicker Wall aus Erde aufragte, der beidseitig mit Holz befestigt war. Dieser Wall fing den Aufprall des Rammbocks ab und verteilte die auf die Mauer wirkende Kraft.

Infolgedessen brauchten die Römer viel länger als erwartet, bis sie ein Loch in die Mauer geschlagen hatten, und als es ihnen endlich gelungen war, standen sie vor dem nächsten Problem – einem dicken Wall aus Holz und Erde. Josephus zufolge steckten sie diesen am Ende kurzerhand in Brand und bereiteten sich auf die Einnahme der Stadt vor. Doch als das Feuer heruntergebrannt war, war es bereits dunkel geworden, und so beschlossen die Römer, in ihr Lager zurückzukehren und Masada erst am nächsten Morgen einzunehmen.

Diese kurze Belagerungspause nutzten die jüdischen Verteidiger, um sich umzubringen. Bevor sie von den Römern getötet oder gefangengenommen und versklavt wurden, wollten sie lieber durch eigene Hand sterben. Josephus beschreibt, wie ihr Anführer Eleasar ben Ja'ir jeden Familienvater anwies, seine Frau und seine Kinder zu töten, und erklärte: »Meines Erachtens ist es aber nur eine gnädige Fügung Gottes, dass gerade wir den schönen Tod des freien Mannes sterben können, während so viele andere, die unvermutet in die Hände der Feinde gefallen sind, dieses Glück nicht gehabt haben.«[20] Anschließend zogen die Männer Lose, um zehn aus ihrer Mitte auszuwählen, die alle anderen töteten, und diese zehn Überlebenden wiederum losten danach einen letzten unter ihnen aus, der die restlichen neun umbrachte. Streng genommen war er somit der Einzige, der Selbstmord beging – was schließlich gegen jüdisches Recht verstößt. Dennoch war es im Endeffekt ein Massenselbstmord, und als die Römer am nächsten Morgen den Berg erklommen, empfing sie eine gespenstische Stille. Erst als zwei Frauen und fünf Kinder auftauchten, die sich in einer der Zisternen versteckt hatten, erfuhren die Römer, was geschehen war. Die Frauen konnten Eleasars Rede noch Wort für Wort wiedergeben. Laut Josephus waren in jener Nacht 960 Menschen gestorben.[21]

Diese dramatische Erzählung wirkt bis heute nach. Nachdem Yadin seine Ausgrabungen beendet hatte, hielt die israelische Armee eine Zeitlang ihre Vereidigungszeremonie auf dem Gipfelplateau von Masada ab. Es war ein spektakuläres nächtliches Ritual, bei dem die Rekruten im Schein eines Lagerfeuers schworen, dafür zu sorgen, dass so etwas »niemals, niemals wieder« geschehen werde.

Einige Unstimmigkeiten gibt es in Josephus' Geschichte aber nach wie vor. Dass die Frauen, die sich mit ihren Kindern in der Zisterne versteckt hatten, kaum in der Lage gewesen wären, die Rede von Eleasar ben Ja'ir so laut und deutlich zu hören, dass sie sie Wort für Wort hätten wiederholen und Josephus sie hätte zitieren können, ist noch das kleinste Problem.

Weitaus schwerer wiegt die Tatsache, dass die Römer nach einem erfolgreichen Schlag durch die Mauer nie und nimmer über Nacht in ihr Lager zurückgekehrt wären, selbst wenn es schon stockdunkel gewesen sein sollte. Die damalige Taktik des römischen Militärs sah vor, einen Vorteil sofort zu nutzen, ganz gleich, wo und wann er sich auftat. Zweifellos wären die Soldaten durch das Loch in der Mauer gestiegen und hätten sogar den noch brennenden Wall niedergerissen, nur, um so schnell wie möglich in die befestigte Stadt zu gelangen. Somit hätte ben Ja'ir weder seine Rede halten können, noch hätten die Männer untereinander Lose ziehen geschweige denn ihre Familien töten können, um sich dann gegenseitig umzubringen – die Zeit hätte einfach nicht ausgereicht. Kurzum: So, wie Josephus es beschrieben hat, kann es schlichtweg nicht abgelaufen sein.

In Wirklichkeit wird genau das passiert sein, was wir erwarten würden: Nachdem die Römer die Mauer durchbrochen hatten, fielen sie in Masada ein und töteten die Juden. Es war kein Massenselbstmord, sondern schlicht Massenmord. Als Josephus später in Rom mithilfe von Notizen und Tagebüchern der anwesenden Befehlshaber die Ereignisse niederschrieb, bat man ihn wahrscheinlich, das Ganze so umzuschreiben, dass die Römer besser wegkamen. Und so griff Josephus bei seiner Schilderung, dass die jüdischen Männer erst ihre Familien und dann einander töten, auf eigene Erfahrungen zurück: Einige Jahre zuvor, im Jahr 67 n. Chr., als der Jüdische Krieg noch am Anfang stand, hatte Josephus als jüdischer Heerführer an einem Ort namens Jotapata gegen die Römer gekämpft. 49 Tage gelang es, die Römer in Schach zu halten, doch am Ende flüchtete Josephus mit vierzig anderen Männern in eine Höhle, wo sie beschlossen, kollektiven Selbstmord zu begehen, anstatt dem Feind in die Hände zu fallen. Die Männer töteten einander, bis nur noch Josephus und ein weiterer Mann am Leben waren, den er schlussendlich überredete, sich mit ihm zusammen zu ergeben. Das, was laut Josephus in Masada passierte, scheint also in Wirklichkeit seine eigene Geschichte in Jotapata gewesen zu sein.[22]

Einige der Probleme, die der Text von Josephus aufwirft – nicht zuletzt die Geschichte mit den Frauen und Kindern, die sich in der Zisterne verstecken, während der Rest der Bewohner einander umbringt –, hatte Yadin im Hinterkopf, als er in Masada zu graben begann. Er war entschlossen, genug zu finden, um die Geschichte entweder bestätigen oder widerlegen zu können. Und er fand tatsächlich eine ganze Menge, auch wenn vieles davon in der Forschung heute noch umstritten ist. Dabei geht es weniger um die Architektur oder die Objekte, die er freilegte, sondern in erster Linie um seine Interpretationen dieser Funde. Zu den Artefakten, die Yadin in Masada entdeckte, gehören beispielsweise Gürtelschnallen, Schlüssel, Pfeilspitzen, Löffel, Ringe und andere Gegenstände aus Eisen sowie eine ganze Menge Keramik und zahlreiche Münzen. All dies schrieb er den jüdischen Verteidigern von Masada zu, aber zumindest ein Teil davon könnte auch den römischen Belagerern gehört haben, wenn nicht gar den späteren Bewohnern von Masada, die sich in der verlassenen Siedlung niederließen.

Außerdem fand er Fragmente von Schriftrollen, unter anderem einige Schnipsel mit Texten aus dem Alten Testament – Teile der Psalmen 81 bis 85 und von Psalm 150, in dem es heißt: »Lobt Gott …! Lobt ihn mit dem Schall der Hörner!« Auch ein paar wichtige nicht-biblische Schriften tauchten auf, darunter das Fragment einer Schriftrolle, deren Textzeilen mit dem Inhalt einer der Qumran-Rollen identisch sind, was Yadin und viele andere Forscher zu der Hypothese veranlasste, dass es zwischen den Verteidigern von Masada und den Bewohnern von Qumran irgendeinen Zusammenhang gab.[23] Eine der wohl wichtigsten Entdeckungen Yadins vor Ort waren die sterblichen Überreste von knapp dreißig Personen (was allerdings ja nicht einmal ansatzweise an die Zahl von 960 Toten heranreicht, die Josephus nennt). Einige hatten noch nahezu unversehrtes Haar und neben ihnen lagen Ledersandalen.[24] Diese Funde haben in den vergangenen Jahren für besonders heftige Diskussionen gesorgt. 25 der Personen befanden sich in einer Höhle nahe des südlichen Plateaurands; 1969 erhielten sie ein feierliches Staatsbegräbnis, obwohl Yadin Einwände erhob – er war sich nicht sicher, ob es sich bei diesen Menschen um die jüdischen Verteidiger von Masada, die römischen Invasoren oder eine ganz andere Gruppe, möglicherweise auch aus einer völlig anderen Epoche, handelte.

Die Überreste dreier weiterer Personen kamen in der Nähe eines kleinen Badehauses auf der unteren Terrasse des nördlichen Palastes zum Vorschein. Amnon Ben-Tor, der aktuelle Direktor der Ausgrabungen in Hazor, sagt, dass er die drei Skelette freigelegt habe und dass es der spannendste Tag in seinem ganzen Berufsleben gewesen sei.[25] In seinem Buch tut Yadin alles dafür, diese drei Funde für seine Zwecke zu instrumentalisieren; in seiner Schilderung darüber, wie sie auf die Überreste stießen, schreibt er: »Sogar unsere versiertesten Ausgräber und die Zyniker unter uns waren von der Entdeckung erschüttert.«[26] Einer der Körper, so Yadin, war der »eines Mannes von etwa zwanzig Jahren – vielleicht einer der Befehlshaber von Masada«.[27] Neben ihm fanden sich Panzerschuppen, Dutzende Pfeile, eine beschriftete Tonscherbe und Fragmente eines Gebetsschals. Ganz in der Nähe, auf dem verputzten Fußboden, lag das Skelett einer jungen Frau, und neben ihr fanden sich Flecken, die aussahen wie Blut. Ihr Haar war noch gut erhalten, und »die dunklen, vollen Flechten sahen aus, als seien sie eben frisiert worden«. In der Nähe lagen ihre ebenfalls erhalten gebliebenen Sandalen. »Das dritte Skelett«, so Yadin, »war das eines Kindes.«[28]

Yadin glaubte, es habe sich um eine Kleinfamilie gehandelt, deren Mitglieder in unmittelbarer Nähe zueinander starben, und an dieser These entzündete sich eine Diskussion, die viele Jahre andauerte – sie betraf auch die von Yadin gefundenen Tonscherben, auf die mit Tinte Namen geschrieben waren, unter anderem »ben Ja'ir«.[29] Yadin war sich sicher: Die menschlichen Überreste und die Scherbe bestätigten Josephus' Darstellung und zugleich die Existenz von Eleasar ben Ja'ir.

Leider haben jüngste forensische Analysen ergeben, dass die Altersunterschiede der Personen, die Yadin für eine Kleinfamilie hielt, zu gering waren, als dass die These stimmen könnte. Der Mann war etwa 22 Jahre alt, die Frau 18 und das Kind ein Junge im Alter von ungefähr elf Jahren.[30]

Es gibt auch noch ein paar andere Probleme, unter anderem, dass elf Scherben mit Namen auftauchten anstatt zehn und dass zwischen den menschlichen Knochen auch Schweineknochen gefunden wurden. Details wie diese hat Ben-Yehuda in seinen Büchern gesammelt, und Ben-Tor hat sie danach wiederum als Fehldeutungen abgetan.

Ganz gleich, ob man nun Ben-Yehuda oder Ben-Tor folgt und Yadin verehrt oder ablehnt – in seinem Buch zur Verteidigung Yadins formuliert Ben-Tor eine abschließenden Bemerkung, die sich nicht bestreiten lässt: »Damit, dass es ihm gelungen ist, Masada auf der wissenschaftlichen Landkarte zu platzieren und zugleich im öffentlichen Bewusstsein als Touristenstätte zu verankern, hat sich Yadin ein Denkmal gesetzt, das die beiden Aspekte seiner Persönlichkeit perfekt widerspiegelt: den Gelehrten und die öffentliche Figur.«[31]

Alles in allem waren Yadins Ausgrabungen in Masada ein Meilenstein für die Archäologie in Israel, vor allem was den Einsatz freiwilliger Grabungshelfer aus dem Ausland und diverse andere logistische Aspekte betrifft. Masada ist heute noch von großer Bedeutung, nicht nur für den Tourismus, sondern auch als Herzstück aktueller Diskussionen darüber, auf welche Art und Weise Archäologen ihre Funde nicht bloß beschreiben, sondern interpretieren dürfen und sollen – vor allem dann, wenn sich hinter der Interpretation eine nationalistische Agenda versteckt.[32]

16
WÜSTENSTÄDTE

Auch wenn die archäologischen Stätten in Israel und Palästina dank ihrer Verbindung zur Bibel einen höheren Bekanntheitsgrad genießen, sind es nicht unbedingt die weitläufigsten oder beeindruckendsten im Nahen Osten. Weiter nördlich und östlich, in Syrien, in Jordanien und im Irak, befinden sich zahlreiche weitere Ruinenstädte und antike Ausgrabungsstätten. Sie werden von westlichen Touristen allerdings schon deshalb viel seltener besucht, weil sie in abgelegenen Gegenden liegen (von der instabilen politischen Lage der letzten Jahrzehnte ganz zu schweigen). Einige dieser Stätten, wie Ur, Nimrud und Ninive im Irak, habe ich bereits in früheren Kapiteln erwähnt. Ich möchte an dieser Stelle in aller gebotenen Kürze drei weitere Städte vorstellen: Ebla und Palmyra in Syrien sowie das Handelsdrehkreuz Petra in der Wüste von Jordanien.

Ebla (heute Tell Mardikh) kam in den 1970er-Jahren erstmals in die Schlagzeilen. Paolo Matthiae von der Universität La Sapienza in Rom und sein Team begannen hier 1964 mit einer Ausgrabung, die erst vor wenigen Jahren abgeschlossen wurde – nach fast fünf Jahrzehnten. Es hat schon deshalb so lange gedauert, bis Ebla ausgegraben war, weil diese Stätte mit einer Fläche von über 56 Hektar absolut riesig ist. Die Erdwälle, die die Stadt einst schützten, sind noch immer deutlich zu sehen, nur dass heute eine Autostraße hindurchführt, über die man auf das Ausgrabungsgelände gelangt. Auf dem Areal befindet sich eine gewaltige Unterstadt, in deren Mitte sich die Akropolis erhebt, ein Hügel mit Königspalästen und Verwaltungsgebäuden.[1]

Vier Jahre nach dem Beginn der Arbeiten fand Matthiaes Grabungsmannschaft eine Statue, die fast 4000 Jahre zuvor von einem ortsansässigen Mann namens Ibbit-Lim geweiht worden war. Die Statue ziert eine Inschrift, die besagt, dass eben jener Mann der Sohn des Königs von Ebla war – eine echte Offenbarung, denn bislang hatte die Wissenschaft Ebla noch weiter im Norden Syriens verortet und nicht hier am Tell Mardikh. Bei weiteren Grabungen kamen noch mehr Beweise ans Licht, die die Vermutung der Archäologen bestätigten: Sie hatten tatsächlich das antike Ebla gefunden.[2] Wie wir heute wissen, war Ebla eine sehr wichtige Stadt, ihre Geschichte lässt sich bis ins 3. Jahrtausend v. Chr. zurückverfolgen; um 1600 v. Chr. herum wurde sie zerstört.

Matthiae und sein Team verbrachten die ersten neun Jahre vor Ort damit, auf einem Teil des Grabungshügels Gebäude freizulegen, die auf die zweite Besiedlungsphase der Stadt von etwa 2000 bis 1600 v. Chr. datierten. Diese Epoche interessierte sie vor allem deshalb, weil es die Zeit der Amurriter war, die wir aus der Bibel kennen, und die Zeit Hammurapis von Babylon, der in den Jahren nach 1800 v. Chr. regierte.[3]

Erst von 1973 an begann Matthiaes Team, sich um die frühere Siedlungsphase zu kümmern, die auf etwa 2400 bis 2250 v. Chr. datiert. Und schon im Jahr darauf machten die Ausgräber eine Entdeckung, die Ebla und ihnen selbst einen Ehrenplatz in der Geschichte der Archäologie einbrachte. Es war das Jahr, in dem die ersten Tontafeln auf der Ausgrabungsstätte gefunden wurden; 1975 wurden weitere Tafeln zutage gefördert und 1976 folgten noch einmal mehr.

Insgesamt handelt es sich wohl um bis zu 20 000 Tafeln, die größtenteils in zwei kleinen Räumen im sogenannten Palast G gefunden wurden. Nachdem die Regale, in denen man sie aufbewahrt hatte, gebrannt hatten und zusammengebrochen waren, waren sie auf dem Boden gelandet. Die Entdeckung dieser riesigen Bibliothek aus der frühen Bronzezeit, deren Schriften größtenteils auf die Zeit zwischen 2350 v. Chr. und 2250 v. Chr. datieren, war eine absolute Sensation und machte weltweit Schlagzeilen. Bald darauf gelangten die Tafeln erneut in die Schlagzeilen, diesmal aufgrund einer heftigen Kontroverse. Sie hatte sich daran entzündet, dass der Epigrafiker der Expedition, Giovanni Pettinato, die ersten Tafeln entziffert und verkündet hatte, dass dort Sodom und Gomorra erwähnt wurden sowie diverse Gestalten aus der Bibel, unter anderem Abraham, Jakob, David und Ismael.[4]

Man kann sich heute kaum vorstellen, wie begeistert viele Menschen von dieser Nachricht waren – und wie enttäuscht, als genauere Untersuchungen anderer Epigrafiker zeigten, dass nichts davon stimmte.[5] Die Tafeln waren nämlich nicht in sumerischer Sprache beschriftet, wie Pettinato geglaubt hatte, sondern in einer bislang gänzlich unbekannten Sprache, die wir heute als Eblaitisch bezeichnen. Er hatte einen ganz simplen Fehler gemacht und nicht in Betracht gezogen, dass die Tafeln zwar mit sumerischen Keilschriftzeichen beschriftet, aber eben nicht in sumerischer Sprache verfasst waren. Pettinato beherrschte natürlich nur das Sumerische, die früheste uns bekannte Schriftsprache, die im Südirak, über 1000 Kilometer entfernt, gesprochen wurde. Da er die Schriftzeichen kannte, hatte er geglaubt, er könne die Tafeln lesen, doch seine Übersetzung erwies sich als falsch. Hier war weder die Rede von Sodom und Gomorra, noch wurden Abraham, Jakob, David oder Ismael erwähnt.

Als das bekannt wurde, brach Pettinato sämtliche Beziehungen zu Matthiae ab und trat auch von dem internationalen Komitee zurück, das Matthiae ernannt hatte und das die Tafeln übersetzen und publizieren sollte. Als Chefepigrafiker der Ausgrabung löste ihn Alfonso Archi von der Universität La Sapienza in Rom ab. Trotz allem veröffentlichte auch Pettinato auf eigene Faust noch mehrere Bücher und Artikel über die Tontafeln.[6]

Auch wenn sie keine Hinweise auf biblische Gestalten enthalten, sind die Tontafeln von Ebla historisch gesehen doch von großer Bedeutung. In den Texten finden sich Namenslisten der Herrscher von Ebla, Verträge, Ortsnamen, Hinweise auf internationale Handelsbeziehungen und der Beweis dafür, dass es in Ebla eine Schreiberakademie gab, wo Schüler Lesen und Schreiben lernten. Dank der Tafeln wissen wir auch, dass Ebla ein wichtiges Machtzentrum war und die Hauptstadt eines Königreichs, von dessen Existenz vorher niemand etwas geahnt hatte. Ebla ist ein wunderbares Beispiel dafür, wie neu entdeckte antike Texte jene im Laufe der Zeit gesammelten archäologischen Daten ergänzen und den Kenntnisstand von Archäologen erweitern können.

Apropos archäologische Daten: Mehrere Paläste und andere Gebäude in Ebla sind irgendwann niedergebrannt. Für die Bewohner war das natürlich schrecklich, für die Archäologen jedoch ein Glücksfall, denn auf diese Weise blieben in den Ruinen zahlreiche Artefakte enthalten. Zu den kleineren Fundstücken aus Ebla zählen eine Stierfigur mit Menschenkopf aus Gold und Speckstein sowie Fragmente der elfenbeinernen Verzierungen von Holzmöbeln. Die Möbel waren längst verrottet und die meisten Elfenbeinfragmente schwarz vom Ruß des Feuers, aber immerhin haben sie überlebt und lassen sich teilweise auch rekonstruieren. Wir besitzen außerdem ein Stück der Abdeckung einer steinernen Schüssel, in das der Name von Pepi I., einem ägyptischen Pharao aus dem Alten Reich (um 2300 v. Chr.), eingeritzt ist, was auf eine irgendwie geartete, möglicherweise auch nur indirekte Verbindung zwischen Ägypten und Ebla hindeutet.

Im Jahr 2011 setzte der Bürgerkrieg in Syrien den Ausgrabungen ein vorläufiges Ende. Seither ist die Fundstätte stark beschädigt und gnadenlos geplündert worden. Illegale Tunnel wurden angelegt, Grabhöhlen voller Skelette durchwühlt und die Knochen weggeworfen. Der Schaden ist unermesslich.[7] Das genaue Ausmaß der Plünderungen und Beschädigungen wird man erst kennen, wenn wieder Ruhe im Land einkehrt und es für Archäologen dort sicher genug ist, um ihre Arbeit erneut aufzunehmen.

Ebla ist nicht die einzige antike Stätte in Syrien (beziehungsweise im Nahen Osten), die von den jüngsten kriegerischen Auseinandersetzungen in der Region betroffen ist. Im Verlauf des syrischen Bürgerkriegs wurde die antike Wüstenstadt Palmyra durch Mörsergranaten und anderen Beschuss beschädigt, besonders in den Jahren 2012/2013. Im Mai und Juni 2015 war Palmyra wieder in den Nachrichten, als die Terrororganisation »Islamischer Staat« das Gelände mit ihren Streitkräften überrollte und weiter zerstörte, und dann noch einmal im August desselben Jahres, als der IS den ehemaligen Direktor des Museums und der archäologischen Stätten von Palmyra, Khaled al Asaad, ermordete.[8] Später sprengten die Terroristen die berühmtesten Tempel und viele weitere Monumente in die Luft, nicht zuletzt einen

Triumphbogen, der fast 2000 Jahre dort gestanden hatte. Die Aktionen sorgten weltweit für Empörung. Im März 2016 vertrieben syrische Truppen den IS wieder aus Palmyra, doch schon im folgenden Dezember bemächtigten sich die Terroristen erneut der Ruinenstadt und richteten bis März 2017, als sie endgültig vertrieben wurden, weitere große Schäden an.

Der Triumphbogen hatte über dem östlichen Ende der Prachtstraße gestanden, der Hauptstraße von Palmyra. Er war um 200 n. Chr. herum auf Erlass des römischen Kaisers Septimius Severus errichtet worden, der damit eventuell seinen Sieg über die Parther verewigen wollte, deren Reich in Mesopotamien lag, nicht allzu weit von Palmyra entfernt. Ein halbes Jahr, nachdem der IS den Triumphbogen in die Luft gejagt hatte, stand er wieder, und zwar auf dem Trafalgar Square in London und in Form einer um ein Drittel kleineren Nachbildung aus ägyptischem Marmor. Drei Tage lang konnte man die mittels 3-D-Technologie angefertigte Replik dort bestaunen, dann reiste sie weiter um die Welt, in Städte wie New York und Dubai.[9]

Triumphbogen, Palmyra

16 Wüstenstädte

Wie inzwischen fast jeder weiß, liegt die antike Stätte Palmyra in einer Oase inmitten der syrischen Wüste, nordöstlich von Damaskus. Seit 1980 zählt sie zum UNESCO-Weltkulturerbe.[10] Die Stadt, die ursprünglich Tadmor hieß, war bereits während der Bronzezeit im 2. Jahrtausend v. Chr. besiedelt. Ihre Blütezeit erlebte sie allerdings im 1. bis 3. Jahrhundert n. Chr., als sie zum Römischen Reich gehörte und eine der wichtigsten Städte der Nabatäer war. Allzu viel wissen wir über dieses Volk noch nicht, nur dass es in dieser Gegend die internationalen Handelsrouten kontrollierte, die das Römische Reich mit Indien und sogar dem fernen China verband. Palmyra diente den Karawanen auf ihrem Weg durch die Wüste als wichtiger Zwischenstopp. In der Architektur dieser Stadt fanden sich viele internationale Einflüsse wieder, vor allem griechisch-römische und persische. Anfang der 270er-Jahre n. Chr. rebellierten die Palmyrener unter ihrer Königin Zenobia gegen die Römer.

Zenobia war die Ehefrau des Königs von Palmyra, der 267 n. Chr. ermordet wurde. Ihr gemeinsamer Sohn war zu diesem Zeitpunkt gerade ein Jahr alt, sodass Zenobia die Herrschaft übernahm. Schon bald initiierte sie einen Aufstand gegen Rom, der mindestens fünf Jahre dauerte. Anfänglich war der Revolte durchaus Erfolg beschieden: Zenobias Armee eroberte Ägypten, das restliche Syrien, das Gebiet des heutigen Israels und des Libanons sowie Teile der heutigen Türkei.

273 n. Chr. gelang es den Römern schließlich doch, die Armee der Palmyrener vernichtend zu schlagen, und der römische Kaiser Aurelian ließ die Stadt zerstören. Zwar wurde sie wieder aufgebaut, an den alten Glanz anknüpfen aber konnte Palmyra nicht mehr. Antiken Quellen zufolge wurde Zenobia gefangengenommen und nach Rom gebracht, wo sie im Jahr darauf im Rahmen des Triumphzugs, mit dem Aurelian seinen Sieg feierte, in goldenen Ketten durch die Straßen geführt wurde. Über das,

was danach mit ihr geschah, sind sich die antiken Autoren indes uneins. Hat sie einen Römer geheiratet? Wurde sie hingerichtet oder beging sie Selbstmord? Ungeachtet dessen ist Zenobia eine der bekanntesten weiblichen Heerführerinnen der Antike und wird oft in einem Atemzug mit Boudicca genannt, die zwei Jahrhunderte vorher (60/61 n. Chr.) die Briten gegen die römischen Besatzer anführte.

Die ersten umfassenden Ausgrabungen in Palmyra begannen im Jahr 1929 unter der Leitung französischer Archäologen. Die antiken Überreste, die sie freilegten, darunter der Baaltempel und die Agora, waren wirklich beeindruckend, insbesondere jene Teile, die teilweise rekonstruiert wurden. Schweizer und syrische Forscher waren ebenfalls in Palmyra tätig, aber durch beständige Präsenz zeichneten sich vor allem die Archäologen aus Polen aus. Sie harrten bis 2011 dort aus, dann waren sie durch den Beginn des Bürgerkriegs gezwungen, die Gegend zu verlassen, bevor der IS vorrückte.

Früher, in ruhigeren und sichereren Zeiten, war Palmyra ein faszinierender Ort, der einen Besuch lohnte – insbesondere bei Sonnenauf- und Sonnenuntergang, wenn die Säulen des Tetrapylon zum Lieblingsmotiv der Fotografen wurden. Das Tetrapylon befand sich an einer Straßenkreuzung auf halber Strecke der Prachtstraße, etwa 500 Meter von ihrem östlichen Ende entfernt. Septimius Severus ließ dieses vierseitige Monument in etwa zur selben Zeit errichten wie den Triumphbogen. Eine Originalsäule war noch erhalten, die übrigen hatte die syrische Altertümerverwaltung 1963 aus Beton nachgegossen. Um die Jahreswende 2016/2017 herum wurde das rekonstruierte Tetrapylon vom IS mit einer Sprengladung fast vollständig zerstört.

Die von Kolonnaden gesäumte Prachtstraße ist über 1 Kilometer lang. Sie beginnt im Osten am Triumphbogen und dem Baaltempel, führt dann am römischen Theater vorbei, das damals

Tausenden Besuchern Platz bot (und dessen Bühnenhaus Anfang 2017 teilweise vom IS zerstört wurde), und endet im Westen an einem riesigen Grabtempel. Auf den noch erhaltenen Säulen der Kolonnaden befinden sich im oberen Drittel Sockel, auf denen einst Statuen standen – in diesen hatten sich die großzügigen Spender, die den Bau der Prachtstraße finanzierten, verewigt. Die Inschriften unter den Statuen nennen die Namen der Mäzene und verraten uns Details über ihre Familien; alleine dadurch hat die Wissenschaft eine ganze Reihe interessante Erkenntnisse über die Bewohner von Palmyra gewinnen können.

Der Altar im Inneren des riesigen Tempels, der dem kanaanitischen Gott Baal (oder Bēl) aus dem 2. Jahrtausend v. Chr. gewidmet war, wurde im Jahr 32 n. Chr. geweiht, der Baaltempel selbst wurde in der Form, wie man ihn heute von Fotos kennt, wahrscheinlich erst über hundert Jahre später, im 2. Jahrhundert n. Chr., vollendet. Leider gehört er zu den Monumenten, die der IS Ende August 2015 sprengte – so ging ein weiteres wunderschönes Baudenkmal, das wie der Triumphbogen fast 2000 Jahre Bestand hatte, unwiederbringlich verloren.

Ein weiterer Schwerpunkt der Ausgrabungen in Palmyra lag auf einem Militärlager, das der römische Kaiser Diokletian um 300 n. Chr. für seine Soldaten errichten ließ. Auf dem Areal befindet sich außerdem eine Burg, die ein arabischer Emir im 17. Jahrhundert oben auf dem Hügel bauen ließ. Von dort aus blickt man auf die Stadt hinunter. Die Burg steht noch immer und ist auf jeden Fall einen Besuch wert – so es die Situation in Syrien denn irgendwann wieder erlaubt, Palmyra zu besuchen.

Dass Palmyra heute nur die zweitberühmteste Nabatäerstadt ist, verdanken wir nicht zuletzt Indiana Jones. Auch wenn die Figur des Dr. Jones wenig mit einem echten Archäologen gemein hat, gelang es doch immerhin mit dem dritten Film der

Blick auf das »Schatzhaus« von Petra

Reihe, *Indiana Jones und der letzte Kreuzzug*, die Aufmerksamkeit der Welt auf Petra zu lenken, einer Stätte, die ebenfalls zum UNESCO-Welterbe gehört.[11]

Die Ruinenstadt liegt mitten in der Wüste, nur wenige Autostunden von der jordanischen Hauptstadt Amman entfernt. Heute wollen mehr Touristen nach Petra als je zuvor – zumal man inzwischen in der Nähe in klimatisierten Fünf-Sterne-Hotels absteigen kann. Im Jahr 2007 wurde Petra bei einer großen Online-Umfrage zu einem der »Neuen sieben Weltwunder« gewählt.[12] Die Jordanier haben sich alle Mühe gegeben, die antike Stätte zu erhalten, und so steht sie heute in starkem Kontrast zu Palmyra, wo es durch den syrischen Bürgerkrieg unmöglich war, die Zeugnisse der Antike adäquat zu schützen.

Obwohl sich hier offenbar bereits im 5. Jahrhundert v. Chr. Menschen niederließen, wurde Petra erst im Jahrhundert darauf unter den Nabatäern zu einem bedeutenden Zentrum. Und bedeutend blieb es mehr als 500 Jahre lang – auch und gerade im frühen 2. Jahrhundert n. Chr., als die ganze Gegend zum Römischen Reich gehörte. Mitte des 4. Jahrhunderts zerstörte ein Erdbeben die halbe Stadt, und nachdem Petra im 6. Jahrhundert ein weiteres schweres Erdbeben traf, kam schließlich alles zum Stillstand – es wurden keine neuen Gebäude mehr gebaut und keine Münzen mehr geprägt.[13]

Petra scheint das Zentrum eines nabatäischen Städtebunds gewesen zu sein, dessen Hauptaufgabe es war, den lukrativen Handel mit Weihrauch, Myrrhe, Gewürzen und anderen Luxusgütern auf der Arabischen Halbinsel zu kontrollieren, die Asien mit Ägypten verbindet. Die Nabatäer sind aber auch für ihre ausgeklügelten Bewässerungssysteme bekannt, vor allem für die sogenannte Sturzwasserbewässerung mit Dämmen, Kanälen und Zisternen, mithilfe derer sie nicht nur Petra mit Wasser versorgten.[14]

Nachdem Petra im 7. Jahrhundert n. Chr. größtenteils aufgegeben wurde, verschwand die Stadt auch aus dem kollektiven Bewusstsein. Bald wussten nur noch wenige Menschen, die in unmittelbarer Nähe der Ruinen lebten, dass es sie einst gegeben hatte. Erst 1812, als der Schweizer Orientreisende Johann Ludwig Burckhardt in diese Gegend kam, wurde Petra von der westlichen

Welt »entdeckt«. Burckhardt, der stets arabische Kleider trug, sich »Scheich Ibrahim Ibn Abdallah« nannte und ausgezeichnet Arabisch sprach, bereiste zwischen 1809 und 1817 (als er im Alter von gerade einmal 32 Jahren an der Ruhr verstarb) große Teile des Nahen Ostens.[15] Andere taten es ihm gleich, unter ihnen der erste US-Archäologe John Lloyd Stephens, der im Jahr 1836 Burckhardt nachahmte, indem er sich wie ein Kaufmann aus Kairo kleidete, sich »Abdel Hasis« nannte und durch den Siq, die Schlucht, durch die einst das Wasser des Wadi Musa floss, nach Petra geritten kam.[16]

In seinem Gedicht *Petra* von 1845 beschreibt John Burgon die Gebäude als »aus dem Felsen wie durch Zauberhand gewachsen,/ewig, stumm, wunderschön, allein!« Es endet mit der Zeile: »Eine rosarote Stadt, die halb so alt ist wie die Zeit.« Tatsächlich hatte Burgon Petra nie mit eigenen Augen gesehen. Sein Gedicht basierte auf Beschreibungen, die er über die Stätte gelesen hatte, vor allem auf dem Reisebereicht, den John Lloyd Stephens ein paar Jahre zuvor veröffentlicht hatte, bevor er nach Yukatan aufbrach und die Stätten der Maya entdeckte.[17] Die steilen Felswände, in die viele der Gebäude von Petra hineingemeißelt wurden, leuchten zu bestimmten Tageszeiten tatsächlich rosarot, aber auch in vielen anderen Farben, je nachdem, in welchem Winkel die Sonne gerade auf die Felsen scheint. So ist dieser Ort nicht nur eine wunderschöne archäologische Stätte, sondern auch ein echtes Paradies für Fotografen.

Die Ausgrabungen in der Ruinenstadt begannen 1929 und sind immer noch im Gange. Die erste US-Expedition nach Petra in den 1960er-Jahren leitete Philip Hammond von der University of Utah.[18] Hammond, der 2008 verstarb, wird allenthalben als schillernde Persönlichkeit beschrieben; wie es heißt, hatte er die Angewohnheit, während der Ausgrabungen auf einem weißen Pferd umher zu reiten.[19]

Auch heute noch nähert man sich der Stätte am besten auf dem Rücken eines Pferdes, eines Esels oder eines Kamels. Der halbstündige Ritt durch den Siq endet mit einem atemberaubenden Anblick – wie jeder bezeugen kann, der den *Indiana-Jones*-Film gesehen hat. Die meisten Touristen gelangen, genau wie Stephens anderthalb Jahrhunderte zuvor, durch diese enge, sich durch die Felsen windende Schlucht nach Petra. Dennoch war sie in der Antike wohl nicht der Haupteingang zur Stadt, sondern eher ein Zugang, der zeremoniellen Zwecken diente.

Der Anblick, der sich dem Besucher am Ende der Schlucht bietet und der auf nahezu allen Postkarten und Fotos von Petra zu sehen ist, macht schlichtweg sprachlos: Die Wände der engen Felsschlucht öffnen sich, und auf einmal steht man auf einer großen Freifläche vor dem Khazne al-Firaun – jenem Gebäude, das der Volksmund das »Schatzhaus« nennt. Wie Stephens später schrieb, »muss der erste Blick auf diese großartige Fassade eine Wirkung zeitigen, die einen niemals mehr verlässt … Auch jetzt noch [ein Jahr später] sehe ich die Fassade dieses Tempels vor meinem geistigen Auge; weder das Kolosseum in Rom, so großartig und interessant es auch ist, noch die Ruinen der Akropolis von Athen noch die Pyramiden noch die mächtigen Tempel am Nil kommen mir so häufig in den Sinn.«[20]

Wie so viele Gebäude in Petra meißelten die Nabatäer auch das aus *Indiana Jones* bekannte Khazne al-Firaun direkt in den weichen Sandstein der Felswand. Darüber hinaus darf man die Darstellung im Film allerdings nicht für bare Münze nehmen: Das Innere des Khazne ist nämlich in Wirklichkeit so klein, dass kaum mehrere Personen gleichzeitig hineinpassen. Wahrscheinlich diente das Gebäude als Grab, sodass nicht sonderlich viel Platz für die Lebenden vonnöten war. Den Spitznamen »Schatzhaus des Pharaos« erhielt der Bau, weil sich die Beduinen erzählten, in der großen Urne im oberen Teil der Fassade befänden sich

Gold oder andere Wertgegenstände. Das kann schon deshalb nicht sein, weil diese Urne aus massivem Stein besteht – die Einschusslöcher an der Vorderseite zeugen jedoch von den Versuchen, das vermeintliche Gefäß zu beschädigen, um an die Schätze zu gelangen.[21]

Im Zentrum von Petra befinden sich die »Straße der Fassaden« mit weiteren in die Felswand gemeißelten Gräbern und die Überreste eines römischen Theaters mit 33 Sitzreihen, das über 8000 Besuchern Platz bot. Ein Stück davon entfernt liegen die Gräber der, wiederum in den Fels gemeißelten, sogenannten Königswand – wer dort begraben wurde und ob es überhaupt jemand aus der Königsfamilie war, ist noch immer umstritten. Auch die Namen der Gräber helfen uns nicht weiter – »Urnengrab«, »Seidengrab«, »korinthisches Grab« und »Palastgrab«, das alles sind moderne Bezeichnungen. Das einzige Grabmal, dessen Zugehörigkeit wir kennen, ist das Grab des Sextus Florentinus, der im 2. Jahrhundert n. Chr. Statthalter der römischen Provinz Arabien war.[22]

Wenn wir der Kolonnadenstraße folgen, die, wie ihr Name schon sagt, von Säulen gesäumt ist, gelangen wir zu einem Gebäude, das etwa seit 1921 als »Großer Tempel« bezeichnet wird. Ob es sich überhaupt um einen Tempel handelte, weiß man nicht. Manche Forscher glauben, es könne auch ein großes Verwaltungsgebäude gewesen sein, aber mit Sicherheit kann das niemand sagen. Auch die Tatsache, dass die Kapitelle einiger Säulen Elefantenköpfe zieren, trägt nicht wirklich zur Bestimmung des ursprünglichen Zwecks bei.

Archäologen der Brown University graben seit ein paar Jahrzehnten den Großen Tempel und andere Teile von Petra aus; zuerst geschah dies unter der Leitung von Martha Joukowsky, zuletzt unter Susan Alcock und Chris Tuttle.[23] 1998 legte Leigh-Ann Bedal ein etwa 45 × 21 Meter großes und bis zu 2,40 Meter tiefes Wasserbecken frei sowie ein aufwendiges System, um dieses Becken mit Wasser zu füllen. Bedal war damals Doktorandin an der University of Pennsylvania und lehrt heute an der Penn State Behrend. Zusammen mit ihren Grabungshelfern, die vor allem aus den USA, aber auch aus anderen Ländern kamen, entdeckte sie außerdem Überreste einer Anlage, die wahrscheinlich ein aufwendiger Garten gewesen und in Verbindung mit dem Wasserbecken angelegt worden war – ein solcher Garten muss im Altertum einen erstaunlichen Anblick geboten haben, zumal in einer so trockenen Wüstenregion wie dieser.[24]

Auf dem gegenüberliegenden Hügel stand der Tempel der geflügelten Löwen, in dem sich Statuen von – wie man sich denken kann – geflügelten Löwen befinden. Gebaut wurde er wahrscheinlich Anfang des 1. Jahrhunderts n. Chr., rund 300 Jahre später zerstörte ihn ein Erdbeben. Der Tempel wurde 1973 mittels Fernerkundungstechnik gefunden und wird seither von US-Archäologen ausgegraben.

In einer spätantiken Kirche in der Nähe des Tempels, die auf nabatäischen und römischen Ruinen errichtet wurde und auf das 5./6. Jahrhundert datiert, haben Forscher mehrere Mosaiken gefunden, darunter eines, das die vier Jahreszeiten zeigt. Als Archäologen des American Center for Oriental Research (ACOR) im Jahr 1993 gerade dabei waren, ein Schutzdach für die Mosaiken und die weiteren Überreste der Kirche zu errichten, stießen sie in einem der Kirchenräume auf mindestens 140 verkohlte Papyrusrollen.[25]

Die Schriftrollen stammen aus dem 6. Jahrhundert und wurden Opfer eines Feuers, das ironischerweise dazu beitrug, einige Dutzend von ihnen zu konservieren (auch wenn die meisten unleserlich geworden sind). Papyrologen, also Experten für das Entziffern antiker Schriften, stellten bei der Untersuchung der noch lesbaren Texte fest, dass sie auf Griechisch verfasst sind und sich größtenteils um diverse wirtschaftliche Angelegenheiten drehen, etwa um Immobilien, Eheschließungen, Erbschaften und die Aufteilung von Vermögen; in einem Text geht es auch um gestohlene Waren.

Von diesem Teil Petras aus gelangt man über eine lange Treppe in den höher gelegenen Bereich des Geländes. Dort steht ein riesiger Tempel, der den Namen Ad Deir (»Kloster«) trägt. Er ist kaum weniger beeindruckend als das »Schatzhaus« weiter unten, aber der einstündige Aufstieg ist so mühsam, dass sich längst nicht so viele Touristen hierher verirren. Die Fassade des Ad Deir wurde wie die des Khazne al-Firaun direkt in die Felswand gemeißelt, und genau wie das »Schatzhaus« ist auch das Ad Deir ungefähr 40 Meter hoch, allerdings ganze 18 Meter breiter.[26] Von hier aus hat man einen hervorragenden Blick über das gesamte Gelände. Auch wenn die meisten Reiseführer ihren Lesern raten, am späten Nachmittag die Treppe zum Ad Deir zu erklimmen, bin ich der Meinung, dass man am besten frühmorgens aufbricht, bevor es zu heiß wird. Ich durfte einmal eine Nacht in der alten Ausgräberhütte inmitten der Ruinen verbringen und war somit in der Lage, noch vor Sonnenaufgang in Richtung »Kloster« zu marschieren. Als ich dort ankam, ging am Horizont gerade die Sonne auf. Diesen Anblick werde ich mein Leben lang nicht vergessen. In völliger Stille stand ich dort und machte mir Gedanken über die lange Geschichte der Region und diese bemerkenswerte Stadt, von deren Existenz viele hundert Jahre lang kaum jemand wusste. Dann machte ich mich wieder an den Abstieg.

Palmyra, Petra und Ebla sind nur drei von vielen faszinierenden Städten der Antike, die in Jordanien und Syrien ausgegraben wurden. Genauso gut hätte ich Gerasa oder Pella in Jordanien, Mari oder Ugarit in Syrien und noch ein Dutzend weiterer bemerkenswerter Fundstätten vorstellen können. Die tragischen Folgen der andauernden Konflikte im Nahen Osten sollten uns daran erinnern, wie kostbar – und zerbrechlich – diese Zeugnisse der Vergangenheit sein können.

Nachgefragt 3

Wie alt ist das Objekt, und warum blieb es erhalten?

Ein Journalist fragte mich kürzlich in einem Interview: »Das, was Sie ausgraben, womit Sie sich beschäftigen und worüber Sie schreiben, das ist alles so alt beziehungsweise schon so lange her – wie können Sie sich sicher sein, dass Ihre Daten stimmen?« Meine recht knappe Antwort lautete: »Radiokarbondatierung, ägyptische Texte und andere schriftliche Aufzeichnungen, Synchronismen, Dendrochronologie, Keramik-Typologie, ein gewisser Plus/Minus-Faktor und die Bereitschaft anzuerkennen, dass nichts davon in Stein gemeißelt ist.« Ein wenig hatte mich die Frage überrascht, zumal sie recht aggressiv rüberkam. Doch dann dachte ich mir, dass sich vielleicht viele Leute mit diesen Fragen beschäftigen, sie aber nicht zu stellen wagen.

Tatsächlich ist eine der Fragen, mit der man mich bei gesellschaftlichen Anlässen am häufigsten konfrontiert, im Grunde nur eine Variante dessen, wofür sich der Journalist interessierte: »Woher wissen Sie, wie alt Ihre Funde sind?« Eine weitere beliebte Frage lautet: »Wie kann es sein, dass etwas so Altes nicht längst zu Staub zerfallen ist?« Im Folgenden soll es also darum gehen, wie Archäologen ihre antiken Artefakte datieren und unter welchen Bedingungen solche Objekte die Zeiten überdauern.[1]

Die erste Frage ist wahrscheinlich am leichtesten zu beantworten: Woher wissen wir, wie alt etwas ist? Meine Antwort an den Journalisten oben verrät bereits, dass dies mitunter ganz einfach ist, zum Beispiel wenn in einem ägyptischen Text das »Jahr acht« der Regierungszeit eines bestimmten Pharaos erwähnt wird und wir aus anderen Quellen wissen, von wann bis wann genau dieser auf dem Thron saß. In anderen Fällen gibt es Synchronismen zwischen verschiedenen Kulturen oder Zivilisationen, die miteinander interagierten; so wissen wir beispielsweise von einem Brief aus dem Amarna-Archiv in Ägypten, dass Pharao Amenophis III. zur selben Zeit lebte wie Tušratta, der König von Mitanni (im Norden Syriens). Da sie einander Briefe schrieben und wir aufgrund anderer Zeugnisse wissen, dass Amenophis Anfang des 14. Jahrhunderts v. Chr. lebte, muss Tušratta folglich ebenfalls zu Beginn des 14. Jahrhunderts v. Chr. gelebt haben. Auf diese Weise können wir manchmal komplette Chronologien von Herrschern oder Ereignissen erstellen. Sie basieren häufig auf Königslisten und Aufzeichnungen astronomischer Beobachtungen, die uns die Babylonier, Ägypter, Assyrer und Bewohner anderer Länder hinterließen.

Außerdem verfügt die moderne Archäologie über eine Vielzahl wissenschaftlicher Methoden zur Datierung antiker Objekte. Am weitesten verbreitet sind die Radiokarbonmethode, die Thermolumineszenz- und die Kalium-Argon-Datierung.[2] Hiermit können wir das sogenannte absolute Alter eines Objekts bestimmen, also ein kalendarisches Jahr wie 2016 oder 1350 v. Chr. Manchmal lassen sich diese Methoden allerdings nicht anwenden, sodass wir uns mit dem »relativen Alter« zufriedengeben müssen, ganz nach dem Motto: Schicht 3 einer Fundstätte liegt unter Schicht 2, muss also älter sein. Auch wenn ein Archäologe eine Schicht noch nicht genau datieren kann, was vor allem in den frühen Phasen einer Ausgrabung der Fall ist, so weiß er doch immerhin, wie die einzelnen Schichten im Verhältnis zueinander zu datieren sind.

Das wohl am häufigsten angewandte Datierungsverfahren ist die Radiokarbonmethode, auch Radiokarbon- oder C-14-Datierung genannt.[3] Wie bei allen chemischen Verfahren gibt es auch hier einen gewissen Toleranzbereich – ein mögliches Ergebnis könnte folglich lauten »1450 v. Chr. plus/minus zwanzig Jahre« – und eine bestimmte statistische Wahrscheinlichkeit, dass das gesuchte Datum in den angegebenen Zeitraum fällt. Insofern ist die C-14-Methode bei der Datierung relativ »junger« Funde nicht besonders nützlich; ist das Objekt ein paar hundert oder besser noch einige tausend Jahre alt, leistet sie indes gute Dienste.

Das der C-14-Datierung zugrundeliegende Konzept hat der Wissenschaftler Willard Libby entdeckt, der für seine Arbeit mit dem Nobelpreis für Chemie ausgezeichnet wurde. Libby erkannte, dass alle Lebewesen neben dem normalen Kohlenstoff, den sie durch Essen oder über die Atmung aufnehmen, auch winzige Mengen radioaktiver Kohlenstoff-Isotope absorbieren. Diese 14C-Isotope werden durch Kernreaktionen in den oberen Schichten der Atmosphäre laufend neu gebildet. Zusammen mit Sauerstoff erzeugen sie eine radioaktive Version von Kohlendioxid.

Pflanzen binden 14C während der Fotosynthese in ihr System ein, und Tiere und Menschen nehmen es wiederum auf, indem sie diese Pflanzen essen. Wie alle radioaktiven Materialien zerfällt 14C nach und nach. Seine Halbwertszeit – also der Zeitraum, nach dem die Hälfte der ursprünglichen Menge zerfallen beziehungsweise verschwunden ist – beträgt etwas mehr als 5700 Jahre. Da sich relativ leicht bestimmen lässt, wie viel Kohlenstoff ursprünglich in einer Probe enthalten war und da das Verhältnis von 14C-Atomen zu normalen 12C-Atomen ziemlich konstant ist, kann man durch die Ermittlung der 14C-Menge in einer Probe bestimmen, wann ein Mensch oder ein Tier gestorben ist, eine Pflanze verdorrte oder ein Baum gefällt wurde.[4]

Somit lassen sich mit der C-14-Methode organische Materialien wie menschliche Skelette, Tierknochen, Holzstücke oder auch verbrannte Samen datieren. Verbrannte Samen eignen sich für eine Datierung besonders gut, weil sie für gewöhnlich nur eine recht kurze Lebensdauer hatten. Das Gleiche gilt für das Reisig, das zur Datierung des Schiffswracks von Uluburun beitrug.[5] Im Vergleich zu anderen Datierungsverfahren ist die Radiokarbonmethode recht kostengünstig.

Zur direkten Datierung von Steinwerkzeugen oder Keramik eignet sich die Technik nicht, da diese Artefakte kein 14C aufnehmen. Allerdings lässt sich damit organisches Material bestimmen, das aus demselben Fundkontext stammt, wodurch man Objekte aus Stein oder Keramik wenigstens mittelbar datieren kann. Im Zusammenhang mit dieser Technologie gibt es aber noch ein paar andere Hindernisse und Schwierigkeiten. So wird zumindest ein Teil des Materials, das man untersuchen möchte, bei der Analyse zerstört. Außerdem ist die Menge an 14C-Isotopen in der Erdatmosphäre im Laufe der Zeit nicht immer konstant gewesen. Man hat aber Kalibrierungskurven erstellt, um diesen Schwankungen Rechnung zu tragen, und noch weitere Korrekturmaßnahmen eingeführt, sodass die Radiokarbonmethode heute nach wie vor eines der am häufigsten genutzten Verfahren ist, um antike Stätten zu datieren. Wir verwenden sie sowohl in Kabri als auch in Megiddo, den Stätten, an denen ich selbst bis vor Kurzem tätig war.[6]

Wenn man ein großes Stück Holz ausgräbt, beispielsweise einen Balken, der in einer Zimmerdecke, einer Wand oder einem Schiff verbaut war, lässt sich manchmal neben der C-14-Datierung noch ein anderes Verfahren nutzen: die sogenannte Dendrochronologie (etwa »Lehre vom Baumalter«), bei der die Jahresringe des entdeckten Holzstücks gezählt werden.[7] Wer schon einmal den Yosemite- oder den Sequoia-Nationalpark in den USA besucht hat, kennt vielleicht die riesigen Baumstümpfe, an deren Jahresringen kleine Markierungen mit dem Hinweis angebracht sind, was im entsprechenden Alter des Baums passiert ist. Da steht dann etwa »1620: Die Pilger landen in Plymouth Rock« oder »1861: Beginn des Bürgerkriegs«. So etwas gibt es auch in Deutschland, beispielsweise am Naturerlebnispfad rund um den Herrenteich im Süden Schleswig-Holsteins, wo die Scheibe eines über 270 Jahre alten Eichenstamms ausgestellt ist. Auf Basis solcher Jahresringe haben Wissenschaftler im Laufe der Zeit diverse Jahresringtabellen erstellt. Falls bei einer Ausgrabung ein Stück Holz mit sichtbaren Jahresringen gefunden wird, ist es mitunter möglich, es anhand solcher Tabellen relativ genau zu datieren. Allerdings reichen sie nicht weiter als 10 000 bis 12 000 Jahre zurück.

Das gleiche Prinzip kommt auch bei der Datierung anderer Materialien mithilfe verschiedener chemischer Verfahren zur Anwendung, falls das Alter einer Fundstätte dafür geeignet ist. Will man zum Beispiel ein Steinwerkzeug aus der Olduvai-Schlucht datieren, einem Fundort, der für das Wissen um die Ursprünge des modernen Menschen von großer Bedeutung ist, kommt die Kalium-Argon-Datierung zum Zuge. Da Kalium nach und nach zerfällt und zu Argon wird, misst man bei dieser Methode die Differenz zwischen dem Kalium- und dem Argongehalt des Gesteins. Da dieser Zerfall sehr, sehr lange dauert, eignet sich die Methode vor allem für Funde, die zwischen 200 000 und 5 Millionen Jahre alt sind. Die Radiokarbonmethode kommt hier nicht infrage, da man mit ihr ja erstens nur organische Funde, nicht aber Steinwerkzeug datieren kann, und sie zweitens nur bei Objekten funktioniert, die jünger sind als 50 000 Jahre.

Die Thermolumineszenzdatierung eignet sich für bestimmte Objekte von »jüngeren« Fundorten, zum Beispiel für Artefakte aus Ton. Bei diesem Verfahren wird die in einem Objekt verbliebene Menge an elektromagnetischer oder ionisierender Strahlung gemessen; der Wert zeigt an, wie lange es her ist, dass das Objekt in einem Brennofen gebrannt wurde. Forscher haben allerdings herausgefunden, dass sich diese Methode nur für Objekte eignet, die einer Temperatur von mindestens 450 Grad Celsius ausgesetzt waren.

Eine ganz ähnliche, aber neuere Methode, die sich momentan noch im experimentellen Stadium befindet, ist die Rehydroxylation, bei der man misst, wie viel Wasser ein Keramikobjekt enthält. Ich hörte im Jahr 2010 erstmals davon, und zwar bei einer Zusammenkunft von Forschern in Megiddo, wo ich in jenem Sommer bei der Ausgrabung tätig war. Das Verfahren schien mir ebenso einleuchtend wie vielversprechend: Wenn ein Keramikobjekt in einem Ofen gebrannt wird, verdunstet sämtliches darin enthaltenes Wasser, doch sobald es den Ofen wieder verlässt und abkühlt, beginnt es, Wasser aus der Atmosphäre zu absorbieren. Das geschieht langsam, jedoch mit konstanter Geschwindigkeit, völlig unabhängig von der Umgebung des Objekts.[8] Indem man also beispielsweise die in einer Tonscherbe enthaltene Wassermenge misst, lässt sich bestimmen, wann sie gebrannt wurde – und damit in den meisten Fällen auch ihr Alter.

Dennoch hat auch die Rehydroxylation ihre Tücken. Man hat

mir erzählt, dass jemand den Erfindern dieser Methode einen mittelalterlichen Ziegelstein aus Canterbury vorlegte, um ihr Verfahren auf die Probe zu stellen. Sie testeten den Ziegel mehrfach, kamen aber immer wieder zu demselben Ergebnis: Laut ihrer Rehydroxylationsanalyse war er 66 Jahre alt, dabei wussten alle, dass er in Wirklichkeit viel älter war. Des Rätsels Lösung: Der Ziegel stammte aus einem Stadtviertel von Canterbury, das im Zweiten Weltkrieg bombardiert worden war – in Folge des anschließenden Brandes wurde der Wassergehalt des Ziegels sozusagen auf null zurückgesetzt. Die Datierungsmethode hatte also funktioniert, aber man konnte mit ihr leider nicht mehr feststellen, dass der Ziegelstein ursprünglich im Mittelalter gebrannt worden war.[9]

Zur Datierung von Obsidian gibt es eine ähnliche Methode, die Obsidianhydration. Obsidian ist ein vulkanisches Gesteinsglas, das aufgrund seiner Schärfe vor allem in der Antike hochgeschätzt war und heute noch bei bestimmten chirurgischen Skalpellen zum Einsatz kommt. Sobald es der Luft ausgesetzt ist, absorbiert es ebenfalls mit einer konstanten, definierbaren Geschwindigkeit Wasser, daher lassen sich Werkzeuge aus Obsidian mit der Hydrationsmethode datieren.

Stratigrafie, Keramik-Seriation und Objekt-Assoziation sind drei Methoden, die sich für eine relative Datierung eignen, was vor allem dann zum Tragen kommt, wenn es keine Möglichkeit gibt, eine absolute Datierung vorzunehmen. All diese Datierungsmethoden wurden bereits in einem früheren Kapitel vorgestellt, deshalb möchte ich an dieser Stelle nur noch einmal darauf hinweisen, dass man zur Datierung eines Objekts bisweilen lediglich beachten muss, was am Fundort sonst noch auftaucht, zum Beispiel, ob sich ein Werkzeug aus Stein im gleichen Fundkontext wie ein datierbares organisches Objekt befindet.

Wenn man beispielsweise in einem Grab eine Münze findet, die unter dem römischen Kaiser Vespasian geprägt wurde, kann der Tote logischerweise nicht vor der Regierungszeit Vespasians bestattet worden sein. Im Grunde sollte alles, was sich in jenem Grab befindet, in etwa aus derselben Zeit stammen wie die Münze – es sei denn, dem Verstorbenen wurden Erbstücke mit ins Grab gelegt, was natürlich auch vorkommt. Und wenn man beim Ausgraben eines antiken Hauses oder Palasts einen ägyptischen Skarabäus mit der Kartusche von Pharao Amenophis III. auf dem Fußboden findet, wird alles andere, das sich auf dem Boden jenes Zimmers befindet, wahrscheinlich ebenfalls auf das 14. Jahrhundert v. Chr. datieren, als Amenophis III. über Ägypten herrschte. In Tell Kabri fanden wir auf dem Fußboden eines der Palastzimmer eine ganz spezielle Art Skarabäus, die typisch für die Hyksos-Zeit im 17./16. Jahrhundert v. Chr. war. Damit hatten wir einen konkreten Hinweis auf das Alter des Zimmers, das dann durch die C14-Datierung einiger Stücke Holzkohle bestätigt wurde, die wir zur Analyse eingeschickt hatten.

Wie bereits in Kapitel 10 erwähnt, konnten die Ausgräber das Schiffswrack von Uluburun auf verschiedene Weise datieren: mithilfe der Radiokarbonmethode und der Dendrochronologie, anhand des Stils der minoischen und mykenischen Keramik an Bord und durch einen Skarabäus der Nofretete, den sie ebenfalls im Wrack entdeckten. So ergab sich für den Zeitpunkt, als das Schiff sank, ein relatives Datum in der späten Bronzezeit und das absolute Datum um 1300 v. Chr.[10] Jede Datierungsmethode hat ihre Grenzen und Unsicherheiten, doch wenn vier unterschiedliche Methoden beziehungsweise Anhaltspunkte auf denselben ungefähren Zeitpunkt hindeuten, kann man als Archäologe recht sicher sein, dass dieser Zeitpunkt stimmt.

Eines der besten Beispiele für die Datierung mittels Objekt-Assoziation, bei der sich eine ganze Reihe von Objekten in ein

Terrakotta-Armee

und demselben Fundkontext befindet oder sich um ein einzelnes zentrales Objekt gruppiert – ist die sogenannte Terrakotta-Armee, die zum Mausoleum eines chinesischen Kaisers gehört. 1974 waren Bauern in der Nähe von Xi'an, der Hauptstadt der chinesischen Provinz Shaanxi, gerade dabei, einen Brunnen anzulegen, als sie etwas fanden, das sie zunächst für einen großen Stein hielten. Wie sich herausstellte, handelte es sich um den Kopf (und Körper) eines voll bewaffneten und lebensgroßen Kriegers aus Terrakotta.[11] In den Jahrzehnten, die seither vergangen sind, haben Archäologen dort mehrere tausend solcher Krieger entdeckt sowie zahlreiche Pferde und Wagen, die ebenfalls aus Terrakotta gefertigt waren – die sagenumwobene Terrakotta-Armee.

Die Soldaten, Pferde und Wagen, aus denen diese Armee besteht, wurden vor über 2000 Jahren gefertigt, im Jahr 210 v. Chr. Sinn und Zweck dieser Figuren war es, den ersten Kaiser von China, Qin Shihuangdi, ins Jenseits zu begleiten. Qin saß von

221 bis 210 v. Chr. auf dem Thron; ihm gelang es, die sogenannte Zeit der Streitenden Reiche zu beenden und China zum ersten Mal zu vereinen. Er starb ganz plötzlich während einer Inspektionsreise mit seiner Armee. Sein Mausoleum und die dazugehörigen Gruben sind ein eindrucksvolles Zeugnis dafür, welche Bedeutung Qin Shihuangdi für die chinesische Gesellschaft hatte, auch wenn seine Dynastie nicht lange überdauerte – nur vier Jahre nach seinem Tod, im Jahr 206 v. Chr., wurde sie von der Han-Dynastie gestürzt. Anschließend regierten die Han-Kaiser bis 220 n. Chr., also mehr als vier Jahrhunderte lang.[12]

Bisher hat man drei große Gruben mit Terrakotta-Kriegern freigelegt, und die Ausgrabungen sind noch längst nicht zu Ende. Schätzungen zufolge befinden sich in den Gruben, die in der Nähe von Qins Mausoleum angelegt wurden, 8000 Krieger, mehrere hundert Pferde und Dutzende von Wagen. Man hat noch eine vierte Grube gefunden, aber die war fast vollständig leer.[13]

Etwa 1,5 Kilometer von den Gruben entfernt befindet sich das Mausoleum von Kaiser Qin Shihuangdi. Obwohl seine Lage ziemlich offensichtlich ist – ein 43 Meter hoher Hügel erhebt sich darüber –, wurde es bislang noch nicht ausgegraben. Laut den Shiji, den »Aufzeichnungen des Historikers«, die knapp hundert Jahre nach dem Tod des Kaisers verfasst wurden, brauchten über 700 000 Arbeiter etwa 36 Jahre, um das Mausoleum zu errichten. Auch wenn diese Zahlen mit Vorsicht zu genießen sind, wird sicherlich eine ungeheure Anzahl von Arbeitern nötig gewesen sein, um es zu bauen und die Gruben anzulegen, genau wie beim Bau der ägyptischen Pyramiden mehr als 2000 Jahre zuvor. Das Innere des Grabmals soll ganz erstaunlich sein; angeblich enthält es eine dreidimensionale Karte mit Flüssen aus Quecksilber sowie diverse Fallen, um Grabräuber fernzuhalten – eine antike Quelle schreibt ausdrücklich, man habe Handwerker angewiesen, Armbrüste aufzustellen, die jeden Einbrecher töten sollten.[14]

Eines Tages werden Archäologen auch das Mausoleum ausgraben, aber bis dahin sind die umliegenden Gruben schon faszinierend genug. Die erste Grube, die freigelegt wurde und heute als Grube 1 bezeichnet wird, enthält etwa 6000 Terrakotta-Krieger in Lebensgröße. Sie stehen allesamt in Reih und Glied, wie bei einer Parade, und halten echte Waffen in den Händen. Die Krieger sind durchaus beeindruckend, obwohl die Farbe, mit der ihnen Schnurrbärte, Kinnbärte und Uniformen aufgemalt wurden, größtenteils verschwunden ist – möglicherweise wegen eines Feuers, das einen Großteil der Grube erfasst hatte, oder wegen der Zusammensetzung des Erdbodens, in dem sie begraben waren. Höchstwahrscheinlich liegt es jedoch einfach daran, dass sie nach ihrer Ausgrabung der Luft ausgesetzt waren.

Grube 2 enthält mindestens tausend weitere Krieger sowie wiederum diverse Pferde und Wagen, und Grube 3 enthält weniger als hundert Krieger, einige Pferde, einen Wagen und einige intakte Waffen. Manche Forscher glauben, dass diese dritte Grube das Hauptquartier des Armeekommandanten darstellte, unter anderem, weil die Figuren dort größer und in Schlachtenformation aufgestellt sind. Doch das ist lediglich eine Arbeitshypothese.[15]

Auf den ersten Blick sieht es aus, als sei jede einzelne Figur in diesen Gruben individuell gestaltet worden und unterscheide sich durch irgendein Detail von allen anderen, sei es durch ihre Gesichtsbehaarung, die Uniform oder das, was sie in der Hand hält – einen Speer, ein Schwert, einen Schild oder eine Armbrust. In Wirklichkeit aber gibt es offenbar nur etwa acht verschiedene Gesichtsformen sowie rund 25 verschiedene Bartvarianten. Man geht inzwischen davon aus, dass die Terrakotta-Krieger wie am Fließband gefertigt wurden – Kopf, Arme, Beine und Rumpf wurden jeweils separat hergestellt und dann, Figur für Figur, aneinander befestigt. Hier und da entdeckte man in den Gruben zerbrochene Einzelteile und sogar Körper, an denen noch keine Köpfe angebracht waren, was darauf hindeuten könnte, dass die Krieger erst direkt vor Ort zusammengesetzt wurden. Auf jeden Fall waren hier geschickte Handwerker am Werk; laut einem Bericht hat man auf verschiedenen Körperteilen der Figuren die Namen von insgesamt 85 Bildhauern gefunden.[16]

Im Jahr 2010 wurden in Grube 1 noch einmal 114 Krieger entdeckt, von denen viele bunt bemalt waren. Glücklicherweise ist die Technologie mittlerweile so weit fortgeschritten, dass die Archäologen, anders als im Jahr 1974, in der Lage waren, die Farbe ordnungsgemäß zu konservieren – bislang ist nichts davon abgeblättert.[17]

2014 verkündeten die Forscher, sie hätten neue Erkenntnisse über die verwendeten Farben gewonnen, unter anderem über das Bindemittel, durch das die Farbe an den lebensgroßen Figuren haften blieb. Offenbar wurden auf der Terrakotta mehrere einfarbige Schichten aufgetragen und abschließend eine polychrome Farbschicht. Diese polychrome Schicht enthielt Leim aus Tierabfällen, der als Bindemittel diente.[18]

Das große Interesse an der Terrakotta-Armee hat weitere archäologische Entdeckungen in der Provinz Shaanxi nach sich gezogen. Als 1990 ein neuer Flughafen gebaut wurde, um die Massen an Touristen bewältigen zu können, die sich die Terrakotta-Armee ansehen wollten, stieß man rund 40 Kilometer von Qins Shihuangdis Mausoleum entfernt auf weitere Gruben mit unterschiedlichen Typen von Terrakotta-Kriegern. Diese Krieger gehören zu den Grabmälern des späteren Han-Kaisers Jingdi (188 bis 141 v. Chr.) und seiner Frau. Die Figuren sind nicht hohl, wie die Krieger von Qin Shihuangdi, sondern massiv und auch viel kleiner – nur an die 60 Zentimeter hoch. Außerdem sind sie völlig nackt und haben keine Arme.

Möglicherweise war ursprünglich Kleidung an ihnen drapiert gewesen, und vielleicht hatten sie abnehmbare Arme aus Edelmetall, die später geraubt wurden. So, wie sie im Moment dastehen, sehen die Figuren jedenfalls ziemlich seltsam aus. Wie Paul Bahn berichtet, reichen die Schätzungen darüber, wie viele Terrakotta-Figuren sich in diesen Gruben befinden, von 10 000 bis zu einer Million.[19]

Doch auch in der Nähe der Grabanlage von Kaiser Qin Shihuangdi wurden weitere Gruben mit Terrakotta-Figuren freigelegt. Bei diesen Figuren handelte es sich allerdings nicht um Soldaten, sondern um Akrobaten, Musiker mit unterschiedlichen Instrumenten, Höflinge und Beamte. Außerdem fand man dort etwas, das wie eine Miniaturversion der kaiserlichen Ställe aussieht.[20] Im Jahr 2014 wurde das Grab von Qin Shihuangdis Großmutter entdeckt und freigelegt. Man fand darin die Skelette von zwölf ganz realen Pferden sowie zwei Kutschen, die von den Pferden einst gezogen worden waren.[21]

Dass der Hügel mit dem Mausoleum von Qin Shihuangdi immer noch nicht ausgegraben wurde, liegt zum Teil daran, dass die Archäologen auf weitere Fortschritte in puncto Technologie warten. Mittels Fernerkundung hat man bereits festgestellt, dass es im Inneren des Hügels Kammern gibt, doch man vermutet, dass sich die Grabkammer des Kaisers bis zu 30 Meter unter dem höchsten Punkt des Hügels befindet.[22] Die Hoffnung bleibt, dass wir irgendwann erfahren werden, was genau sich darin verbirgt.

Die zweite Frage, mit der dieses Kapitel begann, ist ein wenig komplizierter: Warum blieb ein Objekt erhalten? Warum ist es nicht längst zu Staub zerfallen? Tatsächlich sind zahllose antike Artefakte längst zu Staub zerfallen oder auf andere Weise zerstört worden. Nur ein ganz kleiner Prozentsatz dessen, was früher einmal existierte, hat bis heute überlebt. Vor allem anorganische Materialien wie Gestein und Metalle überdauern hin und wieder die Zeiten, auch wenn Silber im Erdboden violett anläuft oder Bronze grün wird. Lediglich Gold behält seine Farbe. Gegenstände aus Gold aber habe ich im Laufe meines langen Berufslebens erst ein paar Mal gefunden, bronzene dafür umso häufiger, nicht zuletzt meine versteinerte Affenpfote.

Dinge, die aus organischen oder vergänglichen Materialien hergestellt wurden, sind längst nicht so haltbar, daher findet man bei archäologischen Ausgrabungen nur selten Textilien oder Ledersandalen. Manchmal werden aber auch solche Gegenstände konserviert, und zwar in der Regel dann, wenn sie sich in einer Umgebung mit extremen klimatischen Bedingungen befinden – mit anderen Worten: dort, wo es extrem trocken, extrem kalt oder extrem feucht ist oder an Orten, an denen es keinen Sauerstoff gibt.[23] Zu jedem dieser vier Extreme möchte ich im Folgenden ein interessantes Beispiel vorstellen.

Beispielsweise wurden in Tutanchamuns Grab in Ägypten, wo es besonders heiß und trocken ist, diverse organische Objekte wie Möbel, Kisten und Wagen aus Holz gefunden, die noch völlig intakt waren. Die im Sand in der Nähe der Pyramiden gefundenen Holzboote haben aus demselben Grund überlebt, genau wie zahlreiche Sarkophage, Mumien und Papyri aus dem alten Ägypten.

Auch in China fanden sich bis zu 4000 Jahre alte Mumien, die im Wüstensand vergraben und dank der extrem trockenen Bedingungen dort konserviert wurden. Der erste westliche Forscher, der sich mit diesen Mumien befasste, war der Sinologieprofessor Victor Mair von der University of Pennsylvania. Er entdeckte sie in einem Museum der Stadt Ürümqi im Tarimbecken, einem entlegenen Teil Chinas nördlich von Tibet. Auch Professor Elizabeth Barber vom Occidental College in Kalifornien untersuchte diese Mumien, und beide veröffentlichten Bücher über ihre Erkenntnisse.[24] Das Einzigartige an diesen Mumien ist, dass einige von ihnen für Chinesen untypische Merkmale aufweisen, zum Beispiel braunes Haar und längere Nasen. Die Textilien, in denen sie bestattet wurden, erinnern stark an das Wolltuch traditioneller schottischer Kilts. Ihre DNA deutet darauf hin, dass diese Menschen aus dem Westen stammen könnten, aus Mesopotamien, dem Indus-Tal und vielleicht sogar aus Europa.[25] Die Untersuchungen dazu sind noch in vollem Gange. Dennoch sind diese ersten Erkenntnisse gar nicht so überraschend, wie es zunächst den Anschein hat: Immerhin wissen wir, dass die Seidenstraße, die China ab dem 2. Jahrhundert v. Chr. mit dem Mittelmeer verband, durch das Tarimbecken verlief. 2010 wurden in den USA einige dieser Mumien aus China im Rahmen einer Wanderausstellung über die Seidenstraße in der Antike gezeigt.[26]

Manchmal werden die sterblichen Überreste von Menschen auch dank einer extrem kalten Umgebung konserviert. Prominente Fälle sind die »Prinzessin von Ukok«, die 1993 in Sibirien entdeckt wurde, das Inka-Mädchen Juanita, das man 1995 in Peru fand, und natürlich Ötzi, der in den Alpen geborgene »Mann aus dem Eis«. Vor allem Ötzi steht immer noch im Mittelpunkt zahlreicher Analysen und Diskussionen. Im Jahr 1991 stießen Wanderer, die in den Alpen an der Grenze zwischen Österreich und Italien unterwegs waren, rein zufällig auf seine Leiche.[27] Der Fund sorgte damals weltweit für Aufsehen – alle waren plötzlich verrückt nach Ötzi. In der Region, wo er gefunden wurde, wusste man das bestmöglich zu nutzen: Dort werden seither Ötzi-Wein, Ötzi-Schokolade (stellen Sie sich dabei einfach einen Schoko-Osterhasen in Form von Ötzi vor) und – was vielleicht noch am besten passt – Ötzi-Eiscreme verkauft.

Als man Ötzi fand, glaubte man, es handele sich um ein

Mordopfer, und rief die Polizei. Doch dies hier war ganz eindeutig kein Fall für die Strafverfolgungsbehörden, denn Ötzi hatte es zwar buchstäblich kalt erwischt – er war vollständig von Eis umschlossen –, aber das schon vor über 5000 Jahren. Heute geht die Forschung davon aus, dass Ötzi etwa 3200 v. Chr. starb, also mehr als 600 Jahre vor dem Bau der ägyptischen Pyramiden.[28]

Ötzis Körper lag in einem natürlichen Hohlraum zwischen Felsen, über die sich langsam ein Gletscher hinweg bewegte, der den gesamten Hang jahrtausendelang unter mehreren Metern Eis und Schnee begrub. 1991 blies ein Sandsturm im fernen Nordafrika Sand in die Atmosphäre, der schließlich über dem Eis herunterkam. Der Sand absorbierte die Sonnenstrahlen, erhitzte sich, brachte das Eis zum Schmelzen und legte Ötzis Kopf, Schultern und Oberkörper frei.

Da die Polizisten keine Ahnung hatten, wie alt der Leichnam war, hackten sie Ötzi einfach aus dem Eis, wobei sowohl der Körper als auch einige herumliegende Artefakte beschädigt wurden. Schließlich traten Wissenschaftler auf den Plan und bestätigten, dass es sich hier mitnichten um einen x-beliebigen Wanderer handelte. 1992 wurden dann professionelle archäologische Ausgrabungen durchgeführt, bei denen weitere Artefakte geborgen wurden, unter anderem eine Kappe aus Bärenfell.

Seitdem hat die Wissenschaft Ötzi und seine Habseligkeiten detailliert untersucht, inklusive einer kompletten DNA-Analyse. Wie sich herausstellte, wurde Ötzi tatsächlich ermordet, genau wie die an den Tatort gerufenen Polizeibeamten geglaubt hatten, nur dass der Mord ein paar tausend Jahren früher stattgefunden hatte als angenommen. Es dauerte zwar ganze zehn Jahre, bis der Mord nachgewiesen werden konnte, doch am Ende war die Beweislage recht eindeutig. Ein aufmerksamer Radiologe, der sich Röntgenbilder und CT-Scans von Ötzi ansah, bemerkte einen Gegenstand, der im Rücken des Mannes knapp unterhalb des linken Schulterblattes steckte und bis dahin niemandem aufgefallen war. Das fragliche Objekt war eine Pfeilspitze, und schräg darunter fand sich auch die entsprechende Eintrittswunde, das heißt, Ötzis Mörder musste weiter unten gestanden haben als er und nach oben gezielt haben.[29]

Experten stellten fest, dass die Pfeilspitze eine Arterie durchtrennt hatte, sodass Ötzi offenbar verblutete. Die Tatsache, dass der Schuss in den Rücken erfolgte, lässt darauf schließen, dass es eher ein Mord als ein Unfall war. Zudem wies Ötzis Hand typische Abwehrverletzungen auf, was bedeuten könnte, dass er vor seinem Tod in einen Kampf verwickelt gewesen war. Vielleicht floh er gerade vor seinem Angreifer, als ihn der tödliche Schuss traf.[30]

Der Fund von Ötzi erwies sich als Entdeckung von historischer Tragweite. Schlag auf Schlag folgten immer neue wissenschaftliche Erkenntnisse und wurden in zahlreichen renommierten Fachzeitschriften wie *Science, Journal of Archaeological Science* und *The Lancet* publiziert. Die Forscher fanden heraus, dass Ötzi braunes Haar und dunkelbraune Augen hatte, dass er einen Bart trug und eingefallene Wangen hatte. Er war vermutlich etwa 1,57 Meter groß, zum Zeitpunkt seines Todes zwischen vierzig und fünfzig Jahre alt und er wog ungefähr 50 Kilo. Die Strontiumisotope in seinem Zahnschmelz, anhand derer man bestimmen kann, wo eine Person aufgewachsen ist, deuten darauf hin, dass Ötzi wahrscheinlich sein ganzes Leben in der Nähe der Stelle verbracht hatte, an der er starb, genauer gesagt innerhalb eines Radius von 60 Kilometern. Höchstwahrscheinlich war er in einem nahegelegenen Tal im heutigen Italien zu Hause.[31]

Ötzis Lunge war geschwärzt, wahrscheinlich vom Rauch der Lagerfeuer, dem er in Höhlen oder auch im Freien ausgesetzt war. Er litt unter Karies und war in den Monaten bevor er starb mehrmals krank gewesen. Wissenschaftler und Archäologen analysierten den Inhalt seines Darms und fanden darin Pollen, was darauf hindeutet, dass er im späten Frühjahr oder Frühsommer starb. Seine letzte Mahlzeit bestand aus Rotwild, Einkorn-Brot und ein paar Pflaumen; seine vorletzte aus Steinbockfleisch, Getreide und diversen Pflanzen.[32]

Im Jahr 2016 verkündeten Wissenschaftler, die den Inhalt von Ötzis Magen untersuchten, sie hätten das Genom des ältesten bekannten Krankheitserregers rekonstruiert, eines Bakteriums namens *Helicobacter pylori*, das Geschwüre verursachen kann. Das Bakterium liefert uns möglicherweise einen Hinweis auf die Migrationsmuster der damaligen Menschen, denn es handelt sich um einen asiatischen Stamm und nicht um den üblichen asiatisch-afrikanischen Hybriden, der in der heutigen Bevölkerung Europas vorkommt. Diese Entdeckung deutet darauf hin, dass die Migration, mit der zusätzliche afrikanische Genom-Stämme nach Europa gelangten, zu Ötzis Zeit noch nicht stattgefunden hatte.[33] Solche genetischen Analysen werden heutzutage immer öfter durchgeführt, sei es an den Knochen von König Richard III., die man unter einem Parkplatz fand, oder an der Mumie von Pharao Tutanchamun. Mit Sicherheit werden DNA-Tests in Zukunft für die Archäologie immer wichtiger werden.[34]

Ötzis Körper zierten außerdem 61 Tätowierungen. Es sind die ältesten Tätowierungen, die wir kennen, und sie wurden angefertigt, indem man in die Haut schnitt und Holzkohle in die Wunden rieb. Allerdings sind es keine bildlichen Darstellungen, sondern hauptsächlich Linien und Kreuze. Übrigens hat sich der Schauspieler Brad Pitt Berichten zufolge »Ötzi« auf den linken Unterarm tätowieren lassen – der Hollywoodstar als Archäologie-Fan? Ich persönlich hätte ja angenommen, dass er sich eher ein Bild von Achilles stechen lassen würde, da er ja 2004 die Hauptrolle in dem Film *Troja* gespielt hat (Pitt, nicht Ötzi).[35]

Ötzi war ein gutgekleideter Mann und in drei Lagen Kleidung gehüllt, als man ihn fand. Er trug Unterwäsche aus Ziegenfell, hatte Pelzgamaschen und einen ledernen Mantel an und darüber einen Umhang aus Stroh. Auch seine Lederschuhe waren mit Stroh ausgelegt und auf dem Kopf saß eine Kappe, die aus dem Pelz eines Braunbären gefertigt war. Im Jahr 2004 baute ein tschechischer Professor Ötzis Schuhe nach und ging damit wandern; hinterher gab er an, er habe keinerlei Blasen an den Füßen gehabt und die Schuhe seien sogar bequemer gewesen als seine eigenen Wanderstiefel.[36] Inzwischen wurden von allen Kleidungsstücken Repliken angefertigt, die an verschiedenen Standorten ausgestellt sind, unter anderem im Südtiroler Archäologiemuseum, wo Ötzi derzeit zu Hause ist.

Zu Ötzis übrigen Habseligkeiten zählten mehrere Objekte, die uns einen Einblick in sein Umfeld und seine Lebensumstände gewähren. Er hatte zwei Pfeile mit Spitzen aus Feuerstein dabei, ein Reparaturset für die Pfeile und einen Köcher mit halbfertigen Pfeilen, außerdem einen nur teilweise fertiggestellten Langbogen, einen Dolch mit Feuerstein- und eine Axt mit Kupferklinge. Ferner fanden die Archäologen Werkzeug zum Feuermachen bei ihm, ein Gefäß aus Birkenrinde, das als Glutbehälter diente, und eine Nadel aus Knochen. Um all diese Dinge zu transportieren, benutzte Ötzi eine Rückentrage.[37]

Ötzi ist nicht der einzige Mensch aus grauer Vorzeit, dessen Leiche man im Eis entdeckt hat. 1993 wurde auf dem Ukok-Plateau in Südsibirien nahe der chinesischen Grenze der mumifizierte Körper einer Frau gefunden, die man »Prinzessin von Ukok« getauft hat und die im 5. Jahrhundert v. Chr. lebte. Sie war etwa 25 Jahre alt, als sie starb; möglicherweise litt sie an Brustkrebs. Sie wurde zusammen mit sechs fertig gesattelten und gezäumten Pferden bestattet, die sie vermutlich ins Jenseits begleiten sollten. Man mutmaßt daher, dass die Frau dem Volk der Pasyryken angehörte, Nomaden, über die der griechische Historiker Herodot im 5. Jahrhundert v. Chr. schrieb, sie verbrächten den Großteil ihres Lebens auf dem Rücken ihrer Pferde.[38]

Bekannt ist die Prinzessin von Ukok nicht zuletzt für ihre zahlreichen Tätowierungen, gegen die die Tattoos des 3000 Jahre älteren Ötzi buchstäblich verblassen. Das spektakulärste Exemplar bedeckt ihre linke Schulter und den linken Arm. Die Tätowierung stellt ein mythisches Tier dar, das aussieht wie ein Reh mit Greifenkopf und einem Geweih, an dessen Enden sich ebenfalls Greifenköpfe befinden. Mehrere ganz in der Nähe begrabene Männer, die teilweise bereits Jahrzehnte zuvor ausgegraben worden waren und die man als Krieger identifiziert hat, trugen ähnliche Zeichnungen auf der Haut; einer von ihnen war auf beiden Armen, am Rücken und an einem der Unterschenkel tätowiert.[39]

Wenig später, im Jahr 1995, fand der Anthropologe Johan Reinhard auf dem Ampato in Peru die Mumie eines zwölf- bis 14-jährigen Inka-Mädchens. In den Medien wurde sie zunächst als »Eismädchen« tituliert; da aber bereits die Prinzessin von Ukok in der Presse hin und wieder so genannt wurde, einigte man sich schließlich auf den Namen »Juanita«.[40] Mehr als 500 Jahre lang hatte sie in ihrem Grab nahe dem Berggipfel gelegen, bis Reinhard sie entdeckte – er hatte eigentlich einen ausbrechenden Vulkan fotografieren wollen, der vom Gipfel des Ampato aus ein besonders schönes Motiv abgab. Dass die Inka hier, mehr als 6000 Meter über dem Meeresspiegel, einmal Menschenopfer dargebracht hatten, hätte wohl niemand vermutet. Aber da lagen die mumifizierten Überreste nun und waren auf einmal den Elementen ausgesetzt: Die Asche des nahegelegenen Vulkans hatte das Eis darüber teilweise zum Schmelzen gebracht. In seinem Buch *The Ice Maiden* beschreibt Reinhard, wie er das Inka-Mädchen anschließend in seinem Rucksack den Berg hinuntertrug – es wog nur 36 Kilo.[41]

Im Lauf der Zeit tauchten noch andere Inka-Mumien auf, allein Reinhard fand auf dem Ampato zwei weitere: Als er mit einem kompletten Team zurückkam, um den Berg systematisch zu erforschen, entdeckte er 300 Meter unterhalb des Gipfels die sterblichen Überreste eines Jungen und eines Mädchens. In einer vom US-Sender PBS ausgestrahlten Dokumentation schätzten Experten, dass noch mehrere hundert solcher Inka-Kinder in ihren eisigen Gräbern auf den Gipfeln der Anden liegen, wo man bereits auf mehr als 115 religiöse Zeremonienstätten der Inkas gestoßen ist.[42] Anthropologen und Archäologen gehen nach wie vor der Frage nach, wer diese Kinder waren und warum sie dort oben in den Bergen sterben mussten.

Es gibt auch vergängliche Objekte und Leichname, die erhalten blieben, weil sie sich unter Wasser befanden. Im irakischen Nimrud hat man in einem Brunnen eine kleine hölzerne Schrifttafel aus dem 8. Jahrhundert v. Chr. entdeckt. Stücke zweier weiterer Holztafeln lagen mehr als 3000 Jahre lang in 40 bis 50 Metern Tiefe im bereits erwähnten Schiffswrack von Uluburun. Zu den bekanntesten Beispielen für organisches Material, das in extrem feuchter Umgebung erhalten geblieben ist, zählen die sogenannten Moorleichen, die man beispielsweise in Norddeutschland, Dänemark oder England gefunden hat.

Viele von ihnen sind so gut erhalten, dass man einzelne Barthaare ausmachen kann oder die Fasern des Seils, das um den Hals eines Hingerichteten geschlungen worden war. In den europäischen Moorgebieten hat man ein paar hundert dieser Leichname aufgefunden.[43] Moore enthalten Torf, der aus abgestorbenen und zerfallenen Pflanzen, zumeist Moosen, entsteht. Torf kann als Brennstoff oder als Isoliermaterial für Hausdächer verwendet werden, und die Arbeiter, die in den Mooren Torf stechen, spüren gelegentlich die sterblichen Überreste von Menschen auf. Wegen des sauren, sauerstoffarmen Milieus im Moor sind deren

Weichgewebe fast vollständig erhalten geblieben, während die Knochen sich längst aufgelöst haben.

Um eine solche Moorleiche handelt es sich auch beim sogenannte Lindow-Mann, der 1984 im Nordwesten Englands in einem Moorgebiet namens Lindow Moss gefunden wurde.[44] Eine Autopsie ergab, dass er zum Zeitpunkt seines Todes etwa 25 Jahre alt war. Jemand hatte ihm zweimal mit einem schweren Gegenstand auf den Kopf geschlagen, ihn dann mit einer dünnen Schnur erdrosselt, wobei ihm das Genick brach, und ihm zu guter Letzt auch noch die Kehle durchgeschnitten. Ob er schlicht ermordet oder rituell geopfert wurde, wissen wir nicht, wohl aber, dass er vor etwa 2000 Jahren starb, im Laufe des 1. oder zu Beginn des 2. Jahrhunderts n. Chr.

Der Lindow-Mann lag viele Jahrhunderte lang in einer Umgebung, in der Haut und Haare, ja sogar der Vollbart, sehr gut erhalten blieben, genau wie die Fingernägel, denen man ansehen kann, wie gepflegt sie einst waren. Der Leichnam enthielt sogar noch einige innere Organe, deren Inhalt auf seine letzte Mahlzeit schließen lässt – darunter ein Stück ungesäuertes Brot aus Weizen und Gerste, das über einem offenen Feuer gebacken worden war.[45]

1950 stießen zwei Torfstecher bei ihrer Arbeit in der Nähe der dänischen Stadt Silkeborg auf eine ähnlich gut erhaltene Moorleiche, den sogenannten Tollund-Mann. Er lebte im 4. Jahrhundert v. Chr. und ist somit etwa 500 Jahre älter als der Lindow-Mann. Beim Tollund-Mann kann man noch jedes Detail erkennen, von der Lederkappe auf seinem Kopf über den Gürtel, den er um die Taille trägt, bis hin zu den Bartstoppeln und dem Seil um seinen Hals, mit dem er erhängt wurde.[46]

Als die beiden Arbeiter den Tollund-Mann fanden, hielten sie ihn für ein Mordopfer, was er durchaus gewesen sein kann. Da er aber bereits vor fast 2500 Jahre starb, ist auch hier völlig unklar, warum er getötet wurde. Zum Zeitpunkt seines Todes war er wahrscheinlich um die vierzig Jahre alt, und da auch bei dieser Leiche Magen und Darm erhalten blieben, konnten die Archäologen anhand von Analysen feststellen, dass er als letzte Mahlzeit eine Art Haferbrei zu sich genommen hatte.

Es gibt auf der Erde nur wenige Bereiche, die einen so geringen Sauerstoffgehalt aufweisen, dass organische Artefakte oder Körper konserviert werden. Einer dieser Bereiche liegt in den Tiefen des Schwarzen Meeres, unterhalb von 200 Metern. Dort unten ist das Wasser extrem ruhig, sodass der Sauerstoff aus den oberen Zonen nicht bis zum Meeresboden zirkulieren kann.[47] Und da es in dieser Tiefe tatsächlich keinerlei Sauerstoff gibt, kann auch kein organisches Material zerfallen oder verrotten – in einer solchen Umgebung können nicht einmal Mikroben überleben.

Als Bob Ballard im Jahr 1999 ein ferngesteuertes Fahrzeug in die Tiefen des Schwarzen Meeres schickte, fand er dort ganz erstaunliche Dinge.[48] Die Öffentlichkeit kennt den Unterwasserarchäologen vor allem als Entdecker der gesunkenen Titanic, doch für die Experten ist das, was er im Schwarzen Meer fand, weitaus bedeutender. Es handelte sich um eine neolithische Siedlung und eine von einem Strand gesäumte ehemalige Küstenlinie, die heute weit unterhalb der Meeresoberfläche liegt – offenbar wurde das gesamte Gebiet in grauer Vorzeit überschwemmt. Zwei Professoren von der Columbia University machen eine Naturkatastrophe vor etwa 7500 Jahren dafür verantwortlich. Außerdem fand Ballard dort mehrere Schiffswracks aus römischer und byzantinischer Zeit, die seit rund tausend beziehungsweise 1500 Jahren dort unten liegen. Bei mindestens einem dieser Wracks ist das Holz so gut erhalten, dass man auf einigen Bohlen noch die Spuren der Bootsbauerwerkzeuge erkennen kann. Ein Vorratsbehälter, der aus einem der Wracks geborgen wurde, war noch immer mit Bienenwachs versiegelt.[49]

Längst nicht alle antiken Schiffe sind heute noch so gut erhalten wie jene, die Ballard im Schwarzen Meer fand, oder wie die ägyptischen Boote, die bei den Pyramiden ausgegraben wurden. Manche Exemplare, wie das angelsächsische Schiff von Sutton Hoo in England oder ein erst kürzlich in Schottland entdecktes Wikingerschiff, haben lediglich einen Negativabdruck im Boden hinterlassen. Ein solch schlechter (beziehungsweise quasi nicht existenter) Konservierungszustand ist für Artefakte, die einfach in der Erde lagen, weitaus typischer. Dennoch zeigen die letzten beiden Beispiele auch, dass geschickte Archäologen in der Lage sind, selbst diese Art von Funden zu interpretieren und aus dem Wenigen, was noch übrig ist, ihre Schlüsse zu ziehen.

Nehmen wir nur als Beispiel das 27 Meter lange Schiff von Sutton Hoo, einer Ausgrabungsstätte in Suffolk im Südosten Englands. Es wurde 1939 von einem Archäologen namens Basil Brown gefunden, da die Eigentümerin des Geländes Brown eingeladen hatte, einen der vielen großen Hügel auszugraben, die sich auf ihrem Grund und Boden befanden. In einem dieser Hügel fand Brown dann die Spuren des Schiffes.[50]

Über dieses Langschiff lässt sich viel Spannendes berichten. Es datiert vermutlich auf 620 bis 650 n. Chr. und damit auf die Ära der Angelsachsen, die um das Jahr 450, nach der römischen Besatzung, von Kontinentaleuropa aus nach England kamen und bis zur normannischen Eroberung im Jahr 1066 dort herrschten.[51] Besonders interessant dabei ist, dass man das Schiff noch gut erkennen kann, obwohl es gar nicht mehr existiert. Mit anderen Worten: Obgleich das Holz, aus dem das Schiff bestanden hatte, komplett verrottet war, konnte Brown noch gut erkennen, wo es einst gelegen hatte. Die Erde wies nämlich dort, wo das Holz zerfallen war, Verfärbungen auf, und über die gesamte Länge des Schiffs waren im Boden noch deutliche Abdrücke der Planken zu sehen. Die Ausgräber fanden sogar die verrosteten Eisennägel, mit denen die Planken zusammengezimmert worden waren.[52] Was Brown da entdeckt hatte, war folglich nicht das Schiff selbst, sondern sozusagen der Schatten des Schiffs.

Doch warum befand sich dieses Schiff an Land und nicht im Wasser? Die meisten Archäologen gehen davon aus, dass es zusammen mit seinem Besitzer begraben wurde. Es diente also als letzte Ruhestätte eines bedeutenden Kriegers, eines Königs oder einer anderen Person, die einer so aufwendigen Ehrung würdig gewesen war. Was in diesem Fall allerdings stutzig macht: Bislang wurden weder innerhalb des Schiffsabdrucks noch drumherum die Überreste eines Menschen gefunden. Wenn dies wirklich eine Grabstätte war, wo ist dann der Tote geblieben? Eine Möglichkeit besteht darin, dass der Leichnam inklusive Knochen so gründlich zerfiel, dass er schlichtweg verschwand, genau wie die Holzplanken des Schiffs.[53] Falls dem so ist, hat der Tote – anders als das Schiff – keinerlei Spuren hinterlassen. Diesem Szenario schließen sich heute die meisten Forscher an.

Die andere Möglichkeit besteht darin, dass es hier nie einen Toten gegeben hat. In diesem Fall hätten wir es wohl mit einem sogenannten Kenotaph zu tun, einem Grabmal für jemanden, der anderswo begraben liegt. Viele Denkmäler für im Krieg gefallene Soldaten sind im Grunde nichts anderes als Kenotaphen – mag sein, dass auch das Schiffsgrab von Sutton Hoo ein altes Kriegerdenkmal ist, vielleicht im Gedenken an eine Schlacht, die sich die Angelsachsen in diesem Teil Englands mit einem anderen Volksstamm lieferten.[54]

Dennoch erwies sich das Schiffsgrab von Sutton Hoo in anderer Hinsicht als veritable Schatzgrube, denn in der Mitte des Abdrucks lagen zahlreiche wertvolle Objekte: Schulterspangen aus Gold mit Emaille-Einlagen, die ursprünglich wohl an einer Tunika oder einem Hemd aus – längst zerfallenem – Leinen befestigt waren. Eine Gürtelschnalle aus massivem Gold mit komplexem Design. Der metallene, mit Emaille-Einlagen verzierte Schließmechanismus einer Tasche oder eines Geldbeutels aus (ebenfalls zerfallenem) Leder oder Leinen. Trinkhörner mit aufwendigen Einlegearbeiten. All diese Artefakte beweisen, dass dies keine x-beliebiges Grabstätte war; man stelle sich nur einmal die rauschenden Feste vor, bei denen die Trinkhörner zum Einsatz kamen.[55]

Eines der spannendsten Objekte ist ein eiserner Helm inklusive Gesichtsplatte mit Löchern für Augen, Nase und Mund, der mit Zierelementen aus Gold versehen ist.[56] Er wird für damalige Verhältnisse sündhaft teuer gewesen sein und muss jemandem gehört haben, der entweder ungeheuer reich oder sehr mächtig war – oder beides.

Im Jahr 2011 wurde ein ähnliches »Phantomschiff« auf der Halbinsel Ardnamurchan an der Westküste Schottlands entdeckt. Anscheinend wurde hier im 10. Jahrhundert ein Wikingerkrieger in seinem Boot bestattet.[57] Damals lag diese Region an einem der wichtigsten Seewege zwischen Irland und Norwegen, und auf den nahegelegenen Hebriden hat man Häuser der Wikinger gefunden.

Das schottische Grab ist 1,50 Meter breit und etwa 5 Meter lang, was gerade ausreichte, um das ganze Boot darin unterzubringen. Ähnlich wie in Sutton Hoo war auch hier das Holz fast vollständig verrottet. Und auch hier fanden die Archäologen eiserne Nieten, die einst die Planken zusammenhielten. Es waren rund 200 Stück – anhand ihrer Abdrücke im Boden konnte man die Form des Bootes exakt nachvollziehen.[58]

In diesem Fall wissen wir, dass hier einmal ein Toter lag, denn im Grab wurden Zähne und Fragmente eines Armknochens gefunden. Zudem bargen die Archäologen die Reste eines eisernen Schwertes, Teile eines Schildes, den man auf der Brust des Wikingers platziert hatte, sowie einen Speer, eine bronzene

Nadel und ein Bronzefragment, das möglicherweise zu einem Trinkhorn gehörte.[59]

In diesem Kapitel habe ich Antworten auf die Frage eines Journalisten gesucht, woher wir Archäologen uns sicher sein können, dass wir unsere Funde korrekt datieren. Ich hoffe, die unterschiedlichen Datierungsmethoden sind nun etwas deutlicher geworden. Dennoch möchte ich noch einmal betonen, dass wir nicht immer in der Lage sind, einen Fund auf ein bestimmtes Jahr einzugrenzen – es gibt dabei fast immer einen gewissen Spielraum. Vor allem bei der Radiokarbonmethode lassen sich Daten immer nur mit einem bestimmten Plus/Minus-Faktor und einer statistischen Wahrscheinlichkeit angeben. Trotzdem werden immer wieder neue Technologien entwickelt und eingeführt, daher vermute ich, dass wir die Objekte aus längst vergangenen Zeiten in Zukunft immer zuverlässiger datieren können.

Ich habe mich außerdem kurz damit befasst, auf welche Weise uns manche Dinge erhalten geblieben sind, vor allem organische Materialien, die nur unter sehr extremen Bedingungen überdauern. Unsere Methoden zur Ausgrabung organischer Funde werden sich mit Sicherheit ebenfalls weiter verbessern. Besondere Vorsicht ist vor allem bei Materialien geboten, denen es nicht allzu gut bekommt, nach vielen Jahrhunderten oder Jahrtausenden im Erdreich von Archäologen ans Licht gebracht zu werden. Bei den vor Kurzem ausgegrabenen Terrakotta-Kriegern in China ging man bereits fortschrittlicher vor – die noch an ihnen haftenden leuchtenden Farbspuren der einstigen Bemalung konnten von den Archäologen erfolgreich konserviert werden.

TEIL 6
ARCHÄOLOGIE DER NEUEN WELT

17

LINIEN IM SAND, STÄDTE IM HIMMEL

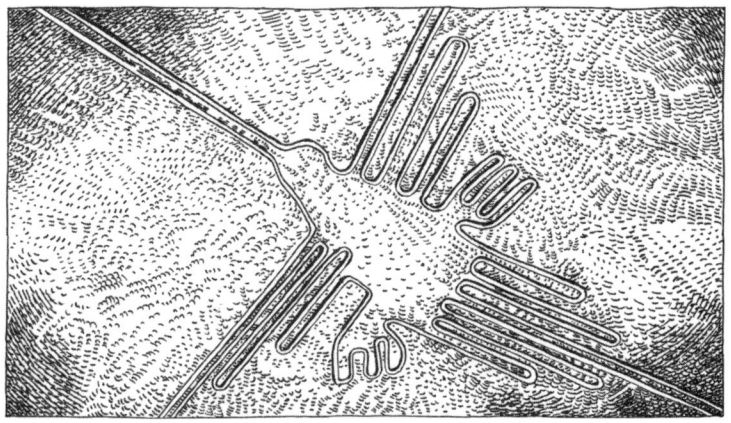

Als in den 1920er-Jahren die ersten Flugzeuge über eine hoch gelegene Wüstenregion in Peru flogen, fielen den Piloten lange, gerade Linien und riesige Figuren auf, die in den trockenen Wüstenboden gezeichnet worden waren. Heute sind diese Gebilde weltberühmt. Rein technisch gesehen handelt es sich bei diesen sogenannten Nazca-Linien um Geoglyphen, und sie stellen unter anderem eine Spinne, einen Hund, Vögel, einen Affen und einen Baum dar – es gibt zudem eine recht seltsame Gestalt, die aussieht wie ein Astronaut.

Ein knappes halbes Jahrhundert später, im Jahr 1968, brachte Erich von Däniken ein Buch mit dem Titel *Erinnerungen an die Zukunft* heraus.[1] Darin stellte er die These auf, die Nazca-Linien seien entweder für oder von antiken Astronauten angelegt worden. Er argumentierte, dass sie nur jemand geschaffen haben könne, der sie aus der Luft gesehen habe; schließlich könne man vom Boden aus gar nicht erkennen, was sie darstellen. Die langen geraden Linien, so von Däniken, könnten Landebahnen für antike Flugzeuge oder Raumschiffe gewesen sein. Er schrieb: »Ist die Vermutung abwegig, dass die Linien angelegt wurden, um den ›Göttern‹ anzuzeigen: ›Landet hier! Es ist alles vorbereitet, wie ›ihr‹ es befohlen habt!‹«[2]

Ob diese Vermutung abwegig ist? Selbstverständlich ist sie abwegig. Der Schlussfolgerung, dass die Nazca-Linien auf Außerirdische zurückgehen müssen, würde wohl kaum ein Archäologe zustimmen. Dennoch stoßen von Dänikens Theorien in der Öffentlichkeit auf ein äußerst positives Echo – immerhin hat er damit über die Jahre mehrere Millionen Bücher verkauft (bestimmten Quellen zufolge 65 Millionen Stück).[3]

Im Jahr 2003 eröffnete von Däniken sogar einen Themenpark in der Schweiz, den sogenannten Mystery Park. Einer der sieben Pavillons dort widmete sich allein den Nazca-Linien. Obwohl anfänglich ein wahrer Besucheransturm herrschte, ließ die Begeisterung schnell nach, und so schloss der Park im November 2006 sehr zu von Dänikens Leidwesen seine Pforten wieder – nur einen Monat, nachdem er eine Million Besucher verzeichnet hatte.[4] 2010 hat der Park mit neuem Betreiber und unter neuem Namen jedoch wieder eröffnet. Er heißt jetzt »JungfrauPark«, und den Nazca-Pavillon gibt es immer noch.

Wie dem auch sei: Die Nazca-Linien existieren, und auch wenn sie nicht von Außerirdischen gezogen wurden, sind sie einen Besuch wert. Die Stätte selbst ist heute geschützt, und man darf als Tourist nicht einfach hindurchlaufen. Aber die Linien lassen sich ohnehin am besten erkennen, wenn man ein Flugzeug, einen Hubschrauber oder einen Heißluftballon chartert und darüber hinwegfliegt.

Im Jahr 2014 waren sie plötzlich wieder in den Schlagzeilen:

zunächst im August, als in der Gegend nach Sandstürmen und starken Windböen neue Bilder auftauchten,[5] und später dann, im Dezember, als Greenpeace-Aktivisten mit riesigen Stoffbuchstaben die Parole »Zeit für Veränderung! Die Zukunft ist erneuerbar« neben die Nazca-Linien legten. Letzteres brachte Greenpeace eine Menge Kritik ein – der Vorwurf lautete, die Aktivisten hätten für ihr Ziel, die Zukunft zu retten, die Zerstörung einer antiken Stätte in Kauf genommen – was, offen gesagt, ziemlich makaber erscheint.[6]

Die Nazca-Linien befinden sich im Wüstenhochland im Süden von Peru, etwa 320 Kilometer von den Ruinen der Stadt Machu Picchu entfernt, die wir weiter hinten in diesem Kapitel besprechen werden. Und sie sind *nicht* das Werk antiker Weltraumreisender, sondern wurden von einem indigenen Volksstamm angefertigt, den Nazca, die zwischen 200 v. Chr. und 600 n. Chr. in dieser Gegend lebten. Ganz in der Nähe der Linien hat man Gräber und Siedlungen dieses Volkes gefunden.[7]

Dass es die Nazca waren, die diese Linien angefertigt haben, wissen wir nicht zuletzt deshalb, weil man ganz ähnlich aussehende Tiere, Vögel und Menschen in roter, weißer und schwarzer Farbe auf ihrer Keramik gefunden hat. Außerdem wurden die Holzpfähle, die man am Ende einiger Linien entdeckte, einer C-14-Datierung unterzogen, wobei sich herausstellte, dass sie um das Jahr 525 herum – plus/minus achtzig Jahre – entstanden. Die Linien stammen also aus der Zeit zwischen 445 n. Chr. und 605 n. Chr., aus genau jener Epoche, in der die Nazca in dieser Gegend lebten.

Was die meisten Uneingeweihten nicht wissen: Die Nazca waren nicht die ersten Menschen in der Region, die solche Geoglyphen schufen. Eine frühere Zivilisation, die Paracas, von denen die Nazca möglicherweise abstammen, fertigte etwas weiter nördlich, in der Nähe der heutigen Stadt Palpa, ebenfalls Geoglyphen in der Wüste an. Manche davon sind mehrere hundert Jahre älter als die Nazca-Linien und sie befinden sich größtenteils an den Hängen von Hügeln, weniger auf dem flachen Wüstenboden. Neben rätselhaft wirkenden menschlichen Gestalten sieht man auch hier wieder von Dänikens vielzitierte »Landebahnen«. 1994 hat die UNESCO die Geoglyphen der Paracas und der Nazca zusammen zum Weltkulturerbe erklärt.[8]

Die in die Wüste gezeichneten Nazca-Linien sind riesig – mehrere hundert Gebilde, die von einfachen, kilometerlangen Linien bis hin zu komplexen stilisierten Darstellungen verschiedener Lebewesen reichen. Entfernt man in dieser Wüstenregion die obere Bodenschicht mit oxidiertem Gestein, kommt darunter der sehr viel hellere Sand zum Vorschein – auf diese Weise entstanden die Linien und Bilder. Zieht man mehrere parallele Linien in engem Abstand zueinander, lässt sich ein Bild erzeugen, das von einer höher gelegenen Position aus gut zu erkennen ist – auch wenn man sich nicht immer sicher sein mag, um was es sich bei der Darstellung handelt.[9]

Was Letzteres angeht, geben einige Bilder tatsächlich Rätsel auf. Eines der Tiere sieht aus wie ein Mittelding zwischen erschrockener Katze und recht merkwürdigem Hund. Mit seinen durchgestreckten Beinen und nur drei oder vier Zehen pro Pfote ähnelt das Wesen einer Comicfigur. Eine andere Geoglyphe soll höchstwahrscheinlich einen Affen darstellen, er hat aber weder Augen noch Nase und an einer Pfote vier, an der anderen fünf Finger. Apropos: Eines der Nazca-Bilder heißt lediglich »die Hände«, sieht aber im Grunde aus wie ein weiterer, diesmal unvollendet gebliebener Affe. Auch er hat keine Augen und keine Nase und wiederum einmal vier, einmal fünf Finger. Ferner gibt es eine 50 Meter lange und recht überzeugend (wenn auch nicht wirklich beängstigend) dargestellte Spinne. Eines ihrer hinteren Beine ragt weit über das eigentliche Bild hinaus; mag sein, dass dies der Faden sein soll, an dem die Spinne hängt, doch diese verlängerte Darstellung eines ihrer Beine mutet schon recht merkwürdig an.

Zu den Nazca-Linien gehören außerdem ein stilisierter Baum mit enormen Ausmaßen, etwas, das aussieht wie ein Riesenvogel und das man »Reiher« getauft hat, sowie ein 100 Meter großer Kolibri mit einem Schnabel, der fast genauso lang ist wie sein Körper. Ein weiterer Vogel wird als »Kondor« bezeichnet und ein vierter als »Papagei«, auch wenn ich persönlich keinen Papagei darin erkennen kann. Und dann ist da noch der sogenannte »Astronaut«, der an einen Hang gezeichnet wurde, genau wie die früheren Zeichnungen der Paracas weiter nördlich.[10] Die Geoglyphe ist über 30 Meter hoch, hat einen runden Kopf und große eulenartige Augen, die ihr unter Archäologen bereits 1949 den Spitznamen »Eulen-Mann« eingebracht haben.[11] Einer der Arme zeigt nach oben, der andere nach unten. Wie ein Astronaut sieht die Gestalt eigentlich nicht aus, und es gibt zahlreiche vernünftige Vorschläge für das, was sie zu tun scheint; möglicherweise hält sie ein Fischernetz und trägt einen traditionellen Poncho.[12]

Seit der Entdeckung der Nazca-Linien in den 1920er-Jahren wurden diverse Hypothesen darüber aufgestellt, was es mit diesen Bildern auf sich hat – sowohl von Pseudo-Archäologen, die sie auf eigene Faust erkundeten, als auch von professionellen Wissenschaftlern, die von Institutionen wie der National Geographic Society finanziert wurden. Eine der ersten archäologischen Untersuchungen und systematischen Beschreibungen der Nazca-Linien erfolgte unter Leitung des Anthropologen Alfred Kroeber aus Berkeley im Jahr 1926. Seine Ergebnisse wurden allerdings erst 70 Jahre später publiziert.[13] Die zahlreichen Theorien, die die Existenz der Linien erklären sollen, reichen von von Dänikens Vorschlag, dass Außerirdische die Gegend als Landebahn benutzten, über Paul Kosoks und Maria Reiches These, dass die

Zeichnungen Sternbilder darstellen und das Ganze ein gewaltiger astronomischer Kalender ist, bis hin zu mehreren anthropologischen Hypothesen, zum Beispiel, dass die Linien auf unterirdische Wasserläufe verweisen oder dass sie den Paracas und den Nazca als zeremonielle Pfade für religiöse Rituale dienten.[14]

Seit Kurzem dokumentiert eine deutsch-peruanische Expedition die Geoglyphen in der Nazca-Ebene und in der Provinz Palpa im Norden. Dabei sind bereits die Ruinen zahlreicher Nazca-Siedlungen zum Vorschein gekommen und in deren Nähe fast immer auch Geoglyphen. Alles deutet darauf hin, dass die Anfertigung solcher Bilder in der Region eine lange Tradition hatte; einige Geoglyphen liegen sogar über anderen, älteren Exemplaren. Wir wissen jetzt auch, dass die frühesten Geoglyphen an Berghängen entstanden, wo man sie von der Ebene aus gut sehen konnte – das Ganze aus der Luft zu betrachten, war somit gar nicht nötig. Außerdem wurde festgestellt, dass selbst die komplexeren Zeichnungen wie die des Kolibris nur aus einer einzigen Linie bestehen. Man kann die Linie also von jedem beliebigen Punkt aus einmal komplett abschreiten, ohne eine andere Linie zu kreuzen. Die Theorie, dass sie zeremoniellen Prozessionen dienten, ist also gar nicht so abwegig.[15]

In jedem Fall muss man keine außerirdischen Besucher beschwören, um die erstaunlichen Linien der Nazca zu erklären. Geoglyphen in den Boden zu zeichnen, war jahrhundertelang an vielen Orten in Peru Tradition, und die meisten dieser Bilder waren für die damaligen Bewohner der Region durchaus sichtbar. Die Zeichnungen waren ganz offensichtlich eine regionale Form des künstlerischen, religiösen und/oder kulturellen Ausdrucks und keine Landebahnen für Außerirdische. Sie überstiegen auch keinesfalls die Fähigkeiten dieser frühen Kulturen, denn diese waren weit genug entwickelt, um solche Projekte auch ohne Hilfe von außen – oder gar aus dem All – umzusetzen.[16]

An einem anderen Ort im Norden von Peru entdeckte man 1987 ein Königsgrab, dass es ebenfalls in die weltweiten Schlagzeilen schaffte. Es datiert auf etwa 250 n. Chr. und wurde von einem peruanischen Archäologen namens Walter Alva auf dem Areal der archäologischen Fundstätte Sipán ausgegraben – in jener Region, in der von 100 bis 800 n. Chr. die Moche-Kultur ihre Blütezeit erlebte.[17]

Das Königreich der Moche war – gemessen an den Verhältnissen in den Anden – riesig. Es erstreckte sich in einem rund 560 Kilometer langen und 80 Kilometer breiten Streifen entlang der Küste und bestand aus einem Dutzend schmaler Täler, die sich von den Anden zum Pazifik erstreckten; dazwischen lagen Wüstenstreifen. Die Moche pflegten weitreichende Handelsbeziehungen mit anderen Küstenregionen, aber auch mit Gebieten jenseits der Anden im Regenwald des Amazonasgebiets – vom heutigen Chile bis ins heutige Ecuador. Sie handelten mit Lapislazuli und Spondylus-Schalen, mit Boa Constrictors, Papageien und Affen. Sie gruben Kanäle, um ihre Felder zu bewässern und Mais, Avocados, Kartoffeln und Erdnüsse anzubauen; aus dem Ozean holten sie sich Fische, Garnelen, Krabben und andere Meeresfrüchte.[18]

Ihre Gesellschaft wies allem Anschein nach eine deutliche Hierarchie auf. Die Moche webten Textilien und fertigten beeindruckende Gegenstände aus Keramik und Edelmetallen an; andererseits hatten sie kein Schriftsystem und benutzten offenbar kein Geld. Bekannt sind sie auch für ihre komplexen Bauprojekte – neben den Bewässerungskanälen bauten sie Pyramiden, Tempel und aufwendige Grabhügel. Die sogenannte Sonnenpyramide in der Nähe ihrer Hauptstadt am Fluss Moche (nahe der modernen Stadt Trujillo) besteht aus über 130 Millionen Lehmziegeln. Die Grundfläche dieses Verwaltungsgebäudes umfasste mehr als 7 Hektar, damit ist es das wohl größte jemals in Südamerika errichtete Bauwerk.[19] Am anderen Ende der Hauptstadt stand die kleinere Mondpyramide, die zahlreiche Dekorationselemente aufwies und zeremoniellen Zwecken diente.

Um das Jahr 800 herum kollabierte die Moche-Kultur. Warum, wissen wir nicht genau – die Theorien reichen von einem verheerenden Erdbeben bis hin zu einer schweren Dürre, verursacht durch das El-Niño-Wetterphänomen. Als die Spanier viele Jahrhunderte später in der Gegend eintrafen, fanden sie nur noch die verwitterten und zusammengeschmolzenen Überreste der Lehmziegelpyramiden und anderer Moche-Gebäude vor.[20]

1987 erhielt Walter Alva einen Anruf von der örtlichen Polizeidienststelle. In Sipán hatten sich mehrere Grabräuber eine Schlägerei geliefert, nachdem sie eine Grabstätte voll kostbarer Gegenstände entdeckt hatten und jeder von ihnen die besten Stücke für sich beanspruchte. Ironischerweise hatte einer von ihnen die Polizei geholt. Die Polizisten beschlagnahmten alle Funde und riefen Alva herbei. Als dieser in der Dienststelle eingetroffen war, griff einer der Beamten in eine Papiertüte und zog eine kleine Goldmaske heraus. Alva fiel fast vom Stuhl.

Mit mehreren Archäologen suchte er den von den Grabräubern genannten Fundort auf. Er befand sich in einer weiteren riesigen Pyramide aus Lehmziegeln, die durch Erosion und andere Naturgewalten so stark beschädigt war, dass sie kaum noch wie etwas künstlich Geschaffenes aussah, eher wie ein natürlicher Hügel.

Alva hoffte, hier auf Grabstätten zu stoßen, die die Plünderer übersehen hatten, und so begannen er und seine Kollegen mit einer fachmännischen Ausgrabung. Tatsächlich wurden sie bald fündig und entdeckten weitere Gräber, darunter auch das – wie *National Geographic* später schrieb – »reichste ungeplünderte Grab der Neuen Welt«: Die Rede ist von Tumba 1 (»Grab 1«), in dem ein Mann bestattet worden war, der als »Herr von Sipán« in die Archäologiegeschichte eingehen sollte.[21]

In der 5×5 Meter großen Kammer stießen die Ausgräber als Erstes auf den Leichnam eines Mannes, dem man die Füße abgeschnitten hatte – möglicherweise, damit er nach dem Tod nicht davonlief und stattdessen die anderen bestatteten Personen beschützte. Er wurde in der oberen rechten Ecke der Grabkammer beigesetzt, ein Stück oberhalb der anderen Toten. Der Herr von Sipán befand sich im Zentrum der Kammer, und um ihn herum hatte man weitere Menschen bestattet. Insgesamt befanden sich die Überreste von 13 Personen in dem Grab: Neben dem Herrn von Sipán und seinem »Leibwächter« waren das drei erwachsene Männer, eine erwachsene Frau, drei männliche und drei weibliche Jugendliche sowie ein Kind.[22]

Zudem fand man dort mehr als 450 Objekte, viele davon aus Edelmetallen wie Gold und Silber, andere aus Kupfer oder Bronze, die inzwischen schön grün oxidiert war. Alva und sein Team bargen Halsketten mit Perlen in Erdnussform, darunter ein besonders schönes Exemplar mit silbernen Erdnüssen auf der einen und goldenen Erdnüssen auf der anderen Seite. Da wir wissen, dass die Moche Erdnüsse anbauten, ergibt es durchaus Sinn, dass sie diese auch als Schmuckstücke abbildeten.

Es wurden auch drei Paare Ohrringe mit Einlegearbeiten gefunden. Das erste Paar zeigt ein Tier, das aussieht wie ein dicker Hirsch, auf dem anderen Paar ist eine Art Kreuzung aus Ente und Pelikan zu sehen. Das dritte Paar ziert eine dreidimensionale Darstellung des Herrn von Sipán höchstpersönlich – in vollem Ornat, mit Speer oder Zepter, Schild, Ohrschmuck und einer Kette, die von Schulter zu Schulter reicht und aussieht, als bestünde sie aus Schädeln. Falls dieser Ohrenschmuck Teil eines offiziellen Outfits war, trug er sich selbst als Miniatur herum – ein faszinierender Gedanke.

Auf der Brust des Herrn von Sipán lag ein prächtiger Halsschmuck aus Hunderten von grünen, braunen und weißen

Perlen, den es sorgfältig aufzubewahren und zu konservieren galt. So etwas geschieht in der Regel, indem man ein Tuch, eine Pappe oder etwas Ähnliches mit einem leicht löslichen Klebstoff versieht und an Ort und Stelle auf die Perlen legt. Wenn das Ganze getrocknet ist, hebt man das Tuch hoch – die Perlen haften nun in ihrer ursprünglichen Anordnung daran, nur eben spiegelverkehrt. Das Tuch bringt man dann in ein Labor, wo der Kleber wieder gelöst wird, sodass man mit dem Halsschmuck weiterarbeiten und die Perlen näher untersuchen kann.

Zu den Funden zählten auch ein riesiger halbmondförmiger Helm oder Kopfschmuck aus Gold, an dem wohl ursprünglich Federn befestigt waren, eine goldene Platte, mit der möglicherweise der untere Teil seines Gesichts bedeckt war, sowie ein Zepter oder Pokal, ebenfalls aus Gold. Daneben gab es mehrere Platten aus Silber, Gold, Bronze oder Kupfer, die einst an der Rückseite der Oberbekleidung befestigt waren und höchstwahrscheinlich Herrn von Sipáns Hintern bedeckten. Auf einigen von ihnen ist der sogenannte Enthaupter-Gott abgebildet, der auf einer Reihe von Schädeln zu stehen scheint. Man findet ihn auch auf anderen Grabbeigaben. Selbst wenn dieser Gott nicht allzu bedeutend war, würde man ihm kaum in einer dunklen Gasse begegnen wollen.

Hier und da sind noch weitere grimmig aussehende Gestalten abgebildet, die vermutlich ebenfalls Götter darstellen sollen. Manchen steht der Mund offen, so dass man ihre spitzen Zähne sieht. Außerdem fanden die Archäologen viele kleine wie Gesichter geformte Goldperlen mit eingelegten blauen Augen, die nicht ganz so unfreundlich aussehen.

Doch wer war dieser Mann, der auf solch außergewöhnliche Weise bestattet wurde? Moche-Spezialisten wie Walter Alva und Christopher Donnan haben die These aufgestellt, dass es sich beim Herrn von Sipán um den »Kriegerpriester« handelte, den wir von Bildern auf Moche-Töpfen und -Wandmalereien kennen. Eines der bekanntesten Motive ist die sogenannte Opferzeremonie.

Bei dieser Zeremonie wurde den Opfern die Kehle durchgeschnitten. Ihr Blut ließ man in Pokale fließen, aus denen die Priester und die anderen Teilnehmer der Zeremonie tranken. Der Kriegerpriester wird stets mit Helm und Kopfschmuck, Rückenplatten und Ohrschmuck sowie einem großen Pokal oder Zepter abgebildet – sprich: in derselben Ausstattung, in der man auch den Herr von Sipán vorfand. Falls der Bestattete wirklich der Kriegerpriester ist, dann zeigen die Szenen auf Töpfen und Wandmalereien offenbar reale Ereignisse mit realen Personen.[23]

Es gibt noch zahlreiche weitere Stätten der Moche-Kultur, die in den vergangenen Jahrzehnten untersucht wurden, und vielerorts sind dabei wichtige Artefakte und Informationen aufgetaucht. Dennoch ist und bleibt das Grab des Herrn von Sipán eine der bekanntesten Fundstätten, und diese Tatsache hat leider viele Möchtegern-Grabräuber auf den Plan gerufen, die in der Nähe immer wieder nach weiteren Stätten suchen. Es gibt eine Luftaufnahme, auf der das Gelände von Sipán inzwischen wie eine Mondlandschaft aussieht – voller Löcher und Gruben. Offenbar gehört diese Gegend zu den Regionen weltweit, in denen wir in Zukunft besonders aktiv werden müssen, um Plünderungen zu verhindern.

Reisen wir jetzt weiter in Richtung Gegenwart, nämlich in die Zeit um 1500 herum, sowie in den Süden von Peru – östlich der Region, wo sich die Nazca-Linien befinden –, so erreichen wir die Ruinenstadt Machu Picchu, die 1983 zum UNESCO-Weltkulturerbe erklärt wurde.[24] Machu Picchu ist einer der spektakulärsten Orte der Welt. Er liegt 2430 Meter über dem Meeresspiegel, und der Blick von hier aus ins Tal ist buchstäblich atemberaubend – und das nicht nur, weil die Höhenluft das Atmen erschwert. Viele Touristen leiden hier unter der Höhenkrankheit, was ihnen den Besuch wirklich verleiden kann.

Die Stätte ist gut 550 Jahre alt. Gebaut wurde sie Mitte des 15. Jahrhunderts, und keine hundert Jahre später, um 1532 herum, als die Spanier Südamerika eroberten, wurde sie schon wieder aufgegeben.[25] Machu Picchu wurde als Sommerresidenz beziehungsweise Zweitwohnsitz eines Inka-Herrschers errichtet; Cusco, die Hauptstadt der Inka, ist nur einen fünftägigen Fußmarsch entfernt. Machu Picchu liegt auf einem hohen Bergrücken mit üppiger Vegetation, der 600 Meter tief steil nach unten zum Fluss abfällt. An einem Ende der Stätte ragt eine Bergspitze empor, die Huayna Picchu heißt und bei besonders abenteuerlustigen Touristen beliebt ist, die noch etwas höher klettern wollen. Nach wie vor werden vor Ort wissenschaftliche Projekte durchgeführt, beispielsweise sind hier Skelettreste aufgetaucht, die in naher Zukunft einem DNA-Test unterzogen werden sollen.[26]

Machu Picchu

17 Linien im Sand, Städte im Himmel

Als Entdecker von Machu Picchu gilt Yale-Professor Hiram Bingham, der die staunende Öffentlichkeit im Jahr 1911 von der Existenz der Ruinenstadt in Kenntnis setzte. Wie Mark Adams in seinem großartigen neuen Buch *Turn Right at Machu Picchu* schreibt, hat Bingham die Stadt allerdings gar nicht »entdeckt« – im Grunde genommen ließ er sich lediglich von den Einheimischen dort hinführen, die immer von den Ruinen gewusst hatten.[27] Möglicherweise war er nicht einmal der erste westliche Forscher, der den Berg bestieg. Dennoch stilisierte er sich selbst als Entdecker von Machu Picchu – genau wie Heinrich Schliemann es vierzig Jahre vor ihm getan hatte, als er sich als Entdecker von Mykene feiern ließ, obwohl ihn die örtlichen Dorfbewohner zu den Ruinen des Löwentors geleitet hatten, und als Entdecker von Troja, obwohl er einfach da weitermachte, wo Frank Calvert aufgehört hatte.

Mithilfe von Sponsorengeldern der National Geographic Society und der Yale University kehrte Bingham 1912 an die Fundstätte zurück und grub dort etwa vier Monate lang, obwohl er keine formale Ausbildung als Archäologe hatte. Im Jahr darauf widmete *National Geographic* der Ruinenstadt Machu Picchu die gesamte April-Ausgabe. Für manch einen gelten diese Ausgabe der Zeitschrift und die Unterstützung für Bingham als Startschuss für den Aufstieg der National Geographic Society zu jener Organisation von internationalem Rang, die sie heute noch ist. In dem entsprechenden Artikel tat Bingham sein Bestes, den Lesern zu vermitteln, wie überwältigt er beim Anblick der Ruinenstadt war: »Wir fanden uns inmitten eines tropischen Urwalds wieder, und im Schatten der Bäume konnten wir ein Labyrinth aus alten Mauern ausmachen – Ruinen von Gebäuden, die aus Granitblöcken bestanden und von denen einige ganz wunderbar und so raffiniert zusammengefügt waren, wie es nur die Inka vermochten. Ein paar Schritte weiter betraten wir eine kleine offene Fläche, auf der zwei prächtige Tempel oder Paläste standen. Der erhabene Charakter dieser steinernen Architektur, die Präsenz dieser prächtigen Bauten und die ungewöhnlich große Zahl weiterer aufs Feinste konstruierter Steinbehausungen: All das ließ mich glauben, dass Machu Picchu die wohl größte und wichtigste Ruine war, die in Südamerika seit den Tagen der spanischen Eroberer entdeckt wurde.«[28]

1914/1915 grub Bingham wieder in Machu Picchu und veröffentlichte anschließend Bücher und Artikel über seine Entdeckungen.[29] Sein wohl berühmtestes Buch hieß *Lost City of the Incas;* er glaubte, Machu Picchu sei die verschollene Inka-Stadt Vilcabamba.[30] Heute nimmt man allerdings an, dass sich Vilcabamba an einem anderen Ort befindet.

Wenn man sich die Stätte anschaut, erkennt man schnell, dass sie in eine obere und eine untere Stadt aufgeteilt ist. Es gab ein Wohnviertel, in dem vermutlich das gewöhnliche Volk hauste, und einen Bereich, der wohl Adligen oder Königen vorbehalten war, was durchaus sinnvoll scheint, sollte dieser Ort den Inka-Herrschern tatsächlich als ländliches Refugium gedient haben. Daneben besaß Machu Picchu mehrere Tempel, Lagerhallen, Wasserkanäle und zahlreiche landwirtschaftlich genutzte Terrassen. Im sogenannten Sonnentempel stehen die Überreste eines massiven Turms, der sogenannte Torreon, der möglicherweise als Observatorium diente (eine Deutung, die noch immer umstritten ist). Ein großer Stein auf dem Gelände könnte ein sogenannter Intihuatana gewesen sein, ein ritueller Stein, der zur Bestimmung der Winter- und Sommersonnenwende verwendet wurde. Aber auch das wird in der Forschung kontrovers diskutiert.

Alle diese Gebäude waren in der klassischen Inka-Bauweise errichtet, bei der die Steine so clever zurechtgeschnitten und zusammengefügt wurden, dass man keinerlei Mörtel brauchte. Die meisten Türen und Fenster sind weder quadratisch noch rechteckig, sondern trapezförmig. Ganz offensichtlich war dies ein bewusstes architektonisches Merkmal, und manche Forscher glauben, die Inka hätten damit verhindern wollen, dass die Gebäude bei einem Erdbeben zusammenbrachen – eine durchaus interessante Theorie.

Bingham brachte von seinen Ausgrabungen in Machu Picchu 1912 und 1914/1915 diverse Artefakte mit zurück nach Yale. Eigentlich war vereinbart, dass er sie nur 18 Monate in den USA behalten sollte, damit sich die Experten die Objekte näher ansehen konnten, doch am Ende blieben sie über neunzig Jahre in Yale. Erst als die Frau des peruanischen Staatspräsidenten, die von Beruf Anthropologin war, öffentlich auf diesen Missstand hinwies, bequemte sich die Universität, die Artefakte zurückzugeben. Von 2006 bis 2012 kehrten fast alle Objekte aus Machu Picchu nach Peru zurück. Die übrigen, darauf hatten sich beide Seiten geeinigt, sollten noch weiter in Yale untersucht werden.[31]

Heute sind die zurückgegebenen Artefakte in einem Museum in Cusco ausgestellt. Zum Museum gehört auch ein Forschungszentrum, wo sich peruanische und ausländische Archäologen und Studenten mit den Ausstellungsstücken befassen können. Dazu zählen Keramikflaschen mit aufwendigen Verzierungen, von denen einige wohl Öl oder Parfüm enthielten. Ein Gefäß weist einen Flaschenhals mit aufgemaltem menschlichen Gesicht auf, während der Bauch der Flasche einen Rüschenrock darstellt; ein anderes Gefäß sieht aus wie eine Hand, die einen länglichen Becher hält. Zu den Funden gehören außerdem verschiedene Schmuckstücke, Metallgegenstände wie Zeremonienmesser und eine Tuchnadel aus Knochen, die zwei sich zugewandte Vögel zieren.[32]

Hier endet unser kurzer Überblick über die Archäologie in Peru, der sich über mehrere tausend Jahre und viele hundert

Quadratkilometer erstreckte, von der Wüste bis in die Berge. Dabei haben wir die Nazca, die Moche und die Inka kennengelernt und wurden Zeuge vom Aufstieg und Fall dieser einzigartigen Kulturen, die, eine nach der anderen, in etwa dieselbe Region beherrschen – es ging in der Neuen Welt nicht viel anders zu als in der Alten. In gewisser Hinsicht sind die Entwicklungen in Peru aber besonders eindrucksvoll, da sie sich in einer Landschaft ereigneten, die so vielfältig ist wie kaum eine andere, mit hohen Bergen und isolierten Tälern, mit Küstenströmen, trockenen Wüstenstreifen und dem nahe gelegenen Amazonasbecken. Hier muss es unglaublich schwierig gewesen sein, eine große, komplexe Gesellschaft zu bilden und Agrarüberschüsse zu erwirtschaften – von der Kommunikation zwischen den einzelnen Bevölkerungsteilen ganz zu schweigen. Davon abgesehen bekommt man allerdings in der Tat den Eindruck, dass sich die Zyklen der Geschichte nicht allzu sehr voneinander unterscheiden, ob wir uns nun die Moche oder Mesopotamien anschauen, die Inka oder die Indus-Kultur, die Nazca oder das Neue Königreich im alten Ägypten.

18

GEFIEDERTE SCHLANGEN UND GOLDENE ADLER

Im Jahr 2003 entdeckten Archäologen in der Ruinenstadt Teotihuacán, die rund 50 Kilometer nordöstlich von Mexiko-Stadt liegt und von etwa 100 v. Chr. bis um 650 n. Chr. bewohnt war, einen geheimen Tunnel, der von einem der Plätze am Stadtrand zum Tempel der gefiederten Schlange führte. Entdeckt wurde er, als nach starken Regenfällen etwa 25 Meter vom Tempel entfernt ein Loch im Boden klaffte. Mithilfe verschiedener Fernerkundungstechniken, vor allem eines Bodenradars, gelang es den Forschern, den Tunnel zu vermessen. Seither wird dort unter der Leitung des mexikanischen Archäologen Sergio Gómez gegraben, teils mittels ferngesteuerter Roboter, teils ganz herkömmlich mit der Hand.[1]

Der Tunnel ist über 100 Meter lang und endet in mindestens

12, vielleicht sogar 18 Metern Tiefe direkt unter dem Tempel. Vor über 1800 Jahren wurde er versiegelt, indem man an mindestens sechs verschiedenen Stellen Wände einzog, die den Durchgang blockieren. Bei den akribischen Ausgrabungen im Tunnel haben die Archäologen bislang mehr als 70 000 antike Objekte gefunden, von Schmuck, Saatgut und Tierknochen über Muscheln, Keramik und Klingen aus Obsidian bis hin zu Gefäßen mit Tierköpfen. Außerdem entdeckten sie Gummibälle, wie man sie beim mesoamerikanischen Ballspiel verwendete, Hunderte großer Schneckenhäuser aus der Karibik sowie 4000 Gegenstände aus Holz.

Decke und Wände des Tunnels bedeckt eine glitzernde pulverige Substanz, möglicherweise gemahlenes Pyrit oder etwas Ähnliches, die damals im Schein der Fackeln funkelten, wenn Menschen durch den Tunnel gingen. Am Ende des Tunnels entdeckten die Forscher drei Kammern, in denen sich unter anderem vier große Figuren aus grünem Stein, Überreste von Jaguaren und Statuen aus Jade befanden sowie große Mengen flüssigen Quecksilbers, das möglicherweise einen Fluss oder See der Unterwelt symbolisieren sollte. Die Untersuchungen sind längst nicht abgeschlossen, und es kann gut sein, dass sich hier noch die Leichname derer finden lassen, die einst über die Stadt geherrscht haben.[2]

Ein paar archäologische Stätten in Mittelamerika haben wir bereits kennengelernt, vor allem Palenque und Chichén Itzá. Doch einige der jüngsten und zugleich aufsehenerregendsten Entdeckungen in der Neuen Welt gab es unterhalb des Zentrums von Mexiko-Stadt, wo die alte Aztekenstadt Tenochtitlán liegt, die auf etwa 1350 datiert, sowie im oben erwähnten Teotihuacán. Die Europäer kannten diese Stätten schon seit der spanischen Eroberung Mexikos im 16. Jahrhundert. Allerdings hatten die

Invasoren damals noch keine Ahnung von der Existenz der Olmeken gehabt, denn diese Zivilisation wurde erst in den 1930er- und 1940er-Jahren entdeckt.

Die Kultur der Olmeken lässt sich bis 1150 v. Chr. zurückverfolgen (vielleicht sogar bis 1500 v. Chr.) und hatte ihre Blütezeit bis etwa 400 v. Chr. Damit war sie die früheste bekannte Zivilisation im heutigen Mexiko, wurde ironischerweise jedoch als letzte der mesoamerikanischen Kulturen wiederentdeckt.[3] Der breiten Öffentlichkeit sind die Olmeken vor allem durch die 17 riesigen Steinköpfe und andere Skulpturen bekannt, die sie hinterlassen haben. Es waren Matthew und Marion Stirling, zwei Archäologen von der Smithsonian Institution, und ein Fotograf der *National Geographic* mit Namen Richard Stewart, die als Erste den Blick der Weltöffentlichkeit auf die Olmeken lenkten.[4]

Die drei waren allerdings nicht die ersten Menschen der Neuzeit, die über Hinweise auf diese uralte Kultur gestolpert waren. Die erste bekannte Skulptur, die sich den Olmeken zuschreiben lässt, tauchte bereits 1869 in der Forschungsliteratur auf. Ein Landarbeiter aus dem mexikanischen Bundesstaat Veracruz an der Karibikküste hatte sie einige Jahre zuvor gefunden, und zwar in der Nähe des Dorfs Tres Zapotes (nach der Sapote, einer Baumart dieser Region). Nach diesem Dorf wurde auch die archäologische Stätte benannt, an der man die Olmeken-Skulptur damals fand.[5]

Es heißt, der Landarbeiter habe zuerst gedacht, er sei auf einen umgedrehten eisernen Kessel gestoßen. Zu seiner großen Überraschung war der Kessel in Wirklichkeit ein gewaltiger Kopf aus Vulkangestein mit einem gedrungenen Gesicht, großen Augen, breiter Nase und wulstigen Lippen. Auf dem Kopf, der fast genauso hoch wie breit war, saß eine Art runde Kappe, die bis auf die Augenbrauen reichte. Es war nur ein Kopf, sonst nichts – kein Hals, kein Rumpf, keine Arme oder Beine; eine Kugel, fast genauso breit wie hoch, nur nicht ganz rund. Im

Jahr 1939 wurde das Objekt noch einmal von Matthew Stirling ausgegraben; heute ist es als Monument A bekannt.[6]

Wie damals (und mitunter heute noch) üblich, wurden auch Stimmen laut, die diese riesigen Köpfe und die Olmeken allgemein mit den Ägyptern, Phöniziern, den Bewohnern von Atlantis, mit Außerirdischen und sogar mit China und Japan in Verbindung bringen wollten (Mutmaßungen, die es sogar heute noch gibt). Das ist natürlich alles Unsinn, denn die Olmeken sind ein indigenes Volk der Region.[7]

Der Name »Olmeken« beziehungsweise »Ōlmēcah« bedeutet »Menschen aus dem Land des Kautschuks«. Allerdings nannten sich die Olmeken nicht selbst so, es war vielmehr der Name, den die Azteken, die zur Zeit der spanischen Eroberung Mexikos im Jahr 1521 in etwa derselben Region lebten, ihren archaischen Vorfahren gaben. Dass Archäologen die schwül-warme Tiefebene, die sich von Veracruz im Süden bis Tabasco im Westen erstreckt, heute als »Olman« (»Land des Kautschuks«) bezeichnen, liegt in erster Linie daran, dass wir keine Ahnung haben, wie die damaligen Bewohner ihre Gegend nannten; die wenigen Aufzeichnungen, die uns die Olmeken in Stein gemeißelt hinterlassen haben, hat noch niemand übersetzen können.[8]

Die Stirlings und Stewart waren auch nicht die ersten Archäologen, die diese Region erforschten. Diese Ehre gebührt einer Zwei-Mann-Expedition der Tulane University in New Orleans, bestehend aus Frans Blom und Oliver La Farge, die sich 1925 auf die Suche nach weiteren Überresten der Maya begaben. Stattdessen fanden sie Spuren der Olmeken, allen voran La Venta – heute noch eine der bekanntesten Stätten dieses Volkes –, wo sie auf einen weiteren kolossalen Steinkopf sowie Altäre, Stelen und die Überreste einer vollständig vom Urwald überwucherten Pyramide stießen. 1926/1927 publizierten sie ihre Ergebnisse in einem zweibändigen Werk mit dem Titel *Tribes and Temples*.[9]

Die drei bedeutendsten bislang ausgegrabenen Stätten der Olmeken sind San Lorenzo, Tres Zapotes und La Venta.[10] Fast immer waren es Einheimische, die die ersten Archäologen (und manchmal auch spätere, die auf den Spuren ihrer Vorgänger wandelten) an jene Orte führten, wo sie bei landwirtschaftlichen Arbeiten auf Steinköpfe, Altäre oder Ähnliches gestoßen waren.

Tres Zapotes war die erste dieser Stätten, die professionell ausgegraben wurde, was zwischen 1938 und 1940 durch ein kleines Team unter Leitung der Stirlings und eines Archäologen namens Philip Drucker geschah. Die Forscher legten den Olmeken-Kopf, den der bereits erwähnte Landarbeiter achtzig Jahre zuvor entdeckt hatte, endgültig frei und dokumentierten ihren Fund sorgfältig. Wie sich herausstellte, war der Kopf rund 1,50 Meter hoch und wog etwa 8 Tonnen. Sie fanden außerdem mehrere steinerne Stelen und Monumente mit Inschriften, darunter eine Stele (Stele C), in die ein Datum gemeißelt war, genau wie bei diversen Stelen der Maya – beispielsweise in Copan und Palenque –, die ein ähnliches Datierungsschema nutzten. Stirling fand schnell heraus, dass Stele C auf unser Jahr 31 v. Chr. datierte.[11]

Im Jahr 1940, während ihrer zweiten Grabungssaison in Tres Zapotes, besuchten die Stirlings eine weitere Olmeken-Siedlung, und zwar La Venta, das sie aus der Publikation von Blom und La Forge kannten. Sie fanden jedes der acht Monumente, die den anderen Archäologen damals im Jahr 1925 von den Einheimischen gezeigt und an einem einzigen Tag dokumentiert worden waren. Dazu zählten der Monumentalkopf, der, wie sich herausstellte, über 2,50 Meter hoch war und einen Umfang von fast 7 Metern hatte, sowie zwei Stelen und drei »Altar-Throne«, in die jeweils an der Vorderseite die Figur eines in einer Nische sitzenden Mannes eingemeißelt ist.[12]

Die Stirlings fanden aber auch Objekte, die ihre Vorgänger übersehen hatten, unter anderem drei weitere riesige Steinköpfe

Steinerner Kolossalkopf der Olmeken, San Lorenzo

und noch einen Altar-Thron, auf dem der sitzende Mann ein Baby auf dem Schoß hält. Auf demselben Monument sind noch vier weitere Erwachsene mit Säuglingen dargestellt, weshalb man es auch als »Fünflings-Altar« bezeichnet (der offizielle Name lautet einfach Altar 5).[13]

Nachdem die Stirlings und Drucker all das bei ihrem Aufenthalt in La Venta gefunden hatten, der im Grunde nicht viel mehr als eine Stippvisite gewesen war, beschlossen sie, 1942 und 1943 dorthin zurückzukehren, um richtige Ausgrabungen durchzuführen. Obwohl der Zweite Weltkrieg tobte, gelang es ihnen, zwei kurze Feldsaisons zu organisieren, bei denen sie sich zunächst auf die Hügel der Fundstätte konzentrierten. Einige dieser Hügel enthielten Gräber mit Grabbeigaben, andere aufwendig gestaltete Mosaikfußböden. Bei späteren Grabungen kam noch viel mehr Material ans Licht – insgesamt gibt es in La Venta mindestens dreißig Erdhügel, die auf die Zeit von 1000 v. Chr. bis 400 v. Chr. datieren. Der Archäologe Richard Diehl schätzt, dass bis heute vor Ort etwa neunzig Monumente aus Stein gefunden wurden.[14]

1945 besuchten die Stirlings dann San Lorenzo im Süden des mexikanischen Bundesstaats Veracruz, wo ihnen die Einheimischen sofort zwei kolossale Steinköpfe zeigten; einer war 2,70 Meter hoch, der andere sogar über 2,80 Meter, und jeder von ihnen wog etwa 40 Tonnen. Damit waren diese Köpfe größer als all jene die die Stirlings zuvor in Tres Zapotes und La Venta gesehen beziehungsweise gefunden hatten. Daneben gab es in San Lorenzo rund ein Dutzend weitere Steinmonumente, die inzwischen alle den Olmeken zugeordnet werden konnten. Außerdem zeigte man ihnen im nahe gelegenen Dorf Tenochtitlán (nicht zu verwechseln mit der gleichnamigen Stätte unterhalb des Zentrums von Mexiko-Stadt, auf die ich später noch zu sprechen komme) zwei steinerne Jaguare. Archäologen nennen die benachbarten Stätten häufig in einem Atemzug und bezeichnen sie zusammen als »San Lorenzo Tenochtitlán«.[15]

Eine weitere Feldsaison im Jahr 1946 führte Stirling und Drucker noch einmal nach San Lorenzo, wo sie zwar noch mehr Steinskulpturen fanden, aber nichts, was sie nicht in ähnlicher Form schon gesehen hatten. Ihre dortigen Erkenntnisse haben sie nie in vollem Umfang veröffentlicht; das überließen sie Michael Coe von der Yale University, der Mitte der 1960er-Jahre nach San Lorenzo kam und mit neuen Ausgrabungen begann, deren Ergebnisse dann schließlich auch publiziert wurden. Die letzte Expedition, unter der Leitung von Ann Cyphers von der Universidad Nacional Autónoma de México, war von 1990 bis 2012 auf dem Gelände tätig.[16]

Nachdem er an allen drei Standorten gearbeitet hatte, stellte Matthew Stirling die These auf, dass die Zivilisation der Olmeken älter ist als die der Maya – eine These, die bei altehrwürdigen Maya-Forschern wie Eric Thompson auf heftigen Widerstand stieß. Nach einigem Hin und Her konnte man schließlich mithilfe der Radiokarbonmethode nachweisen, dass Stirling recht hatte. Heute nehmen die Olmeken in der Abfolge der mesoamerikanischen Zivilisationen endlich den Platz ein, der ihnen gebührt, auch wenn es noch zahlreiche Details zu klären gilt.[17]

Aus einer viel späteren Epoche stammt das, was Archäologen im Zentrum von Mexiko-Stadt zutage fördern: die Überreste der aztekischen Hauptstadt Tenochtitlán. Die Azteken setzten sich aus verschiedenen Stämmen zusammen, und diejenigen, die sich in Tenochtitlán niederließen, nannten sich Mexica (gesprochen: me-chí-ka).[18] Ihre Blütezeit erlebte die Stadt von etwa 1325 bis 1521, dem Jahr, in dem sie von den spanischen Konquistadoren endgültig zerstört wurde. Natürlich hatte man schon immer gewusst, dass sich auf dem Gebiet von Mexiko-Stadt einst die aztekische Hauptstadt befand – die Spanier hatten ihre eigene Stadt schließlich direkt auf deren Ruinen errichtet.[19]

Glücklicherweise haben die Konquistadoren diverse Karten hinterlassen – unter anderem eine von Hernán Cortés persönlich gezeichnete –, die die Stadt vor ihrer Zerstörung zeigen. So wissen wir, dass sie ursprünglich auf einer Insel mitten im Texcoco-See lag und über Dämme mit dem Festland verbunden war. Der Lebensraum der Menschen wurde durch sogenannte *chinampas* vergrößert, künstliche Inseln aus Schilf, die fest verankert waren und mit so viel Erde bedeckt wurden, dass man sie landwirtschaftlich nutzen oder Hütten darauf errichten konnte. Es sieht so aus, als sei die Stadt in vier Stadtviertel aufgeteilt gewesen und habe bis zu 250 000 Einwohner gehabt.[20]

Weil die moderne Stadt direkt über der alten liegt, stößt man heute bei Bauarbeiten ständig auf aztekische Gebäude und Artefakte. Zum Beispiel wurde der große Kalender-Stein, den man oft auch »Stein der Sonne« nennt, im Dezember 1790 bei Reparaturarbeiten an der großen Kathedrale von Mexiko-Stadt entdeckt. Der riesige Stein misst 3,60 Meter und wiegt etwa 24 Tonnen. Wozu er einst diente, ist nicht ganz klar, es könnte sich aber um einen Opferstein oder Altar gehandelt haben. Darauf abgebildet sind jene vier Epochen, die im Glauben der Azteken ihrer eigenen Zeit vorausgegangen waren und insgesamt 2028 Jahre umfassen. Möglicherweise stellt das Gesicht in der Mitte den aztekischen Sonnengott dar (deshalb »Stein der Sonne«).[21]

Der Stein befand sich einst vermutlich am oder im Templo Mayor (im »großen Tempel«). Erste Fragmente dieses Tempels tauchten Mitte des 19. Jahrhunderts auf; weitere kamen 1978 rein zufällig ans Licht, als in der Gegend Elektrokabel verlegt wurden. Wie der britische Archäologe Paul Bahn schreibt, folgte ein geradezu wahnwitziges Ausgrabungsprojekt – im Stadtzentrum mussten mehrere Häuserblocks mit Wohn- und Geschäftsgebäuden abgerissen werden, damit die Forscher ordnungsgemäß arbeiten konnten. Ein Archäologe mit dem wunderbar passenden Namen Eduardo Matos Moctezuma leitete das Grabungs-Team.[22]

Der Templo Mayor ist eine Doppelpyramide, die zwei Göttern geweiht war: Huitzilopochtli, dem Sonnengott, der auch für Kriege und Menschenopfer zuständig war, und Tlaloc, dem Gott des Wassers, des Regens und anderer Wetterphänomene. Neben den Überresten der Tempelpyramide selbst fanden die Archäologen Artefakte aus Gold und Jade, zahlreiche Tierskelette und ein Holzgestell mit menschlichen Schädeln. Außerdem stellten sie fest, dass die Azteken diverse Gegenstände früherer mesoamerikanischer Kulturen vergraben hatten.[23]

Im Jahr 2006 fanden Archäologen einen Steinaltar, auf dem Tlaloc abgebildet ist und der auf etwa 1450 datiert, sowie einen Monolithen (eine Steinplatte) aus blassrosa Andesit. Auf dem Monolithen ist die Erdgöttin Tlaltecuhtli abgebildet, die ursprünglich ockerfarben, rot, blau, weiß und schwarz bemalt war. Als man den Monolithen fand, lag er flach auf dem Boden, aufgestellt wäre er 3,30 Meter hoch gewesen. Er wiegt 12 Tonnen und datiert auf die letzte Phase der aztekischen Kultur, 1487 bis 1520. Obwohl er in vier große Stücke zerbrochen war, glaubte das Grabungs-Team, er befinde sich noch in seiner ursprünglichen Position, vielleicht am Eingang zu einer Kammer oder sogar zu einem Grab.[24]

Zwei Jahre später fanden die Archäologen in einem mit Stein ausgekleideten Schacht direkt neben dem Monolithen weitere religiöse Opfergaben der Azteken, unter anderem Opfermesser aus weißem Feuerstein, Objekte aus Jaguarknochen und Barren aus Kopal, einem Räucherwerk. Unterhalb dieser Opfergaben befand sich ein steinerner Kasten mit den Skeletten zweier Steinadler und 27 Opfermessern. Darunter lagen noch weitere Objekte; bis zum Januar 2009 entdeckten die Archäologen in diesem 8 Meter tiefen Schacht insgesamt sechs solcher Sammlungen von Opfergaben.[25]

Weiter oben, an der 2,40-Meter-Marke legten die Archäologen einen zweiten steinernen Kasten frei, darin das Skelett eines Hundes oder eines Wolfs, der mit einem Halsband aus Jadeperlen begraben worden war. Der Leichnam war mit Muscheln, Krebsschalen und anderen Überresten von Meerestieren bedeckt sowie mit türkisen Ohrsteckern geschmückt worden. Um die Knöchel trug das Tier Bänder mit goldenen Glöckchen. Die Archäologen gaben ihm den Spitznamen »Aristo-Canine« (etwa: »adliger Hund«).[26]

Grabungsleiter Leonardo López Luján geht davon aus, dass

Aztekische Mondgöttin, Tenochtitlán

die sechs Anhäufungen von Opfergaben die Kosmologie beziehungsweise das Glaubenssystem der Azteken widerspiegeln – der Hund/Wolf mit den Muscheln beispielsweise stünde somit für die erste Ebene der Unterwelt und »leitet die Seele seines Herrn über einen gefährlichen Fluss«, wie Robert Draper 2010 in seinem Artikel für die *National Geographic* schrieb, in dem er diesen faszinierenden Fund vorstellte. López Luján glaubt, dass er schon bald das Grab eines der letzten und am meisten gefürchteten Aztekenherrscher finden wird: das Grab des Ahuitzotl, der 1502 oder 1503 starb.[27]

Fährt man von Tenochtitlán aus etwa 50 Kilometer nach Nordosten, erreicht man Teotihuacán. Der Ort ist älter als die Kultur der Azteken, auch wenn jene es waren, die der Stadt den Namen gaben, unter dem wir sie heute kennen und der »Geburtsort der Götter« bedeuten könnte. Teotihuacán wurde 1987 zum UNESCO-Weltkulturerbe erklärt und gehört heute zu den meistbesuchten Sehenswürdigkeiten in Mexiko.[28] Die Experten streiten weiterhin darüber, wer genau in dieser Stadt lebte und wie sie von ihren Bewohnern genannt wurde. Wie bereits erwähnt, war sie von etwa 100 v. Chr. bis etwa 650 n. Chr. bewohnt, und beherbergte in ihrer Blütezeit wahrscheinlich bis zu 150 000 Menschen.[29] In einem Interview vom Oktober 2015 nannte Harvard-Professor David Carrasco die Stadt das »kaiserzeitliche Rom von Mesoamerika«; damit meinte er, dass Teotihuacán in seiner Blütezeit Hunderte weiterer Städte und Siedlungen in Mesoamerika beeinflusste und späteren Kulturen als Vorbild diente.[30] Hinweise darauf hat man noch mehrere hundert Kilometer weiter südlich gefunden, in den Maya-Regionen im Süden Mexikos und in Guatemala. Viele Forscher glauben, dass Teotihuacán diese Gegenden jahrhundertelang kontrollierte.

Früher nahm man an, die Stätte gehe auf die Tolteken zurück, weil die Azteken dies offenbar den Spaniern mitteilten, als jene in Mexiko einfielen. Das scheint allerdings nicht zu stimmen, denn die Stätte ist älter als die Tolteken-Kultur, die ihre Blütezeit im 10. bis 12. Jahrhundert hatte. Für den Moment werden die früheren Einwohner schlicht als »Teotihuacanos« bezeichnet.

Die Hauptachse der Stadt bildete eine über 2 Kilometer lange Stecke, die sogenannte Straße der Toten. Sie ist von Pyramiden und Tempeln gesäumt, zu denen die Sonnenpyramide, die Mondpyramide und der Tempel der gefiederten Schlange gehören.

Die Sonnenpyramide ist mehr als 220 Meter breit und

63 Meter hoch und damit das größte Gebäude der Stadt. Direkt unter der Pyramide hat man 1971 eine Höhle entdeckt, die für zeremonielle Zwecke verwendet wurde.³¹ Die Mondpyramide ist fast genauso groß; bei neueren Ausgrabungen, die 1998 begannen, fanden Archäologen in einer ihrer Grabkammern menschliche Überreste sowie zahlreiche Grabbeigaben wie Spiegel aus Pyrit und Klingen aus Obsidian.³²

Der Tempel der gefiederten Schlange ist das drittgrößte Gebäude der Stadt. Der Name stammt von den Schlangenskulpturen, deren Köpfe aus der Fassade des Gebäudes herausragen und jeweils bis zu 4 Tonnen wiegen. Der Bau datiert wahrscheinlich auf etwa 200 n. Chr. Anfang der 1980er-Jahre fand man vor dem Tempel mehrere Gruben, in denen rund 200 Leichname von männlichen und weiblichen Kriegern sowie deren Begleitern lagen. Allen Personen waren die Hände auf dem Rücken gefesselt worden – offenbar handelte es sich um Menschenopfer, die entweder bei der Weihe des Gebäudes oder während einer anderen Zeremonie getötet wurden.³³

Hier entdeckte man im Jahr 2003 auch den Geheimtunnel, der von einem der Plätze am Stadtrand bis unter den Tempel der gefiederten Schlange führt. Wie bereits erwähnt, ist die Untersuchung dieses Tunnels noch längst nicht abgeschlossen. Manche Forscher glauben, dass er zu einem Königsgrab führt, das die Leichname der frühesten Herrscher der Stadt bergen könnte.³⁴

Im Rahmen des von René Millon geleiteten Teotihuacán Mapping Project wurden an der Stätte sowie in der Umgebung umfangreiche Surveys vorgenommen, durch die riesige Gewerbe- und Wohngebiete dokumentiert werden konnten. Die Forscher konnten belegen, dass es eine bewusste Stadtplanung gab und ethnische Gemeinschaften der Bewohner, die aus unterschiedlichen Gegenden Mexikos stammten. Bis 1973 wurden im Zuge des Projekts zahlreiche Karten und andere Daten vorgelegt, die Archäologen ein umfassenderes Bild von der Größe und dem Reichtum dieser Stadt vermittelten und sich nicht, wie so oft, lediglich auf die wichtigsten Gebäude und die Pyramiden beschränkten.[35]

Wir wissen nicht genau, warum Teotihuacán um das 7. oder 8. Jahrhundert herum aufgegeben wurde. Dennoch erinnerten sich die Menschen noch lange daran, dass es die Stadt einst gegeben hatte. So ist zum Beispiel bekannt, dass die Azteken die Ruinen von Teotihuacán regelmäßig besuchten und sich sehr wohl bewusst waren, wer dort einst gelebt hatte.[36]

Natürlich waren die Teotihuacanos nicht die ältesten Bewohner jener Region, die sich heute Mexiko nennt. Die früheste Kultur dort war, wie wir gesehen haben, die der Olmeken, die Stätten wie San Lorenzo, La Venta und Tres Zapotes bauten. In diesem Zusammenhang sollte man auch an die Zapoteken im heutigen Bundesstaat Oaxaca erinnern, die von etwa 400 v. Chr. bis 700 n. Chr. an Orten wie Monte Albán siedelten. Nicht zu vergessen die Maya, die wir in einem früheren Kapitel kennengelernt haben und die zeitlich zwischen die Olmeken und die Azteken fallen. Die ganze Region hat eine faszinierende Geschichte, deren Ausmaß wir gerade erst zu begreifen beginnen. Auch hier gibt es folglich noch viel zu erforschen.

19

U-BOOTE UND SIEDLER, GOLDMÜNZEN UND BLEIKUGELN

Im Jahr 1995 wurde im Meer vor Charleston, South Carolina/ USA, ein altes U-Boot der konföderierten Südstaaten entdeckt. Es handelte sich um die *H. L. Hunley*, die einen traurigen Rekord hält: Sie war weltweit das erste U-Boot, das in einer Schlacht ein feindliches Schiff versenkte – die *USS Housatonic*. Es geschah im Februar 1864 während des amerikanischen Bürgerkriegs, und die *Hunley* feuerte nicht etwa einen Torpedo auf die *Housatonic* ab, sondern rammte sie seitlich mit dem 5 Meter langen Metallsporn, der wie eine Harpune auf dem Torpedo am Bug des U-Bootes montiert war.[1]

Wie beabsichtigt, blieb der Torpedo in der *Housatonic* stecken. Rein theoretisch hätte das U-Boot nun 50 Meter zurücksetzen und den Torpedo anschließend mithilfe eines Seils zur Detonation bringen sollen. Neuere Erkenntnisse weisen allerdings darauf hin, dass die *Hunley* Schwierigkeiten hatte, sich von der *Housatonic* zu lösen und infolgedessen nur etwa 6 Meter entfernt war, als der Torpedo explodierte. Die Explosion ließ also beide Schiffe sinken. Möglich ist auch, dass die Konföderierten nicht daran gedacht hatten, die von der Detonation verursachte Druckwelle mit einzuberechnen, oder dass die Explosion eine Luke am Kommandoturm aus ihrer Verankerung schlagen könnte – ein Szenario, das gut zum späteren Fund passen würde. Wie dem auch sei: Als der Torpedo hochging, sank die *Housatonic* vor Sullivan's Island in der Nähe von Fort Sumter im Charleston Harbor, und der *Hunley* erging es ebenso. Mitsamt ihrer achtköpfigen Besatzung sank sie 10 Meter tief auf den Grund. Bei der Erprobung dieser Art von Angriff war das U-Boot bereits zweimal gesunken – und beide Male war die Besatzung dabei gestorben –, doch dieses Mal war die *Hunley* ein für allemal verloren. Zumindest bis 1995.[2]

Die Bergung der *H. L. Hunley* ist ein gutes Beispiel für die Historische Archäologie, die sich mit der Zeit ab 1500 beschäftigt. Das Besondere an diesem Teilbereich der Archäologie ist, dass wir in den meisten Fällen detaillierte historische Aufzeichnungen über die im Focus stehenden Ereignisse besitzen. Allerdings dient sie mitnichten dazu, die historischen Quellen lediglich zu bestätigen: Den Archäologen gelingt es immer wieder, bereits bekannte Aufzeichnungen in ein neues Licht zu rücken, und hin und wieder gelangen sie sogar zu Erkenntnissen, die im kompletten Gegensatz zur Quellenlage stehen. Wenn die *Hunley* endlich vollständig geborgen und untersucht worden ist, werden die Archäologen beispielsweise bei der Lösung des Rätsels helfen können, warum das U-Boot sank. Wir werden mehr darüber erfahren, wie es konstruiert war und wer die Besatzungsmitglieder waren, die an Bord der *Hunley* starben; über Letztere verraten uns die schriftlichen Aufzeichnungen nämlich so gut wie gar nichts.

Außerdem ist die Bergung der *Hunley* ein schönes Beispiel für eine Ausgrabung, die unter dem 1988 in Kraft getretenen Abandoned Shipwreck Act stattfand. Dieses Gesetz soll verhindern, dass die Wracks von Schiffen geplündert werden, die in staatlichen oder bundesstaatlichen Gewässern der USA gesunken sind, sei es im Lake Michigan, im Mississippi oder vor der Küste Floridas. Sie fallen dadurch in den Zuständigkeitsbereich der entsprechenden Behörden.[3] Für die *Hunley* ist somit der Bundesstaat South Carolina zuständig, denn das U-Boot wurde sieben Jahre nach Inkrafttreten des Gesetzes entdeckt und erst im Jahr 2000 gehoben. Als Entdecker des U-Boots gelten im Allgemeinen der Schriftsteller Clive Cussler und sein Team.[4]

Der Bundesstaat hat eigens die »South Carolina Hunley Commission« eingerichtet, die als Kustos fungiert, sprich: Sie handelt Details und Bedingungen für Bergung, Pflege und Ausstellung des Wracks aus.[5] Heute ist das historische U-Boot in einem 340 000 Liter fassenden Süßwassertank in North Charleston zu sehen. Das Süßwasser soll helfen, Salz zu entfernen, das in die schmalen Zwischenräume zwischen den Metallkomponenten eingedrungen ist, und so eine weitere Korrosion des Wracks verhindern.[6]

Als man das 12 Meter lange Unterseeboot fand, lag es im 45-Grad-Winkel auf der Seite und war 10 Meter unter der Wasseroberfläche im schlammigen Meeresboden versunken. Laut Grabungsleiter Dave Conlin beweist eine Analyse des Sediments, das die *Hunley* bedeckte, dass sie nach dem Vorfall binnen dreißig Jahren aufgrund von natürlichen Prozessen im Meeresboden verschwand. Um das Wrack zu bergen, waren zahlreiche Fachleute und Arbeitskräfte nötig. Allein unter dem U-Boot Riemen anzubringen, mit denen es dank einer speziellen Hebevorrichtung an die Oberfläche gehievt werden konnte, war eine technische Meisterleistung. Sobald sich die *Hunley* im Frischwassertank des Labors befand, begann man mit den Arbeiten im Inneren des U-Boots. Schnell stieß man auf die ersten menschlichen Überreste – drei Rippen – sowie Stoffreste, ein Stück von einem Gürtel und eine noch verkorkte Glasflasche. Der Schlick im Inneren des Wracks hatte die Überreste vor der Strömung und dem Meerwasser geschützt, und der recht geringe Sauerstoffgehalt hatte dafür gesorgt, dass Skelettteile und andere Artefakte erhalten blieben.[7]

Die Untersuchung der *Hunley* ist längst noch nicht abgeschlossen. Inzwischen hat man die vollständigen Skelette und Schädel aller acht Besatzungsmitglieder geborgen. Jeder einzelne dieser Männer befand sich noch auf seinem Posten, was bedeuten könnte, dass sie der Tod recht schnell ereilte oder dass sie sich aus irgendeinem Grund nicht mehr bewegen konnten und deshalb allesamt an ihrem Arbeitsplatz ertranken.

Im Jahr 2004 hat man eines der Besatzungsmitglieder mithilfe seiner DNA als Joseph Ridgaway aus Talbot County, Maryland, identifizieren können.[8] Den Kommandanten des U-Bootes, Lieutenant George E. Dixon, konnte man ebenfalls identifizieren, was allerdings ein wenig umständlicher war: Man wusste, dass Dixon stets eine gravierte 20-Dollar-Goldmünze als Glücksbringer bei sich trug. Eine junge Frau – manchen Berichten zufolge seine Verlobte – hatte sie ihm geschenkt, und die Münze hatte ihm einmal das Leben gerettet, als man in der Schlacht von Shiloh in Tennessee auf ihn schoss und die Kugel die Münze traf. Die *Hunley*-Archäologen fanden neben dem Skelett eines Besatzungsmitglieds eine Goldmünze mit einer Vertiefung darin, die zu einer Gewehrkugel passte. In die Münze war Folgendes eingraviert worden: »*Shiloh; April 6, 1862; My life preserver. G. E. D.*«. Später entdeckten sie an eben jenem Skelett eine verheilte Schusswunde im linken Oberschenkelknochen, in der sich noch Spuren von Blei und Gold fanden. Dies war ein so deutlicher Hinweis auf die Geschichte mit der Kugel und der Münze, dass es kaum einen Zweifel mehr gab: Bei diesem Mann musste es sich um Dixon handeln. Außerdem stellten die Forscher seine Taschenuhr, seine Brieftasche, ein Kopftuch, Streichhölzer und mehrere Tabakspfeifen sicher.[9] Die Gebeine von Ridgaway, Dixon und dem Rest der U-Boot-Besatzung wurden 2004 auf dem Magnolia Cemetery in Charleston feierlich beigesetzt. Wie Conlin angemerkt hat, zeigt die Bergung der *Hunley* »beispielhaft, was Behörden und Privatwirtschaft leisten können, wenn sie sich im Dienste einer wirklich bedeutsamen archäologischen Ressource zusammentun«.[10]

Die UNESCO kümmert sich inzwischen ebenfalls um den Schutz archäologischer Funde auf dem Meeresgrund: 2001 hat sie die Konvention zum Schutz des Kulturerbes unter Wasser verabschiedet. Zehn Jahre später kam diese Konvention auf ganz interessante Weise zur Anwendung, als die Smithsonian Institution eine Ausstellung plante, bei der Objekte aus einem arabischen Schiffswrack gezeigt werden sollten, das im 9. Jahrhundert in der Javasee gesunken war.

Das Wrack hatte Artefakte von unschätzbarem Wert aus der chinesischen Tang-Dynastie geladen, doch sie wurden nicht durch professionelle Archäologen geborgen, sondern von einem Privatunternehmen, das die Artefakte für angeblich 32 Millionen US-Dollar an ein anderes Unternehmen weiterverkaufte. Drei verschiedene Archäologenverbände sowie mehrere Mitglieder der Forschungsabteilung der Smithsonian Institution protestierten gegen die geplante Ausstellung – ihrer Ansicht nach war die Bergung der Funde nichts weiter als eine Raubgrabung gewesen. Angesichts der Proteste wurde die Ausstellung zunächst verschoben und schließlich noch vor der Eröffnung ganz abgesagt.[11]

Verlassen wir nun South Carolina und begeben uns an der Küste entlang etwas weiter nach Norden, nach Jamestown in Virginia. Seit den 1990er-Jahren finden hier unter der Leitung von William Kelso Ausgrabungen statt, die ein ausgezeichnetes Beispiel dafür sind, wie traditionelle Grabungstechniken und neueste Hightech-Methoden einander ergänzen können.

Jamestown war die erste dauerhafte Siedlung britischer Kolonisten im späteren Commonwealth of Virginia. Etwa hundert Männer gründeten die Siedlung im Jahr 1607. In der ersten Zeit führten sie ein recht hartes Leben, ein paar Jahre später trafen weitere Siedler, darunter auch einige Frauen in Jamestown ein. Heute kennen die meisten Leute die Siedlung sicherlich wegen Pocahontas, der Ureinwohnerin, die Berichten zufolge Captain John Smith das Leben rettete und den Kolonisten John Rolfe heiratete. Das Ganze wird in der Regel als romantische Geschichte dargestellt, in der zwei Liebende zueinander finden und sich gegen alle Widerstände behaupten – der gleichnamige Disney-Film ist nur eines von vielen Beispielen dafür. Als Rolfe später für einen Besuch nach England zurückkehrte, eine neue, von ihm selbst entwickelte Tabaksorte im Gepäck, wurde er von Pocahontas begleitet. Leider verstarb sie während des Aufenthalts in England.[12]

Jamestown selbst war im Laufe der Jahrhunderte fast gänzlich verschwunden.[13] Bevor Kelso mit seinen Ausgrabungen begann, hatte er Mühe, überhaupt an Informationen zu gelangen, mit denen er arbeiten konnte. Am hilfreichsten war ein Archiv, das in einer Bibliothek lagerte und Schriften von Captain John Smith und seinen Zeitgenossen enthielt sowie eine kleine Skizze des Ortes, die ein spanischer Spion angefertigt hatte. Anhand eines freistehenden Kirchturms aus Ziegeln, der aus späterer Zeit stammte, konnte Kelso dann in etwa bestimmen, wo es sich zu graben lohnte. Wie sich herausstellte, besaß er eine ausgezeichnete archäologische Intuition: Schon nach wenigen

19 U-Boote und Siedler, Goldmünzen und Bleikugeln 443

Stunden fanden er und sein Grabungs-Team die ersten Artefakte und Überreste von Gebäuden. Im Laufe der Zeit holten sie Waffen und Waffenzubehör ans Licht sowie Keramik, Glas, Münzen und andere Objekte, und alles datierte auf das 17. Jahrhundert. Außerdem entdeckten sie zahlreiche Pfostenlöcher, in denen einst die Holzpfähle der Palisade gesteckt hatten, von der das Fort umgeben war. Das Holz war längst verrottet, aber die Löcher im Erdboden waren noch immer deutlich sichtbar.

In den nächsten Jahren legte das Team den vollständigen Umriss des Forts frei sowie die Überreste von fünf weiteren Gebäuden, darunter die Kirche, das Haus des Gouverneurs, eine Kaserne und eine Werkstatt oder Handelsniederlassung (die Kelso auch als »Fabrik« bezeichnete). 2007 publizierte Kelso eine kurze Beschreibung der Grabungsergebnisse. Bis dahin hatten er und sein Team an mehreren Standorten Gräber und Skelette gefunden: über siebzig Bestattungen auf einem Friedhof sowie einzelne Gräber unter der Kirche.[14] Die Skelettreste bewiesen, dass die meisten Männer nicht einmal 25 Jahre alt geworden waren. Die Frauen hatten nicht viel länger gelebt.

Vier Skelette erregten Kelsos besonderes Interesse. Sie wurden im November 2013 in der Nähe der Kirche ausgegraben, in der Pocahontas und John Rolfe einst geheiratet hatten; die Kirche hatten Kelso und sein Team bereits früher entdeckt. Die Skelette waren nicht sonderlich gut erhalten, und um sie zu identifizieren, waren die Archäologen auf chemische Untersuchungen und hochauflösende Mikro-CT-Scans angewiesen. Ende Juli 2015 konnte die Presse schließlich aufgeregt verkünden, dass die Toten zu den frühesten Siedlern der Kolonie gehörten.[15]

Jenen Medienberichten zufolge waren die Skelettreste ins National Museum of Natural History gebracht worden, wo sich Doug Owsley, ein Vertreter der Biologischen Anthropologie, mit ihnen befasste. Owsley, der nebenbei als Dozent an der George

Washington University arbeitet, ist weltberühmt und hat bereits viele solcher Fälle untersucht, unter anderem die Skelette der *Hunley*, von denen ich bereits erzählt habe. Indem sie die Ergebnisse ihrer forensischen Analyse mit den historischen Aufzeichnungen abglichen, waren Owsley und seine Leute tatsächlich in der Lage, die Skelette aus Jamestown zu identifizieren.[16]

Anhand der historischen Daten konnten die Forscher feststellen, wer zwischen Januar 1608, als die Kirche errichtet wurde, und 1617, als sie wegen Baufälligkeit aufgegeben wurde, starb. Das grenzte den Kreis der Verdächtigen stark ein.[17] Die forensische Analyse der vier Skelette verriet ihnen das ungefähre Todesalter sowie das Geschlecht der Personen, und mithilfe chemischer Tests fanden sie unter anderem heraus, wie sich die vier ernährt hatten und wie viel Blei in ihren Knochen steckte. Daraus schlussfolgerten sie, dass die Toten – allesamt Männer – höchstwahrscheinlich aus England stammten und einen recht hohen gesellschaftlichen Status besaßen, da ihre Ernährung proteinreich war und sie Geschirr aus Zinn oder glasierter Keramik benutzten; beides enthält Blei. Ihr hoher Status (zumindest innerhalb der Kolonie) spiegelt sich auch darin wider, dass sich ihre Gräber unterhalb des Altarraums am östlichen Ende der Kirche befanden und nicht auf dem Friedhof, wo die Menschen anonym bestattet wurden.[18]

Zwei der Toten gehörten zu jener Gruppe von Einwanderern, die 1607 die Siedlung gründeten. Es handelte sich um Kapitän Gabriel Archer, der auf der Suche nach Gold und Silber noch ins Hinterland ging, bevor er 1609 oder 1610 im Alter von etwa 35 Jahren starb, und um den Geistlichen Robert Hunt, den ersten Kaplan von Jamestown, der nach nicht einmal einem Jahr vor Ort verstarb. Er wurde 39 Jahre alt.[19] Die anderen beiden gehörten zu den Neuankömmlingen, die 1610 in Jamestown eintrafen: Ferdinando Wainman war um die 34, als er nur wenige Monate nach seiner Ankunft offenbar einer Krankheit zum Opfer fiel.

Kapitän William West, sein Verwandter, wurde 1610, ebenfalls wenige Monate nach seiner Ankunft, von amerikanischen Ureinwohnern getötet. Er war wohl erst um die 25 Jahre alt.[20]

2012 stießen Kelso und sein Team auf menschliche Knochen, die ihnen recht ungewöhnlich vorkamen und die sie näher untersuchen wollten. Es handelte sich um Fragmente eines verstümmelten, unvollständigen Schädels, Zähne, einen Unterkiefer sowie einen abgetrennten Schienbeinknochen. Kelso fand sie im Keller eines Hauses in Jamestown, zusammen mit den weggeworfenen Knochen geschlachteter Pferde und Hunde – ein doch recht ungewöhnlicher Fundort, um es einmal vorsichtig auszudrücken. Er holte Owsley zur Verstärkung, der sich den Fund näher anschauen sollte.[21]

Auf Basis der Entwicklung des dritten Backenzahns und des Schienbeinknochens stellte Owsley fest, dass die Knochen einem 14-jährigen Mädchen aus England gehört hatten. Die Forscher gaben ihr den Spitznamen Jane, aber sie hatten so wenige Knochen zur Verfügung, dass sie weder die Identität noch die Todesursache des Mädchens näher bestimmen konnten. Allerdings fielen Owsley und seinen Mitarbeitern einige ungewöhnliche Schnittmarken an den Knochen auf. Auf dem Stirnbein fanden sich vier flache Schnitte, die die forensischen Anthropologen – laut dem Newsletter *Smithsonian Insider* – als ersten Versuch deuteten, den Schädel des Mädchens zu öffnen. Anschließend schlug man wohl mehrmals mit einer Axt oder einem Fleischerbeil auf ihren Hinterkopf ein, wobei der letzte Schlag schließlich den Schädel spaltete und vermutlich Zugang zum Gehirn gewährte. Am Unterkieferknochen fanden sich zudem Schnitte und Einstiche, die aussahen, als habe jemand versucht, mit einem Messer Fleisch vom Gesicht und vom Hals abzuschaben.[22]

Aus diesen Beweisen schlossen Owsley, Kelso und andere Wissenschaftler, dass Jane während der sogenannten Hungerzeit starb – dem furchtbaren Winter 1609/1610, als die Kolonie so stark unter Hunger und Krankheiten litt, dass sie fast zugrunde gegangen wäre, bis neue Siedler mit neuen Vorräten in Jamestown eintrafen. Und sie gehen davon aus, dass die übrigen Bewohner der Siedlung das Mädchen aßen, nachdem sie gestorben war.[23] Die Verzweiflung hatte die Kolonisten in Kannibalen verwandelt.

Mithilfe der Computertomografie und anderer Hightech-Methoden gelang den Forensikern auch eine Rekonstruktion von Janes Kopf, die eine Zeitlang im National Museum of Natural History in Washington, D. C. zu sehen war. Die Überreste von Janes Skelett sind im Besucherzentrum von Historic Jamestown auf Jamestown Island ausgestellt, das vom Projekt »Jamestown Rediscovery« betrieben wird.[24]

Mit Doug Owsley können wir sehr schön zum nächsten Thema überleiten, für das wir die Ostküste der USA verlassen und einmal quer über den Kontinent reisen – bis in den Bundesstaat Washington. Owsley war nämlich auch für die Untersuchung des fast 9000 Jahre alten Skeletts eines Mannes verantwortlich, der unter Archäologen als »Kennewick-Mann« bekannt ist und den die amerikanischen Ureinwohner schlicht »den Alten« nannten. Seit das Skelett 1996 in der Nähe von Kennewick, Washington, am Ufer des Columbia River gefunden wurde, hat es Anlass zu zahlreichen Diskussionen gegeben.[25] Der Fund hat insbesondere erneut die Kontroverse angeheizt, die der Native American Graves Protection and Repatriation Act (NAGPRA) – das wohl bekannteste US-Gesetz der letzten Jahrzehnte mit Bezug zur Archäologie – schon bei seiner Verabschiedung im Jahr 1990 auslöste.

Der NAGPRA verlangt, dass in den USA alle Museen und anderen Einrichtungen, deren Arbeit aus Bundesmitteln gefördert wird, Inventarlisten der Artefakte anlegen, die von amerikanischen Ureinwohnern stammen; dazu zählen menschliche Überreste, religiöse Objekte, Grabbeigaben und vieles mehr. Jede Institution, die solche Artefakte besitzt, muss feststellen, ob einer der noch existierenden Ureinwohner-Stämme einen Anspruch auf diese Objekte anmelden könnte. Wenn das der Fall ist, muss das Museum dem betreffenden Stamm anbieten, ihm diese Dinge auszuhändigen.[26]

Das betraf etwa Objekte wie das Gehirn von Ishi, dem letzten bekannten Ureinwohner, der sich Jahrzehnte lang in der Wildnis von Kalifornien versteckt gehalten hatte. Ishi gehörte dem Stamm der Yahi an. Seine Entdeckung im Jahr 1911 war eine Mediensensation. Der Anthropologe Alfred Kroeber aus Berkeley wurde durch seine Arbeit mit Ishi berühmt, und seine Frau Theodora, ihres Zeichens ebenfalls Anthropologin, brachte ein Buch über den Ureinwohner heraus, das zum Bestseller wurde und unter dem Titel *Der Mann, der aus der Steinzeit kam* auch in Deutschland erschien.[27]

Ishi hatte auch Kontakt zu einem Arzt namens Saxton Pope, der an der University of California in San Francisco tätig war. Pope war ein begeisterter Bogenschütze und freundete sich mit Ishi an, der ihm beibrachte, wie man Bögen und Pfeile herstellt. 1923 schrieb Pope ein Buch mit dem Titel *Hunting with the Bow and Arrow*, das immer noch hohe Wertschätzung erfährt und in den 1970er-Jahren in deutscher Übersetzung als *Jagen mit Bogen und Pfeil* auf den Markt kam.[28] Nach Ishis Tod 1916 brachte man sein Gehirn in ein Lagerhaus der Smithsonian Institution in Suitland, Maryland, wo es in einem versiegelten Behälter aufbewahrt wurde. Nach der Verabschiedung des NAGPRA im Jahr 1990 wurde Ishis Gehirn in seine Heimat Kalifornien überführt und zusammen mit seiner Asche beigesetzt.[29]

Der NAGPRA kam auch zur Anwendung, als zwei College-Studenten Ende Juli 1996 den Kennewick-Mann im Columbia

River fanden. Berichten zufolge wateten die beiden im Fluss, um sich ein Bootsrennen anzusehen, als sie etwa 3 Meter vom Ufer entfernt einen Teil des Schädels entdeckten. Da die Behörden den Toten für ein Mordopfer hielten, suchten der Leichenbeschauer und ein ortsansässiger Archäologe namens James Chatters zunächst nach weiteren Knochen. Es dauerte zwar nicht lang, bis das komplette Skelett freigelegt war, doch wie sich herausstellte, war der Mann bereits vor etwa 8500 Jahren gestorben.[30]

Rund um den Kennewick-Mann entbrannte unmittelbar nach seiner Entdeckung ein Rechtsstreit: Mehrere Stämme der amerikanischen Ureinwohner beanspruchten das Skelett für sich, doch zahlreiche prominente Wissenschaftler waren der Auffassung, die Überreste seien zu alt, um sie mit irgendeinem der noch existenten Stämme in Verbindung zu bringen; da der Kennewick-Mann zudem auf öffentlichem Gelände gefunden wurde, sei die Bundesregierung für ihn verantwortlich. 2002 wurde der Rechtsstreit zugunsten der Wissenschaft beigelegt, 2004 wurde diese Entscheidung durch ein Berufungsgericht bestätigt. Während acht Archäologen, fünf Ureinwohner-Stämme und die US-Regierung den Fall jahrzehntelang vor Gericht ausfochten, befanden sich die Gebeine des Mannes in der Obhut des Burke Museum of Natural History and Culture in Seattle, Washington. Sie wurden zwar nie öffentlich ausgestellt, aber nach dem Gerichtsurteil hatte immerhin die Forschung Zugriff darauf.[31]

Der Fall sorgte indes weiterhin für Diskussionen. 2015 publizierten mehrere Genetiker, unter anderem von der Universität Kopenhagen, in der Zeitschrift *Nature* einen aufschlussreichen Artikel, in dem sie Ähnlichkeiten zwischen der DNA des Kennewick-Manns und der DNA von Stammesangehörigen des Colville-Reservats nachwiesen. Sie kamen zum Schluss, dass der Tote enger mit den noch lebenden Ureinwohnern verwandt ist als mit irgendeiner anderen Person. Auf Basis dieser

Publikation, deren Ergebnisse später von Wissenschaftlern der University of Chicago bestätigt wurden, erging Ende April 2016 der Beschluss, dass das Skelett den Ureinwohnern zurückgegeben werden müsse. Inzwischen hat eine Koalition von fünf Stämmen, unter anderem die Colville, den Kennewick-Mann bestattet.[32]

Verlassen wir den Pazifischen Nordwesten und reisen wir in den Südwesten der USA, so finden wir dort atemberaubende Stätten der amerikanischen Ureinwohner vor, zum Beispiel im Chaco Canyon in New Mexico. Dieses Trockental in der Nähe von Albuquerque ist heute als National Historical Park ausgewiesen und wurde 1987 in die Liste des UNESCO-Weltkulturerbes aufgenommen. Zu bestaunen gibt es dort zahlreiche aufsehenerregende Ruinen der Anasazi-Pueblo-Kultur, die auf die Zeit zwischen 850 und 1250 datiert.[33]

Im Chaco Canyon standen eine ganze Reihe sogenannter Großhäuser, riesige Gebäude mit vielen Zimmern und mehreren Stockwerken. Eines der besten Beispiele ist Pueblo Bonito, das fünf Stockwerke hoch war und auf 8000 Quadratmetern Grundfläche 600 bis 800 Zimmer beherbergte. Das Großhaus wurde zwischen 850 und 1150 in mehreren Phasen gebaut. Die Wissenschaft ist sich uneins, wie viele Menschen dort einst wohnten – die Schätzungen reichen von etwa 800 bis zu mehreren tausend. Man weiß auch nicht genau, ob es sich dabei lediglich um eine blühende Siedlung oder aber um ein rituelles Zentrum handelte.[34] Die Chaco-Kultur, wie man sie heute nennt, war in Teilen des heutigen New Mexico, Colorado, Utah und Arizona verbreitet. Funde bezeugen, dass die Menschen Waren wie Muscheln und kupferne Glocken importierten, die auch aus entfernten Gegenden wie dem heutigen Mexiko kamen. Wir wissen nicht, warum die Chaco-Kultur um 1200 herum auf einmal von der Bildfläche verschwand. Eine These geht davon aus, dass

Mesa-Verde-Nationalpark, Colorado

es eine Dürre gab und zahlreiche Menschen an einer Seuche starben, woraufhin auch die restlichen Bewohner das angestammte Gebiet verließen.[35]

Auch im Mesa-Verde-Nationalpark im Südwesten von Colorado trifft man auf zahlreiche Ruinen.[36] Fast 5000 archäologische Stätten aus dem 6. bis 13. Jahrhundert befinden sich auf diesem Gelände, darunter über 600 Felsbehausungen. Diese Behausungen decken ein breites Größenspektrum ab – von kleinen Lagerräumen bis hin zu eindrucksvollen Wohnbereichen mit bis zu 150 Zimmern. Die Ruinen in Mesa Verde, zu denen der berühmte »Felsenpalast«, das »Langhaus«, das »Fichten-Baumhaus« und das »Balkonhaus« zählen, nahm die UNESCO 1978 in ihre Liste des Weltkulturerbes auf.[37]

Die Cahokia Mounds im Mittleren Westen der USA, etwa 16 Kilometer nordöstlich von St. Louis, Missouri, gehören seit

1982 zum UNESCO-Weltkulturerbe.[38] In der Stadt Cahokia lebten zu den Spitzenzeiten um das Jahr 1100 herum bis zu 20 000 Einwohner. Die Stätte selbst besteht aus etwa 120 einzelnen Mounds, künstlich geschaffenen Hügeln, die im Zeitraum zwischen 800 und 1400 von Angehörigen der Mississippi-Kultur errichtet wurden, vom Volksmund passenderweise als »Moundbuilders« (Hügelbauer) bezeichnet. Es heißt, die Stadt mit ihren 800 Hektar Fläche sei größer gewesen, als London es zu jener Zeit war. Sie gilt als größte präkolumbische archäologische Stätte in den Vereinigten Staaten.[39]

Der größte dieser künstlichen Hügel, der sogenannte Monks Mound, ist rund 30 Meter hoch und wurde Schätzungen zufolge aus 620 000 Kubikmetern Erde aufgeschüttet. Seine Grundfläche bedeckt fast 2,5 Hektar, womit er sogar noch die Sonnenpyramide der Moche im Norden Perus übertrifft. Zu Recht wird er auf der Website der UNESCO als größte künstlich geschaffene irdene Struktur in der Neuen Welt bezeichnet.[40] Die meisten Mounds in Cahokia sind kleiner und waren ursprünglich als Fundament für öffentliche Gebäude und Grabstätten gedacht. Dennoch konnten und wollten die frühen europäischen Entdecker und Siedler nicht glauben, dass es tatsächlich die einheimische Bevölkerung gewesen war, die die Hügel geschaffen hatte. Als Henry Brackenridge im Jahr 1811 den ersten Bericht über Cahokia veröffentlichte, verglich er die Erdhügel mit den ägyptischen Pyramiden, und lange Zeit glaubte man – genau wie im Falle der Maya vor den Publikationen von John Lloyd Stephens –, dass fremde Völker wie die Phönizier, die Wikinger, wenn nicht sogar die Ägypter oder Israeliten die Bauherren gewesen sein mussten.[41]

Es ist durchaus beeindruckend, welchen Aufwand die Menschen betrieben, um die Hügel aufzuschütten, und wie komplex die Gesellschaft war, die sie repräsentieren. Mit ihren verschiedenen Größen und Formen erinnern sie uns daran, dass hier einst eine Zivilisation ansässig war, deren Siedlungsgebiet sich über das mittlere Mississippi-Tal und den Südosten der USA erstreckte. Wenn uns detaillierte schriftliche Aufzeichnungen der Mississippi-Kultur vorlägen, wie es bei den Maya und anderen Völkern der Neuen Welt der Fall ist, wären wir zweifellos noch beeindruckter von diesen amerikanischen Ureinwohnern, die für die Cahokia Mounds verantwortlich sind.

Die USA haben selbstverständlich noch viele weitere archäologische Stätten zu bieten, die einen Besuch lohnen, zum Beispiel Colonial Williamsburg oder George Washington's Mount Vernon, wo interessierten Besuchern durch szenisches Nachspielen des historischen Alltags die Vergangenheit nähergebracht wird.[42] Doch selbst der knappe Überblick in diesem Kapitel – von einem untergegangenen U-Boot in South Carolina und einer verlassenen Siedlung in Virginia über Ruinen im Südwesten der USA und Funde am Pazifik bis hin zu den künstlichen Erdhügeln im Mittleren Westen – dürfte genügen, um die Vielfalt der archäologischen Landschaft in Nordamerika aufzuzeigen. Und ganz gleich, wo auf dem Kontinent man sich befindet: Es liegt immer irgendetwas Interessantes in der Erde verborgen. An vielen Standorten freut man sich daher über Freiwillige, die bei den Ausgrabungen helfen.

Das gilt natürlich auch für Europa beziehungsweise für Deutschland: Ehrenamtliche Grabungshelfer für archäologische Stätten oder Projekte werden im Prinzip ständig gesucht. Organisationen und Forschungseinrichtungen wie etwa die Römisch-Germanische Kommission des Deutschen Archäologischen Instituts (DAI) haben immer wieder entsprechende Angebote im Programm, genau wie die Denkmalämter der jeweiligen Bundesländer.

Nachgefragt 4

Darf man das, was man gefunden hat, behalten?

In diesem letzten Exkurs würde ich gerne mit der Antwort auf eine wichtige Frage beginnen, die man mir ständig stellt. Meine Antwort ist knapp, doch umso länger ist die Liste dessen, was sie alles impliziert. Die Frage lautet: »Dürfen Sie das, was Sie finden, eigentlich behalten?« Und die Antwort lautet: »Nein.«

Ganz gleich, ob man innerhalb der eigenen Landesgrenzen gräbt oder im Ausland: Die Altertümerverwaltung des jeweiligen Landes hat immer ihre eigenen Regeln und Vorschriften. Die besten Funde wandern oft in ein National- oder Regionalmuseum, wie es schon seit den Anfängen der Archäologie üblich ist, aber das meiste wird in Säcke und Kisten gesteckt und landet im Archiv der örtlichen Universität oder eines Museums oder an einem anderen Ort, an dem Studierende und Forscher das Material in den Monaten (oder auch Jahren) nach der Ausgrabung eingehend untersuchen können. Eine sechs- oder siebenwöchige Grabungssaison im Feld kann genug Material liefern, um die Wissenschaft mindestens zwei Jahre lang mit Untersuchungen und der Publikation von Erkenntnissen zu beschäftigen.

Unabhängig davon, dass ich selbst meine Funde nicht behalten darf, bin ich der Meinung, dass es Privatleuten generell nicht gestattet sein sollte, Derartiges zu besitzen und zu sammeln. Unter Forschern besteht ein breiter Konsens darüber, dass zwischen den Privatsammlungen von antiken Artefakten und den Plünderungen archäologischer Stätten weltweit ein direkter Zusammenhang besteht. Die Plünderer würden sich nicht die Mühe machen, in archäologische Stätten einzudringen und die dortigen Funde zu stehlen, wenn sie diese nicht für Geld an den Mann bringen könnten.

Etwas komplizierter ist es mit den Museen. Viele berühmte Museen, wie das British Museum, der Louvre oder das Pergamonmuseum, haben Artefakte in ihrer Sammlung, die sie während der Zeit des europäischen Kolonialismus im 19. und 20. Jahrhundert erworben haben – zum Beispiel die bereits erwähnten Elgin Marbles, die Büste der Nofretete oder den Stein von Rosette. Es wäre wünschenswert, wenn man diese Objekte endlich an die Länder zurückgeben würde, in denen sie einst gefunden wurden. Immerhin sind Museen in den vergangenen Jahrzehnten vorsichtiger geworden und stellen heute sicher, dass die Artefakte, die sie aufkaufen, einwandfrei zugeordnet werden können. Dennoch präsentieren sie ihren Besuchern nach wie vor Objekte, die aus Plünderungen stammen und die in ihren Besitz gelangten, als es noch keine strikten internationalen Regelungen gab. Dieses Problem ist von moralischer, ethischer, wirtschaftlicher und juristischer Tragweite und lässt sich nicht so leicht lösen. Vielleicht wäre es am besten, von Fall zu Fall zu entscheiden, aber auch das bleibt zu prüfen.[1]

Im Moment wird an archäologischen Stätten weltweit so viel geplündert wie nie zuvor, und das liegt mit an Sicherheit grenzender Wahrscheinlichkeit an der Nachfrage seitens privater Sammler. Die Plünderer haben vor allem dort leichtes Spiel, wo die polizeiliche Überwachung antiker Stätten aufgrund der instabilen politischen Lage besonders schwierig ist, zum Beispiel in Syrien und im Irak. Natürlich sind Plünderungen keine Erfindung der Moderne; bereits in der Antike räumten Grabräuber die ägyptischen Pharaonengräber leer, in manchen Fällen möglicherweise unmittelbar, nachdem der jeweilige Pharao bestattet worden war. Dennoch ist heute ein weltweiter Aufschwung solcher verbrecherischen Aktivitäten zu verzeichnen – in Afghanistan und Ägypten, im Irak, in Jordanien, in Syrien und sogar in Peru und den Vereinigten Staaten. Viele antike Stätten sind geradezu übersät von illegal angelegten Gruben.[2]

Im kleineren Rahmen haben Raubgrabungen in manchen Gegenden und Kulturen schon immer zum Tagesgeschäft gehört; in der Regel wurden sie von armen Leuten durchgeführt, die ihr karges Einkommen durch den Diebstahl von Altertümern aufbessern wollten. Wenn der Handel am Boden liegt, die Felder verbrannt sind und es keine Möglichkeit gibt, in eine andere Gegend umzusiedeln – wer wollte da einen syrischen Dorfbewohner an den Pranger stellen, der, um seine Familie ernähren zu können, ein paar Rollsiegel ausgräbt und an einen Mittelsmann verkauft? Das Problem sind heute eher die groß angelegten Plünderungsaktionen, die wir in Syrien beobachten müssen und die offenbar vom IS gesponsert werden, der sich aktiv am illegalen Antiquitätenhandel beteiligt und komplette Ausgrabungsstätten ausraubt – wenn er sie nicht gleich vorsätzlich zerstört, wie in Nimrud und im Museum von Mossul geschehen.[3]

Im Mai 2011 reiste ich nach Ägypten, wo es zu Beginn des Jahres zur Revolution gekommen war. Ich gehörte einer

Beobachterdelegation an, die herausfinden sollte, ob die kürzlich gegrabenen Löcher auf einem Ausgrabungsgelände, die meine Kollegin Sarah Parcak auf einem Satellitenbild entdeckt hatte, von Raubgrabungen stammten. Und ja, genau so war es. Ich muss es wissen, denn ich war da und habe Fotos davon gemacht. Wir publizierten die Ergebnisse unserer Untersuchung in der Fachzeitschrift *Antiquity*, damit auch andere Forscher sie nutzen konnten.[4]

Gestohlene Altertümer aus Ägypten sind bereits in Auktionshäusern in London und New York aufgetaucht, solche aus dem Irak ebenfalls. Als das Irakische Nationalmuseum in Bagdad überfallen wurde, stahlen die Plünderer einige der berühmtesten Ausstellungsstücke.[5] Viele wurden inzwischen zurückgegeben oder wiederbeschafft, andere sind nach wie vor verschollen. Ein paar davon sind auf eBay aufgetaucht, wo jeder sie sehen konnte, bis der Druck auf das Unternehmen so groß wurde, dass solche Verkäufe schließlich verboten wurden. Doch auch trotz dieses Verbots werden auf eBay immer wieder geraubte Objekte angeboten.

In einer meiner Lieblingsanekdoten versucht ein Mann, ein gestohlenes antikes Artefakt aus dem Irak zu verkaufen; bei näherer Betrachtung stellt sich heraus, dass es sich lediglich um eine der billigen Repliken aus dem Museums-Shop handelt. Colonel Matthew Bogdanos von der US Army, der mit der Aufgabe betraut war, die aus dem Irakischen Nationalmuseum gestohlenen Gegenstände wiederzufinden, erzählte viele solcher Geschichten in seinem 2005 veröffentlichten Bestseller *Diebe von Bagdad*.[6]

Aber die Plünderungen betrafen nicht nur das Nationalmuseum: Archäologische Stätten im gesamten Irak wurden von Raubgräbern heimgesucht, die mit Schaufeln und Maschinengewehren bewaffnet waren.[7] Mindestens eine antike Stadt, Umma, wurde so gründlich leergeräumt, dass man auf Fotos statt

Darf man das, was man gefunden hat, behalten? 457

Plünderer im Irak

antiker Gebäude oder anderer Überreste nur noch die Gruben der Plünderer sieht.

Mitunter stellt es für Archäologen, die den illegalen Antiquitätenhandel eindämmen wollen, aber auch ein echtes Dilemma dar, wenn einzigartige Objekte nach einem Raub wieder auftauchen. Wie im Jahr 2011, als ein britischer Assyriologe dem Nationalmuseum von Sulaimaniyya im kurdischen Teil des Irak riet, eine Reihe Tontafeln mit eingeritzter Keilschrift zu erwerben, die ihm ein Antiquitätenhändler gezeigt hatte.[8] Wie sich herausstellte, befand sich darunter eine Tafel mit einem bislang unbekannten Abschnitt des *Gilgamesch-Epos*. Sie schließt eine große Lücke auf der fünften Tafel des Gedichts. Dort sind Gilgamesch und sein Begleiter Enkidu auf dem Weg zum Zedernwald, um Bauholz zu holen; für gewöhnlich verortet man diesen in derselben Region wie die berühmten Zedern des Libanon, die in der Bibel erwähnt werden. Die neu gefundenen Verse des Epos beschreiben die Geräusche, die die beiden im Wald hören, unter anderem von Vögeln, Insekten und Affen.[9] Diese Tafel, die 3000 Jahre lang verschollen war, leistete einen wichtigen Beitrag zur Vervollständigung eines echten Klassikers der Weltliteratur.

Das Dilemma für uns Archäologen besteht darin, dass wir natürlich keinesfalls den illegalen Handel mit Altertümern unterstützen wollen, aber zugleich auch nicht zulassen können, dass eine Tafel mit dermaßen wertvollen Informationen auf den freien Markt gelangt und in irgendeiner Privatsammlung verschwindet; wir müssen alles dafür tun, dass solche Objekte frei zugänglich bleiben und dass sich die Wissenschaft damit beschäftigen kann. Ähnliche Diskussionen gab es auch im Falle der Qumran-Rollen, die von einem Beduinen verkauft wurden, der sie sich illegal beschafft hatte. Was würde wohl passieren, wenn solche Rollen heutzutage auf dem Antiquitätenmarkt auftauchten?

Ganz ähnlich lag der Fall bei den über hundert – vielleicht sogar 200 – Tontafeln, die offenbar ursprünglich aus einem Archiv stammten, in dem das tägliche Leben der Judäer dokumentiert wurde, die während des Babylonischen Exils im 6. Jahrhundert v. Chr. nach Mesopotamien deportiert wurden und dort bis ins 5. Jahrhundert v. Chr. hinein blieben. Die Tafeln tauchten irgendwann auf dem Antiquitätenmarkt auf, angeblich Anfang der 1980er-Jahre, allerdings ist der genaue Zeitpunkt umstritten. Mindestens die Hälfte der Exemplare wurde schließlich von einem Privatsammler aufgekauft und später von zwei Wissenschaftlern publiziert. Anfang Februar 2015 wurden sie im Bible Lands Museum Jerusalem ausgestellt, woraufhin es zu einer zweiten Publikation kam, diesmal von anderen Forschern.[10]

Es ist nicht ganz klar, wo die Tontafeln ursprünglich gefunden wurden. Ihre antike Bezeichnung lautete »Al-Jahudu«, was grob übersetzt »Stadt des Juda« bedeutet, und sie gehören zu den ersten Schriftstücken aus Mesopotamien, die bestätigen, dass es das in der Bibel und anderswo beschriebene Babylonische Exil tatsächlich gab und berichten, was mit den Deportierten geschah. Die Bedeutung dieser Tafeln ist immens, aber man weiß nichts über ihren Kontext und sie stammen ganz offensichtlich aus einer Raubgrabung, Berichten zufolge möglicherweise im Südirak. Hätte man sie aus diesem Grund nicht publizieren sollen? Hätte man sie nicht ausstellen dürfen?

In diesem Fall hat die große Bedeutung der Texte zumindest einige Wissenschaftler dazu veranlasst, sie zu publizieren und der Öffentlichkeit zu präsentieren, ungeachtet der Tatsache, dass sie ganz offensichtlich illegal ausgegraben und erworben wurden (wie bei den Qumran-Rollen, mit denen man sie hinsichtlich der Umstände ihrer Entdeckung am ehesten vergleichen kann). Doch längst nicht alle Wissenschaftler waren mit diesem Vorgehen einverstanden; tatsächlich lautet einer der Grundsätze des Archaeological Institute of America, keine Artikel über Funde von zweifelhafter Herkunft zu veröffentlichen.

1970 wurde das »UNESCO-Übereinkommen über die Maßnahmen zum Verbot und zur Verhütung der unzulässigen Einfuhr, Ausfuhr und Übereignung von Kulturgut« verabschiedet; im April 1972 trat es in Kraft.[11] Aufgrund dieser Konvention müssen heute alle zum Verkauf stehenden Altertümer über einen gültigen Nachweis verfügen, dass sie entweder vor 1970 (mitunter auch 1973, nach der Umsetzung der Konvention) gefunden wurden oder, falls man sie später fand, auf legalem Weg aus ihrem Ursprungsland exportiert wurden – kurz: dass es sich nicht um gestohlene Objekte handelt. Ganz verhindern lässt sich der Handel mit solchen Dingen nicht, und auf dem Kunstmarkt tauchen immer wieder archäologische Artefakte auf, die trotz gegenteiliger Angaben erst nach Inkrafttreten der Konvention gefunden wurden. Doch alles in allem ist die UNESCO-Konvention zumindest ein Schritt in die richtige Richtung (auch wenn sie inzwischen fast fünfzig Jahre alt ist und endlich einmal überarbeitet werden sollte).

Natürlich sind Plünderungen – insbesondere während oder nach militärischen Konflikten – keinesfalls ein neues Problem, aber bestimmte Situationen können es manchmal erfordern, neue Gesetze zu erlassen.[12] In den USA werden daher gerade erweiterte gesetzliche Regelungen eingeführt, die nicht nur die im Land gefundenen Artefakte betreffen, sondern auch solche, die in die USA geschmuggelt werden.

Seit über hundert Jahren werden in den Vereinigten Staaten Gesetze erlassen, die auf die Erhaltung antiker Stätten und Altertümer abzielen. Eines der frühesten Gesetze zum Antiquitätenhandel wurde während der Präsidentschaft von Theodore Roosevelt verabschiedet. Anlass war der maßlose Handel mit bemalten Töpfen und anderen Antiquitäten, die illegal auf Friedhöfen der Pueblo-Indianer im Südwesten der USA ausgegraben wurden. Der American Antiquities Act von 1906 sollte die Plünderungen in New Mexico, Arizona und an anderen Orten stoppen oder zumindest eindämmen. Stätten wie die Casa Grande in Arizona, die auf etwa 1350 datiert, wurden damals so gründlich geplündert, dass die Diebe sogar die alten Holzbalken mitnahmen.[13]

Weitere Gesetze folgten, unter anderem der Historical Sites Act von 1935, der dem National Park Service das Recht zugestand, Kulturgüter wie zum Beispiel die Stätten der amerikanischen Ureinwohner oder diejenigen aus der Kolonialzeit zu identifizieren, zu schützen und zu bewahren.[14] Seitdem man dem National Park Service diese Aufgabe übertragen hat, ist er der größte Arbeitgeber für Archäologen in den USA.

Einige der wichtigsten Gesetze, die US-Archäologen bei ihrer Arbeit unterstützen, wurden ab 1979 auf den Weg gebracht, so der im vorangegangenen Kapitel vorgestellte NAGPRA und der Archaeological Resources Protection Act (ARPA), der archäologische Stätten schützt, die sich auf sogenannten *federal lands* befinden, also Land, das juristisch gesehen der US-Regierung gehört. Wer ein Artefakt von einer solchen Stätte entwendet, kann mit einer Geldstrafe von bis zu 20 000 Dollar belangt werden und ein Jahr ins Gefängnis wandern, was automatisch zu einem Eintrag im Vorstrafenregister führt.[15] 2009 verhafteten FBI-Agenten in Blanding, Utah, 16 Personen, die auf *federal lands* in der Nähe des Ortes Artefakte amerikanischer Ureinwohner ausgegraben hatten. Beim späteren Gerichtsprozess wurden sogar 24 Personen angeklagt.[16]

Gesetze wie diese betreffen alle Arbeitsbereiche der Archäologen – das Aufspüren und Ausgraben von Funden und Befunden ebenso wie ihre Konservierung und letztlich auch die Reklame für archäologische Stätten. Die Gesetze sollen Archäologen bei ihrer Arbeit unterstützen und ihnen Hindernisse aus dem Weg räumen. Quasi nebenbei wurden durch ihre Verabschiedung auch unzählige neue Arbeitsplätze für Archäologen geschaffen, die für den Staat, die Kommunen oder (wie bereits erwähnt) für den National Park Service tätig sind – oder die als Cultural Resources Manager Baustellen unter die Lupe nehmen, bevor die Bulldozer anrücken. Angesichts der aktuellen Probleme im Nahen Osten hat das US-Repräsentantenhaus 2015 ein Gesetz erlassen, das es unter Strafe stellt, innerhalb der Vereinigten Staaten Artefakte zu verkaufen, die von Plünderungen syrischer Stätten stammen. Dieser sogenannte Protect and Preserve International Cultural Property Act wurde im April 2016 vom Senat ratifiziert und am 9. Mai 2016 von Präsident Obama unterzeichnet.[17] Und am 30. November 2016 unterschrieben die USA und

Ägypten eine gemeinsame Absichtserklärung, um die Einfuhr von Altertümern aus Ägypten einzuschränken und so die anhaltenden Plünderungen im Land zu bekämpfen.

Ich bin mir sicher, ich spreche für viele meiner Kolleginnen und Kollegen, wenn ich sage, dass antike Artefakte ein wichtiger Teil unseres kollektiven Erbes sind; wir können nur hoffen, dass die vielen neuen Gesetze und Abkommen dazu beitragen werden, die Plünderungen und Raubgrabungen, die wir derzeit in aller Welt erleben müssen, einzudämmen. Allerdings kann und muss noch viel mehr getan werden; neue Gesetze sind das eine, genauso wichtig ist aber, bereits erforschte archäologische Stätten sowie jene, die bereits entdeckt, aber noch nicht ausgegraben wurden, besser zu schützen und zu bewachen.[18] Auch Nicht-Archäologen können ihren Teil dazu beitragen, indem sie nicht der Versuchung erliegen, antike Objekte zu erwerben, die auf einem Basar im Nahen Osten oder auf eBay angeboten werden.

Gerade *weil* alles, was Archäologen ausgraben, womit sie sich beschäftigen und worüber sie schreiben, so alt ist, beziehungsweise vor so langer Zeit stattgefunden hat, sollte jeder von uns zu verhindern versuchen, dass dieses Wissen über unsere gemeinsame Vergangenheit verloren geht. Bevor es zu spät ist.

Epilog

Zurück in die Zukunft

Das Konzept der Vergangenheit – dass es unzählige Zivilisationsschichten gibt und dass jede Kultur buchstäblich auf den vorangegangenen aufbaut – steht im Mittelpunkt dessen, womit sich Archäologen beschäftigen. Wenn wir uns Schicht für Schicht durch das Erdreich graben, bringen wir nicht nur Objekte ans Licht: Wir zeigen auf, was uns mit der Vergangenheit verbindet.

Natürlich werden auch *wir* eines Tages Vergangenheit sein. Unsere Zivilisation, unsere Kultur, wird irgendwann ebenfalls einer grauen Vorzeit angehören, und Archäologen werden dann aufdecken, was sie mit uns verbindet. Unsere iPhones, Barbiepuppen, Wal-Mart-Läden und McDonald's-Bögen – all das sind die Studienobjekte dieser zukünftigen Archäologen. Daher möchte ich an dieser Stelle nach vorn blicken und zwei Fragen aufwerfen. Die erste lautet: Wie werden die Archäologen der Zukunft arbeiten? Welche neuen Werkzeuge und Techniken werden sie verwenden? Und die zweite Frage ist: Wie werden die Archäologen der Zukunft unsere Gesellschaft und Kultur interpretieren? Beginnen wir mit der zweiten Frage.

Ich beschäftige mich intensiver mit der, wie ich sie nennen möchte, »Archäologie der Zukunft«, seit ich zwei TV-Dokumentationen gesehen habe, die auf der Grundlage von Alan Weismans Bestseller *Die Welt ohne uns* entstanden sind.[1] Eine lief auf dem National Geographic Channel und trug den Titel *Aftermath: Population Zero,* die andere, *Life without People,* wurde auf dem History Channel gezeigt. Beide Sendungen gingen (genau wie Weisman) der Frage nach, was mit unseren Städten und Bauwerken geschehen wird, wenn der Mensch irgendwann vom Erdball verschwindet. Die Zuschauer wurden Zeuge davon, wie der Eiffelturm einstürzt, wie die Space Needle in Seattle umfällt, wie Löwen ums Weiße Haus schleichen und von vielem mehr. Was würde ein Archäologen-Team in 200 Jahren vorfinden, wenn alle Menschen (außer den Archäologen natürlich) noch heute verschwänden? Und was in 2000 Jahren? Wie würden sie ihre Funde interpretieren und wie würden sie unsere Gesellschaft rekonstruieren?

Lassen wir für den Moment einmal alle großen Verwaltungsgebäude, Schulen, Wohnhäuser, Straßen, Brücken, Flughäfen und Ähnliches beiseite: Wie würden der Washington Zoo, die Smithsonian-Museen, eine Starbucks- oder eine McDonald's-Filiale aussehen? Was würde man in ihren Ruinen vorfinden? Könnte man sie korrekt identifizieren? Will heißen: Würden die Forscher erkennen, dass das eine ein Zoo war und das andere ein Café? Und wenn sie die Orte nicht korrekt identifizieren könnten – für was würden sie sie stattdessen halten?

Im Falle des Zoos wäre das unter Umständen gar nicht so einfach, es sei denn, die Archäologen würden die Schilder finden

Kopf der Freiheitsstatue

(und noch lesen können), die dort früher überall standen. Die Frage ist auch, ob es den Tieren im Zoo gelungen wäre zu flüchten, die Käfige folglich leer wären. Andernfalls würde man noch Tierskelette vorfinden, was – zusammen mit den Schildern – zu einer recht eindeutigen Identifizierung beitragen würde. Tierskelett-Funde und entzifferbare Schilder wären also ein ziemlich offensichtlicher Hinweis, worum es sich einst gehandelt hat – anderes vielleicht nicht.

Museen und Ausstellungshäuser wie die Smithsonian-Museen, das Deutsche Museum in München oder die National Gallery in London werden den Archäologen sicherlich Rätsel aufgeben, zumindest so lange, bis es ihnen dämmert, was sie da gerade ausgraben. Ein Gebäude, das den Hope-Diamanten, mehrere

Dinosaurier und einen riesigen Wal beherbergte, wird sicherlich für einige Fragezeichen und hitzige Diskussionen sorgen – bis die Ausgräber merken, dass sie das National Museum of Natural History gefunden haben.

Ich für meinen Teil glaube aber, dass Orte wie Starbucks und McDonald's die größte Verwirrung stiften würden. Vor allem Starbucks würde man möglicherweise für eine Religion halten – immerhin finden sich überall Bilder einer Art Gottheit mit wallendem Haar und einer Krone, deren Schreine oder Tempel sich praktisch an jeder Straßenecke finden lassen. Das Gleiche könnte für die McDonald's-Filialen gelten, nur dass die hier verehrte Gottheit einen Namen hat – Ronald McDonald –, rote Haare und Kleider in knalligen Farben trägt. Vielleicht würde man auch schlussfolgern, dass beide Figuren gemeinsam eine ganze Götterwelt anführten, so wie Zeus und Hera dem griechischen beziehungsweise Jupiter und Juno dem römischen Götterkanon vorstanden.

Das ist natürlich alles nicht ganz ernst gemeint. Dennoch: Wenn nicht genug relevante Daten überleben, könnte es durchaus sein, dass die Archäologen einer fernen Zukunft auf diese Weise interpretieren. Schon heute kann man ja beobachten, wie wir Ausgräber immer dann, wenn wir einen Fund nicht sofort einordnen können, ihn sofort (und nur halb im Scherz) als »kultisches« oder »religiöses« Objekt bezeichnen. Sich mit der Archäologie der Zukunft zu beschäftigen, ist ein faszinierendes Gedankenspiel – wir verbringen viel Zeit damit, längst untergegangene Kulturen zu untersuchen, und denken kaum daran, wie sich Archäologen später einmal unserer Kultur nähern werden. Man bedenke nur, dass ein Großteil unserer zwischenmenschlichen Interaktionen heute online stattfindet: Die meisten dieser Interaktionen werden spurlos verschwinden; zumindest werden die Archäologen der Zukunft keinen Zugriff mehr darauf haben.

Werden sie glauben, dass die meisten von uns Analphabeten waren? Und falls sie eine Situation vorfinden, bei der alles abrupt zum Stillstand kam – so wie 79 n. Chr. in Pompeji –, wie werden sie die allgegenwärtigen rechteckigen Dinger aus Metall, Kunststoff, Glas und Elektronik deuten, die sie bei nahezu jedem Skelett entdecken und die viele der Toten beim letzten Atemzug umklammert hielten? Werden die Archäologen überhaupt auf die Idee kommen, dass diese Geräte der Kommunikation dienten?

Der Grafiker David Macaulay hat in seinem großartigen illustrierten Büchlein *Motel der Mysterien* ein ähnliches Gedankenexperiment angestellt: Das Leben in Nordamerika wird innerhalb eines einzigen Tages im Jahr 2018 komplett ausgelöscht. Im Jahr 4022 findet der Amateurarchäologe Howard Carson zufällig eine antike Stätte, die er dann mit einem Team zusammen ausgräbt. Mit dabei ist eine Assistentin namens Harriet Burton.[2]

Selbstverständlich ist der Name »Howard Carson« an Howard Carter angelehnt, und seine Assistentin »Harriet Burton« basiert auf dem realen Vorbild Harry Burton, einem Ägyptologen und Fotografen, der mit dabei war, als Carter das Grab Tutanchamuns entdeckte. Macaulay hat sichtlich Spaß an den vielen Anspielungen auf Tutanchamun – Carson wiederholt sogar Carters berühmten Ausspruch, er sehe »wunderbare Dinge«.[3] Obwohl sie in dem Raum zwei Skelette vorfinden, hat Carson, wie sich herausstellt (auch wenn er selbst es nicht begreift), mitnichten ein Grab entdeckt: In Wirklichkeit handelt es sich bei dem Raum um ein Motelzimmer – was aber nur der Leser weiß.

Die fehlerhaften Interpretationen dessen, was sie im »Motel der Mysterien« vorfinden, sind urkomisch, und es sind zahlreiche Insider-Witze für Archäologen dabei. Aber sie veranschaulichen zugleich etwas, das ich weiter oben erwähnt habe: Wenn wir nicht wissen, worum es sich bei einem Objekt tatsächlich handelt, nehmen wir oft an, dass es etwas Religiöses war. So auch

Howard Carson bei Macaulay: Der Archäologe stellt fest, dass in der sogenannten Äußeren Kammer alles im Raum auf einen »Großen Altar« ausgerichtet ist, sogar der Leichnam, der auf der »Bettstatt« liegt und noch immer den »Heiligen Kommunikator« in der Hand hält. Natürlich weiß der Leser sofort, worum es sich bei diesen Artefakten in Wirklichkeit handelt: Der »Große Altar« ist nichts anderes als ein Fernsehgerät und der »heilige Kommunikator« die Fernbedienung dafür.[4] Doch 2000 Jahre in der Zukunft und ohne weitere Anhaltspunkte interpretiert Howard Carson diese Dinge eben als Kultgegenstände.

Um dem Ganzen die Krone aufzusetzen, lässt Macaulay Harriet Burton voller Stolz das »zeremonielle Stirnband« und das »heilige Collier« anlegen, die sich noch immer an Ort und Stelle auf der »heiligen Urne« befanden. Die beigefügte Illustration zeigt, was sie da in Wirklichkeit gefunden hat: Burton trägt einen Toilettensitz um den Hals (das »heilige Collier«), und das »zeremonielle Stirnband« ist ein Papierstreifen, auf dem steht: »Keimfrei – zu Ihrem Schutz.« An ihren Ohren baumeln zwei Zahnbürsten als »Ohrschmuck aus *Plasticus*«, und sie hat sich den Badewannenstöpsel als »exquisite Silberkette mit dem heiligen Amulett« umgehängt. Die entsprechende Zeichnung gleicht dem berühmten Foto von Heinrich Schliemanns Frau Sophia, die sich den Schmuck aus dem Schatz des Priamos angelegt hat, den ihr Mann in Troja gefunden hatte.[5]

So ähnlich könnte es kommen, wenn jemand in ferner Zukunft Starbucks, McDonald's, Museen, Zoos und, ja, möglicherweise auch Motels aus unserer Epoche ausgräbt. Es lohnt sich durchaus, einmal ganz ernsthaft darüber nachzudenken, dass die Archäologen der Zukunft unsere moderne Kultur völlig missinterpretieren könnten – und dass wir selbst hin und wieder (vielleicht sogar öfter als gedacht) bei der Deutung der Vergangenheit falschliegen. Diese Gefahr bringt der Beruf mit sich. Immerhin kommen wir heute, sobald wir genügend Daten gefunden haben, für gewöhnlich zu einem breiten wissenschaftlichen Konsens darüber, wie wir ein Gebäude, eine Fundstätte oder sogar eine ganze Kultur interpretieren sollten.

Und *wie* werden die Archäologen der Zukunft ihre Arbeit erledigen? Welche neuen Werkzeuge und Techniken werden sie verwenden? Das wissen wir heute natürlich genauso wenig, wie Heinrich Schliemann und Howard Carter ahnen konnten, dass Archäologen dereinst sowohl Troja als auch Tutanchamuns Grab mithilfe von Hightech-Bodenradargeräten untersuchen würden.

Ich gehe davon aus, dass die Technik weitere Fortschritte machen wird, die den Blick in die Erde oder durch die dichten Baumkronen der Urwälder Mittelamerikas und Kambodschas hindurch weiter vereinfachen, bevor wir irgendwo zu graben beginnen. Ich bin überzeugt davon (und liege allen seit Jahren in den Ohren damit), dass wir endlich bessere Möglichkeiten zur Fernerkundung brauchen. Von LiDAR einmal abgesehen, sind die meisten von uns verwendeten Techniken, wie Magnetometer oder Widerstandsmessgeräte, schon mehrere Jahrzehnte alt. Es ist Zeit für neue Entwicklungen, und hier und da gibt es sie auch schon: Bei einigen Projekten wurden die Protonenmagnetometer zum Beispiel bereits durch Saturationskern-Gradiometer und Cäsium-Magnetometer ersetzt.[6] Wie bereits erwähnt, kann die Fernerkundung die Notwendigkeit zu graben, deutlich minimieren. Da jede Archäologie zunächst einmal Zerstörung bedeutet, würden wir dadurch gegebenenfalls weniger kaputtmachen und mehr Arbeit erledigen, bevor wir überhaupt zum Spaten greifen.

Werden wir in Zukunft in der Lage sein, durch eine Erdschicht hindurch spezifische Materialien wie Gips zu orten, so wie wir heute bereits verborgene Mauern und Gräben im Erdreich erkennen können? Ließen sich Elemente der Technologie, die

die US-Transportsicherheitsbehörde in Flughäfen benutzt, um Drogen oder Sprengstoff aufzuspüren, nicht auch dazu verwenden, bestimmte chemische Verbindungen zu orten, die sich unter der Erde befinden? Wäre es sinnvoll, die Zusammenarbeit mit Unternehmen zu suchen, die Erdgas- und Ölvorkommen aufspüren, um neue Techniken zu nutzen, mit denen wir tiefer in einen Hügel hineinblicken oder ihn in virtuelle Scheiben schneiden können? Ich finde, die Zeit ist reif für eine Reihe technologischer Neuerungen, doch dazu muss man das Gespräch mit aufgeschlossenen Ingenieuren suchen, die dann vielleicht sagen werden: »Warten Sie mal, Sie wollen *was* tun? Na, das bekommen wir hin, kein Problem.«

Neue Analysetechniken werden sicherlich auch aus der Chemie und der Biologie kommen, insbesondere aus dem Bereich der DNA-Analyse; zum Teil geschieht das ja bereits. Auch die Konservierungstechniken müssen sich weiter verbessern, um das, was wir finden, noch besser für die Nachwelt bewahren zu können. Vor allem aber sollte man daran arbeiten, die Archäologen stärker für die Belange der Menschen vor Ort zu sensibilisieren, und gezielt Projekte fördern, die auf eine Kooperation zwischen Archäologen und lokalen Gemeinden setzen. Nur so können die Menschen, deren Erbe wir erforschen, mehr Mitsprache erhalten, wenn es darum geht, was mit den Artefakten dieses Erbes geschieht.[7] Ich glaube, wir können davon ausgehen, dass der physische Prozess des Grabens – mit Spitzhacken, Schaufeln, Kellen und Zahnarztbestecken – genauso weitergehen wird wie seit den Anfängen der Archäologie: Die Möglichkeiten, schnell und vorsichtig zu graben, ohne die Funde zu zerstören, sind begrenzt. Doch ich lasse mich gerne überraschen – es kann ja durchaus sein, dass irgendwann neue Grabungstechniken erfunden werden, von denen wir jetzt noch nichts ahnen. Niemals ändern aber wird sich die eiserne Regel, dass man die besten Objekte immer erst am letzten Tag der Grabungssaison findet ... und fast immer ganz am Rand der Grube.

Im meinem Büro an der George Washington University, wo auch das Buch im Regal steht, das mir meine Mutter zweimal geschenkt hat, zieren zwei Autoaufkleber die Wand. Auf dem ersten steht: »Archäologie? Ich geh lieber graben.« Auf dem zweiten: »Archäologe – der coolste Job der Welt. Ich rette die Vergangenheit, was tust du?« Sie bringen meine Haltung mit wenigen Worten auf den Punkt (genau, wie man es von einem Autoaufkleber erwarten darf) – ich würde *wirklich* lieber graben gehen, als im Büro zu sitzen. Und sie fordern den Rest der Welt heraus: In der Archäologie geht es niemals nur darum, Zeugnisse vergangener Zivilisationen aufzuspüren. Vielmehr will man diese Zeugnisse für künftige Generationen erhalten und kuratieren. Ich hoffe, dass auch dieses Buch einen kleinen Teil dazu beiträgt.

Dank

Ich hätte dieses Buch niemals schreiben können, wären da nicht all die Archäologinnen und Archäologen gewesen, die unsere Disziplin geprägt haben und deren Arbeit ich hier beschreibe. Ich bin stolz, einer so traditionsreichen und bedeutenden akademischen Fachrichtung anzugehören und in einem Bereich zu arbeiten, der für so viele Menschen von Interesse ist.

Im selben Atemzug möchte allen Studierenden danken, die jemals an der George Washington University in meinem Kurs »Einführung in die Archäologie« gesessen haben – das waren in den vergangenen 15 Jahren im Durchschnitt etwa 140 pro Jahr –, und allen Studierenden, die mich im Laufe der Jahre auf meinen Grabungen in Megiddo und Tell Kabri begleitet haben. Insbesondere widme ich dieses Buch all jenen, die sich für Archäologie als Hauptfach und für mich als Betreuer entschieden haben – das waren bislang etwa 150.

Ich möchte außerdem einigen Einzelpersonen danken, allen voran Rob Tempio, meinem Lektor bei der Princeton University Press, der mir überhaupt erst geraten hat, dieses Buch zu schreiben, und der mir während des gesamten kreativen Prozesses mit Rat und Tat zur Seite stand. Rob ist mehr als nur ein Lektor für mich, er ist zu einem echten Freund geworden. Mein weiterer Dank gilt Glynnis Fawkes, einer herausragenden Künstlerin und archäologischen Illustratorin, deren Zeichnungen sich in diesem Buch finden, und Michele Angel, der die fabelhaften Karten anfertigte. Außerdem danke ich Shaquona Crews, Scot Kuehm, Ryan Mulligan und allen anderen bei der

Princeton University Press, die mitgeholfen haben, dass dieses Buch das Licht der Welt erblickte. Mein ganz spezieller Dank gilt Mitchell Allen und Jill Rubalcaba, die die endgültige Fassung meines Manuskripts noch einmal besonders gründlich unter die Lupe nahmen und viele kluge Vorschläge für Änderungen parat hatten, sowie Peter Cooper, William Dardis, Randy Helm, Daniel Reynoso, Dan Rubalcaba, Jim West, Cassandra Wiseman und diversen anonymen Gutachtern, die jeweils Teile des Manuskripts in verschiedenen Stadien lasen und ihrerseits zahlreiche Verbesserungsvorschläge einbrachten. Sie alle haben dazu beigetragen, dem vorliegenden Werk den letzten Schliff zu geben.

Last, not least danke ich meiner Familie – meinen Eltern Martin und Evelyn, die mir als Kind und Jugendlichem gestatteten, mich meiner großen Leidenschaft, der Archäologie, zu widmen; meinen Kindern Hannah und Joshua, die mir, als sie selbst Kinder und Jugendliche waren, gestatteten, mich auch weiterhin dieser Leidenschaft zu widmen; und ganz besonders meiner Frau Diane, die mich und all das schon so lange so geduldig erträgt.

Liste der Abbildungen

Frontispiz: Ausgrabungen in Tell Kabri
Hellenistische Büste aus Bronze, Tell Anafa   9
Weinkrüge, Tell Kabri   13
Die goldene Maske des Tutanchamun   22
Howard Carter und ein Assistent untersuchen Tutanchamun   30
»Cave canem«-Mosaik und Gipsausguss eines Hundes   37
Der Vesuv, durch einen Bogen in Pompeji gesehen   41
Straße in Pompeji   47
Sophia Schliemann hat Schmuck aus dem Schatz des Priamos angelegt;
    Darstellung des Trojanischen Pferdes   51
Mauer aus Troja VI   53
Hieroglyphen auf dem Stein von Rosette   70
Stufenpyramide des Djoser, Sakkara   76
Königin Puabi, Ur   89
Geflügelter Stier mit Männerkopf, Dur Scharrukin (heute Chorsabad)   101
Schädelregal in Chichén Itzá   107
Tempel des Großen Jaguars (Tempel 1), Tikal   118
Vermessungstechniker laufen auf einem Transekt entlang   126
Traktor, der nahe Stonehenge einen Bodenradar schiebt   138
Fußspuren von Laetoli   149
Höhlenmalerei in der Chauvet-Höhle   165
Figurine aus Çatalhöyük, die möglicherweise eine Göttin oder Königin
    darstellt   173
Mit Ton verputzter Schädel aus Jericho   181
Mykene: Löwentor und »Goldmaske des Agamemnon«   193
Löwentor, Mykene   195
Akrotiri: Miniatur-Wandmalerei   213
Der Vulkan von Santorini bricht aus   215
Uluburun: Kupferbarren und andere Artefakte   227
Taucher am Kap Uluburun   231
Orakel von Delphi   245
Apollontempel, Delphi   255
Kolosseum, Rom   268
Titusbogen   278

Liste der Abbildungen

Titusbogen, Detail   279
Werkzeuge des Ausgräbers   290
Stratigrafische Lagen, Tell Kabri   303
Elfenbeinerner Greif, Megiddo   313
»Salomos Ställe« in Megiddo   320
Qumran-Rollen, Fragment   330
Höhlen bei Qumran   331
Ostraka aus Masada   345
Masada   348
Palmyra   361
Triumphbogen, Palmyra   366
Blick auf das »Schatzhaus« von Petra   370
Moorleiche »Tollund-Mann«   378
Terrakotta-Armee   386
Nazca-Linien: Kolibri   407
Machu Picchu   418
Mondpyramide, Teotihuacán   423
Steinerner Kolossalkopf der Olmeken, San Lorenzo   428
Aztekische Mondgöttin, Tenochtitlán   433
H. L. Hunley, U-Boot der konföderierten Marine   436
Mesa-Verde-Nationalpark, Colorado   450
Plünderer beim Graben   453
Plünderer im Irak   457
Künftiges Artefakt   463
Kopf der Freiheitsstatue   465

ANMERKUNGEN

Die versteinerte Hand eines Affen
1   Braymer 1960.
2   Ceram 1999, Stephens 1962, siehe auch Ceram 1958.
3   Ich leite diese Grabung zusammen mit Assaf Yasur-Landau von der Universität Haifa; Andrew Koh von der Brandeis University ist stellvertretender Grabungsleiter.
4   Siehe Jaggard 2014, Lemonick 2014b, Levitan 2013, McIntyre 2014, Naik 2013, Netburn 2013, Wilford 2013. Unsere Funde (Koh, Yasur-Landau und Cline 2014) wurden im Journal *PLoS ONE* publiziert, das online verfügbar ist unter http://journals.plos.org/plosone/article?id=10.1371/journal.pone.0106406.
5   Medienberichte vom 2. Juni 2016: Hatem 2016, Moye 2016, Rabinovitch 2016, Romey 2016, Smith 2016, Steinbuch 2016, Weber 2016; außerdem http://www.archaeology.org/news/4507-160602-archaeologists-return-to-the-judean-desert; http://www.inquisitr.com/3161047/new-archaeology-discovery-2000-year-old-roman-military-barracks-will-be-viewed-by-subway-riders-video/; http://www.archaeology.org/news/4503-160601-london-writing-tablet. Der tatsächliche Titel der publizierten wissenschaftlichen Analyse von Tutanchamuns Dolch war ein wenig dezenter: »The Meteoritic Origin of Tutankhamun's Iron Dagger Blade« (»Dolchklinge von Tutanchamun besteht aus meteoritischem Material«) – siehe Comelli, D'Orazio, Folco, El-Halwagy, Frizzi, Alberti, Capogrosso et al. 2016.
6   Dunston 2016.
7   Cline 2007b.
8   Wie ich bereits in Cline 2015: 620/621 festgestellt habe; siehe auch Killgrove 2015b. Gute Argumente gegen eine solche Pseudo-Archäologie gibt es bei Fagan 2006, Feder 2010, 2013, Stiebing 1984.
9   Curry 2015, Dubrow 2014, Mueller 2016, Romano 2015, Romey 2015, Vance 2015.
10 Lange 2008.
11 Neuendorf 2015.
12 Binkovitz 2013, Blumenthal und Mashberg 2015.
13 Viele dieser Themen, Orte und Archäologen sind natürlich bereits andernorts besprochen worden; zu den nutzbringendsten und am leichtesten lesbaren Büchern zum Thema zählen für mich diejenigen von Brian Fagan und Paul

Bahn. Hier relevant: Bahn 2001b, 1996a, b, 1997, 2000, 2000, 2001, 2003, 2007, 2008, 2009, 2014, Bahn und Cunliffe 2000, Bahn und Renfrew 1996, Catling und Bahn 2010, Fagan 1980, 1994, 1996, 2005, 2003, 2004a, 2007a, b, 2014, Fagan und Durrani 2014, 2016, Renfrew und Bahn 2012, 2015, siehe auch Hunt 2007, Pollard 2012.

»Wunderbare Dinge«: Das Grab des Tutanchamun

1 Carter und Mace 1977: 95/96. Siehe auch Carter 2010, Pollard 2012: 134–141, Snape in Bahn 2001b: 32–35.
2 Shaer 2014, http://www.nbcnews.com/science/science-news/tut-tut-new-view-king-tutankhamun-sparks-debate-n239166.
3 Zu Hatschepsut siehe Cooney 2015, Tyldesley 1997. Zu Thutmosis III. siehe Cline und O'Connor 2006, Gabriel 2009. Zu Echnaton siehe Aldred 1991, Redford 1987. Zu Nofretete siehe Tyldesley 1999. Zu den Epochen unmittelbar vor und nach Tutanchamun siehe auch Dodson 2009 und 2014.
4 Reeves 1990: 44–46. Viele Details über das Grab und seinen Inhalt, die ich weiter unten anführe, basieren auf dem ausgezeichneten Buch von Reeves. Siehe auch Allen 2006, Reeves und Wilkinson 1996: 122–127. Über die beiden Männer und ihre Entdeckungen zuletzt Fagan 2015.
5 Laut Carters Tagebüchern, http://www.griffith.ox.ac.uk/gri/4sea1not.html.
6 Laut Carters Tagebüchern, http://www.griffith.ox.ac.uk/gri/4sea1not.html.
7 Siehe den Eintrag in Carters Tagebuch auf http://www.griffith.ox.ac.uk/gri/4sea1not.html; außerdem Reeves 1990: 44–46, Reeves und Wilkinson 1996: 122–127.
8 Ebenda. Siehe auch Carters Tagebuch auf http://www.griffith.ox.ac.uk/gri/4sea1not.html.
9 Carter und Mace 1977: 95/96. Siehe auch Carter 2010.
10 Siehe Carters Tagebücher, http://www.griffith.ox.ac.uk/gri/4sea1not.html.
11 Siehe Carters Tagebücher, http://www.griffith.ox.ac.uk/gri/4sea1not.html.
12 Reeves und Wilkinson 1996: 122–127.
13 http://www.griffith.ox.ac.uk/gri/4sea1no2.html.
14 https://archive.nytimes.com.
15 http://www.griffith.ox.ac.uk/discoveringTut/journals-and-diaries/season-4/journal.html.
16 Ebenda.
17 Hawass 2005: 263–272, http://press.nationalgeographic.com/2005/03/07/tutankhamun-ct-scan-results-issued-march-7-2005-by-the-egyptian-supreme-council-of-antiquities/, http://news.bbc.co.uk/2/hi/science/nature/4328903.stm.
18 King und Cooper 2006.
19 Handwerk 2005.

20 Shaer 2014, http://www.nbcnews.com/science/science-news/tut-tut-new-view-king-tutankhamun-sparks-debate-n239166.
21 Hawass 2010: 34–59, siehe auch Hawass et al. 2010: 638–647.
22 Siehe Keys 2015, Martin 2015, Reeves 2014.
23 Reeves 2015b: 1, siehe http://www.highres.factum-arte.org/Tutankhamun/.
24 Del Giudice 2014, Neild 2014.
25 Reeves 2015a, b.
26 Siehe Borger 2016, Ghose 2015, Hessler 2015, 2016a, b, Jarus 2016, Strauss 2015; außerdem http://www.archaeology.org/news/4269-160317-tutankhamun-tomb-scan.

1 Asche zu Asche im antiken Italien

1 Wade 2015b.
2 Mocella et al. 2015.
3 Wade 2015b.
4 Van Gilder Cooke 2016, siehe auch http://popular-archaeology.com/issue/winter-2015-2016/article/metallic-ink-used-in-the-herculaneum-scrolls.
5 Jaggard 2015, Seabrook 2015, Urbanus 2015, Wade 2015b. Ähnliche Techniken wendet man heute bei karbonisierten Schriftrollen an, die an anderer Stelle gefunden wurden, z. B. in Elephantine in Ägypten oder En Gedi in Israel. Siehe Estrin 2016, Gannon 2016, Seales, Parker, Segal, Tov, Shor und Porath 2016.
6 Bahn 2001b: 122–125, Bahn 1996b: 154–159, Fagan und Durrani 2014: 27, Pollard 2012: 16–21.
7 Siehe die Einträge zu Winckelmann in Fagan 2003: 22–25 und Fagan 2014: 42–45. Siehe auch Fagan und Durrani 2014: 10–14. Dort findet sich eine ausführliche Darstellung und Definition verschiedener Arten der Archäologie, u. a. Prähistorische, Klassische, Biblische, Unterwasser-, Forensische, Historische und Industrielle Archäologie sowie Ägyptologie, Assyriologie und Bio-Archäologie.
8 Über Pompeji und Herculaneum gibt es unzählige Bücher. Zu den besten zählen Beard 2010, Berry 2008, Cooley und Cooley 2013, Ellis 2011, Grant ²1986, 1988.
9 Eine englische Übersetzung gibt es auf http://www.gutenberg.org/files/2811/2811-h/2811-h.htm.
10 Beim Wachsausschmelzverfahren modelliert der Bildhauer eine Skulptur aus Wachs, die mit einem härteren Material ummantelt wird und dann erhitzt, sodass das Wachs schmilzt und aus einem dafür vorgesehenen Loch am Boden herausläuft. So entsteht ein Formhohlraum, in den man geschmolzene Bronze gießen kann. Es entsteht ein exakter Abguss der ursprünglichen Skulptur aus Metall.
11 Stewart 2006.
12 Clinton 2013, Glover 2013, Griffiths 2015b, Sheldon 2014.

13 Povoledo 2015, Woollaston 2015.
14 http://volcanoes.usgs.gov/rhp/lahars.html.
15 http://www.herculaneum.ox.ac.uk/contribute/archive.
16 Mastrolorenzo et al. 2001.
17 Jashemski 1979, 2014.
18 Siehe z. B. Gates 2011: 356–367, MacKendrick 1967: 196–222.
19 Fuller 2014.
20 Ebenda.
21 Siehe http://classics.uc.edu/pompeii/index.php/news/1-latest/142-ipads2010.html, http://www.macworld.com/article/1154717/ipad_archeology_pompeii.html und https://www.macstories.net/ipad/apple-profiles-researchers-using-ipads-in-pompeii/.
22 Gates 2011: 365–367, siehe auch http://www.stoa.org/diotima/essays/seaford.shtml.
23 Die folgenden Beispiele stammen aus Lewis und Reinhold 1990: 236–238, 276–278.
24 Kumar 2013.

2   Auf der Suche nach Troja

1 Schliemann 1874: 290. Darüber habe ich bereits andernorts geschrieben: Cline 2013: 76–80.
2 Schliemann 1881: 453/454, mit Illustrationen und weiteren Erörterungen auf den folgenden Seiten. Siehe auch die Liste in Traill 1995: 111/112 mit Zitaten aus den Originalnotizbüchern, Briefen und relevanten Aufzeichnungen sowie Cline 2013: 76–80.
3 Ceram 1999: 50/51, siehe auch Mee in Bahn 2001b: 98/99, Pollard 2012: 78–83.
4 Es gibt zahlreiche Übersetzungen der *Ilias*, z. B. Fagles 1991. Eine englische Übersetzung des Epischen Zyklus findet sich in Evelyn-White 1914. Diese Geschichte wird außerdem kurz in Cline 2013 zusammengefasst.
5 Siehe die entsprechenden Passagen in Cline 2013, 2014.
6 Schliemann 1881: 3.
7 Siehe z. B. Traill 1985, 1995: 4/5 sowie Cline 2013: 72/73.
8 Allen 1999.
9 Siehe die relevanten Artikel darüber, wie Schliemann den Schatz entdeckte, in Traill 1993, sowie u. a. Traill 1983 und 1984, vor allem aber Fitton 2012. Fitton 2012. Siehe auch Cline 2013: 76–80, Rose 1993.
10 Siehe die relevanten Artikel darüber, wie Schliemann den Schatz entdeckte, in Traill 1984, sowie u. a. Easton 1981, 1984a, b, 1994 und 1995 und Traill 1999, 2000.
11 Siehe die Darstellungen von Meyer, Rose und Hoffman in *Archaeology* 46/6 (1993) sowie Easton 1995, Goldmann, Agar und Urice 1999, Meyer 1995 und Traill 1995: 300/301.

12 Sayce 1890. Siehe auch frühere kürzere Darstellungen in Cline 2013: 30–33, 2014: 33–35.
13 Hrozný 1917.
14 Zu den Hethitern siehe insbesondere den Überblick in Bryce 2002, 2005, 2012 und denjenigen in Collins 2007. Siehe auch Ceram 1955.
15 Siehe eine vollständige Erörterung des Gegenstands in Cline 2013: 54–68.
16 Wilford 1993a.
17 Cline 2013: 98, Jablonka 1994, Korfmann 2004: 38, Latacz 2001: 19–36, Wilford 1993b. Man beachte, dass einige der Materialien in diesem Kapitel denjenigen ähneln, die ich zuvor in Cline 2013 und 2014 veröffentlicht habe. Es gibt auch Dutzende, wenn nicht Hunderte weitere Bücher über Troja und den Trojanischen Krieg. Zu den besten gehören Bryce 2006, Latacz 2001, Strauss 2008, Thomas und Conant 2005, Wood 1985 sowie (für jüngere Leser) Rubalcaba und Cline 2011.
18 Becker und Jansen 1994: 105–114, Bryce 2006: 62, Bryce 2010: 478, Easton et al. 2002: 82, Korfmann 2004: 38, Korfmann 2007: 24, Latacz 2001: 28/29, Shanks 2002: 29.
19 Cline 2013: S. 99/100, Korfmann 2004.
20 Easton 2010, Schachermeyr 1950.
21 Kunnen-Jones 2002, Reilly 2004, Rose 2014: 226, 249/250.

3 Im Reich der Pharaonen

1 Zwei recht aktuelle Artikel über solche Behauptungen beziehungsweise Überzeugungen sind Kaufman 2016, Killgrove 2015a.
2 Die folgenden Publikationen bieten ebenfalls klare und akkurate Informationen über die Archäologie des alten Ägyptens, inklusive weiterer Details zu den Themen, die in diesem Kapitel behandelt werden: Bard 2008, Kemp 2005, Lehner 2004, Robins 2008, Silverman 2001, Wilkinson 2015.
3 Fagan 1980: 105–198. Zur Geschichte der Ägyptologie bis 1881 siehe Thompson 2015.
4 Fagan 1980: 156–174. Siehe den Eintrag zu Belzoni von Garry J. Shaw in Fagan 2014: 46–50, siehe auch Pollard 2012: 40–43.
5 Fagan 1980: 258–263, Reid 2002: 44–46, Thompson 2015: 198–207, siehe auch den Eintrag zu von Garry J. Shaw in Fagan 2014: 51–55.
6 Fagan 1980: 265–278, Thompson 2015: 223–282, siehe auch den Eintrag zu Mariette von Garry J. Shaw in Fagan 2014: 56–61.
7 Fagan 1980: 74–102, Reid 2002: 31–36, Thompson 2015: 97–103.
8 Fagan 1980: 248–254, Reid 2002: 40–44, Robinson 2014, siehe auch Pollard 2012: 44–47, Snape in Bahn 2001b: 40/41.
9 Bard 2008: 25–33.
10 Zur Chronologie Ägyptens und einzelnen Daten siehe z. B. Bard 2008: 36–55.
11 Siehe z. B. Weiss 2012.

12 Cline 2014.
13 Zur Mumifizierung und den spezifischen Details, die in folgendem Abschnitt diskutiert werden, siehe z. B. Andrews 1984, Hamilton-Paterson und Andrews 1978.
14 Jarus 2012.
15 Andrews 1984: 29.
16 Siehe z. B. Carrington 2014, Griffiths 2015a, Hawass und Saleem 2015; außerdem http://www.historyextra.com/feature/secret-lives-ancient-egyptians-revealed-ct-scans-mummies.
17 Griffiths 2015a.
18 Anyangwe 2015, Morelle 2015, Robinson und Millner 2015.
19 Zu den Pyramiden und den spezifischen Details, die in folgendem Abschnitt diskutiert werden, siehe insbesondere Lehner 2004.
20 Stiebing 2009: 136/137.
21 Brier und Houdin 2009.
22 Siehe http://www.universetoday.com/93398/can-you-see-the-pyramids-from-space/.
23 Siehe z. B. http://www.pbs.org/wgbh/nova/ancient/who-built-the-pyramids.html.
24 Siehe auch http://www.pbs.org/wgbh/nova/ancient/who-built-the-pyramids.html, wo Lehner statt vier drei Schichten erwähnt.
25 Siehe z. B. Lehner 2004.
26 Weitere Information bei Wilkinson 1997 und vielen anderen, z. B. Bard 2008: 137–140.
27 Bard 2008: 141/142.
28 Siehe Lorenzi 2016a, b.
29 Siehe Hatem 2016, Lorenzi 2016c. Zu den Arbeiten von Physikern der University of Texas an einer Maya-Pyramide in Belize siehe die Homepage der Maya Muon Research Group unter der Leitung von Professor Roy Schwitters: http://www.hep.utexas.edu/mayamuon/.
30 Siehe die Broschüre mit Abstracts zur 67. Jahrestagung (2016) unter http://www.archive.arce.org/.

4 Mysteriöses Mesopotamien

1 Siehe *Time*, »Books: Dame Agatha: Queen of the Maze«, 26. Januar 1976. In diesem Artikel wird sie mit der Aussage zitiert, sie habe dies anlässlich ihrer Silberhochzeit verkündet. Online verfügbar für Abonnenten von *Time* unter http://content.time.com/time/subscriber/article/0,33009,913961-2,00.html. Der Begleitband zur Ausstellung im British Museum: Trümpler 1999.
2 Christie 2005, siehe auch http://bjrichards.blogspot.com/2013/01/more-deadly-than-male-life-of-katharine_4954.html. Sie schrieb auch über ihre Zeit bei den

Anmerkungen 483

Ausgrabungen, um nach ihrer Rückkehr Fragen von Freunden beantworten zu können, siehe Mallowan 2012. Siehe auch Trümpler 1999.
3   Lloyd 1980b: 43–56, Moorey 1982. Siehe auch Larsen 1996, Roux 1992.
4   Zettler und Horne 1998: 14–19, 21–23.
5   Zettler und Horne 1998: 22–25, siehe auch Edens in Bahn 2001b: 142/143, Edens in Bahn 1997: 68–71, Pollard 2012: 128–33.
6   Zettler und Horne 1998: 22–25, siehe auch Edens in Bahn 1997: 68–71, Pollard 2012: 128–133.
7   Bei Lloyd 1980a gibt es einen guten Überblick. Fagan 2007b und Larsen 1996 bieten weitaus detailliertere und dennoch gut verständliche Darstellungen der Arbeit der ersten Archäologen in Mesopotamien, die auch auf den folgenden Seiten immer wieder aufgegriffen werden.
8   Bahn 2008: 26, Fagan 2003: 55–57, Fagan 2007b: 79–93, Larsen 1996: 79–87, 178–188, 215–227, 293–305, 333–337, Lloyd 1980a: 14, 75–78 und der Eintrag über Rawlinson von Andrew Robinson in Fagan 2014: 182–185.
9   Fagan 2003: 55–57, Fagan 2007b: 90–92, Lloyd 1980a: 14, 75–78.
10 Siehe Bahn 2008: 26, Fagan 2003: 55–57, Fagan 2007b: 79–93, Larsen 1996: 79–87, 178–188, 215–227, 293–305, 333–337, Lloyd 1980a: 14, 75–78 und der Eintrag über Rawlinson von Andrew Robinson in Fagan 2014: 182–185.
11 Lloyd 1980a: 94–98, Lloyd 1980b: 35. Siehe auch Edens in Bahn 2001b: 150–151, Fagan 2007b: 97–107, Larsen 1996: 3–33.
12 Ebenda.
13 Fagan 2003: 45/46, 51–54, Fagan 2007b: 109–15, Larsen 1996: 34–69, Lloyd 1980a: 15/16, 87–94, Oates und Oates 2001: 2–6 und der Eintrag über Layard von Joan Oates in Fagan 2014: 68–71, siehe auch Edens in Bahn 2001b: 150/151, Pollard 2012: 48–53.
14 Fagan 2007b: 109–23. Siehe auch Larsen 1996: 70–78, 88–98, 115–124.
15 Zitiert in Lloyd 1980a: 101.
16 Fagan 2007b: 115–123, Larsen 1996: 88–124, Lloyd 1980a: 101–103.
17 El-Ghobashy 2015.
18 Fagan 2007b: 131, 134–136, Layard 2017, Oates und Oates 2001: 6.
19 Fagan 2007b: 136–144, Larsen 1996: 196–235, 255–274.
20 Fagan 2007b: 136–144, Larsen 1996: 196–235, 255–274, Lloyd 1980a: 125–129, Russell 1991: 1.
21 Byron 1820, http://www.goethezeitportal.de/fileadmin/PDF/db/werke/byron_gesaenge.pdf.
22 Ussishkin 1984, 1987, 1988. Siehe auch Ussishkin 2014.
23 Bleibtreu 1990, 1991.
24 Fagan 2014: 71.
25 Lloyd 1980b: 33, 125.
26 Fagan 2007b: xi.
27 Fagan 2007b: 106/107, Larsen 1996: 32, Lloyd 1980b: 36, Parrot 1955: 40/41.

28 Fagan 2007b: 123–131, Larsen 1996: 125–132.
29 Fagan 2007b: 183–185, Larsen 1996: 344–349, Lloyd 1980a: 98, 130/131, 134, 140, Lloyd 1980b: 32/33, 36, Parrot 1955: 42.
30 Lloyd 1980b: 32/33, 36.
31 Fagan 2007b: 173–183, Larsen 1996: 315–332, Lloyd 1980a: 138/139.
32 Fagan 2007b: 181, Lloyd 1980a: 126.
33 Lloyd 1980a: 98, 135–139, Lloyd 1980b: 31.
34 Eine gute englische Übersetzung des *Gilgamesch-Epos* hat George 2003 herausgebracht.
35 Lloyd 1980a: 146/147, Oates und Oates 2001: 8/9, Russell 1991: 4.
36 Finkel 2014a, b, Moss 2014.
37 Siehe z. B. Kramer 1959, Roux 1992.
38 Ein Überblick und eine Auflistung relevanter Literatur finden sich bei Moro-Abadía 2006: 4–17. Siehe auch insbesondere Gosden 2001, 2004, Meskell 1998, Silberman 1989 und Trigger 1984.
39 Siehe Hussein 2016, Luhnow 2003, Oates in Fagan 2007a: 66–69. Siehe auch http://news.nationalgeographic.com/news/2003/06/photogalleries/nimrud/photo3.html.

5 Im Dschungel Mittelamerikas

1 Siehe Chase et al. 2010, 2011, 2012, 2014.
2 Fagan und Durrani 2014: 136.
3 Siehe Wilford 2010, also http://www.archaeology.org/news/2443-140818-mexico-yucatan-maya-cities-rediscovered (Zitat), http://news.nationalgeographic.com/news/2010/05/photogalleries/100520-ancient-maya-city-belize-science-pictures/.
4 Stephens 1854: 447. Siehe auch die Darstellung in Stuart und Stuart 2008: 35–63.
5 Stephens 1854: 448.
6 Stephens 1854, 1962.
7 Siehe die Einleitung in Koch 2013: 1–8. Siehe auch die Einführungen von Victor Wolfgang von Hagen, die in den Nachdrucken von Stephens' Bänden von der University of Oklahoma Press (1962, 1970) sowie Glassman 2003, Koch 2013 und von Hagen 1947 veröffentlicht wurden. Siehe auch die kürzliche Publikation von Carlsen 2016.
8 Koch 2013: 1.
9 Siehe den Eintrag zu Stephens und Catherwood von Michael D. Coe in Fagan 2014: 62–67 sowie Pollard 2012: 54–57.
10 Neu veröffentlicht als Stephens 1970.
11 Siehe auch die Kommentare und Beschreibungen dieser verschiedenen Leiden in Carlsen 2016: 158/159, 257–261, 325–326.

12 Stephens 1854: 535–546, Zitat aus 539. Siehe auch Carlsen 2016: x–xi, 231–33, 284–88, 358–62 zu den Aussagen von Stephens, es handele sich sowohl hier als auch bei anderen Maya-Stätten um Bauten der Einheimischen, sowie die kurze Darstellung der bisherigen Entdecker von Copán in Koch 2013: 98/99.
13 Stephens 1854: 94.
14 Stephens 1854: 547. Auch zitiert in Koch 2013: 6.
15 Coe 1997.
16 Siehe den Eintrag zu diesen drei Forschern – Thompson, Proskouriakoff und Knorosow – von Michael D. Coe in Fagan 2014: 191–195 sowie Stone in Bahn 2001b: 218/219.
17 Siehe http://www.unc.edu/news/archives/jan07/mayao10907.htm, Stuart und Stuart 1977, Stuart und Stuart 1993.
18 Siehe https://www.macfound.org/fellows/214/. Siehe auch Coe 1997 und die ähnlich betitelte Dokumentation »Breaking the Maya Code«, von der man sich Ausschnitte auf YouTube ansehen kann, sowie den Beitrag zur Schrift der Maya von David Stuart in Fagan 2007a: 246 sowie Stone in Bahn 2001b: 218/219. Man beachte auch die Stuart-Bibliographie in Houston, Mazariegos und Stuart 2001.
19 Lyon-House 2012, Stuart 2011.
20 Fash 2001, Koch 2013: 129, Stuart 2011: 275–78 und Anhang 5, http://whc.unesco.org/en/list/129.72.
21 Carlsen 2016: 122–124, Koch 2013: 123–125.
22 Stephens 1854: 93.
23 Coe 1968: 116, Fash 2001: 129, 139–150 und Carlsen: 57–65 (dort findet sich eine ausführliche Beschreibung und Erörterung ihrer gesamte Zeit in Copán).
24 Siehe http://www.socialstudiesforkids.com/articles/worldhistory/mayanballgame.htm. Vor Kurzem wissenschaftlich aufgearbeitet bei Blomster 2012: 8020–8025.
25 Hammond 1982: 46–48, Koch 2013: 130, siehe auch den Eintrag zu Alfred Maudslay von Norman Hammond in Fagan 2014: 78–82.
26 Koch 2013: 154.
27 http://whc.unesco.org/en/list/64, http://www.tikalnationalpark.org, Bahn 2009: 136–137, Coe 1968: 117–119, Stuart und Stuart 1977: 52. Siehe auch Harrison 1999.
28 Coe 1968: 118/119, http://www.tikalnationalpark.org, http://www.mayan-traveler.com/tikal-elmirador-flores-copan.php, http://mesoweb.com/encyc/index.asp? passcall=rightframeexact&rightframeexact=http%3A//mesoweb.com/encyc/view.asp%3Fact%3Dviewexact%26view%3Dnormal%26word%3DI%26wordAND%3DJasaw+Chan+Kawiil.
29 Koch 2013: 82–84, 91–95, Stuart und Stuart 2008: 35–63.
30 Siehe Carlsen 2016: x–xi, 231–233, 284–288, 358–362 (zu Stephens' Argumenten gegen den Einfluss von Atlantern, Ägyptern, Phöniziern oder anderen).

31 Carlsen 2016: 245–260, Koch 2013: 162–170, Stephens 1854: 474–485.
32 Stephens 1854: 476, Stone in Bahn 2001b: 216/217.
33 Koch 2013: 167/168 sowie Cortez in Bahn 1997: 126–129, Fagan und Durrani 2014: 333, Stone in Bahn 2001b: 216/217.
34 Stuart und Stuart 2008: 6/7 sowie Cortez in Bahn 1997: 126–129, Fagan und Durrani 2014: 333, Stone in Bahn 2001b: 216/217.
35 Dies wurde in einer Episode der Fernsehsendung *Ancient Aliens* aufgegriffen, in der es darum geht, ob diese Szene Pakal als Piloten eines Raumschiffs zeigt, siehe Staffel 4, Episode 1 (2012).
36 Stone in Bahn 2001b: 216/217, Stuart und Stuart 2008: 11/12, 92–98.
37 http://whc.unesco.org/en/list/411.
38 Stuart und Stuart 2008: 12, 22, 74–105, 182–184.
39 Stuart in Fagan 2007a: 94–97.
40 Koch 2013: 178–181.
41 Stephens 1854, Bd. 1–2.
42 Carlsen 2016: 331–339, Koch 2013: 188–244, Stephens 1962, Bd. 1–2.
43 Coe 1968: 146–148, mit Quellenangaben.
44 Bahn 2009: 144/145, Coe 1968: 142–154, Koch 2013: 225–230.
45 Bahn 2009: 144–145, http://whc.unesco.org/en/list/483.
46 Stephens 1962, Kap. 16 und 17 (auch verfügbar unter http://www.gutenberg.org/files/33130/33130-h/33130-h.htm#divi_17).
47 Coe 1968: 146/147, mit Quellenangaben.
48 Coe 1968:138/139, siehe auch (in einigen Fällen, wenn auch *cum grano salis*) Ghose 2014, Mott 2012, Moyer 2014, Stromberg 2012, http://popular-archaeology.com/issue/summer-2015/article/classic-ancient-maya-collapse-not-caused-by-overpopulation-and-deforestation-say-researchers, http://science.nasa.gov/science-news/science-at-nasa/2009/06oct_maya/.

Nachgefragt 1

1 Prägnante Analysen eines Großteils des Materials, das in diesem Zwischenkapitel behandelt wird, gibt es bei Fagan und Durrani 2014: 120–149 (Kapitel 8). Wer Informationen sucht, die über das hinausgehen, was in diesem Kapitel präsentiert wird, wird hier fündig: Banning 2002, Collins und Molyneaux 2003, Conyers 2013, Howard 2007, Leach 1992, White und King 2007.
2 Fagan und Durrani 2014: 92.
3 Bei Fagan und Durrani 2014: 87 gibt es mehr zu diesen Definitionen von Artefakten und Befunden sowie Definitionen von Gebäuden und Biofakten.
4 Der folgende Abschnitt über Prospektionen basiert auf der Darstellung bei Fagan und Durrani 2014: 126–136.
5 Fagan und Durrani 2014: 126–129, 144/145, 157.
6 Casana 2015, Vergano 2014, siehe auch http://www.nro.gov/history/csnr/corona/, http://www.nro.gov/history/csnr/corona/factsheet.html.

Anmerkungen 487

7   Bradford 1957.
8   Fagan und Durrani 2014: 145, Lerici 1959, 1962. Lericis Team, dem in späteren Jahren Archäologen von der University of Pennsylvania folgten, verwendete auch ganz frühe Exemplare von Protonenmagnetometern sowie elektronischen Widerstandsmessgeräten (beides werden wir später in diesem Buch noch näher kennenlernen), um weitere Gräber zu finden.
9   Fagan und Durrani 2014: 135, Abb. 8.10.
10 Blumenthal und Mashberg 2015, Cronin 2011, Parcak 2009, Said-Moorhouse 2013. Ein Clip von Sarah Parcaks Auftritt in der *Late Show* mit Stephen Colbert am 8. Januar 2016 findet sich auf https://www.youtube.com/watch?v=vK2t27FNJmU.
11 Maugh 1992.
12 Fagan und Durrani 2014: 133–134.
13 Ebenda.
14 Tepper 2002, 2003a, b, 2007.
15 Adams, David, und Tepper 2014, Ben Zion 2015b, Pincus, DeSmet, Tepper und Adams 2013. Siehe auch http://mfa.gov.il/MFA/Israel Experience/History/Pages/Roman-legion-camp-uncovered-at-Megiddo-9-Jul-2015.aspx.
16 Dunston 2016.
17 Fagan und Durrani 2014: 136. Zur LiDAR-Methode und römischen Straßen in England: Calderwood 2016, Nagesh 2016, Webster 2015. Zu Jesreel siehe http://www.biblicalarchaeology.org/daily/archaeology-today/biblical-archaeology-topics/jezreel-expedition-sheds-new-light-on-ahab-and-jezebels-city/.
18 McNeil 2015.
19 Fagan und Durrani 2014: 141/142.
20 Cline und Yasur-Landau 2006.
21 Fagan und Durrani 2014.
22 Ebenda.
23 Siehe z. B. Dvorsky 2014a.
24 Fagan und Durrani 2014: 130–131, Keys 2014. Siehe auch Dvorsky 2014b.
25 Keys 2014, Dvorsky 2014b, Moss 2015. Siehe außerdem http://www.usatoday.com/story/news/nation-now/2015/09/07/superhenge-discovery-at-stonehenge/71846436/, http://www.bbc.com/news/uk-england-wiltshire-34156673?ocid=socialflow_twitter%3FSThisFB%3FSThisFB.
26 Keys 2016, Knapton 2016.
27 Fagan und Durrani 2014: 126.
28 Auf Englisch: *full-coverage survey*; Fagan und Durrani 2014: 125/126.
29 Fagan und Durrani 2014: 129/130.
30 Yasur-Landau, Cline und Pierce 2008.

Anmerkungen

6 Die Entdeckung unserer frühesten Vorfahren

1 Shreeve 2015, siehe auch McKenzie 2016, Wilford 2015 und Williams 2016. Die ursprüngliche wissenschaftliche Publikation: Berger et al. 2015.
2 Beachten Sie, dass ich hier den Begriff *Hominini* verwende (anstelle von *Hominiden*). Dieser Begriff umfasst alle Arten der Gattung Homo, also den heute lebenden Menschen sowie die ausgestorbenen Vorfahren dieser Gattung (einschließlich den Gattungen *Homo, Australopithecus, Paranthropus* und *Ardipithecus*). Siehe http://australianmuseum.net.au/hominid-and-hominin-whats-the-difference# sthash.bYSSx6yE.dpuf.
3 McKenzie 2016, Shreeve 2015, Wilford 2015, Williams 2016.
4 Siehe z. B. Lents 2016, McKie 2015, Pyne 2016, Williams 2016. Zuvor hatte Berger angekündigt, er habe in einer Höhle bei Johannesburg in Südafrika weitere frühe hominine Fossilien entdeckt, siehe Berger et al. 2010, Wilford 2015, Williams 2016 und http://www.sciencemag.org/site/extra/sediba/. Diese Fossilien wurden im August 2008 ausgegraben, nachdem Bergers neunjähriger Sohn die ersten beiden zufällig entdeckt hatte. 2010 erhielten sie den offiziellen Namen *Australopithecus sediba*. Laut Bergers Datierung sind sie etwa 1,78 bis 1,95 Millionen Jahre alt.
5 http://www.nationalgeographic.com/explorers/bios/leakeys/. Über die Leakeys wurden viele Bücher geschrieben, und die Leakeys haben auch selbst einige verfasst. Siehe z. B. Bowman-Kruh 2005, Cole 1975, M. D. Leakey 1996, 1986, R. E. Leakey 1984, Morell 1996.
6 Pearson 2003, http://www.nationalgeographic.com/explorers/bios/leakeys/.
7 http://www.nationalgeographic.com/explorers/bios/leakeys/, http://www.leakey.com/bios/meave-leakey.
8 Siehe z. B. Leakey und Lewin 1996.
9 Thackery in Bahn 1997: 18/19, Wong 2011, http://www.leakey.com/bios/richard-leakey.
10 Cole 1975.
11 Fagan 2003: 148–152, siehe auch den Eintrag zum Ehepaar Leakey von Brian Fagan in Fagan 2014: 215–219. Eine stark erweiterte Fassung der Geschichte findet sich in Fagan 1994: 57–78.
12 Bahn 2008: 76–78, Fagan 2003: 148–152, Fagan 2014: 215–219. Siehe auch http://www.leakey.com/bios/louis-seymour-bazett-leakey, http://www.leakey.com/bios/mary-leakey, http://www.pbs.org/wgbh/aso/databank/entries/do59le.html.
13 http://www.leakey.com/bios/mary-leakey, http://humanorigins.si.edu/evidence/behavior/footprints/laetoli-footprint-trails, http://www.getty.edu/conservation/publications_resources/newsletters/10_1/laetoli.html, http://www.pbs.org/wgbh/evolution/educators/course/session5/engage_a.html.
14 Thackeray in Bahn 2001b: 18/19.

15 Fagan und Durrani 2014: 42, Raichlen et al. 2010, Thackeray in Bahn 2001b: 18/19.
16 http://humanorigins.si.edu/evidence/behavior/footprints/footprints-koobi-fora-kenya.
17 McKie 2012, Millar 1972, Spencer 1990, Walsh 1996.
18 »Science: End as a Man«, *Time*, November 30, 1953, online verfügbar unter http://content.time.com/time/subscriber/article/0,33009,823171,00.html.
19 https://iho.asu.edu/about/lucys-story. Siehe auch Johanson und Edey 51994, Johanson und Wong 2010, Pollard 2012: 192–197, Thackeray in Bahn 2001b: 17/18, Thackeray in Bahn 1997: 14–17.
20 https://iho.asu.edu/about/lucys-story. Siehe auch Johanson und Edey 51994, Johanson und Wong 2010, Pollard 2012: 192–197, Thackeray in Bahn 2001b: 17/18, Thackeray in Bahn 1997: 14–17.
21 Siehe https://iho.asu.edu/about/lucys-story, Johanson und Edey 51994.
22 http://whc.unesco.org/en/list/1393.
23 Siehe den Eintrag zu Garrod von William Davies in Fagan 2014: 202–205 sowie Bar-Yosef und Callander 2006: 380–424, Davies und Charles 1999, Fagan 2003: 136–39.
24 Bahn 2008: 44/45 und siehe den Eintrag zu Garrod von William Davies in Fagan 2014: 202–205.
25 http://www.timesofisrael.com/finding-man-israels-prehistoric-caves/.
26 Bahn 2008: 44/45.
27 Choi 2014, Lemonick 2014a.
28 Bahn 2009: 38/39, Bar-Yosef, Vandermeersch, Arensburg, Belfer-Cohen, Goldberg, Laville und Meignen 1992: 497–550.
29 Edwards 2010, Solecki 1954, 1971, 1975, Solecki, Solecki und Agelarakis 2004, Trinkaus 1983.
30 Edwards 2010, Solecki 1954, 1971, 1975, Sommer 1999, Trinkaus 1983.
31 Ein guter Überblick über alle Höhlenmalereien: Curtis 2006.
32 Bahn 2001b: 58/59, Fagan und Durrani 2014: 32, Pollard 2012: 74–77, Spivey 2006: 17–20. Siehe auch Saura Ramos, Pérez-Seoane und Martínez 1999.
33 Siehe neben den Referenzen in der vorherigen Fußnote auch http://whc.unesco.org/en/list/310, http://www.visual-arts-cork.com/prehistoric/altamira-cave-paintings.htm.
34 http://www.visual-arts-cork.com/prehistoric/altamira-cave-paintings.htm.
35 http://whc.unesco.org/en/list/310.
36 Altares 2015a, b, Rubin 2015. Siehe auch http://www.bradshawfoundation.com/news/cave_art_paintings.php?id=The-Spanish-Cave-of-Altamira-opens-with-politics.
37 Cosgrove 2014. Siehe auch Bahn 2001b: 60/61, Bahn 2009: 84/85, Bataille 1984.
38 http://whc.unesco.org/en/list/85.

39 Bahn 2001b: 60/61, Bahn 2009: 84/85, Hammer 2015, Thurman 2008. Siehe auch http://whc.unesco.org/en/list/85, http://www.bradshawfoundation.com/lascaux/index.php.
40 Bahn 2001b: 60/61, Bahn 2009: 84/85. Siehe auch http://www.bradshawfoundation.com/lascaux/index.php.
41 Cosgrove 2014, Hammer 2015, Rubin 2015. Siehe also http://www.bradshawfoundation.com/chauvet/chauvet_cave_paintings.php.
42 Dargis 2011, http://www.bradshawfoundation.com/chauvet/chauvet_cave_paintings.php, http://www.bradshawfoundation.com/chauvet/chauvet_cave_UNESCO_world_heritage_site.php, http://whc.unesco.org/en/list/1426, http://www.metmuseum.org/toah/hd/chav/hd_chav.htm.
43 Callaway 2016, Chauvet, Deschamps und Hillaire 1996: 35–70, Clottes 2003, Fagan und Durrani 2014: 16, Lichfield 2016, Nomade et al. 2016.
44 Hammer 2015, Morelle und Denman 2015. Siehe auch http://www.metmuseum.org/toah/hd/chav/hd_chav.htm, http://www.newworldencyclopedia.org/entry/Chauvet_Cave.
45 Daley 2016, Netburn 2016, Quiles et al. 2016.
46 Thurman 2008, http://www.newworldencyclopedia.org/entry/Chauvet_Cave.
47 Dargis 2011, Thurman 2008. Siehe auch http://www.newworldencyclopedia.org/entry/Chauvet_Cave.
48 Hammer 2015, auf Basis von Chauvet, Deschamps und Hillaire 1996: 41.
49 Hammer 2015 sowie http://www.newworldencyclopedia.org/entry/Chauvet_Cave.
50 Hammer 2015, Thurman 2008, http://www.bradshawfoundation.com/chauvet/chauvet_cave_paintings.php.
51 Auf http://www.donsmaps.com/images9/chauvetmap.gif findet sich eine nützliche Karte, angefertigt von Don Hitchcock auf Grundlage des Originals, das in Clottes 2003 veröffentlicht wurde. Die nachfolgenden Abschnitte beziehen sich auf diese Karte.
52 Dargis 2011, Rubin 2015.
53 http://www.prehistoric-wildlife.com/species/m/megaloceros.html.
54 Callaway 2016, Lichfield 2016, Nomade et al. 2016.
55 Thurman 2008.
56 Hammer 2015, Morelle und Denman 2015, Rubin 2015.
57 Minder 2014.
58 Laut Williams 2016 sieht unser Stamm*baum* inzwischen eher wie ein Strauch aus – in einem Artikel, der im *New Yorker* erschien, als der endgültige Entwurf dieses Manuskripts gerade fertiggestellt wurde, schreibt er: »Je mehr Fossilien auftauchten, je besser die Forschungswerkzeuge wurden und je nuancierter die Vergleiche, die diese Werkzeuge ermöglichten, desto mehr wurde der Baum zu einem Busch mit vielen Zweigen, welche verschiedene Spezies darstellten, die einander zeitlich überlappten.«

7 Die ersten Landwirte im Fruchtbaren Halbmond

1 http://occupytheory.org/gobekli-tepe-hoax-debunked/, http://www.history.com/shows/ancient-aliens/episodes/season-2. Curry 2008, Fagan und Durrani 2014: 236–237, Mann 2011, Schmidt in Fagan 2007a: 180–183, Spivey 2006: 44–49.
2 http://www.al-monitor.com/pulse/originals/2015/07/turkey-worlds-oldest-temple-discovered-in-south.html#, http://www.hurriyetdailynews.com/ancient-gobeklitepe-pioneer-schmidt-passes-away.aspx?pageID=238&nID=69418&NewsCatID=375.
3 Eine etwas ältere, aber noch immer wertvolle Quelle, die diese Theorien in aller Kürze präsentiert, ist Redman 1978. Siehe auch z. B. Simmons 2007 mit zahlreichen weiteren Verweisen.
4 Curry 2008, Mann 2011, Spivey 2006: 44–49.
5 Gray 2015, Osborne 2015.
6 Curry 2008, Mann 2011, Spivey 2006: 44–49.
7 Mann 2011.
8 Curry 2008, Mann 2011, Spivey 2006: 44–49.
9 Curry 2008.
10 Siehe Cline 2012: 42–44.
11 Siehe Cline 2015: 620f.
12 Garstang und Garstang 1940, siehe auch Edens in Bahn 2001b: 140/141.
13 Kenyon 1957.
14 Fagan und Durrani 2014: 88, 98–100, 103, siehe auch Bahn 2008: 56/57, Fagan 2014: 139 (innerhalb des Eintrags zu Petrie von Garry J. Shaw), Hallote 2006: 154/155, 181. Max Uhle und Nels Nelson gelten innerhalb der Archäologie der Neuen Welt als diejenigen, die das Konzept der Stratigrafie in die nordamerikanische Archäologie eingeführt haben.
15 Siehe die Analyse in Cline 2016: 125–159.
16 Siehe z. B. Barkai und Liran 2008.
17 Siehe z. B. Edens in Bahn 1997: 42–45.
18 http://www.damienhirst.com/for-the-love-of-god, http://www.theguardian.com/artanddesign/video/2012/apr/18/damien-hirst-tate-modern-skull-video.
19 Nigro 2006: 1–40. Siehe auch die auf https://uniroma1.academia.edu/LorenzoNigro geposteten Publikationen.
20 Edens in Bahn 2001b: 68/69, Pollard 2012: 172–175.
21 Fagan und Durrani 2014: 53, Hodder 2006.
22 Hodder 2006.
23 Auf https://socialsciences.mcmaster.ca/mcmaster-archaeological-xrf-lab-maxlab/research-projects/catalhoyuk-turkey findet sich eine Liste der Publikationen zur Analyse des Obsidians, der bei Çatalhöyük gefunden wurde.

24 http://www.sci-news.com/archaeology/science-catalhoyuk-map-mural-volcanic-eruption-01681.html, Schmitt et al. 2014.
25 Balter 2009, Hodder 2011.
26 Phillips 1955: 246/247, Willey und Phillips 1958: 2.
27 Fagan und Durrani 2014: 46–49, Kelly und Thomas 2013: 13/14, 35–38.
28 Kelly und Thomas 2013: 35–38. Siehe auch Fagan und Durrani 2014: 46–49.
29 Siehe z. B. Hodder 1986, 1987, 1999 sowie Fagan und Durrani 2014: 46–49, Kelly und Thomas 2013: 35–38.
30 http://www.musetours.com/explore-the-land-of-mother-goddess/.
31 Siehe z. B. Gimbutas 2000, 2010. Eine neuere Entdeckung bei Kark 2016.

8   Die ersten Griechen

1 Schliemann 1878. Siehe auch Castledon 2005, French 2002, Schofield 2009.
2 Pausanias, *Beschreibung Griechenlands* 2.16.6–7, engl. Übersetzung online verfügar auf http://www.theoi.com/Text/Pausanias2B.html.
3 Schliemann 1878: 67/68.
4 Ebenda, 68.
5 Ebenda, 67/68.
6 Ebenda, 69.
7 Ebenda, 98–117.
8 Harrington 1999, Riley 2015. Siehe auch Ceram 1966: 59/60.
9 Ceram 1999: 55
10 Schliemann 1878: 98.
11 Musgrave et al. 1995: 107–136. Siehe auch Brown et al. 2000: 115–119. Ähnliche Arbeiten wurden jetzt an einigen der Skelette von Gräberrund A durchgeführt, siehe Papazoglou-Manioudaki et al. 2009: 233–277, Papazoglou-Manioudaki et al. 2010: 157–224.
12 http://whc.unesco.org/en/list/941.
13 Robinson 2002.
14 Cline 1987, 1998.
15 Siehe die weitere Diskussion in Cline 2014.
16 Blakemore 2015, Lawler 2015, Wade 2015a, 2016 sowie http://magazine.uc.edu/issues/0316/pay_dirt.html. Siehe dazu jetzt Davis und Stocker 2016.
17 Castledon 1993, Evans 1921–1923, Fitton 2004, siehe auch Mee in Bahn 2001b: 92/93, Pollard 2012: 108–113.
18 Eisler 2005.
19 Ceram 1966: 31–33, Lapatin 2002.
20 Koehl 1986: 407–417.
21 Niemeier 1988, Shaw 2004.
22 Bietak 1992: 26–28.

9 Wo liegt Atlantis?

1. Owen 2011, siehe auch das entsprechende Kapitel in Adams 2015.
2. In Adams 2015 sind die Behauptungen gesammelt, die er nachgeprüft hat.
3. Herodot, *Historien* IV.147, http://www.perseus.tufts.edu/hopper/text?doc=P erseus%3Atext%3A1999.01.0126%3Abook%3D4%3Achapter%3D147%3Asecti on%3D1.
4. Herodot, *Historien* IV.147, siehe auch Apollonios Rhodius, *Argonautica* 4.173, 175.
5. Marinatos 1939: 425–439.
6. Doumas 1991.
7. Doumas 1996, Marinatos 1984.
8. Cline 1991.
9. Davis 1986.
10. Doumas 1996.
11. Morris 1989.
12. Friedrich et al. 2006, Manning et al. 2006, Manning 2014, siehe auch Warburton 2009.
13. Weiterführende Diskussionen und Literatur finden sich in Cline 2016: 120–123, 305–307.
14. Siehe die Analysen in Cline 1994.
15. Siehe Luce 1987.
16. Deutsche Fassung nach Franz Susemihls Übersetzung: http://www.zeno.org/Philosophie/M/Platon/Timaios.
17. Siehe den amüsanten Bericht in Adams 2015.
18. Ritner und Moeller 2014.

10 Taucher, Wracks und Schätze auf dem Meeresgrund

1. Siehe die Diskussion in Cline 2014: 73–79 mit weiteren Verweisen; siehe auch Fagan und Durrani 2014: 328/329 sowie Mee in Bahn 2001b: 102/103.
2. http://www.penn.museum/sites/expedition/nautical-archaeology/.
3. Bass 1967.
4. http://nauticalarch.org/about/history/.
5. https://www.archaeological.org/awards/goldmedal.
6. Zu den aktuellen Publikationen zu Uluburun zählen Bass 1986, 1987 und Pulak 1998, 1999, 2010. Eine präzise Analyse findet sich auf http://nauticalarch.org/projects/all/southern_europe_mediterranean_aegean/uluburun_turkey/introduction/.
7. Siehe Bass 1986, 1987, Pulak 1998, 1999, 2010.
8. Hier könnte man diverse wissenschaftliche Publikationen zitieren.
9. Pulak 1998.
10. Stern et al. 2008.

11 Jackson und Nicholson 2010, Walton et al. 2009.
12 Cucchi 2008.
13 Bilder und weitere Beschreibungen finden sich insbesondere in Bass 1987.
14 Manning et al. 2009.
15 Cline und Yasur-Landau 2007.

11 Vom Diskurs zur Demokratie

1 https://www.rio2016.com/en/sports, http://ancientolympics.arts.kuleuven.be/eng/TC002cEN.html, http://www.bullshido.org/Pankration.
2 Andronicos 1992: 18, D. H. Cline 2016: 97, Gates 2011: 245, Pollard 2012: 26, Swaddling 2004: 7, Yalouris und Yalouris 1987: 27.
3 Andronicos 1992: 18, Clayton und Price 1990: 81/82, Gates 2011: 245, Swaddling 2004: 17–20, Yalouris und Yalouris 1987: 27.
4 Gates 2011: 245, Kyrieleis 2007: 102, Pausanias, *Beschreibung Griechenlands* 5.7.1–6.21.7, Pollard 2012: 26/27, Swaddling 2004: 17,19, englische Übersetzung online verfügbar auf http://www.theoi.com/Text/Pausanias5A.html#7, http://www.theoi.com/Text/Pausanias5B.html, http://www.theoi.com/Text/Pausanias6A.html, http://www.theoi.com/Text/Pausanias6B.html.
5 D. H. Cline 2016: 99.
6 Andronicos 1992: 18–23, 27, Clayton und Price 1990: 86–96, D. H. Cline 2016: 97, Gates 2011: 246–249, Kyrieleis 2007: 108–111, MacKendrick 1965: 144, 189–194, Swaddling 2004: 22–26, Yalouris und Yalouris 1987: 16/17.
7 Andronicos 1992: 23–27, Kyrieleis 2007: 104–105, MacKendrick 1965: 245–247, Pollard 2012: 29.
8 Kyrieleis 2007: 102/103, MacKendrick 1965: 191–197, Pollard 2012: 27, Swaddling 2004: 24.
9 Ceram 1966: 34–37, Dyson 2006: 82–85, Kyrieleis 2007: 102–103, MacKendrick 1965: 191–197, Pollard 2012: 27/28, Swaddling 2004: 24.
10 Schaar 2012: 328, dort zitiert: Evans 1931: 19. Siehe auch MacKendrick 1965: 17.
11 Dyson 2006: 198, Kyrieleis 2007: 106, MacKendrick 1965: 208, Swaddling 2004: 20.
12 Andronicos 1992: 14–18, Gates 2011: 245/246, 249/250, Kyrieleis 2007: 104, 106, 112/113, MacKendrick 1965: 144–146, 189–197, 245–247, Swaddling 2004: 17–53, Yalouris und Yalouris 1987: 10–27, http://whc.unesco.org/en/list/517.
13 Andronicos 1992: 30–32, Kyrieleis 2007: 113/114, Abb. 28–32, MacKendrick 1965: 146, 190.
14 Andronicos 1992: 31, Kyrieleis 2007: 113, Abb. 29–30, MacKendrick 1965: 225.
15 Gates 2011: 245–246, MacKendrick 1965: 146, Swaddling 2004: 38/39, Yalouris und Yalouris 1987: 11.
16 Andronicos 1992: 27/28, Clayton und Price 1990: 70–75, Kyrieleis 2007: 110–111, MacKendrick 1965: 189.
17 Bei Swaddling 2004 finden sich ab S. 54 und ab S. 87 weitere Details.

18 D. H. Cline 2016: 96/97, 100, Gates 2011: 250/251, Swaddling 2004: 144–149.
19 Sueton, *Nero* 23/24, http://www.perseus.tufts.edu/hopper/text?doc=Perseus%3Atext%3A1999.02.0132%3Alife%3Dnero%3Achapter%3D23 und http://www.perseus.tufts.edu/hopper/text?doc=Perseus:abo:phi,1348,016:24.
20 Andronicos 1993: 10–12, 17–19, D. H. Cline 2016: 190, Gates 2011: 239/240, MacKendrick 1965: 249, Scott 2014: 12–24, Zeilinga de Boer und Hale 2002.
21 Andronicos 1993: 7, Scott 2014: 52–63.
22 Gates 2011: 240, Herodot 1.75.2, 1.91.4, Scott 2014: 83–85, Zeilinga de Boer und Hale 2002, http://www.perseus.tufts.edu/hopper/text?doc=Perseus%3Atext%3A1999.01.0126%3Abook%3D1%3Achapter%3D75%3Asection%3D2 und http://www.perseus.tufts.edu/hopper/text?doc=Perseus%3Atext%3A1999.01.0126%3Abook%3D1%3Achapter%3D91%3Asection%3D4.
23 Siehe MacKendrick 1965: 247, Scott 2014: 23/24, Zeilinga de Boer und Hale 2002.
24 Andronicos 1993: 19/20, Dyson 2006: 120/121, Mulliez 2007: 141, Scott 2014: 267/268, Sheftel 2002, Vogelkoff-Brogan 2014 (dort zitiert: Amandry 1992). Berechnungen des Geldwertes nach http://www.davemanuel.com/inflation-calculator.php.
25 http://whc.unesco.org/en/list/393.
26 Dyson 2006: 119, MacKendrick 1965: 146, Mulliez 2007: 134–140, 142–144, 153, Scott 2014: 42, 252–267, 269–273.
27 MacKendrick 1965: 146–152, Mulliez 2007: 153–156, Scott 2014: 274–284.
28 Mulliez 2007: 151.
29 Andronicos 1993: 20, Herodot 1.31 (englische Übersetzung auf http://www.perseus.tufts.edu/hopper/text?doc=Perseus:text:1999.01.0126:book=1:chapter=31), MacKendrick 1965: 146-148, Abb. IV/6, Mulliez 2007: 144–46, Abb. 23–25, Scott 2014: 67, Abb. 3.1.
30 Andronicos 1993: 24–27, Gates 2011: 244, Abb. 15.5, MacKendrick 1965: 230–232, Abb. V/18, Mulliez 2007: 147–149, Abb. 28–31, Scott 2014: 123.
31 Andronicos 1993: 8/9, 20/21, MacKendrick 1965: 146–152, Mulliez 2007: 144, 147, 150/151, Scott 2014: 158/159, 197/198, 209–211.
32 Mulliez 2007: 144, 147, 151, Abb. 21.
33 Das Folgende basiert auf Karten aus diversen Publikationen, u. a. Andronicos 1993: 30/31 (siehe auch 15–19) und Gates 2011: 239. Siehe auch die Beschreibungen in Scott 2014: 233–235, 291–301 und Pausanias 10.8.6–10.17.1 und 10.18.1–10.24.7, Letzteres auf http://www.theoi.com/Text/Pausanias10A.html#5.
34 Andronicos 1993: 16, Gates 2011: 243, Scott 2014: 112/113, 128/129, 136/137, 291/292, Abb. 6.2, MacKendrick 1965: 165/166.
35 Andronicos 1993: 16/17, 20–24, Gates 2011: 241/242, MacKendrick 1965: 146–152, Abb. IV/7, Mulliez 2007: 144, Scott 2014: 105–108, 112/113, Abb. 5.2–5.4.
36 Gates 2011: 243, MacKendrick 1965: 146–152, Scott 2014: 128.

37 Andronicos 1993: 8, D. H. Cline 2016: 137, Gates 2011: 243, MacKendrick 1965: 152, Scott 2014: 121/122, 240/241, Abb. 11.4.
38 Andronicos 1993: 17–19, Gates 2011: 238/239, MacKendrick 1965: 146–152, 247–252, Pausanias 10.5.9–13, http://www.theoi.com/Text/Pausanias10A.html#5, Scott 2014: 93–97, 153–57.
39 Gates 2011: 244, Mulliez 2007: 147, Pausanias 10.7.2–8, http://www.theoi.com/Text/Pausanias10A.html#5, Scott 2014: 73, 124/125, 244.
40 Siehe Camp 2001, Hurwit 1999 sowie http://whc.unesco.org/en/list/404.
41 Beschreibungen und Erörterungen insbesondere in Camp 1989, 2010. Eine vollständige Publikation (allerdings nur der vor den in den 1970er-Jahren getätigten Entdeckungen) findet sich in Thompson und Wycherley 1972.
42 Camp 1989, 2010, Dyson 2006: 188–190, Thompson 1983.
43 http://www.ascsa.edu.gr/index.php/news/newsDetails/bruce-on-idig. Zu iPads in Pompeii siehe http://classics.uc.edu/pompeii/index.php/news/1-latest/142-ipads2010.html, http://www.macworld.com/article/1154717/ipad_archeology_pompeii.html und https://www.macstories.net/ipad/apple-profiles-researchers-using-ipads-in-pompeii/.
44 Camp 1989: 15, Camp 2010: 30–33, Dyson 2006: 78, 188.
45 Camp 1989: 69–96, 108–112, 166/167, 191–197. Siehe auch Camp 2010: 48/49, 53–61, 66/67, 89–91, 123–128, 176–178, Gawlinski 2014: 13–15, 66/67, 142/143.
46 Camp 1989: 65/66, 86, D. H. Cline 2016: 142/143, 185, Gawlinski 2014: 134–142, Thompson 1983.
47 Camp 1989: 73–86, Camp 2010: 95–101, Shear 1984.
48 Shear 1984.

12   Was haben die Römer je für uns getan?

1 https://www.welt.de/debatte/weblogs/Alan_Poseners_Blattkritik/article6063296/Lob-des-Imperiums.html.
2 Siehe Stanley Price 1991, mit weiteren Verweisen in diversen Fußnoten.
3 Stanley Price 1991, insbesondere 8–9.
4 Siehe z. B. Gates 2011: 329.
5 Coulston und Dodge 2000: 5, Gates 2011: 329, Laurence 2012: 28/29, 31, McGeough 2004: 54/55, Smith 2000: 18/19.
6 Siehe z. B. Gates 2011: 329.
7 Packer 1989: 138.
8 Coulston und Dodge 2000: 7/8, Gates 2011: 339, Hopkins und Beard 2010: 210–212, McFeaters 2007: 51, Packer 1989: 138/139, Perrottet 2005, Petter 2000.
9 Aicher 2000: 119, 134, Connolly und Dodge 1998: 110, Coulston und Dodge 2000: 8, Falasca-Zamponi 1997: 90–99, Fugate Brangers 2013: 125–127, Gates 2011: 340, 349, Guidi 1996: 113/114, MacKendrick 1960: 140, 145–146, McFeaters 2007: 53/54, McGeough 2004: 43/44, Nolan 2005, Olariu 2012, Packer 1989: 139, Painter 2005: xv, 3, 9, 19, Patric 1937, Perrottet 2005.

10 Aicher 2000: 120/121, Fugate Brangers 2013, Guidi 1996: 113/114, Hopkins und Beard 2010: 213–216, MacKendrick 1960: 140, 145–150, McFeaters 2007: 55–57, McGeough 2004: 43/44, Nolan 2005, Olariu 2012, Packer 1989: 139, Packer 1997: 307, Patric 1937, Painter 2005: xvi, 2–12, Perrottet 2005.

11 Siehe z. B. Hopkins und Beard 2010: 213/214, Abb. 28, MacKendrick 1960: 141, Abb. 5.12, Painter 2005: 11–13, 15/16, Abb. 1.2–1.8.

12 Claridge 2010: 207–212, Connolly und Dodge 1998: 112, Gates 2011: 352–355, MacKendrick 1960: 160–170, Olariu 2012: 360.

13 Claridge 2010: 207/208, 213, Fugate Brangers 2013: 130/131, Gates 2011: 352, MacKendrick 1960: 156, 160, Nolan 2005, Olariu 2012: 360.

14 Aicher 2000: 124, Claridge 2010: 207/208, 213, Coulston und Dodge 2000: 9, Fugate Brangers 2013: 130–131, MacKendrick 1960: 158–160, 162, Nolan 2005, Olariu 2012: 360, 364, Perrottet 2005.

15 Siehe insbesondere Andersen 2003, Conlin 1997a und b und Nolan 2005, aber auch Aicher 2000: 124, Claridge 2010: 207/208, 213, Coulstonand Dodge 2000: 9, Fugate Brangers 2013: 130/131, MacKendrick 1960: 158–160, 162, Olariu 2012: 360, 364, Perrottet 2005.

16 Claridge 2010: 171–174, Abb. 64, Hopkins und Beard 2010: 39–41, Kingsley 2006: 203, 205, 216/217.

17 Claridge 2010: 173, Abb. 65, Coulston und Dodge 2000: 355–357 mit weiteren Verweisen, Kingsley 2006: 205, 207/208, MacKendrick1960: 138, 226–230.

18 Josephus, *Jüdischer Krieg* 6.6.317.

19 Claridge 2010: 171/172, Gates 2011: 383/384, Hopkins und Beard 2010: 39–41, Kingsley 2006: xiii, 95, 203, 217–219, 267–269, MacKendrick1960: 235/236.

20 Claridge 2010: 121–123, MacKendrick 1960: 235/236.

21 Siehe http://yu.edu/cis/activities/arch-of-titus/, Fine 2013, Povoledo 2012. Zur Polychromie im Altertum siehe z. B. Fine 2013, Gurewitsch 2008, Pazanelli, Schmidt und Lapatin 2008.

22 Siehe http://yu.edu/cis/activities/arch-of-titus/, Fine 2013, Povoledo 2012. http://romereborn.frischerconsulting.com.

23 Piening 2013. Siehe auch Fine 2013, Povoledo 2012, http://yu.edu/cis/activities/arch-of-titus/.

24 Coleman 2000: 231, Connolly und Dodge 1998: 192/193, Dunkle 2008: 256–258, Hopkins und Beard 2010: 12/13, 33, 47–52, 178, MacKendrick 1960: 194, 224, 231–235.

25 Bahn 2009: 71, Connolly und Dodge 1998: 117–118, Gates 2011: 375–377, 386, Hopkins und Beard 2010: 41–43, MacKendrick 1960: 189–194, 224, 230, McGeough 2004: 218, 220.

26 Bahn 2009: 71, Binnie 2014, Connolly und Dodge 1998: 117–118, Kington 2009, MacKendrick 1960: 189–194, 224, 230, McGeough 2004: 35/36.

27 Feldman 2001: 23/24.

28 Zur Darstellung in den folgenden Absätzen siehe Alföldy 1995 und Feldman 2001. Siehe auch Coleman 2000: 229/230, Dunkle 2008: 259, Hopkins und Beard 2010: 45–47, Johnston 2001.
29 Coleman 2000 :231–235, 238–239, Connolly und Dodge 1998: 190–208, Dunkle 2008: 260–263, Futrell 2006: 62, 65/66, 79/80, 113/114, 221, Gates 2011: 385–387, Hopkins und Beard 2010: 20/21, 155–170, MacKendrick 1960: 194, 224, 231–235, McGeough 2004: 218.
30 Verweise auf weitere Autoren in Hopkins und Beard 2010: 16–24 und Dunkle 2008: 285–287.
31 Übersetzung von Joseph Emanuel Hilscher, in Hilscher 1840: 153.
32 Coleman 2000: 234, Connolly und Dodge 1998: 199–202, 207/208, Dunkle 2008: 278/279, Hopkins und Beard 2010: 107, 111/112, MacKendrick 1960: 233–235.
33 Coleman 2000: 238, Hopkins und Beard 2010: 57/58, 69, McGeough 2004: 218.
34 Coleman 2000: 239, Connolly und Dodge 1998: 190, 192, Dunkle 2008: 279–285, Hopkins und Beard 2010: 12/13, 131–134, 203–205, MacKendrick 1960: 230.
35 Bomgardner 2001, Chase 2002, Welch 2007.
36 Packer 1989: 140. Siehe auch Painter 2005: xv.
37 Packer 1989: 141, Packer 1997: 307. Siehe auch diverse Analysen in Connolly und Dodge 1998, Hopkins und Beard 2010 und MacKendrick 1960.
38 Guidi 1996: 113, McFeaters 2007: 57/58, Packer 1989: 141, Packer 1997: 307.
39 Díaz-Andreu und Champion 1996: 3. Siehe z. B. die einzelnen Kapiteln ihres Herausgeberbandes sowie die Literaturangaben in den Bibliographien der einzelnen Kapitel.
40 Díaz-Andreu und Champion 1996: 3.
41 Díaz-Andreu und Champion 1996: 2–4, 7–9, 21, Guidi 1996: 109/110, 113/114, McFeaters 2007: 50/51, 58/59, Painter 2005: 4/5. Siehe auch McGeough 2004: 43.
42 Siehe Díaz-Andreu und Champion 1996: 10/11, 14/15, Guidi 1996, McFeaters 2007 und Painter 2005 u. a. m.
43 Siehe meine Darstellung zu Beginn und am Ende der einzelnen Kapitel in Cline 2004.

Nachgefragt 2

1 Siehe auch die Darstellung in Fagan und Durrani 2014: 160–161 (mit einer detaillierten Liste von Werkzeugen).
2 Fagan und Durrani 2014: 88.
3 Ebenda, 89.
4 Ebenda, 158–160.
5 Ebenda, 156–158.
6 Bahn 2008: 57, Fagan 2014: 139 (innerhalb des Eintrags zu Petrie von Garry J. Shaw).

7 Fagan und Durrani 2014: 88, 98–100, 103, siehe auch Bahn 2008: 56/57, Fagan 2014: 139 (innerhalb des Eintrags zu Petrie von Garry J. Shaw), Hallote 2006: 154/155, 181.
8 Fagan und Durrani 2014: 88, 102–103, siehe auch Bahn 2008: 56/57, Fagan 2014: 139, Hallote 2006: 154/155, 181.
9 Siehe z. B. Fagan 2014: 139 (innerhalb des Eintrags zu Petrie von Garry J. Shaw).
10 Bahn 2008: 61, Fagan 2003: 144–147, Fagan und Durrani 2014: 90, siehe auch den Eintrag zu Wheeler von Martin Carver in Fagan 2014: 152–157.
11 Siehe http://www.harrismatrix.com/.
12 Bahn 2008: 74/75, Fagan 2003: 140–143, siehe auch den Eintrag zu Kenyon von Miriam C. Davis in Fagan 2014: 220–223.

13 Ausgrabungen in Armageddon

1 Davies 1986, Kempinski 1989.
2 Siehe die umfassende Darstellung aller Schlachten in Cline 2000, einschließlich einer ausführlicheren Analyse der in der *Offenbarung* beschriebenen Schlacht.
3 Siehe die Analyse in Cline 2000.
4 Siehe die umfassende Diskussion in Cline 2009.
5 Zu Yadin siehe Silberman 1993.
6 Siehe wiederum die entsprechende Diskussion in Cline 2009.
7 Finkelstein und Ussishkin 1994, Silberman, Finkelstein, Ussishkin und Halpern 1999.
8 Cline 2006, Cline und Samet 2013.
9 Gadot und Yasur-Landau 2006.
10 Siehe z. B. Harrison 2003.
11 Siehe Cline 2011, mit weiteren Darstellungen und zusätzlichen Verweisen auf die anderen Theorien und Vorschläge.
12 Cline und Sutter 2011: 159–190.
13 Siehe z. B. Fox 1993, Schofield, Johnson und Beck 2002, Scott, Babits und Haecker 2007 sowie Pollard 2012: 218–223.
14 Cline und Sutter 2011: 159–190.
15 Hasson 2012, https://english.tau.ac.il/news/tel_megido.
16 Adams, David und Tepper 2014, Ben Zion 2015b, Pincus, DeSmet, Tepper und Adams 2013. Siehe auch http://mfa.gov.il/MFA/IsraelExperience/History/Pages/Roman-legion-camp-uncovered-at-Megiddo-9-Jul-2015.aspx.

14 Biblische Funde

1 Zu den Rollen siehe Cline 2009: 91–97, Davies, Brooke und Callaway 2002, Fields 2006, Lim 2006, Magness 2002, Pollard 2012: 158–161, Shanks 1992, 1998.
2 Zu Qumran siehe z. B. Cargill 2009, Cline 2009: 93/94, Magness 2002.

3 Magness 2002: 25/26.
4 Siehe http://www.deadseascrolls.org.il/learn-about-the-scrolls/discovery-and-publication?locale=en_US., http://gnosis.org/library/dss/dss_timeline.htm. Siehe auch den ausführlichen Bericht in Fields 2006 sowie den Bericht in Lim 2006.
5 Siehe http://www.deadseascrolls.org.il/learn-about-the-scrolls/discovery-and-publication?locale=en_US.
6 Siehe z. B. Allegro 1960, McCarter 1992, Wolters 1996.
7 Übersetzung nach García Martínez 1996: 461.
8 Siehe z. B. Neese 2009.
9 Yadin 1985, siehe auch White Crawford 2000, Wise 1990.
10 Siehe z. B. Shanks 2010 sowie diverse Artikel in früheren Ausgaben der *Biblical Archaeology Review*.
11 Chandler 1991.
12 Abegg, Flint und Ulrich 1999: 213/214.
13 Siehe Vanderkam und Flint 2002: 115/116. Siehe auch Abegg, Flint und Ulrich 1999: 214.
14 Bahn 2000: 58/59, Moorey 1988.
15 Aharoni 1962, Harris 1998, Yadin 1971.
16 Freund und Arav 2001, Harris 1998, Saldarini 1998, Yadin 1971, insbesondere Kap. 5–10, siehe auch Freund 2004.
17 Freund und Arav 2001, Yadin 1971: 112–139.
18 Freund und Arav 2001, Harris 1998, Saldarini 1998, Yadin 1971, Kap. 16.
19 Harris 1998.
20 Die *Dead Sea Rollen Bible* dokumentiert die in den Qumran-Rollen entdeckten Lesarten als Fußnoten im traditionellen Text des Alten Testaments, siehe Abegg, Flint und Ulrich 1999. Seit 2012 gibt es auch eine Website, die digitalisierte Bilder von praktisch allen Rollen und Fragmenten bietet: http://www.deadseascrolls.org.il/?locale=en_US. Wer keinen Zugang zum Internet hat oder lieber echte Bücher liest: Englische Übersetzungen der meisten Schriftrollen finden sich in García Martinez 1996 und Vermes 1998.

15 Das Geheimnis von Masada

1 Yadin 1979. Siehe auch die Zusammenfassung von Snapes in Bahn 2001b: 158/159.
2 Ben-Yehuda 1995, 2002.
3 Ben-Tor 2009.
4 Ben-Tor 2009:309, http://whc.unesco.org/en/list/1040.
5 Yadin 1979: 13/14.
6 Ebenda.
7 Ebenda, 19–31.
8 Ebenda, 37.

9   Ebenda, *passim*.
10 Ebenda, 88.
11 Ebenda, 54, 64, 98, 108/109, 168–171.
12 Yadin 1979.
13 Magness 2012: 215.
14 Josephus, *Jüdischer Krieg* 7.8, Josephus 1901: 512.
15 Ebenda.
16 Yadin 1979: 26.
17 Josephus, *Jüdischer Krieg* 7.8, Josephus 1901: 513/514.
18 Ebenda.
19 Ebenda.
20 Ebenda, 515/516.
21 Josephus, *Jüdischer Krieg* 7.9, Josephus 1901: 524.
22 Josephus, *Jüdischer Krieg* 3.7.3–3.8.9, Josephus 1901: 242–270.
23 Yadin 1979: 171–179.
24 Yadin 1979: 54, 193, 197, Ben-Tor 2009: 299–307.
25 Ben-Tor 2009: 305.
26 Yadin 1979: 54.
27 Ebenda.
28 Ebenda.
29 Yadin 1979: 197, 201.
30 Ben-Tor 2009: 304.
31 Ben-Tor 2009: 309.
32 Siehe z. B. Kohl und Fawcett 1995, Meskell 1998.

16   Wüstenstädte

1   Eigeland 1978, Matthiae 1981, 2013, siehe auch Edens in Bahn 2001b: 148/149.
2   Eigeland 1978.
3   Ebenda.
4   Plaut 1978 sowie Vicker 1979: 1, Bermant und Weitzman 1979: 9–23.
5   O'Toole 1979: A18.
6   Pettinato 1981, 1991, Shanks 1980.
7   Chivers 2013.
8   Barnard 2015, Hutcherson 2015, Melvin, Elwazer und Berlinger 2015, Smith-Spark 2015, siehe auch http://www.reuters.com/article/2015/08/18/us-mideast-crisis-archaeology-idUSKCN0QN24K20150818, http://www.huffingtonpost.com/entry/isis-beheads-archeologist-palmyra_55d3a125e4b055a6dab1da13?kvcommref=mostpopular.
9   Turner 2016.
10 http://whc.unesco.org/en/list/23. Zu den wichtigsten Veröffentlichungen zu Palmyra zählen Browning 1979, Stoneman 1992 und Smith 2013.

11 http://whc.unesco.org/en/list/326. Die Stätte gehört seit 1980 zum UNESCO-Weltkulturerbe. Gute Einführungen zu Petra sind Amadasi und Schneider 2002, Browning 1973 sowie Taylor 2002.
12 https://world.new7wonders.com/wonders/petra-9-b-c-40-a-d-jordan/
13 Lawler 2007, Pollard 2012: 36.
14 Pollard 2012: 36.
15 Pollard 2012: 34–39.
16 Carlsen 2016: 94–106, Stephens 1970: xxxii–xxxiii.
17 *Petra* von John Burgon (1813–1888), Stephens 1970: xl.
18 http://www.deseretnews.com/article/25740/U-PROFESSOR-WILL-LEAD-EXPEDITION-TO-PETRA.html?pg=all.
19 http://www.biblicalarchaeology.org/daily/archaeology-today/archaeologists-biblical-scholars-works/philip-c-hammond-1924-2008/, http://www.biblicalarchaeology.org/daily/archaeology-today/biblical-archaeology-topics/scholarship-winners-speak-up/.
20 Stephens 1970: xxxiii, 254–256.
21 Browning 1973:118/119.
22 Browning 1973: 90–97.
23 https://brown.edu/Departments/Joukowsky_Institute/fieldwork/bupap/8445.html
24 Bohstrom 2016, Lawler 2007, https://petragardenexcavation.wordpress.com/project-history-2/.
25 https://acorjordan.wordpress.com/2015/08/01/petra-papyri/.
26 Browning 1973: 118/119, 188/189.

Nachgefragt 3

1 Prägnante Analysen eines Großteils des Materials, das in diesem Zwischenkapitel behandelt wird, gibt es bei Fagan und Durrani 2014: 96–118 (Kapitel 7).
2 Siehe z. B. Aitken 1990, Fagan und Durrani 2014: 111–117, Taylor und Aitken 1997.
3 Fagan und Durrani 2014: 111/112.
4 Siehe z. B. die Erklärung auf http://www.physlink.com/Education/AskExperts/ae403.cfm. Dort heißt es, es sei anhand des Gewichts und des chemischen Aufbaus einer Probe ziemlich einfach zu bestimmen, wie viele Kohlenstoffatome in einer Probe enthalten sind.
5 Manning et al. 2009.
6 Ein Beispiel für die Radiokarbon-Datierung als Teil der akademischen Diskussion findet sich bei Barkai und Liran 2014.
7 Siehe Fagan und Durrani 2014: 108–111, außerdem z. B. Baillie 2014 mit älteren Literaturangaben.
8 http://news.bbc.co.uk/2/hi/uk_news/scotland/edinburgh_and_east/8058185.stm (nicht mehr verfügbar).

Anmerkungen 503

9   Ebenda.
10 Manning et al. 2009.
11 Bahn 2001b: 178/179, Pollard 2012: 198–203.
12 Portal 2007: 15, 18, 21.
13 Bahn 2001b: 178/179, Portal 2007: 15, 18 und *passim*. Siehe auch http://science.nationalgeographic.com/science/archaeology/emperor-qin/.
14 Zitat von http://www.britishmuseum.org/PDF/Teachers_resource_pack_30_8a.pdf.
15 Bahn 2001b: 178/179.
16 Bahn 2001b: 178.
17 http://news.bbc.co.uk/2/hi/asia-pacific/8676886.stm, http://news.nationalgeographic.com/news/2012/06/pictures/120620-terra-cotta-warriors-china-new-army-shield-armor-science/.
18 Yan et al. 2014.
19 Bahn 2001b: 179.
20 http://www.britishmuseum.org/PDF/Teachers_resource_pack_30_8a.pdf, http://science.nationalgeographic.com/science/archaeology/emperor-qin/.
21 Russon 2014.
22 Moskowitz 2012, http://www.britishmuseum.org/PDF/Teachers_resource_pack_30_8a.pdf.
23 Siehe Fagan und Durrani 2014: 62–69.
24 Sie veröffentlichte später ein Buch über die Mumien (Barber 1999), genau wie er (Mallory und Mair 2000). Siehe auch Hudson in Bahn 1997: 152/153.
25 Demick 2010, Wade 2010, siehe auch Hudson in Bahn 1997: 152/153, http://factsanddetails.com/asian/cat62/sub406/item2567.html.
26 Demick 2010, Wade 2010, siehe auch Hudson in Bahn 1997: 152/153, http://factsanddetails.com/asian/cat62/sub406/item2567.html.
27 Bahn 2001b: 84/85, 1997: 140–145, Fagan und Durrani 2014: 68, 302/303, Pollard 2012: 232–235, Scarre in Fagan 2007a: 40f., siehe auch http://factsanddetails.com/world/cat56/sub362/item1496.html#chapter-0.
28 Bahn 1997: 140–145. Eine Darstellung dessen, was in den Jahren unmittelbar nach der ersten Entdeckung geschah, bietet Spindler 1995. Der Archäologe Spindler war für die ursprünglichen wissenschaftlichen Studien verantwortlich.
29 Siehe http://www.iceman.it/de/ mit weiteren Verweisen sowie http://factsanddetails.com/world/cat56/sub362/item 1496.html#chapter-0.
30 Siehe http://www.iceman.it/de/ mit weiteren Verweisen sowie http://factsanddetails.com/world/cat56/sub362/item 1496.html#chapter-0.
31 Bahn 1997: 140–145. Siehe http://www.iceman.it/de/ mit weiteren Verweisen, http://factsanddetails.com/world/cat56/sub362/item1496.html#chapter-0. Eine ausgezeichnete kurze Erläuterung der Strontiumisotopenanalyse findet sich auf http://archive.archaeology.org/0705/abstracts/isotopes.html.

32 Siehe wiederum http://www.iceman.it/de/ mit weiteren Verweisen sowie http://factsanddetails.com/world/cat56/sub362/item1496.html#chapter-0.
33 Barzilay 2016, der über einen 2016 in *Science* publizierten Artikel berichtet, nämlich Maixner et al. 2016. Siehe auch Rosen 2016 und http://www.pbs.org/wgbh/nova/next/body/ancient-icemans-h-pylori-genome-hints-at-ancient-migrations-to-europe/.
34 Zu Migrationen in Europa siehe z. B. Cooper und Haak 2015 mit Hinweisen auf die Originalpublikationen in *Science* und *Nature*; zu Richard III. siehe z. B. Kennedy 2014 und Sample 2015, der sich auf die ursprüngliche Publikation von King et al. 2014 bezieht.
35 Siehe Samadelli et al. 2015, Scallan 2015 sowie http://www.iceman.it/en/tattoos, http://www.celebritytattoodesign.com/brad-pitt-tattoos.
36 http://factsanddetails.com/world/cat56/sub362/item 1496.html#chapter-0.
37 Siehe http://www.iceman.it/de/ mit weiteren Verweisen sowie http://factsanddetails.com/world/cat56/sub362/item1496.html#chapter-0.
38 Bogucki in Bahn 2001b: 156/157, Bogucki in Bahn 1997: 146–151, Liesowska 2014, Pollard 2012: 236–239, Polosmak 1994 sowie http://siberiantimes.com/culture/others/features/siberian-princess-reveals-her-2500-year-old-tattoos/. Siehe auch die Darstellungen in Hall 2015, Mayor 2014.
39 Bogucki in Bahn 2001b: 156/157, Bogucki in Bahn 1997: 146–151, Liesowska 2014, Pollard 2012: 236–239, Polosmak 1994. Siehe auch http://siberian times.com/culture/others/features/siberian-princess-reveals-her-2500-year-old-tattoos/.
40 www.nationalgeographic.org/find-explorers/explorers/C14A53C5/johan-gjefsen-reinhard, Schreiber in Bahn 1997: 160f.
41 Reinhard 2005.
42 Clark 1998, Reinhard in Fagan 2007a: 100–105, Schreiber in Bahn 1997: 160/161.
43 Fagan und Durrani 2014: 63/64, Kaner in Bahn 1997: 164–169, Tarlow in Bahn 2001b: 114/115, siehe z. B. Aldhouse-Green 2015 und Glob 2004.
44 Kaner in Bahn 1997: 164–169, Pollard 2012: 212–217, Tarlow in Bahn 2001b: 114/115.
45 Kaner in Bahn 1997: 164–169, Tarlow in Bahn 2001b: 114 f.
46 Fagan und Durrani 2014: 63/64, Kaner in Bahn 1997: 164–69, Tarlow in Bahn 2001b: 114/115, http://www.tollundman.dk.
47 http://abcnews.go.com/Technology/story?id=119824.
48 Ballard 2008, Krause 2000, Søreide 2011.
49 Siehe Ballard 2008, Krause 2000, Ryan und Pittman 1998, Søreide 2011.
50 Pollard 2012: 154–157, Tarlow in Bahn 2001b: 128–131. Es gibt auch Darstellungen in Buchlänge, z. B. Bruce-Mitford 1979 und Williams 2011.
51 Pollard 2012: 154–157, Tarlow in Bahn 2001b: 128–131.
52 Ebenda.
53 Ebenda.

54 Ebenda.
55 Ebenda.
56 Ebenda.
57 Cohen 2011, Kennedy 2011, Ravilous 2012.
58 Ebenda.
59 Ebenda.

17 Linien im Sand, Städte im Himmel

1   Von Däniken 1968.
2   Ebenda., 26.
3   http://www.daniken.com/de/index.htm.
4   http://www.swissinfo.ch/eng/closure-of-mystery-park-is-no-enigma/5576928.
5   Dearden 2014.
6   Ruble 2014.
7   Siehe Feder 2013, Hall 2010, Pollard 2012: 158–161, Reinhard 1988, Schreiber in Bahn 2001b: 208/209.
8   Hall 2010, http://whc.unesco.org/en/list/700.
9   http://science.nationalgeographic.com/science/archaeology/nasca-lines/.
10 Siehe z. B. Moran 1998 mit einem Vorwort von von Däniken, zitiert auf http://www.jasoncolavito.com/blog/the-nazca-astronaut-a-fishy-story.
11 Siehe http://www.jasoncolavito.com/blog/the-nazca-astronaut-a-fishy-story, wo Reiche 1949 zitiert wird.
12 http://ancientaliensdebunked.com/the-nazca-astronautowlman-or-fisherman/.
13 Kroeber und Collier 1998.
14 Hall 2010, Reiche 1949.
15 Hall 2010.
16 Joe Nickell, früher an der University of Kentucky, schuf eine experimentelle Reproduktion eines Nazca-Bildes in Originalgröße nur mithilfe von Schnüren, Holzpflöcken und ein wenig Mathematik; siehe http://www.joenickell.com/NascaGeoglyphRecreator/NascaGeoglyphRec1.html. Siehe auch Feder 2013, zitiert in Hamilton 2008: 23–26.
17 Alva und Donnan 1993, Schreiber in Bahn 2001b: 226/227, Schreiber in Bahn 1997: 118–121.
18 Alva und Donnan 1993: 13.
19 Alva und Donnan 1993: 13/14, 24.
20 Alva und Donnan 1993: 23/24.
21 Alva 1988: 510–548, siehe auch Alva 1990: 2–15, Alva und Donnan 1993 sowie http://archaeology.about.com/od/mocheculture/ig/New-Elite-Moche-Burial/Tomb-of-Lord-of-Sipan.htm. Und, was ihre Entdeckungen betrifft, Wilford 2006, http://www.nytimes.com/2001/02/16/science/16reuters-archaeo.html.
22 Man bedenke jedoch, dass die Zahl der angegebenen Bestattungen variiert, siehe z. B. http://www.world-archaeology.com/features/tombs-of-the-lords-of-

sipan.htm, wo es heißt, neben der bestatteten Hauptperson seien acht weitere Personen begraben worden.
23 http://archaeology.about.com/od/mocheculture/ig/New-Elite-Moche-Burial/Moche-Sacrifice-Ceremony.htm#step-heading, mit Zitaten aus Alva und Donnan 1993 und anderen Quellen. Zu den Moche und ihrer Kunst siehe auch Donnan 1978, 1990, Donnan und McClelland 1999, Long 1990.
24 http://whc.unesco.org/en/list/274.
25 Siehe z. B. Burger und Salazar 2004, Reinhard 2007, siehe auch Pollard 2012: 122–127, Schreiber in Bahn 2001b: 238/239.
26 Siehe http://www.archaeology.org/news/3730–151001-machu-picchu-dna.
27 Adams 2011.
28 Bingham 1913.
29 Bingham 1922, 1979.
30 Bingham 2003.
31 http://www.npr.org/2010/12/15/132083890/yale-returns-machu-picchu-artifacts-to-peru, http://www.pirwahostelscusco.com/blog/hostels/new-machu-picchu-exhibit-opens-in-cusco-showcasing-yale-artifacts/, http://www.cultureindevelopment.nl/News/Heritage_the_Americas/654/Machu_Picchu,_Yale,_and_the_world_stage.
32 Ebenda.

18 Gefiederte Schlangen und goldene Adler

1 Cooper-White 2015, Mejia 2015, Shaer 2016, Sullivan 2014 sowie http://www.thedailybeast.com/articles/2015/05/09/the-mysteries-of-teotihuacan.html.
2 Siehe Cooper-White 2015, Mejia 2015, Shaer 2016, Sullivan 2014 sowie http://www.bbc.com/news/world-latin-america-29828309, http://www.thedailybeast.com/articles/2015/05/09/the-mysteries-of-teotihuacan.html, http://hds.harvard.edu/news/2015/10/02/exploring-ancient-city-teotihuacan#. Siehe auch die Videos https://www.youtube.com/watch?v=iCJM_5dOMSE&feature=youtu.be, https://www.youtube.com/watch?v=C8ZEKp85dwk&feature=youtu.be, https://www.youtube.com/watch?v=kksFtR9dEF4&feature=youtu.be.
3 Diehl 2004: 9, 11, Grove 2014: 183, Pool 2007: 7, Abb. 1.4, Stone in Bahn 2001b: 206/207.
4 Siehe insbesondere Stirling 1939, 1940, 1941, 1947. Siehe auch den Eintrag zu Michael D. Coe in Fagan 2014: 115–118 sowie Stone in Bahn 2001b: 206/207.
5 Grove 2014: 1/2, 6, Pool 2007: 1, 35.
6 Grove 2014: 1/2, 6, 21, Pool 2007: 1–3, 250/251, Abb. 1.1.
7 Diehl 2004: 13–15.
8 Diehl 2004: 14, Grove 2014: 2/3, Abb. 1.1, Pool 2007: 5, Abb. 1.3.
9 Blom und La Farge 1926/1927, Grove 2014: 5–16, Pool 2007: 36–38, Stone in Bahn 2001b: 206/207.
10 Siehe die Karten in Diehl 2004: 1, Grove 2014: 3, Abb. 1.1, Pool 2007: 5, Abb. 1,3.

Anmerkungen

11 Grove 2014: 17–30, Pool 2007: 40–44, Stone in Bahn 2001b: 206/207.
12 Grove 2014: 13–16, 31–36, Pool 2007: 44.
13 Grove 2014: 33–36 und Abb. 4.1–4.2. Siehe Stirling 1940. Die Olmeken-Köpfe waren auch Thema der Fernsehsendung *Ancient Aliens*, in der es in der ersten Folge der vierten Staffel darum ging, ob sie Fliegerhelme tragen (2012).
14 Diehl 2004: 60–82, Grove 2014: 37–49, Pool 2007: 1.
15 Grove 2014: 50–55. Zu den Köpfen, von denen man an mehreren Stätten der Olmeken insgesamt 17 Stück entdeckt hat, siehe Pool 2007: 106/107 und Abb. 4.3.
16 Diehl 2004: 16, 27/28, Grove 2014: 80–89, 104–115, 151–160, Pool 2007: 50–52.
17 Stone in Bahn 2001b: 206/207.
18 De Rojas 2012: 5/6, Draper 2010: 110–135, Smith 2003: 4, 36.
19 Bahn 2009: 154/155, Smith 2003: 43–55, Stone in Bahn 2001b: 236/237.
20 Bahn 2009: 154/155.
21 De Rojas 2012: 56.
22 Atwood 2014, Bahn 2009: 154/155, de Rojas 2012: 56–62, Stone in Bahn 2001b: 236/237.
23 Bahn 2009: 154/155, Stone in Bahn 2001b: 236/237.
24 Draper 2010: 110–135, Lovgren 2006.
25 Draper 2010: 110–135.
26 Ebenda.
27 Ebenda.
28 http://whc.unesco.org/en/list/414.
29 https://www.nationalgeographic.com/archaeology-and-history/archaeology/teotihuacan/. Achtung: Die Daten unterscheiden sich – http://whc.unesco.org/en/list/414.
30 Naughton 2015, siehe auch Bahn 2009: 138/139, Fagan und Durrani 2014: 290–292, Meyer 1973b, http://whc.unesco.org/en/list/414.
31 http://whc.unesco.org/en/list/414.
32 Bahn 2009: 138 f.
33 Stone in Bahn 2001b: 228 f., Bahn 2009: 138 f.
34 Cooper-White 2015, Mejia 2015, Sullivan 2014, http://www.bbc.com/news/world-latin-america-29828309, http://hds.harvard.edu/news/2015/10/02/exploring-ancient-city-teotihuacan#, Siehe auch Videos auf https://www.youtube.com/watch?v=iCJM_5dOMSE&feature=youtu.be, https://www.youtube.com/watch?v=C8ZEKp85dwk&feature=youtu.be, https://www.youtube.com/watch?v=kksFtR9dEF4&feature=youtu.be.
35 Millon 1964, 1973, Millon, Drewitt und Cowgill, 1973.
36 Bahn 2009: 138 f., Fagan und Durrani 2014: 27, 290–292.

19 U-Boote und Siedler, Goldmünzen und Bleikugeln

1. Amer 2002: 137–139, Cussler 2015, http://www.hunley.org, http://news.nati onalgeographic.com/news/2001/03/0321_hunleyfind.html. Es gibt diverse Berichte zur *Hunley*, u. a. Chaffin 2008, Hicks 2015, Hicks und Kropf 2002, Neyland in Fagan 2007a: 221–23, Ragan 1999, 2006 und Walker 2005.
2. Gast 2014, http://www.hunley.org, http://futureforce.navylive.dodlive.mil/2014/10/how-did-hunleys-crew-die/.
3. Fagan und Durrani 2014: 358, http://www.nps.gov/history/local-law/FHPL_AbndShipwreck.pdf.
4. Gast 2014. Man beachte, dass Amer 2002: 138 als Datum der *Hunley*-Bergung den 8. August 2001 angibt.
5. Amer 2002: 138, http://www.scstatehouse.gov/code/t54c007.php.
6. Gast 2014.
7. David L. Conlin (persönliches Gespräch, 18. Juli 2016), Conlin und Russell 2006, Gast 2014, http://news.nationalgeographic.com/news/2001/03/0321_hunleyfind.html.
8. http://www.navy.mil/submit/display.asp?story_id=15458.
9. Amer 2002: 138, Gast 2014.
10. Siehe Conlin und Russell 2006, http://www.achp.gov/docs/Section106SuccessStory_HLHunley.pdf.
11. Pringle 2011, Taylor 2011.
12. http://www.nps.gov/jame/learn/historyculture/pocahontas-her-life-and-legend.htm.
13. Die folgenden Informationen basieren auf Kelsos 2007 erschienenem Artikel über seine Ausgrabungen in Jamestown, publiziert in Fagan 2007a: 172–175. Siehe auch Fagan und Durrani 2014: 8, Kelso 2008, Kelso und Straube 2004.
14. Siehe Kelso in Fagan 2007a: 172–175.
15. Siehe Epstein 2015 und O'Brien 2015 (daher stammt die folgende Information).
16. Siehe Epstein 2015 und O'Brien 2015.
17. http://historicjamestowne.org/july-2015/.
18. Siehe Epstein 2015 und O'Brien 2015.
19. http://historicjamestowne.org/archaeology/chancel-burials/founders/gabriel-archer/, http://historicjamestowne.org/archaeology/chancel-burials/founders/robert-hunt/.
20. http://historicjamestowne.org/archaeology/chancel-burials/founders/william-west/, http://historicjamestowne.org/archaeology/chancel-burials/founders/ferdinando-wainman/.
21. http://smithsonianscience.si.edu/2013/05/forensic-analysis-of-17th-century-human-remains-at-jamestown-va-reveal-evidence-of-cannibalism/, https://www.youtube.com/watch?v=FGcN9_Gd5zQ.

Anmerkungen 509

22 http://smithsonianscience.si.edu/2013/05/forensic-analysis-of-17th-century-human-remains-at-jamestown-va-reveal-evidence-of-cannibalism/, https://www.youtube.com/watch?v=FGcN9_Gd5zQ.
23 https://www.youtube.com/watch?v=FGcN9_Gd5zQ.
24 http://smithsonianscience.si.edu/2013/05/forensic-analysis-of-17th-century-human-remains-at-jamestown-va-reveal-evidence-of-cannibalism/, http://anthropology.si.edu/writteninbone/about_exhibit.html.
25 Pollard 2012: 240–243, http://nmnh.typepad.com/100years/2012/10/the-9000-year-old-kennewick-man.html.
26 Fagan und Durrani 2014: 358, http://www.nps.gov/nagpra/MANDATES/INDEX.HTM.
27 Kroeber 1967.
28 Pope 1974.
29 Bower 2002. Aus der Geschichte wurde später ein ganzes Buch: Starn 2004.
30 Preston 2014, http://www.burkemuseum.org/kman/. Ein Überblick über den ersten Teil der Geschichte gibt es bei Chatters 2002 und Thomas 2001.
31 Callaway 2015, http://www.burkemuseum.org/kman/, http://nmnh.typepad.com/100years/2012/10/the-9000-year-old-kennewick-man.html.
32 Die Kontroverse geht weiter: siehe Callaway 2015, Gerianos 2016, Mapes 2016a, b, Owsley und Jantz 2014, Preston 2014, Rasmussen et al. 2015, Zimmer 2016. Siehe auch http://www.burkemuseum.org/kman/.
33 http://whc.unesco.org/en/list/353, http://www.nps.gov/chcu/index.htm, http://www.learner.org/interactives/collapse/chacocanyontml. Siehe auch Fagan 2005, Fagan und Durrani 2014: 348–350, Lekson 2006, 2007, Vivian und Hilpert 2012.
34 Fagan und Durrani 2014: 348–350, http://www.nps.gov/chcu/planyourvisit/pueblo-bonito.htm, http://www.nps.gov/chcu/index.htm, https://www.crowcanyon.org/EducationProducts/peoples_mesa_verde/pueblo_II_bonito_escalante.asp, https://www.crowcanyon.org/EducationProducts/peoples_mesa_verde/pueblo_II_overview.asp.
35 http://www.nps.gov/chcu/faqs.htm, http://www.nps.gov/chcu/planyourvisit/pueblo-bonito.htm. Siehe auch Fagan 2005, Fagan und Durrani 2014: 348–50, Lekson 2006, 2007, Monastersky 2015 und Vivian und Hilpert 2012.
36 http://www.nps.gov/meve/index.htm.
37 http://whc.unesco.org/en/list/27, http://www.nps.gov/meve/index.htm, http://www.nps.gov/meve/learn/historyculture/cliff_palace_preservation.htm, http://www.nps.gov/meve/learn/historyculture/places.htm.
38 http://whc.unesco.org/en/list/198.
39 Hodges 2011, http://whc.unesco.org/en/list/198, http://cahokiamounds.org/explore/.
40 http://whc.unesco.org/en/list/198, siehe auch Hodges 2011.
41 Hodges 2011, http://whc.unesco.org/en/list/198.

42 http://www.history.org, http://www.mountvernon.org/research-collections/archaeology/.

Nachgefragt 4

1   Siehe z. B. Anderson 2016, Atwood 2006, Cuno 2010, 2012, Felch und Frammolino 2011, Meyer 1977, Roehrenbeck 2010, Watson und Todeschini 2006, Waxman 2009. Siehe auch Bering 2016 sowie http://content.time.com/time/specials/packages/completelist/0,29569,1883142,00.html (mit einer Liste der *Time* zu den »Top 10 Plundered Artifacts«) sowie http://www.theguardian.com/artanddesign/2016/may/08/greece-international-justice-regain-parthenon-marbles-uk (ein neuerer Artikel über die Elgin Marbles).
2   Fagan und Durrani 2014: 20–22. Siehe auch Curry 2015, Dubrow 2014, Mueller 2016, Romano 2015, Romey 2015, Vance 2015.
3   Casana 2015, http://www.cnn.com/2015/03/09/world/iraq-isis-heritage/.
4   Parcak et al. 2016.
5   Bogdanos 2006. Siehe auch Emberling und Hanson 2008, Rothfield 2008a.
6   Ebenda.
7   Siehe z. B. Andrews 2003, Emberling und Hanson 2008.
8   George 2016.
9   Al-Rawi und George 2014, George 2016.
10 Horowitz, Greenberg und Zilberg 2015, Pearce und Wunsch 2014, siehe auch Abraham 2011. Nachrichten, Berichte und Diskussionen finden sich in Baker 2015, Ben Zion 2015a, Hasson 2015 und auf http://www.reuters.com/article/us-israel-archaeology-babylon-idUSKBN0L71EK20150203, http://news.cornell.edu/stories/2015/01/new-archive-jewish-babylonian-exile-released, http://www.ancientjewreview.com/articles/2015/2/18/pearce-and-wunsch-documents-of-judean-exiles-and-west-semites-in-babylonia-1.
11 http://www.unesco.org/new/en/culture/themes/illicit-traffic-of-cultural-property/1970-convention/, http://portal.unesco.org/en/ev.php-URL_ID=13039&URL_DO=DO_TOPIC&URL_SECTION=201.html.
12 Atwood 2006, Brodie und Tubb 2011, Rothfield 2008b, Rush 2012.
13 Fagan und Durrani 2014: 355–358, Harmon und McManamon 2006, http://www.nps.gov/archeology/sites/antiquities/about.htm, http://www.georgewright.org/313mcmanamon.pdf.
14 http://www.nps.gov/history/local-law/fhpl_histsites.pdf.
15 Fagan und Durrani 2014: 358, http://www.nps.gov/archeology/tools/Laws/arpa.htm.
16 Siehe http://www.npr.org/templates/story/story.php?storyId=106091937, http://articles.latimes.com/2009/jun/17/nation/na-artifacts-backlash17, http://www.nytimes.com/2009/06/21/us/21blanding.html?_r=0.

17 https://democrats-foreignaffairs.house.gov/news/press-releases/president-signs-engel-bill-stop-isis-looting-antiquities, https://www.congress.gov/bill/114th-congress/house-bill/1493/text.
18 Zu den Organisationen, die sich für solche Maßnahmen einsetzen, gehören das US Committee of the Blue Shield (www.uscbs.org), SAFE: Saving Antiquities for Everyone (http://savingantiquities.org), die Antiquities Coalition (https://theantiquitiescoalition.org) sowie die American Schools of Oriental Research Cultural Heritage Initiatives (http://www.asor-syrianheritage.org/about/mission/) u. v. a. m.

Zurück in die Zukunft

1 Weisman 2007.
2 Macaulay 2018.
3 Macaulay 2018: 26.
4 Macaulay 2018: 30, 56.
5 Macaulay 2018: 32, 36 f., 70 f., 74–79.
6 Siehe z. B. https://archeosciences.revues.org/1781.
7 Siehe z. B. http://www.sfu.ca/ipinch/project-components/community-based-initiatives.

Die Bibliografie finden Sie unter www.dva.de/versunkenewelten.

Register

Abandoned Shipwreck Act 439
Abdallah, Scheich Ibrahim Ibn 372
Abraham 91f., 363f.
Achilles 395
ACOR (American Center for Oriental Research) 357
Akropolis 262, 264, 362, 373
Adams, Mark 419
Adams, Matt 134, 329
Aeneas 55, 270
Aeneis (Virgil) 270
Afghanistan 17, 236, 455
Afrika/afrikanisch 147–190, 151, 153, 285, 395
Agamemnon 53f., 60, 66, 193f., 196ff., 239
Ägäisches Meer 220, 226
Agios Dimitrios 10
Agora (Athen) 10, 127, 246, 263–265
Agora (Palmyra) 368
Ägypten 10, 14, 16, 23f., 37, 70–72, 74–79, 81f., 84, 86, 88, 91, 109–112, 120, 126, 131, 178, 200, 210f., 215f., 219f., 222–226, 234, 237, 240f., 269, 279, 295, 298, 302, 314f., 365, 367, 371, 379, 385, 391, 422, 455f., 462
Ägyptologie 70–72, 298
Ahab 319
Ahmose 76f.
Ahuitzotl 433
Aigisthos 194, 196

Aischylos 194
Akkad 271
Akrotiri 216ff.
Alaksandu 62
al-Asaad, Khaled 365
Albanien 201
Alcock, Susan 266
Alexander (von Ilios) 53, 62
Alexander der Große 47, 69, 77, 188, 261, 314f.
Alfoldy, Geza 282
Algerien 286
Allen, Susan Heuck 56
al-Maqrizi 87
Alpen 18, 392
Altar Q 114, 116
Altsteinzeit *siehe* Paläolithikum
Alva, Walter 413–416
Amenophis III. 200, 379, 385
American Center for Oriental Research (ACOR) 375
American Research Center in Egypt (ARCE) 88
Amerikanische Ureinwohner 119, 125, 442, 445–449, 452, 460f.
Amman 337, 370
Amnisos 215
Amurriter 362
Ampato (Berg) 397f.
Amphitheater 280–283, 285f.
Anatolien 62f., 185, 200, 222, 254
Anden 398
Angkor Wat 131, 134

Register

Antikes (altes) Griechenland 15, 39, 53 ff., 64, 66, 68, 75, 77, 125, 129, 193–212, 224, 237, 241, 243–267, 270 f., 300, 350
Antikes (altes) Rom 39–50, 55, 68 f., 75, 77, 92, 119, 125, 129, 133 f., 143, 243–267, 268–289, 314, 329–332, 334, 336, 338, 341 f., 345, 347–349, 350–359, 366, 367 f., 371, 374, 385, 400 f., 434, 466
Antiquität/en 333 f., 344, 455, 457–459, 460
Apollon 253–255, 260, 262, 267
Ara Pacis 273 f., 276
Arabien 374
Aramäisch 336
Archaeological Institute of America (AIA) 231, 459
Archaeological Resources Protection Act (ARPA) 461
Archäologische Rekonstruktion/en siehe Rekonstruktion/en
Archäologische Technik/en siehe Technik/en
Archer, Gabriel 444
Archi, Alfonso 364
Architektur 67, 176, 272, 358, 366 f., 240
Ardèche 164, 166
Aristo-Canine 432
Aristoteles 262
Arizona 449, 460
Armageddon 10, 13, 315–317, siehe auch Megiddo
ARPA (Archaeological Resources Protection Act) 461
Artefakt/e 10, 28, 39, 43, 59, 64, 97, 102, 106, 121, 124, 127 f., 131, 139, 140, 142–145, 161, 165, 179, 197, 201, 205 f., 219, 224, 229, 232 f., 237, 250, 252, 266, 269, 288, 292–295, 305 f., 308 f., 316, 325, 333, 342, 358, 364, 379, 381, 383, 390, 393, 400 f., 403, 417, 421, 431, 440 f., 443, 446 f., 454, 456, 460–462, 468, 470
Artemis 200
Asien 109, 150, 153, 172, 225
Asklepios 82
Assur (Stadt) 97
Aššur-bāni-apli 102 f.
Assyrer 19, 62, 97, 99, 105, 379
Aššur-nâṣir-apli II. 96 f., 106
Athen 10, 52, 58 f., 68 f., 127, 196, 202, 210, 246, 248 f., 251, 253, 258–270, 279, 287, 303, 373
Äthiopien 18, 157
Atlantis 16, 111, 119, 213 f., 216, 224–226, 426
Attalos I. 261, 264 f.
Attalos II. 261
Augustus 41, 68, 270 f., 273–276, 283
Aurelian 367
Außerirdische/außerirdisch 7, 16, 70, 82 f., 408, 411 f., 426
Azteken 19, 125, 424, 426, 430–436

Babatha 343
Babylon 93 ff., 102–105, 352, 362, 379, 458 f.
Badachschan 236
Bagdad 101, 456
Bahamas 213, 225
Bahn, Paul 390, 431
Ballard, Bob 400 f.
Barber, Elizabeth 391
Bar-Yosef, Ofer 159
Bass, George 228
Bas-Vivarais (Vulkanfeld) 169
Bedal, Leigh-Ann 374
Beduine/n 332 f., 336, 338, 373, 458
Belize 14, 87, 107, 134
Belzoni, Giovanni Battista 71
ben Ja'ir, Eleasar 352, 355 f., 360

Benedikt XIV. 286
Ben-Tor, Amnon 346, 359 f.
Ben-Yehuda, Nachman 346, 360
Berger, Lee 149–151, 158
Bethlehem 333 f., 338
Bibel 98, 178, 314, 316–318, 321, 330, 336, 340, 343 f., 346, 361–363, 458 f.
Biblische Archäologie 328
Binford, Lewis 186–188
Bingham, Hiram 19, 419–421
Blanding, Utah 461
Blegen, Carl 63–67
Bliss, Frederick Jones 179
Blom, Frans 426 f.
Böotien 10, 141
Bogdanos, Matthew 456
Boise, Charles 153
Bordeaux 162
Boserup, Ester 175
Botta, Paul-Émile 93, 95, 98, 100 f., 105
Boudicca 205, 368,
Buleuterion 250, 263
Brackenridge, Henry 451
Bradford, John 130 f., 133
Braidwood, Robert 175
Breasted, James Henry 317
Bronze/bronzen 11, 52, 196, 201, 229, 236, 251, 260 f., 265, 282, 343, 391, 403, 415 f.
Bronzestatue/Bronzeskulptur 42, 45, 257
Bronzezeit/bronzezeitlich 18, 53 f., 57, 65 f., 68, 77, 90, 129, 137, 143, 145, 180, 182, 184, 191–212, 216, 219, 221, 224, 226 f., 235, 237 f., 241 f., 248, 264, 316, 322 f., 350, 363, 367, 385
Brown, Basil 401 f.
Brunel, Éliette 166–168
Burckhardt, Johann 371 f.
Burgon, John 372
Burton, Harry 467

Burton, Harriet 467 f.
Byron, Lord 98, 284
Byzantinische Epoche/byzantinsche Zeit 185, 285

Cádiz 213
Caesar, Julius 37, 41, 69, 188, 287
Cahokia Mounds 450–452
Calvert, Frank 56 f., 69, 419
Camp, John II. 264
Caracol 107, 134
Carnarvon, Earl of 22–27
Carrasco, David 434
Carter, Howard 19, 22–30, 33, 37, 91, 110
Casa Grande 460
Çatalhöyük 18, 178, 183, 185 f., 188 f.
Catherwood, Frederick 109–111, 115–117, 119 f., 122, 124 f.
Ceram, C. W. 9
Cäsium-Magnetometer 65 f., 137, 469
Chorsabad 95, 101
Chufu 83
Chaco Canyon 449
Chaco-Kultur 449
Champollion, Jean-François 73, 94, 112
Chandler, Richard 247 f.
Chania 205
Charleston Harbor 438
Charleston, South Carolina 447–439, 441
Chatters, James 448
Chauvet, Jean-Marie 14, 18, 33, 161, 164–171
Cheops 83
Cheops-Pyramide 15, 84–88
Chephren 83, 86
Chicago 173, 175, 297–299, 317 f., 320–323, 325 f., 449
Chichen Itza 424
Childe, V. Gordon 175

Chile 413
China 18, 164, 367, 386f., 391f., 404, 426, 430
Christie, Agatha 89f.
Clottes, Jean 167f.
Coe, Michael 429
Colonial Williamsburg 297, 452
Colorado 449f.
Computertomografie (CT) 31, 43, 81, 92, 446
Conlin, Dave 439, 441
Conti, Cinzia 279
Copán 110f., 114–117, 119f., 124, 427
Cortes, Hernán 430
Crowe, Russell 285
CT (Computertomografie) siehe Computertomografie (CT)
Cussler, Clive 439
Cusco 418, 421
Cyphers, Ann 429

Damaskus 367
Dänemark 288, 398
Dareios I. 94
Darius III. 47
Dashur 50f.
Datierung/Datierungsmethode/Datierungsverfahren 153, 163, 166, 197, 225, 234, 299, 323, 379–385, 404, 409, 427, siehe auch Radiokarbondatierung und Neudatierung und Dendrochronologie
David (israelitischer König) 324, 363f.
Davis, Jack 201
Dawson, Charles 156
de Coubertin, Baron Pierre 249, 258
de Landa, Diego 113
de Perthes, Boucher 156
de Sautuola, Don Marcelino Sanz 161
de Sautuola, Maria 161
Delphi 246, 253–260, 262, 266f., 270
Dendrochronologie 243, 378, 382, 385

Deutschland 59, 81, 196, 269, 288, 306, 382, 398, 447, 452
Dickens, Charles 284
Dinaledi Chamber 150
Diokletian 369
Dionysos 48, 200
Disney, John 158
Disney, Walt 158
Dixon, George E. 440f.
Djoser 76, 82f.
DNA-Test 395, 418
Domitian 277
Donnan, Christopher 416
Dordogne 162
Dörpfeld, Wilhelm 60f., 63f., 66, 249, 262
Doumas, Christos 218, 226
Doyle, Arthur Conan 156
Draper, Robert 433
Dreidimensionale Visualisierung 81
Drucker, Philip 427–429
Dur Scharrukin 95, 97f., 100–102, 105
Durrington Walls 138

Ebla 361–365, 376
Ecuador 413
Echnaton 24, 32, 77, 234, 240
Einbalsamierung 26, 78, 80
Eisenzeit 137, 143
Elgin Marbles 262, 454
Elgin, Lord 262, 454
Ellis, Steven 45f.
England 24f., 38, 95, 101, 112, 135, 137, 156, 158, 202, 262, 269, 293, 298, 305–307, 398f., 401f., 442, 444f.
Enkidu 457
Enkomi 234
Erdbeben 63f., 67f., 201, 203, 216f., 225, 254, 261, 269, 315, 324, 371, 375, 414, 420
Erster Weltkrieg 314

Essener 331f.
Euripides 194, 267
Europa 19, 38 ff., 54, 72, 105, 119,
    125, 133, 151, 159, 161, 172, 187, 189,
    269f., 287, 291, 293, 326, 328, 392,
    395, 398, 401, 424, 451f., 454
Europäer/europäisch *siehe* Europa
Evans, Arthur 202
Evans, Damian 134
Evans, John 202–208, 211, 249

Fälschung/en 155f., 169, 206, 296
Feuer 29, 40f., 128, 199, 302, 355, 365,
    375, 388, 399
Fernerkundung/Fernerkundungstechnik 15, 65f., 102, 107, 128,
    134–137, 139, 375, 390, 423, 469
Figurine/n 189, 195, 220
Fine, Steven 279
Finkel, Irving 104f.
Finkelstein, Israel 291, 321f., 328
Fiorelli, Giuseppe 42f.
Fisher, Clarence 317
Flavisches Amphitheater 280f.
Flavische Dynastie 41
Florentinus, Sextus 374
Flores (indonesische Insel) 172
Fußabdrücke 154f., 157
Fossilien 151
Frankreich 14, 18, 24, 33, 95, 101, 161,
    164, 172, 255, 269, 286
Frangipani (Familie) 278–280
French, Elizabeth 199
Frischer, Bernard 279f.
Früheste Vorfahren 149–172, *siehe
    auch* Hominini
Frühkykladische Zeit 212

Galiläa 145
Garrod, Dorothy 19, 158f.
Garstang, John 178f.
Gazastreifen 298

Gelon 257
Geologie 179
Georadar 33
Gezer 321
Gilgamesch 457
Gilgamesch-Epos 103, 457
Gimbutas, Marija 189
Gizeh 83, 86f., 91
Göbekli Tepe 18, 173f., 176–178, 180,
    189
Goldmünze/n 437–452
Gómez, Sergio 423
Gomorra 363f.
Grabbeigaben 32, 91f., 106, 122, 195f.,
    294, 416, 428, 435, 447
Griechen *siehe* Antikes (altes)
    Griechenland
Griechenland (modernes Griechenland) 10, 17, 20, 55, 59, 109f.,
    128, 140, 237, 241, 249, 255, 258,
    262, 269 *siehe auch* Antikes (altes)
    Griechenland

H. L. Hunley 437–441
Habakuk 335
Hadar 18, 157
Hadrian 15, 68, 276
Haifa 11f., 158, 314
Hammer, Joshua 167
Hammond, Philip 372
Hammurapi 362
Handel/Handelsbeziehungen 53, 60,
    62, 216, 224, 228f., 235, 238, 336,
    361, 364, 367, 371, 413, 443, 455,
    458f.,
Harappa 300
Harris, David 343
Hasan Dağı 185
Hasis, Abdel 372
Hattusa 61f.
Hawass, Zahi 31
Hazor 318, 321, 345, 359

Heilige Irene 214
Hektor 56, 58
Helena 53 f., 62, 64
Hellespont 260
Henuttaui 80
Hephaisteion 263
Hephaistos 263
Hera 200, 466
Herakles 225, 248
Heraklion 202
Herculaneum 37–42, 44 f., 49, 109, 248, 270, 283
Herodes der Große 349 f., 352 f.
Herodot 75, 78, 80, 84, 214, 254, 257, 397
Herr von Sipán 414 f., 417
Herzog, Werner 165
Hieroglyphen 70–74, 77, 88, 94, 111–114, 116, 120, 240
Hieron 257 f.
Hillaire, Christian 168
Hillaire-Kammer 168 f.
Hirst, Damien 187
Hodder, Ian 185–188
Heiliges Land 311–377
Holztafel/n 15, 343, 398
Homer 52 ff., 56, 58, 60, 62–64, 66–69, 194, 221, 236, 246
Hominini 149, 152–157, 159, 171 f.
Hominiden 18
Honduras 114
Höhlenmalerei/en 18, 32, 161 f., 165, 167 f., 170
Hrozný, Bedřich 62
Huayna Picchu 418
Huitzilopochtli 431
Hunt, Robert 444
Hyksos 76
Hyksos-Zeit 385

Iakovides, Spyros 199
Ibbit-Lim 362

Ilias (Homer) 52, 54, 60, 66, 221, 236, 271
Imhotep 82
Inka (Kultur) 19, 125, 397, 418–422
Indien 300, 367
Indiana Jones 10, 16, 239, 268, 369 f., 373
Indonesien 214
Inschrift/en 32, 73 f., 86, 88, 94–98, 100, 112, 115, 120 f., 226, 249–252, 256 ff., 260 ff., 282 f., 316, 324, 351, 362, 369, 427
Iran 94
Irak/irakisch 17, 60, 89, 93, 95, 105 f., 160, 295, 361, 364, 398, 455 ff., 459
Irland 403
Ishi 447
Ismael 363 f.
IS (Islamischer Staat) 97, 365 f., 368 f., 455
Israel/israelisch 10 ff., 14, 20, 24, 97, 99, 127, 133, 135 f., 140, 145, 158, 175, 178, 180, 236, 269, 270, 277, 288, 291, 298, 308, 313 f., 319, 322, 326, 330, 335, 341, 343, 345–348, 350, 352, 356, 360 f., 367, 451
Israeliten 178, 180, 223, 324
Istanbul 186, 248, 260, 316
Italien 37–50, 55, 109, 130, 133, 200, 238, 248, 254, 269, 272, 287 f., 308, 392, 394
Ithaka 199, 246

Jashemski, Wilhelmina 45
Javasee 441
Jenseits 77–80, 91, 121, 386, 396
Jericho 178–185, 189, 295 f., 304
Jerusalem 12, 95, 98, 277 f., 282 f., 287, 300, 304, 318 f., 333 ff., 338, 344, 346 f., 349, 352, 458
Jesreelebene 314, 316

Johannesburg 258
Johanson, Donald 139, 156 f.
Jordanien 10, 24, 110, 269 f., 361, 376, 455
Jordan 314, 332
Josephus 277, 331, 345 f., 351–358, 360
Jotapata 357
Joukowsky Martha 374
Judäa 98 f., 277 f.
Juden 331, 336, 338, 340 f., 346, 351 f., 357
Juno 466
Jupiter 69, 466

Kabri, Tell siehe Tell Kabri
Kalach 97
Kanaan 14, 61, 76, 178, 200, 216, 228, 236, 238–241
Kairo 23, 72, 82–85, 333, 372
Kalliste 214
Kambodscha 15, 131, 134, 469
Kando 333 f., 388
Karbondatierung siehe Radiokarbondatierung
Karmelgebirge 158
Karthago 278
Kataret es-Samra 10
Kato Zakro 205
Keilschrift 93 f., 102, 363, 457
Kelso, William 442 f.
Kennewick, Washington 446–449
Kenotaph 402
Kenyon, Kathleen 179 f., 185, 295 f., 300, 304
Kephala (Hügel) 202
Keramik 57, 64, 66 f., 100, 104, 119, 127, 142–145, 174, 177 ff., 197, 219, 222 ff., 228, 234, 238, 241, 250, 252, 293, 299 f., 304, 306, 308 f., 317, 319, 321, 323, 328, 358, 378, 381, 383 ff., 409, 413, 421, 424, 443 f.

Kimeu, Kamoya 152
Kition 234
Kleobis und Biton aus Argos 257
Kleopatra 73, 77
Klytaimnestra (Die Odyssee) 194, 196, 198
Knorosow, Juri 112 f.
Knossos 185, 202–211, 219 f.
Koehl, Robert 207
Koh, Andrew 12
Kolosseum 269, 272–274, 276, 278, 280, 282–287, 373
König Minos 202, 210
Konquistadoren 430
Konstantin der Große 260
Konstantinopel 248, 260, 278
Koobi Fora 152, 155
Korinth 177
Korfmann, Manfred 65–69
Kosok, Paul 411
Krakatau 214
Kreta 10, 20, 185, 202–205, 210 f., 214 ff., 220, 229
Kriegsführung 130
Kroeber, Alfred 411, 447
Kroeber, Theodora 447
Krösus 254, 267
Kujundschik 95, 98
Kykladen/kykladisch 211 f., 226
Kyrene 254
Kyrieleis, Helmut 249 f.
Kyros der Große 254

La Farge, Oliver 426
La Venta 426 f., 429, 436
Labyrinth 210, 419
Lachisch 98 f.
Laetoli 18, 154 ff., 172
Lamech 336
Lampadius, Rufius Caecina Felix 282
Layard, Austen Henry 93, 95–102, 105, 109

Leakey, Louis 152, 156
Leakey, Louise 152
Leakey, Mary 19, 152, 154 ff.
Leakey, Meave 152
Leakey, Richard 152
Lepsius, Karl 71 f.
Lerici, Carlo 131
Lhuillier, Alberto Ruz 121
Libanon 24, 236, 269, 367, 458
Libby, Willard 162, 380
Libyen 17, 225, 269
LiDAR (Light Detection and Ranging/Laserortung und -abstandsmessung) 107 f., 130, 134 f., 469
Little Bighorn 326
Livius 38, 271 f.
Lloyd, Seton 102
London 15, 89, 103 f., 152, 202, 270, 298, 300, 366, 451, 456, 465
Lorraine, Emmanuel Maurice de 39
Louvre 72, 93, 85, 100, 102, 248
Lucy 18, 139, 157
Lújan, Leonardo López 432 f.
Luxor 23 f., 72, 298
Lydien 254
Lysipp 248

Macaulay, David 467 f.
Machu Picchu 409, 417–421
Maiden Castle 300
Mair, Victor 391
Malereie/n 14, 33, 44, 161, 163, 165–170, 184, 199, 219, 238, *siehe auch* Wandmalerei/en *und* Höhlenmalerei/en
Mallowan, Max 89–93
Manetho 75
Manning, Sturt 223
Marathon 251, 259
Mariette, Auguste 71 f.
Marinatos, Spyridon 217 f., 226
Marseille 254

Maryland 45, 440, 447
Masada 134, 270, 289, 345–360
Matthiae, Paolo 362 ff.
Maudslay, Alfred 117, 124
Maya (Kultur) 14 f., 19, 87, 107–125, 372, 426 f., 430, 434, 436, 451 f.
McCown, Theodore 159
Megiddo 10, 127, 133, 270, 291 f., 297 ff., 306, 313–329, 350, 382 f., 472
Mellaart, James 183–186
Melos 211
Menelaos 53 f., 193
Menkaure 83
Menschenopfer 124, 210, 397, 431, 435
Mesoamerika/mesoamerikanisch 110, 117, 123, 424 f., 430 f., 434
Mesolithikum 151
Mesopotamien 89–106, 109, 200, 240, 271, 314, 366, 392, 422, 458 f.
Mexica (Kultur) 430
Mexiko-Stadt 287, 423 f., 429–431
Michelangelo 281
Mittelalter/mittelalterlich 134, 156, 174, 247, 273, 278, 280, 287, 384
Mittelsteinzeit *siehe* Mesolithikum
Mittlere Bronzezeit 145, 182, 323
Millon, René 435
Miltiades 251
Minoische Kultur 203, 208, 211, 214, 217
Mississippi-Tal 452
Mississippi-Kultur 451 f.
Missouri 450
Mitanni 379
Moche-Kultur 18 f., 413–417, 422, 451
Moctezuma, Eduardo Matos 431
Mongole/n 314
Montana 326
Monte Albán 436
Montignac 162
Moretti, Giuseppe 275

Mosaik/e 47, 269f., 350, 353, 375, 429
Moshe 159f.
Mount Vernon 452
Mumie/n 30, 32, 70f., 78, 80f., 88, 391f., 395, 397f.
Münze/n 17, 134, 342, 351, 358, 371, 373, 385, 440f., 443, *siehe auch* Goldmünze/n
Mussolini, Benito 272–275, 286f.
Mykene 53, 60, 193–201, 203, 220, 239, 246f., 419
Mylonas, George 199

Nabatäer 367, 371, 373
NAGPRA (Native American Graves Protection and Repatriation Act) 446f., 461
Nachal Chever 341, 343
Nachal Mischmar 341f.
Napoleon 72, 86, 272, 314
National Geographic Society 33, 113, 118, 411, 419
Native American Graves Protection and Repatriation Act *siehe* NAGPRA
Naxos 211
Neudatierung 222f., 321f.
Neandertaler/in 156, 159f., 172
Nemea 253
Nephilim 178
Nero 253, 258, 281
Nerva 276
New Mexico 449, 460
Nimrud 93, 96ff., 100, 105f., 361, 398, 455
Ninive 93, 95–99, 102, 104f., 361
Nippur 93, 105
Noah 103, 336
Nofretete 24, 32f., 234, 240, 385, 454
Nordafrika 254, 270
Norwegen 403
Nubien 220

Oaxaca 436
Odysseus 54, 194, 199
Odyssee (Homer) 66, 194, 271
Olduvai-Schlucht 153f., 382
Olman 426
Olmeken 425–430, 436
Olympia 246–250, 252f., 262, 266f.
Oman 132
Omri 319
Orakel von Delphi 267
Orpheus 269
Ötzi 18, 20, 392–397
Owsley, Doug 443–446

Packer, James 287
Paläoanthropologie 151, 155
Palekastro 10
Palatin 271
Palazzo Peretti 274
Palenque 109ff., 113, 117, 119–124, 424, 427
Palästina 304, 326, 333
Paläolithikum 151, 158
Palmyra 205, 270, 361, 365–369, 371, 376
Palpa 410, 412
Pantheon 272f., 276
Paphos 10, 269
Papyrus 27, 37f., 42, 50, 74f., 77, 219, 343, 375
Paracas 409–412
Parcak, Sarah 131–133, 456
Paris (*Ilias*) 53, 62
Parnass (Berg) 254
Paros 211
Parthenon 246, 262, 279
Pascha, Mohammed 71, 96
Pausanias 194, 247f., 250, 259, 261f., 265
Peloponnes 193, 211, 247, 259
Pepi I. 365
Pepi II. 76

Pergamon 261
Persien 94, 271
Peru 17 f., 392, 397, 407, 409, 412 f., 417, 421 f., 451, 455
Petra 95, 270, 361, 370–374, 376
Petrie, William Matthew Flinders 179, 298 ff., 315, 317
Pettinato, Giovanni 363
Phaistos 205
Pheidias 252
Philip II. 261
Philon 331
Piening, Heinrich 280
Pius VII. 272
Place, Victor 100 ff.
Plataiai 260
Platon 224 ff., 262
Pocahontas 442 f.
Polyzalos 257
Pompeji 38–49, 57, 109, 216, 218, 264, 270, 283, 306, 467
Pont d'Arc 166
Pope, Saxton 447
Poseidon 68, 200
Prähistorische Archäologie 158, 171
Präklassik 115
Praxiteles 248
Priamos 52 f., 57 ff., 69, 468
Proskouriakoff, Tatiana 112 f.
Protect and Preserve International Cultural Property Act 461
Protonenmagnetometer 469
Pseudo-Archäologie 16, 223, 225, 411
Ptolemaios V. 73
Pueblo Bonito 449
Pulak, Cemal 228
Pylos 10, 128, 141, 144, 201
Pyramide/n 15 f., 70 f., 75 f., 78, 82–88, 91, 111, 118, 120–123, 131, 298, 373, 387, 391, 393, 401, 413 f., 426, 431, 434 ff., 451
Pytho 259

Qin Shihuangdi 386 f., 389 f.
Quft/Quftis 298
Qumran 330

Radiokarbondatierung 222 f., 378
Ramses 77
Ramses II. 71
Ramses VI. 23
Raffael 281
Ras Feschka 332
Rassam, Hormuzd 102 f.
Rawlinson, Henry 55–56, 59
Rekonstruktion/en 12, 49, 93, 203 f., 208, 272, 275, 446
Rotes Meer 223
Reeves, Nicholas 32 f.
Reiche, Maria 387
Reinhard, Johan 397 f.
Relief/Reliefs 98, 114, 248, 279 f.
Remus 55, 270 f.
Replik/en 32, 170 f., 186, 207, 354, 366, 396, 456
Ricci, Corrado 273
Richard III. 395
Ridgway, Joseph 440 f.
Rio de Janeiro 245
Rising Star 149
Rockefeller, John D. 317
Rodio, Giovanni 275
Rolfe, John 442 f.
Römisches Reich 268, 274, 282, 286, 367, 371
Römer *siehe* Antikes (altes) Rom
Romulus 27, 190, 192
Röntgenstrahlen/Röntgenbilder 38, 393
Roosevelt, Theodore 460
Rose, Brian 65, 68
Rosette-Stein *siehe* Stein von Rosette
Rote Königin 122
Rote Pyramide 87

Register 523

Salahi 333
Salamis 260
Salmānu-ašarēd III. 97
Samaria 179, 304
Samuel, Erzbischof 334 f.
San Lorenzo 427 ff., 436
San Lorenzo Tenochtitlán 429
Santorini 208, 212, 214–218, 220, 222 ff., 226
Sargon 271
Sayce, A. H. 61
Schachermeyer, Fritz 68
Schädel 14, 80, 92, 123, 152 f., 156, 159, 169, 181 f., 221, 295 f., 440, 445
Schele, Linda 113
Scheschonq 316 f., 324
Schlachtfeldarchäologie 326
Schliemann, Heinrich 9, 18 f., 51 f., 54–69, 110, 193–203, 211, 246 f., 249, 315, 419, 469
Schliemann, Sophia 51 f., 58, 60, 468
Schmidt, Klaus 174, 176 f.
Schmuck 50, 60, 92, 119, 127, 201, 206, 221, 240, 293, 328 f., 424, 468
Schrift 15, 38, 67, 75, 112 f., 175–177, 200, 203, 340
Schriftrolle/n 334–339, 342, 358
Schriftzeiche/n 73, 112, 116, 364
Schumacher, Gottlieb 315 ff., 322
Schottland 38, 401
Seattle, Washington 448, 464
Sîn-aḫḫe-eriba 97 ff., 102
Sechstagekrieg 338
Seidenstraße 392
Severus, Septimius 272, 366, 368
Shaanxi (Provinz) 386, 389
Shanghai 186
Shanidar-Höhle 160
Shanks, Michael 186
Shear, T. Leslie Jr. 264
Shear, T. Leslie Sr. 264
Shiloh 440

Shreeve, Jamie 150
Skäisches Tor 58
Sibirien 392
Sikarier 349, 352 f.
Silkeborg 399
Silva, Flavius 353
Simon der Schuster 264
Sipán 413
Siq 372
Skelett/e 18, 30, 44, 121, 124, 151 ff., 157, 159 f., 181, 185, 198, 201, 240, 269, 291 ff., 324, 341 ff., 359, 365, 381, 390, 418, 431 f., 440, 443 f., 446, 448 f., 465, 467
Smith, George 103 f.
Smith, John 442
Sokrates 262 ff., 267
Sodom 363 f.
Salomo 315, 318, 319 ff., 352
Skulptur/en 92, 95 f. 102, 111, 185, 188, 247, 249, 257, 262, 272, 280 f., 425, 429, 435
Solon 225
Sophokles 194
Südafrika 149
South Carolina 437, 439, 442, 452
Spanien 33, 46, 108 f., 161, 172, 269
Sparta 214
Späte Bronzezeit 53 f., 57, 66, 200 f., 203, 227, 242, 350, 385
Sphinx 16, 71, 84, 86 f.
Stabiae 40
Stamatakis, Panayiotis 197, 246
Statue/n 27, 45, 68, 86, 120, 188, 248, 250, 252, 256 f., 258 f., 261 f., 264, 267, 362, 369, 375, 424, *siehe auch* Skulptur/en
Stein von Rosette 73, 112 f., 454
Stephens, John Lloyd 9, 19, 109, 110 ff., 114–118, 119 f., 122–125, 372 f., 451

Stewart, Richard 425 f.
Stirling, Marion 425 ff., 429
Stirling, Matthew 426, 429 f.
Stoa 261, 264 f.
Stocker, Sharon 201
Stonehenge 137 f., 298
Stratigrafie/stratigrafisch 57, 179, 264, 287, 291, 297, 299 f., 303 f., 317, 384
Stuart, David 113 f.
Stuart, George 113, 118
Stufenpyramide 76, 82 f.
Südostasien 134
Sueton 253
Suffolk 401
Sukenik, Eleasar 333 ff.
Sulla 258
Sullivan's Island 348
Sumerer 105
Sung-Dynastie 164
Sutter, Anthony 325, 328
Sutton Hoo 401 ff.
Synchronismen 378 f.
Syrien 17, 24, 62, 105, 175, 236 f., 269 f., 277, 361 f., 365, 367, 369, 376, 379, 455

Tabasco 426
Tabun-Höhle 158 f.
Tacitus 40
Tadmor 367
Tafel/n *siehe* Tontafel/n *oder* Holztafel/n
Talbot County, Maryland 440
Tal der Könige 23–26
Tamut 81
Tang-Dynastie 441
Tanis 14, 131
Tansania 153, 157
Tattoos 397 f.
Technik/en 14, 18, 20, 31, 34, 87, 102, 126, 131 f., 135 f., 138, 144 f., 163, 194, 291, 297 f., 323 f., 375, 381, 423, 442, 464, 469 f.
Tell Anafa 10 f.
Tell Kabri 10, 12, 13, 135 f., 145 f., 292, 302 f., 306, 323, 382, 385
Tell el-Dab'a 210
Tell el-Hesi 179
Tell el-Maschuta 10, 302
Tell Mardikh 362
Tennessee 440
Tenochtitlán 424
Teotihuacán 116, 127, 423 f., 434 ff.
Tepper, Yotam 133 f., 329
Terrakotta-Armee 18, 20, 386, 389
Tetrapylon 368
Texcoco-See 430
Theater 39, 69, 261, 263, 267, 368, *siehe auch* Amphiteater
Theben 81, 141, 201
Theodosius 246, 253, 262
Thera 211 f., 214, 216, 219, 222, 224 ff.
Theseus 210 f., 259
Thompson, Edward 124
Thompson, Eric 112, 430
Thompson, Homer 264
Thukydides 204, 230
Thutmosis III. 23, 77, 314
Thutmosis IV. 86
Tiberius 276
Tukulti-apil-Ešarra III. 97
Tikal 117 f., 124
Tilley, Christopher 186
Tiryns 199, 201, 220, 246, 249
Tisha B'Av 352
Titanic 400
Titus 41, 276 ff., 280, 283, 285
Tlaloc 431
Tlaltecuhtli 432
Tontafel/n 103 f.
Tōpīltzin Quetzalcōātl 123
Torreon 420

Totes Meer 14, 178, 270, 330, 332, 334, 341, 344 f.
Tourismus 164, 288, 360
Trafalgar Square 366
Trajan 285
Tres Zapotes 425, 427, 429, 436
Triglyphen 248
Troja 9, 14, 51–69, 79, 110, 137, 139, 193 f., 197, 199, 224, 234, 246, 249, 270, 281, 315, 419, 468 f.
Trujillo 413
Tunesien 286
Türkei 18, 51, 53, 55 f., 59, 61, 95, 110, 173, 175, 178, 183, 215, 227 f., 261, 269, 286, 367
Tušratta 379
Tutanchamun 22–34, 77, 91, 120, 170, 234, 395, 467
Tuttle, Chris 374
Twain, Mark 284

Ubar 132
Ugarit 234, 237, 376
Ukok-Plateau 396 f.
Uluburun 18, 227 ff., 231 ff., 234 ff., 237, 241, 381, 385, 398
Umma 456
Unterwasserarchäologie 228
Unterwelt 121, 424, 433
UNESCO 17, 441, 451, 459 f.,
UNESCO-Weltkulturerbe 114, 118, 121, 124, 158, 162, 164, 199, 250, 255, 260, 262, 347, 367, 370, 410, 417, 434, 449, 450
USA/Vereinigte Staaten von Amerika 10, 20, 56, 100, 110 f., 115, 117, 122, 128, 144 f., 231, 293, 297, 306, 326, 334 f., 375, 382, 392, 421, 437, 439, 446, 449–452, 455, 460 f.
Ur 60, 89–93, 105, 361
Uruk 93, 105

Ürümqi 391
USS Housatonic 437 f.
Utah 332, 372, 449, 461
UV-VIS-Spektralphotometrie 280
Uxmal 110, 122

Vatikan 281
Ventris, Michael 200
Veracruz 425 f., 429
Vergil 270
Vespasian 276 f., 280–283, 385
Vesuv (Berg/Vulkan) 37, 40 f., 43 f., 46, 155, 283
Via del Imperio 274
Via del Mare 274
Via Maris 314
Viktor Emanuel II. 287
Vilcabamba 420
Virginia 279, 338, 442, 452
von Däniken, Erich 407 f., 410 f.
Vulkan/e 37, 40, 154 f., 185, 214–218, 222 f., 226, 397

Wace, Alan 199
Wadi Musa 372
Waffe/n 127, 246, 251, 277, 327 f., 388, 443
Wainman, Ferdinando 444
Wandmalerei/en 48, 123, 183 ff., 200, 203, 219, 265, 281, 417
Washington (Bundesstaat) 446, 449
Washington, D. C. 15, 155, 446
Watanabe, Hirokatsu 33
Wachstafel/n 236
Weisman, Alan 464
Weltausstellung 186
Werkzeug/Werkzeuge 80, 287, 291, 384, 396
West, William 445
Wheeler, Mortimer 179, 300 f.
Wheeler-Kenyon-Methode 304

Wikinger 285, 286–287
Wilusa 62f., 67
Winckelmann, Johann Joachim 39f.
Woolley, Katharine 90
Woolley, Leonard 60, 89–93
Wright, Henry 175

Xerxes 260
Xi'an 386

Yadin, Yigael 289, 320ff., 335, 338, 341ff., 345ff., 349–354, 356, 358ff.
Yahi (Stamm) 447
Yasur-Landau, Assaf 12, 323

Yosemite 382
Young, Rodney 228
Young, Thomas 73, 113
Yucatan 9, 109

Zapoteken 436
Zenobia 205, 367f.
Zeus 9, 109
Zikkurat 90
Zincirli 136
Zweiter Weltkrieg 59, 130, 250, 287f., 317, 326, 384, 428
Zypern 10, 20, 200, 213, 224, 228, 234f., 238, 241, 269f.